Ingo Broer (Hrsg.)

Jesus und das jüdische Gesetz

Mit Beiträgen von

Jens-W. Taeger, Peter Trummer, Ingo Broer,
Karlheinz Müller, Traugott Holtz,
Gerhard Dautzenberg, Johann Maier

Verlag W. Kohlhammer
Stuttgart Berlin Köln

Die Deutsche Bibliothek – CIP-Einheitsaufnahme

Jesus und das jüdische Gesetz / Ingo Broer (Hrsg.). Mit Beitr.
von Jens-W. Taeger ... - Stuttgart ; Berlin ; Köln :
Kohlhammer, 1992
    ISBN 3-17-011835-8
NE: Broer, Ingo (Hrsg.); Taeger, Jens-Wilhelm

Inhalt

Einführung

Ingo Broer

Erschien die Frage nach dem historischen Jesus, die die neutestamentliche Forschung zwei Jahrhunderte lang intensiv beschäftigt hatte, durch Albert Schweitzers Nachzeichnung der Leben-Jesu-Forschung und vor allem durch seinen eigenen Versuch, das Leben Jesu darzustellen, als ein für alle Mal erledigt und zugleich spätestens seit Rudolf Bultmann und der Dialektischen Theologie als in ihrer Bedeutung von der früheren Theologie maßlos überschätzt, so ist diese Frage im Gefolge des berühmten Vortrages von Ernst Käsemann 1953 vor den Alten Marburgern erneut aufgebrochen und Gegenstand intensiver Forschung geworden. In der dazu gehörigen Frage nach Jesu Verhältnis zum jüdischen Gesetz schien längere Zeit ein gewisser Konsens erreicht zu sein, den Käsemann in seinem Beitrag bereits vorgezeichnet hatte und der im Verlaufe der weiteren Diskussion u.a. von M. Hengel und F. Hahn vertieft wurde. In einer Spitzenformulierung konnte dieser Konsens dahingehend ausgedrückt werden, daß Jesus sich geweigert hat, "als Jude jüdisch zu leben im Sinne des damaligen jüdischen Selbstverständnisses, gleich welcher Schattierung". Dies wird begründet u.a. mit Jesu Verhalten am Sabbat, mit der Ignorierung der rituellen Reinheitsforderungen, mit seinem Verhalten gegenüber Kranken und Sündern, mit seinem Zuspruch der Sündenvergebung und überhaupt mit seiner Stellungnahme gegen Gesetz und Gesetzesinterpretation im damaligen Judentum.[1]

Gegen solche Darstellungen von Jesu Verhältnis zum Judentum seiner Zeit und dessen Gesetz regt sich aber seit einiger Zeit Widerstand und das Pendel schlägt sozusagen um. So findet etwa E.P. Sanders, um nur ihn hier zu nennen, in seinem Jesusbuch nur ein Beispiel für eine Aufforderung zur Gesetzesübertretung durch Jesus, nämlich zur Verletzung des strikten Gebotes für die Kinder, ihre Eltern zu begraben (Mt 8,21), und auch diese Aufforderung zur Vernachlässigung des Gesetzes ist nach Sanders von Jesus keineswegs prinzipiell gemeint.[2] Jesus war danach keineswegs der Meinung, daß das jüdische Gesetz ungehemmt ("freely") übertreten werden konnte, tendierte aber auch nicht dahin, das Gesetz als endgültig und als in keiner Weise der Ergänzung bedürftig anzusehen.

Wie sehr sich die Einschätzung in der Zwischenzeit geändert hat, kann man auch bei der Beurteilung der Kriterien, mit deren Hilfe der historische Jesus erreicht werden kann und soll, erkennen. Wenn auch gegen die von Käsemann vorgetragenen und von diesem schon von Bultmann übernommenen Kriterien immer wieder vorgetragen

---

[1] Beleg in Taegers Beitrag Anm. 4
[2] Vgl. dazu auch unten Dautzenbergs Beitrag Anm. 102

wurde, sie ließen das Jesus mit dem Judentum gerade Verbindende außer Betracht, so konnte dagegen zu Recht darauf hingewiesen werden, daß Käsemann das selbst gesehen hat und offensichtlich in Kauf zu nehmen bereit war, weil anders der historische Jesus nach seiner Meinung nicht zu erreichen war. Das leitende Jesusbild war dabei natürlich das der Differenz zum "Judentum" - heute, wo diese grundlegende Differenz z.B. auch wegen der immer besser erkannten bunten Vielfalt des damaligen Judentums fraglicher geworden ist, wird in der Kriterienfrage wesentlich vorsichtiger formuliert.[3]

Die Frage nach Jesu Verhältnis zum Gesetz des Judentums ist aus zweierlei Gründen von größerer Bedeutung als andere Fragen, die sich auf den historischen Jesus beziehen. Zum einen hat schon Käsemann in seinem Vortrag aus Jesu Verhalten zum Gesetz und zur Autorität des Moses direkt christologische Konsequenzen gezogen: "Denn der Jude, der tut, was hier (sc. in den primären Antithesen 1, 2 und 4) geschieht, hat sich aus dem Verband des Judentums gelöst oder - er bringt die messianische Thora und ist der Messias. ... Er (sc. Jesus) ist wohl Jude gewesen und setzt spätjüdische Frömmigkeit voraus, aber er zerbricht gleichzeitig mit seinem Anspruch diese Sphäre. Die einzige Kategorie, die seinem Anspruch gerecht wird, ist völlig unabhängig davon, ob er sie selber benutzt oder gefordert hat oder nicht, diejenige, welche seine Jünger ihm denn auch beigemessen haben, nämlich die des Messias."[4]

Man hat also gemeint, im Verhältnis Jesu gegenüber dem Gesetz einerseits einen Ansatzpunkt für die Übertragung des Messiastitels auf den historischen Jesus finden zu können. Andererseits hat die Rekonstruktion des Verhältnisses des historischen Jesus zum Gesetz aber auch Konsequenzen für die christliche Sicht des Judentums, denn wenn das Judentum zur Zeit Jesu in Gesetzesdingen gar nicht so starr war, wie es in der exegetischen Jesusliteratur vergangener Jahre häufig dargestellt wurde, und wenn - z.B. aufgrund einer viel größeren Vielfalt in Gesetzesdingen als bisher angenommen - das Verhalten Jesu vielleicht gar nicht so exzeptionell war, wie es häufig in exegetischer Sicht erschien, dann haben wir das Judentum zur Zeit Jesu um der Profilierung Jesu und des Christentums willen *auf Kosten des Judentums* kleiner gemacht als es in Wahrheit gewesen ist, was wir uns um des Judentums, aber auch um unserer selbst willen, ganz abgesehen von der Problematik historischer (Sach-)Gerechtigkeit, versagen sollten. Es geht insofern bei dieser wissenschaftlichen Auseinandersetzung um mehr, als gewöhnlich bei exegetischen Streitfragen auf dem Spiele steht, ohne daß hier etwa einer Seite (besondere) Voreingenommenheit vorgeworfen werden soll. - Die Beurteilung des Sachkomplexes "Jesus und das Gesetz" hat für die christliche

---

[3] Vgl. dazu Taegers Beitrag I.
[4] E. Käsemann, Das Problem des historischen Jesus, in: ders., Exegetische Versuche und Besinnungen I, Göttingen [3]1964, 187-214, 206

Sicht des Judentums aber noch eine weitere wichtige Bedeutung, insofern die Abrogation des Gesetzes durch den historischen Jesus in der neutestamentlichen Literatur häufig als Hauptursache für den letztlich in Jesu Kreuzigung endenden Konflikt mit den jüdischen Autoritäten angesehen wird. Wenn diese Sicht in meinen Augen für das Judentum durchaus auch positive Aspekte aufweist - was kann man von den Juden damals mehr erwarten, als daß sie sich an das halten, was sie als den Willen Gottes verstehen? -, so hat man generell in christlicher Sicht das Recht natürlich auf seiten Jesu gefunden und dem Judentum Verhaftetsein am Äußeren, Starrheit und Gesetzlichkeit vorgeworfen. Erscheint Jesu Verhältnis zum jüdischen Gesetz und damit auch dieses selbst nun evtl. in einem anderen Licht, so ist natürlich auch diese christliche Sicht des Judentums zu revidieren.

An diesem Punkt der wissenschaftlichen Auseinandersetzung setzt der vorliegende Sammelband ein, der bewußt die Beiträge von Vertretern der beiden genannten Richtungen vereint. Er geht auf das 5. Siegener Theologische Symposion im Oktober 1990 zurück, das Vertreter der beiden gegensätzlichen Meinungen miteinander ins Gespräch bringen wollte, weswegen auch die Reaktionen der zuhörenden Kollegen auf die jeweiligen Ausführungen kurz zusammengefaßt mitabgedruckt sind.

Für die prinzipielle oder nicht-prinzipielle Abschaffung des Gesetzes durch den historischen Jesus werden in der Literatur aufgrund der Lage in den neutestamentlichen Dokumenten ganz konkrete Fälle - das gilt allgemein und keineswegs nur für Käsemann und Hahn - genannt (s.o.). Es lag deswegen nahe, einige dieser Fälle einer Nachprüfung zu unterziehen und zu fragen, welches Verhältnis Jesu zum jüdischen Gesetz diese Perikopen noch erkennen lassen.

Der Aachener Neutestamentler J.-W. Taeger behandelt zu diesem Zwecke vor allem Mk 7,1-23 und führt Mk 7,15 auf den historischen Jesus zurück, freilich nicht ohne zuvor die Dimensionen des Themas zurechtgerückt und die bislang für die Rückführung auf den historischen Jesus gebrauchten Kriterien einer kritischen Durchsicht unterzogen zu haben. Auch kann die für Jesus und sein Verhältnis zum Gesetz charakteristische Haltung seiner Meinung nach durch vergleichende Beobachtungen zur Gesetzesfrage gar nicht in den Blick kommen, sondern diese kann sich nach Taegers Ansicht erst von Jesu Predigt und seinem Verständnis von der Basileia erschließen, weil die Gottesherrschaft und nicht die Tora die umfassende Perspektive ist, von der her Jesus alles beurteilt, und die schließlich zu einer Neubewertung des Gesetzes durch Jesus geführt hat.

Mk 7,15 selbst als Keimzelle der ganzen Perikope zeigt nach Taeger, daß das Leben des Menschen, speziell sein Gottesverhältnis, nicht durch von außen auf den Menschen Zukommendes, sondern nur durch den Menschen selbst bedroht ist, und untergräbt so das Fundament der Reinheitstora des Judentums. Mk 7,15 ist insofern für einen Juden, obwohl es von Jesus nicht als eigentliches "Kampfwort" gemeint war, schwer oder unerträglich. Gleichwohl kann nach Taegers Ansicht über das Ausmaß der Kritik Jesu am Gesetz aufgrund von Mk 7,15 nicht entschieden werden.

P. Trummer, Neutestamentler in Graz, erläutert die Semantik des Begriffes Gesetz in den in Frage kommenden Sprachen und macht auf das Problem der Übernahme von Gesetzen für die eigene Identität aufmerksam.

Im zweiten Teil befaßt er sich mit der Heilung der blutflüssigen Frau durch Jesus. Obwohl Jesus sich nach der Tradition durchaus auch an die jüdischen Reinheitsvorschriften hält, ist dies bei der Aussätzigenheilung in Mk 1,40-45 anders, und die Tatsache, daß Jesus nicht nur die Berührung durch die Blutflüssige geschehen läßt, sondern diese auch akzeptiert und bekannt macht, zeigt, daß Jesus dem Leidvollen und Krankmachenden im Gesetz nicht gehorcht und dem seine eigene Praxis entgegensetzt.

Mein eigener Beitrag befaßt sich zunächst mit der Geschichte des Problems in der Auslegung. Die Problematik der Absetzung Jesu vom Judentum mit Hilfe seines Gesetzesverständnisses stand in früheren Jesusdarstellungen bei weitem nicht so im Vordergrund wie das in jüngeren Publikationen der Fall ist und auch eine direkte Linie von dieser Haltung zu seinem Tod wurde nicht in gleicher Weise wie in der neueren Literatur gezogen. Das bedeutet freilich nicht, daß das Problem überhaupt nicht gesehen wurde, denn bei D.F. Strauß spielt Jesu Haltung zum Sabbat durchaus eine Rolle für den Gegensatz zwischen Jesus und der jüdischen Obrigkeit. Aber deswegen geht Strauß noch lange nicht von einer Außerkraftsetzung der Geltung der Tora durch Jesus aus. Auch Baur sieht Jesus sich vom Judentum durch die Betonung der inneren Gesinnung und dadurch unterscheiden, daß er dem Gesetz keine absolut verbindliche Autorität mehr zugewiesen hat. Freilich hat Jesus nach Baur dies nie öffentlich gesagt.

In einem zweiten Teil stelle ich die Frage, ob Jesus Sünden vergeben hat, vor allem anhand von Mk 2,1-12 und behandele dazu ausführlich die Sündenvergebungsmöglichkeiten im Judentum der damaligen Zeit.

Der Würzburger Neutestamentler und Judaist K. Müller fragt nach dem Verhältnis zwischen Halacha und Tora im Frühjudentum und zeigt zunächst für Qumran, daß die Halacha dort weitgehend nicht Kommentierung der Tora, sondern situationsgebundene Weiterentwicklung von deren Stoffen ist, die in Übereinstimmung mit der

Tora geschehen kann, aber keineswegs auf solche Übereinstimmung angewiesen ist. Bei Josephus und in der Damaskusschrift ist das ganz ähnlich. Gleichwohl sind diese Interpreten des Frühjudentums durchaus der Meinung, "daß ihre Halacha das verlangt, was die Tora verlangt, wenn sie richtig interpretiert wird". Tora und Halacha werden im Judentum so als zwei unterschiedliche Medien der Offenbarung angesehen.

In einem konkreten Vergleich der Eigentumshalacha des Josephus mit der Tora zeigt Müller, wie wenig erstere direkt in der Tora verankert oder als Ableitung aus der Tora vorgestellt wird. Dies ist möglich, weil die Halacha nach Ansicht des Josephus selbst als Tora anzusehen und ihre Autorität die der Tora ist. Allgemein gilt: "Zuerst kommt die halachische Regelung des Verhaltens, dann folgt - wenn überhaupt - der Versuch einer Rechtfertigung der Halacha aus der Tora."

Der Neutestamentler T. Holtz aus Halle fragt, wieweit bei Jesus das Bewußtsein eines möglichen negativen Ausgangs seines Wirkens vorausgesetzt werden kann, und findet einen entsprechenden Hinweis u.a. in Lk 13,31-33. Den Grund für eine entsprechende Absicht der jüdischen Obrigkeit erkennt er in Jesu Verhalten gegenüber dem Gesetz, wie es in einigen Antithesen, vor allem aber in Jesu Wort über die Ehescheidung in Mk 10,9 zum Ausdruck kommt.

Die gleiche Perspektive, nämlich die Frage, was hat das jüdische Vorgehen gegen Jesus zur Ursache, behandelt auch der Gießener Neutestamentler G. Dautzenberg. Dautzenberg, der keine Vorgeschichte des sich in Jesu Auslieferung an Pilatus zuspitzenden Konfliktes zwischen Jesus und der jüdischen Obrigkeit in Galiläa annimmt, behandelt ausführlich die Thesen, die Jesus in die Nähe der Zeloten bringen, ihm Gesetzesbruch vorwerfen und schließlich diejenigen, die seinen Tod mit der Tempelkritik in Verbindung bringen, und findet in der letzteren den zureichenden Grund für ein Vorgehen der jüdischen Obrigkeiten gegen Jesus.

Der Kölner Judaist J. Maier fragt gerade im Angesichte solcher u.a. von Dautzenberg und Müller vorgetragenen Überlegungen nach den Tempelvorstellungen des damaligen Judentums und nach den Reaktionen, die aus judaistischer Sicht die Jesus in Bezug auf den Tempel im NT zugeschriebenen Worte und Handlungen im Judentum auslösen konnten oder mußten, und zeigt auf, daß ein Wort gegen den Tempel oder gar eine Demonstration gegen diesen bzw. dessen Betrieb aufgrund des Glaubens an die Gottesgegenwart im Tempel als gegen Gottes Gegenwart selbst gerichtet erscheinen konnte und daß eine Zerstörung letztlich auch eine Aufgabe der Erwählung Israels bedeutete. Wer die Israel durchaus nicht ungeläufige Tempelzerstörungsaussage im Sinne einer Strafaktion aufgriff, riskierte deswegen einiges. "Vorgang und

Aussagen (sc. der Tempelreinigung) hätten im Fall der Historizität gewiß ein Eingreifen erfordert." Aber auch im Fall der Nicht-Historizität spiegelt die Szene durchaus die grundsätzliche Infragestellung jüdischer Ordnung. Freilich gilt auch dies: "Ohne Gefahr einer öffentlichen Wirkung wäre ein derartiges Auftreten aber wohl nur als Symptom einer exzentrischen Persönlichkeit eingeschätzt worden."

Es versteht sich von selbst, daß die von den Autoren mitgebrachten Positionen, die sich ja nicht nur langjährigem Studium verdanken, durch einen solchen Dialog nicht von heute auf morgen verändert werden, aber eines dürfte doch feststehen: Auf Dauer kann die so unterschiedliche Bestimmung des Verhältnisses Jesu zum Gesetz nicht bestehen bleiben, ohne daß die Wissenschaftlichkeit der neutestamentlichen Exegese gefährdet wird. Der hier geführte Dialog ist notwendig und muß weitergeführt werden.

Dafür, daß sie das 5. Siegener Theologische Symposion und damit auch diesen Sammelband ermöglicht haben, ist außer den Autoren der Beiträge zu danken: Der DFG, dem Rektor der Universität Siegen, dem Kollegen J. Werbick, M. Lohmeyer, R. Lueg, S. Huppertz und K.-H. Pachura.

Der grundsätzliche oder ungrundsätzliche Unterschied.
Anmerkungen zur gegenwärtigen Debatte
um das Gesetzesverständnis Jesu

Jens-W. Taeger, Aachen

I.

In der 1986 erschienenen Neubearbeitung seines Werkes "Die sittliche Botschaft des Neuen Testaments" glaubt R. Schnackenburg "gewisse Fortschritte in der Beurteilung" des "nicht zur Ruhe" kommenden "Thema(s) 'Jesu Stellung zum jüdischen Gesetz (der Tora)'" verzeichnen zu können:[1] "Das landläufige Bild einer einzigen heftigen Polemik Jesu gegenüber der damaligen jüdischen Gesetzestheorie und -praxis ist nach den neueren Forschungen ebenso zu korrigieren wie das (besonders von jüdischer Seite entworfene) Gegenbild, nach dem Jesus sich voll und ganz in das Gesetzesverständnis seiner Zeitgenossen eingefügt und kaum etwas Neues und Eigenes gebracht hätte."[2] Eine Durchsicht der etwa zeitgleich mit dieser Einschätzung der Forschungssituation veröffentlichten Arbeiten zum Thema läßt rasch erkennen, daß die von Schnackenburg beschriebene mittlere Position keineswegs das Feld beherrscht.[3] Zwar findet man in der neueren exegetischen Literatur kaum noch die Meinung, Jesus habe einen programmatischen Antinomismus vertreten, doch wird nicht nur von jüdischen Autoren weiter am Gegenbild gezeichnet: Jesus, der "in Leben und Lehre ein Jude war" und dessen "Gesetzesinterpretation ... historisch wie sachlich im Bereich des Judentums (bleibt)".[4] H. Hübner attestiert den Versuchen, "Jesus in seiner Haltung zum Gesetz in entschieden größerer Affinität zum Judentum" zu sehen als das lange Zeit üblich war, sie beruhten "mehr auf einer bestimmten theolo-

---

[1] R. Schnackenburg, Die sittliche Botschaft des Neuen Testaments. Band I: Von Jesus zur Urkirche (HThK Supplementband I), Freiburg/Basel/Wien 1986, 68.

[2] A.a.O. 68f.

[3] Berufen könnte sich Schnackenburg allerdings für sein zitiertes Urteil etwa auf die Darstellungen des Gesetzesverständnisses Jesu von U. Luz, in: R. Smend/U. Luz, Gesetz (Kohlhammer TB 1015: Biblische Konfrontationen), Stuttgart/Berlin/Köln/Mainz 1981, 58-75; ders., Jesus und die Tora, in: EvErz 34 (1982) 111-124.

[4] S. Schulz, Neutestamentliche Ethik (Zürcher Grundrisse zur Bibel), Zürich 1987, 29.36; vgl. ähnlich E.P. Sanders, Jesus and Judaism, London 1985, 269.272.336 u.ö. Anders hatte F. Hahn, Methodologische Überlegungen zur Rückfrage nach Jesus, in: K. Kertelge (Hg.), Rückfrage nach Jesus (QD 63), Freiburg/Basel/Wien 1974, 43 im Blick auf Jesu Umgang mit der Tora geurteilt: Er "(war) nicht bereit ..., als Jude jüdisch zu leben im Sinne des damaligen jüdischen Selbstverständnisses, gleich welcher Schattierung". Eine Ansage des Endes des Tempelkults und eine Korrektur von Torabestimmungen durch Jesus behauptet dieser Autor auch in einem einige Jahre später erschienenen Aufsatz, gibt aber jetzt zu bedenken: "Ob das bei Jesus einen prinzipiellen Charakter hatte, wird man bezweifeln können ..." (F. Hahn, Die Bedeutung des Apostelkonvents für die Einheit der Christenheit [1982], in: ders., Exegetische Beiträge zum ökumenischen Gespräch. Ges. Aufs. I, Göttingen 1986, 100).

gischen Grundüberzeugung ... als auf eigentlicher exegetischer Detailarbeit".[5] Nun haben sich die so zensierten Neutestamentler durchaus bemüht, ihre Sicht exegetisch zu fundieren, aber Hübner steht mit seiner Kritik an dem Forschungstrend, Jesu Stellung zum Gesetz völlig oder nahezu bruchlos ins Judentum seiner Zeit einzuordnen, nicht allein.[6]

Die Gründe, warum dies Thema heftig umstritten ist und wohl auch bleiben wird, sind schon häufiger benannt worden. Ich möchte die wichtigsten nur kurz in Erinnerung rufen. Sie hängen ursächlich mit der Schwierigkeit der historischen Rückfrage nach Jesus und dem dafür entwickelten Verfahren zusammen. Als E. Käsemann neu die Frage nach dem historischen Jesus aufwarf, formulierte er zugleich ein Kriterium für die Abgrenzung authentischen Jesusgutes: "Einigermaßen sicheren Boden haben wir nur ... unter den Füßen, wenn ... Tradition aus irgendwelchen Gründen weder aus dem Judentum abgeleitet noch der Urchristenheit zugeschrieben werden kann, speziell dann, wenn die Judenchristenheit ihr überkommenes Gut als zu kühn gemildert oder umgebogen hat."[7] Ungeachtet seiner begrenzten Tragweite, deren sich bereits Käsemann bewußt war, spielt das Differenzkriterium bei der Rückfrage nach Jesus im Verein mit anderen Kriterien bis heute eine wichtige Rolle. Die Brisanz seiner Anwendung im Bereich der Gesetzesfrage liegt auf der Hand: Ein torakonformer Jesus wird auf diese Weise nicht gefunden, nur ein sich kritisch zum Gesetz äußernder; dieser aber könnte lediglich als Sprachrohr des Teils der Urchristenheit fungieren, der sich ganz oder teilweise von der Gesetzesobservanz gelöst hat. Auch ist die Vermutung, beim Kriterium der Unableitbarkeit handele es sich in Wahrheit um "verkappte Dogmatik",[8] nicht leicht zu entkräften, da von vornherein dem, was Jesus von seiner jüdischen Umwelt trennt, das Interesse gilt, zugleich das, was ihn mit dieser selbstverständlich verbindet, zurücktritt. Hinzu kommt, daß der Hintergrund, vor dem eine Eigenart Jesu herausgearbeitet werden müßte, das Frühjudentum jener Zeit, soweit es uns aufgrund der unbefriedigenden Quellenlage überhaupt zugänglich ist, auch in seinem Umgang mit Tora und Halacha alles andere als eine uniforme Größe darstellt.[9] Berücksichtigt man dies Erschwernis zu beurteilen, was jüdisch ohne

---

[5] H. Hübner, Das Gesetz in der synoptischen Tradition. Studien zur These einer progressiven Qumranisierung und Judaisierung innerhalb der synoptischen Tradition, Göttingen [2]1986, 8 (Vorwort zur 2. Auflage).

[6] Vgl. nur W. Schrage, Ethik des Neuen Testaments (GNT 4), Göttingen [1(4)]1982, bes. 54ff; ders., Ethik IV. Neues Testament, in: TRE 10 (1982) 438,39ff; G. Klein, Gesetz III. Neues Testament, in: TRE 13 (1984) 58,29ff; J. Becker, Das Ethos Jesu und die Geltung des Gesetzes, in: H. Merklein (Hg.), Neues Testament und Ethik (FS R. Schnackenburg), Freiburg/Basel/Wien 1989, 31-52.

[7] E. Käsemann, Das Problem des historischen Jesus, in: ders., Exegetische Versuche und Besinnungen I, Göttingen [4]1965, 205.

[8] G. Theißen, Der Schatten des Galiläers. Historische Jesusforschung in erzählender Form, München [3]1987, 199.

[9] Vgl. dazu die bei G. Dautzenberg, Gesetzeskritik und Gesetzesgehorsam in der Jesustradition, in: K. Kertelge (Hg.), Das Gesetz im Neuen Testament (QD 108), Freiburg/Basel/Wien 1986, 67 Anm. 65

weiteres oder noch möglich oder gar unmöglich war, betrifft das ebenso einen anderen methodischen Weg; hier wird das Differenzkriterium "umformuliert" und postuliert: "Anspruch auf Echtheit haben Jesustraditionen, wenn sie im Rahmen des damaligen Judentums historisch möglich sind, aber zugleich einen besonderen Akzent haben, der verständlich macht, daß sich später das Urchristentum aus dem Judentum heraus entwickelt hat."[10] Um jenen "besonderen Akzent" dürfte sich nicht weniger intensiv streiten lassen als um tiefergehende Differenzen, und die Entwicklung der divergierenden urchristlichen Konzeptionen etwa in der Gesetzesfrage könnte von ganz unterschiedlichen Akzentuierungen Jesu her verständlich werden. Größere Eindeutigkeit ist so kaum erreichbar.

Man kann versuchen, den angedeuteten Schwierigkeiten zu entgehen. G. Dautzenberg z.B. will sich auf die "in dieser Frage häufig arbiträre... Echtheitsdiskussion"[11] nicht einlassen, untersucht statt dessen "die ältesten Stufen der Jesustradition" und gelangt zu dem Schluß, für sie sei "weder eine prinzipielle noch eine partielle Infragestellung der Tora oder einzelner ihrer Bestimmungen nachweisbar".[12] Was aber ließe sich durch dies Ergebnis, träfe es zu, sichern? Doch nur, daß im alten judenchristlichen Traditionsbereich die Gesetzesdiskussion nicht forciert wurde, dieser vielmehr bei allem Konfliktbewußtsein (z.B. Lk 11,39.42 par; Mk 2,23ff; 3,1ff) durch eine moderate Haltung geprägt ist.[13] Damit aber könnte gerade ein vorgegebenes größeres Konfliktpotential bezeugt (und absichtlich entschärft) sein, das vielleicht auf Jesu Wirken zurückgeht und in den von manchen als gesetzeskritisch eingestuften Überlieferungen bewahrt ist. Der Blick auf die alte judenchristliche Jesustradition genügt also möglicherweise nicht. Das ist ebenso gegen S. Schulz einzuwenden, der die ältesten Q-Stoffe, aber sachlich auch die übrigen Leben-Jesu-Stoffe, für zutreffende Wiedergaben der Botschaft des historischen Jesus hält[14] und so Gefahr läuft, als Jesu Gesetzesauffassung das auszugeben, was tatsächlich eine Reaktion auf diese darstellt.

Wer in der gegenwärtigen Debatte Stellung bezieht, setzt sich überdies dem Verdacht aus, exegetisch sachfremden Einflüssen zu erliegen. Ich habe bereits Hübner zitiert, der bei jenen, die Jesu Haltung zum Gesetz eng in das Judentum einbinden, eine be-

---

genannte Literatur und im gleichen Sammelband den Beitrag von K. Müller, Gesetz und Gesetzeserfüllung im Frühjudentum, 11-27, bes. 24.26f.

[10] Theißen, Schatten (s. Anm. 8) 199; vgl. Luz, Jesus (s. Anm. 3) 116 mit Anm. 13, der das Unähnlichkeitskriterium durch ein "Kriterium der geschichtlichen Kontinuität" ergänzen will: "Historisch kann nur ein Jesusbild sein, das sowohl die Verkündigung Jesu auf dem Hintergrund des Judentums seiner Zeit, als auch die Entwicklung von Jesus zum Urchristentum verständlich werden läßt" (ebd. Anm. 13).

[11] Dautzenberg, Gesetzeskritik (s. Anm. 9) 47.

[12] A.a.O. 68f.

[13] Vgl. auch die Ausführungen von Becker, Ethos (s. Anm. 6) 49f zu den judenchristlichen Grundschichten von Q, Mk und Mt.

[14] Schulz, Ethik (s. Anm. 4) 20-25.

stimmte theologische Grundüberzeugung, einen "modische(n) Trend" am Werke sieht, erwachsen freilich "aus zu achtender Motivation".[15] Der Argwohn trifft aber auch die Vertreter der anderen Auffassung. So vermutet K. Berger etwa, ihre Sicht sei durch "christliche Identitätsängste" geprägt.[16] Diagnosen dieser Art fördern zwar kaum eine anzustrebende unbefangene Beschäftigung mit den Belegen, benennen aber keine unüberwindlichen Hindernisse für das exegetische Gespräch. Der Versuch, forschungsgeschichtliche Verkrustungen aufzubrechen und ein vorgefaßtes Jesusbild in Frage zu stellen, ist nicht nur statthaft, sondern notwendig, wenn anders historische Urteile immer wieder zu überprüfen sind. Werden dabei Einsichten gewonnen, die zum Entwurf eines differenzierteren, womöglich ungewohnten Jesusbildes nötigen, braucht das niemanden zu beunruhigen und in eine ängstliche Abwehrhaltung zu zwingen. Für mich ist nicht erkennbar, daß vom Grad des Jüdisch-Seins der Lehre und des Handelns Jesu in irgendeiner Weise die Möglichkeit abhinge, sich christlicherseits auf ihn einzulassen. Darum teile ich die Befürchtung von U. Luz nicht: "Erweist sich Jesus ... als gesetzesfrommer Jude, als Pharisäer gar, so steht es um das Recht von uns Heidenchristen, uns auf Jesus zu berufen, bös. Für das Christentum steht also in dieser Debatte seine eigene Existenz auf dem Spiel".[17] In der Konsequenz eines in seiner Einstellung zur Tora als ungebrochen jüdisch erwiesenen Jesus stünde auch nicht die Entmythologisierung des Paulus mit seiner anderen Sicht des Gesetzes an, wie P. Fiedler hofft,[18] denn die paulinische Gesetzeslehre will keine Wiederholung der Verkündigung Jesu sein. Löst man sich von illusionären Erwartungen und unbegründeten Ängsten, ist der Weg frei für einen entkrampfteren Umgang mit dem Thema.

II.

Den Ertrag der in den letzten Jahrzehnten betriebenen Revision einst festgefahrener Vorstellungen über das Frühjudentum hat man auf die paradoxe Formel gebracht: "The more we know, the less we know".[19] Das erweiterte Wissen um die Vielfalt im Judentum erschwert jeden Versuch, Jesus einen bestimmten Platz im facettenreichen Bild der zeitgenössischen religiösen Strömungen zuzuweisen oder ihn aus diesem auszugrenzen. Daß das letztere nicht gelinge, insbesondere Jesu Umgang mit dem

---

[15] Hübner, Gesetz (s. Anm. 5) 8.

[16] K. Berger, Einführung in die Formgeschichte (UTB 1444), Tübingen 1987, 178f. Vgl. auch I. Broer, Anmerkungen zum Gesetzesverständnis des Matthäus, in: K. Kertelge (Hg.), Gesetz (s. Anm. 9) 133-135, dem sich der Eindruck aufdrängt, "die Tendenz, an einer Abrogation des Gesetzes durch Jesus festzuhalten (gegen deren Bestreiter), habe in der Christologie ihre Ursache" (134).

[17] Luz, Jesus (s. Anm. 3) 115.

[18] P. Fiedler, Die Tora bei Jesus und in der Jesusüberlieferung, in: K. Kertelge (Hg.), Gesetz (s. Anm. 9) 86.

[19] D. J. Harrington, The Jewishness of Jesus: Facing Some Problems, in: CBQ 49 (1987) 5.7.

Gesetz den Rahmen des im Judentum Möglichen nicht überschreite, wird - wie erwähnt - immer zuversichtlicher behauptet. Das betrifft beispielsweise das Sabbatlogion Mk 2,27, das absolute Scheidungsverbot (Mk 10,9.11), die Antithesen. In unterschiedlicher Weise wird dabei auf jüdische Parallelen zurückgegriffen, um die These zu stützen, der Bereich der jüdischen Auffassung und Praxis werde nicht verlassen.

Zu Mk 2,27 läßt sich ein ähnlich klingender Rabbinenspruch beibringen und darauf verweisen, daß die Sabbatordnung als solche nicht angetastet werde. Sicher hebt das Wort Jesu den Sabbat nicht auf, doch es ist fraglich, ob der Spruch "Euch ist der Sabbat übergeben, nicht seid ihr dem Sabbat übergeben" (Mekh 109b) mit Mk 2,27 einfach im "Preis des Sabbats 'als Segen und Geschenk für den Menschen'"[20] übereinstimmt. Der Rabbinenspruch regelt den Ausnahmefall, ist insofern der Sabbatkasuistik zuzuordnen und bestärkt die Sabbatobservanz, was man schwerlich vom Jesuswort wird sagen können, da hier die vorausgesetzte Sabbatobservanz selbst kritisch thematisiert wird.[21] Zum Verbot der in Dt 24 vorausgesetzten Ehescheidung sucht man jüdische Sachparallelen und meint in Qumran ein Eheethos bezeugt zu finden, das nahe an Jesu Weisung heranreichen könnte, wenn nicht sogar bereits Mal 2,15f (verstanden als: ich hasse Scheidung)[22] die Sicht Jesu vorwegnehme. Sieht man vom umstrittenen Verständnis des Prophetentextes ab, so ist doch zu bedenken, daß zwischen einer Weisung zur Monogamie (mit *vielleicht* impliziertem Scheidungsverbot)[23] und einem direkten Verbot der Ehescheidung möglicherweise eine Wegstrecke liegen kann, wie "zwischen noch gesetzestreuer und die Tora sprengender Interpretation".[24] Der Aufhebung des Talioprinzips in der 5. Antithese (Mt 5,38ff) sind erläuternde Mahnungen beigegeben. Den hier geforderten Verhaltensweisen wird eine im

---

[20] Fiedler, Tora (s. Anm. 18) 73, der hier eine Formulierung von G. Bornkamm, Jesus von Nazareth (UB 19), Stuttgart/Berlin/Köln/Mainz [10]1975, 88 aufnimmt (dieser aber hebt den Unterschied zwischen dem Rabbinenspruch und Mk 2,27 hervor).

[21] Zur unterschiedlichen Ausrichtung beider Worte vgl. jetzt erneut W. Weiß, "Eine neue Lehre in Vollmacht". Die Streit- und Schulgespräche des Markus-Evangeliums (BZNW 52), Berlin/New York 1989, 47. Da es in Mk 2,27 nicht nur um einen Dispens vom Sabbatgebot geht, wird man zumindest zögern, das Logion als "eine wohl auch im Judentum mögliche Sentenz" (D. Lührmann, Das Markusevangelium [HNT 3], Tübingen 1987, 65) anzusehen.

[22] So W. Rudolph, Haggai - Sacharja 1-8 - Sacharja 9-14 - Maleachi (KAT XIII/4), Gütersloh 1976, 275. Für K. Berger, Die Gesetzesauslegung Jesu. Ihr historischer Hintergrund im Judentum und im Alten Testament. Teil I: Markus und Parallelen (WMANT 40), Neukirchen-Vluyn 1972, 537 enthält der Vers Mk 10,9 "nichts für einen Juden Anstößiges, da er nicht über Mal 2,15f oder Prov 18,22aα (LXX!) hinausgeht".

[23] Es ist umstritten, ob man CD 4,20-5,5 und 11QTS 57,15-19 so interpretieren darf, daß für alle Angehörigen der Gemeinde und den König auch eine Scheidung ausgeschlossen ist; vgl. dazu J. Maier, Die Texte vom Toten Meer II. Anmerkungen, Basel 1960, 48; ders., Die Tempelrolle vom Toten Meer (UTB 829), München/Basel 1978, 121; J. A. Fitzmyer, The Matthean Divorce Texts and Some New Palestinian Evidence, in: ders., To Advance the Gospel. New Testament Studies, New York 1981, 91ff; M. McNamara, Palestinian Judaism and the New Testament (Good News Studies 4), Wilmington, Del. 1983, 144ff.

[24] I. Broer, Freiheit vom Gesetz und Radikalisierung des Gesetzes. Ein Beitrag zur Theologie des Evangelisten Matthäus (SBS 98), Stuttgart 1980, 101.

Judentum so nicht anzutreffende Eindringlichkeit bescheinigt, wenngleich die zugrundeliegende Sache dort durchaus vorhanden sei. Daß parallele Worte zur eigentlichen Antithese (Mt 5,38.39a) fehlen, ist dann nicht mehr ausschlaggebend.[25] Die explizierenden Sätze müssen ebenso herhalten, um zu erweisen, das Gebot der Feindesliebe (Mt 5,44; Lk 6,27) sei zwar nicht in dieser Formulierung, aber hinsichtlich der mit ihm gemeinten Sache doch weitgehend in jüdischen Äußerungen zu belegen.[26] Der Rückzug auf die angebliche "Sache" ist allerdings problematisch, da diese aus den Veranschaulichungen gewonnen wird; die *exemplarischen* Konkretionen können, müssen jedoch nicht das Gebotene (Verzicht auf Wiedervergeltung, Feindesliebe) schon hinreichend abdecken.

Diese leicht zu vermehrenden Beispiele, die ich herangezogen habe, ohne damit ein Urteil über das jeweilige traditionsgeschichtliche Alter der Stoffe und ihre Authentizität zu fällen, mögen genügen. Was erbringt die vergleichende Frage nach dem jüdisch Möglichen? Sie vermag zwar in vielen Fällen - wie nicht anders zu erwarten - zu einem positiven Ergebnis zu kommen, im vornehmlich interessierenden vermeintlichen Grenzbereich aber weder zu einem eindeutig positiven noch negativen. Hier ist der positive Nachweis ohnehin schwer zu führen, wie ich versucht habe aufzuzeigen, der negative Nachweis jedoch nicht minder, weil das im jüdischen Vergleichsmaterial Auffindbare immer auch schon mehr Möglichkeiten in sich trägt, als tatsächlich für uns in den Quellen erkennbar entfaltet worden sind.[27]

Mit der Frage, ob Jesu Äußerungen noch im jüdischen Rahmen bleiben, hängt die andere zusammen, die auch anhand der genannten Beispiele aufgeworfen wird, ob nämlich Jesu Stellungnahmen einen grundsätzlichen oder ungrundsätzlichen Konflikt mit dem Gesetz verraten. Schulz etwa gesteht im Fall des Scheidungsverbots (Mt 5,32 par) und der Forderung des Rechtsverzichts (5,39f par) zu, Jesus habe Gesetzeskritik geübt und einzelne Gebote des mosaischen Moralgesetzes aufgehoben. Dies seien aber ungrundsätzliche Aufhebungen, Zeugnisse einer Toraverschärfung, die die eigentliche Intention des Gesetzes zum Zuge bringen wolle, stellten keine "planmäßige und grundsätzliche Verabschiedung des anerkannten Mosegesetzes" dar.[28] Nun scheinen Gesetzesauslegungen im Widerspruch zur Tora auch im zeitgenössischen Judentum möglich gewesen zu sein.[29] Eine Jesus zuschreibbare Aufhebung eines Toragebots muß deshalb nicht allzuviel besagen; zumindest ist nicht *allein* von

[25] Vgl. Broer, Anmerkungen (s. Anm. 16) 131-133 und ders., Freiheit (s. Anm. 24) 81ff zur Frage des Verhältnisses der Antithesen zum Gesetz.
[26] Vgl. das nach einer Zusammenstellung jüdischer Sachparallelen von Broer, Freiheit (s. Anm. 24) 90 gezogene Resümee.
[27] Dazu vgl. Müller, Gesetz (s. Anm. 9) bes. 22.24.
[28] Schulz, Ethik (s. Anm. 4) 43.
[29] Vgl. Müller, Gesetz (s. Anm. 9) 16f.20f.24 und die von ihm angeführten Beispiele.

daher auf seine *Grund*haltung der Tora gegenüber zu schließen. Zusammenfassende Urteile aus der Feder von Autoren, die einen prinzipiellen Konflikt Jesu mit der Tora bestreiten, wie: er habe das Moralgesetz verschärft, das Kultgesetz dagegen entschärft,[30] er habe teils mehr als seine Zeitgenossen verlangt, teils weniger als viele andere,[31] deuten aber an, daß eine Eigenart Jesu durchaus erkennbar ist. Das Charakteristische jedoch wird noch nicht erfaßt, wenn man in der Gesetzesfrage vergleichende Betrachtungen anstellt, sondern erst, wenn man die Gesetzesthematik im Kontext der Verkündigung Jesu, also der Basileia-Botschaft, würdigt.

Auf diesen zu beachtenden Bezugsrahmen wird häufig hingewiesen,[32] doch kommt alles darauf an, wie die Weisungen Jesu in diesen Rahmen eingeordnet werden. Bleibt nämlich festzuhalten und zu unterstreichen, daß in Jesusüberlieferungen mit Anspruch auf Authentizität die Teilhabe am Heil der Gottesherrschaft nicht von der Toraobservanz abhängig gemacht wird,[33] ist damit der sachliche Ansatzpunkt für Jesu Umgang mit dem Gesetz markiert. Er denkt von der andringenden Gottesherrschaft her und thematisiert unter diesem übergreifenden Aspekt die Tora. Wie sollte es auch anders sein, da diese als Leben verheißende Kundgabe des Willens Gottes die Gesellschaft, der Jesus und seine Adressaten angehören, tiefgreifend prägt? Aber: Für Jesus wird das Vorgegebene, die gültige und praktizierte Tora, durch eine neue

---

[30] Schulz, Ethik (s. Anm. 4) 34.81f, der im Kapitel "Jesus von Nazareth" innerhalb des Abschnitts "Die Heilsbedeutsamkeit des Mosegesetzes" entsprechend unterteilt: "Die Verschärfung des mosaischen Moralgesetzes" (38ff) und "Die Entschärfung des mosaischen Kultgesetzes" (51ff); ebenso verfährt er im Kapitel "Die nachösterlichen Jesusgemeinden" (93ff bzw. 100ff).

[31] So C. Burchard, Jesus von Nazareth, in: J. Becker u.a., Die Anfänge des Christentums. Alte Welt und neue Hoffnung, Stuttgart/Berlin/Köln/Mainz 1987, 49.

[32] Vgl. nur H. Merklein, Die Gottesherrschaft als Handlungsprinzip. Untersuchung zur Ethik Jesu (FzB 34), Würzburg [2]1981; ders., Jesu Botschaft von der Gottesherrschaft. Eine Skizze (SBS 111), Stuttgart 1983, bes. 93ff; Schrage, Ethik (s. Anm. 6) 21ff und die dort jeweils genannte Literatur sowie z.B. Schulz, Ethik (s. Anm. 4) 32.43.82 u.ö.; Burchard, Jesus (s. Anm. 31) bes. 27ff.

[33] Das betonen z.B. J. Becker, Das Gottesbild Jesu und die älteste Auslegung von Ostern, in: G. Strecker (Hg.), Jesus Christus in Historie und Theologie (FS H. Conzelmann), Tübingen 1975, 115; Klein, Gesetz (s. Anm. 6) 60,52ff; A. Lindemann, Herrschaft Gottes/Reich Gottes IV. Neues Testament und spätantikes Judentum, in: TRE 15 (1986) 207,35ff, der zum möglichen Ansatz für Jesu Basileia-Verkündigung darauf verweist, daß "die meisten apokalyptischen Schriften ... über eine Geltung der Tora im 'Eschaton' keine bestimmten Aussagen" machen (ebd. Z. 33f). Er geht aber mit anderen davon aus, manche Texte - wie dann die rabbinischen - verstünden "die Tora als Gottes ewigen Rechtswillen, der sich auch und gerade in der Gottesherrschaft als gültige und praktizierte Lebensnorm für Israel und für die Völker durchsetzen wird" (Z. 30ff). Demgegenüber hebt M. Wolter, Die Königsherrschaft Gottes und ihr semantisches Feld im frühen Judentum (unveröffentlichtes Manuskript 1990) 17-19 hervor, das Thema Gesetz spiele im Kontext der Rede von der Königsherrschaft Gottes nur eine marginale Rolle, und urteilt im Blick auf die frühjüdische Literatur: "In bezug auf *Israel* wird die Erwartung von Gottes königlicher Herrschaft in keinem einzigen Fall mit der Thora in Verbindung gebracht: Weder wird das Gottesvolk in ein neues Treueverhältnis zum Gesetz versetzt ..., noch orientiert sich das mit der Gottesherrschaft einhergehende Heils- und Gerichtsgeschehen in irgendeiner Weise daran, ob bestimmte Gruppen innerhalb des Gottesvolkes eine positive oder negative Stellung zum Gesetz eingenommen haben." (18) Von dieser Beobachtung aus falle neues Licht auf Jesu Stellung zum Gesetz (33). Vgl. auch noch K. Koch, Offenbaren wird sich das Reich Gottes. Die Malkuta Jahwäs im Profeten-Targum, in: NTS 25 (1979) 159.

Vorgabe eingeholt. Das Geforderte ist zuerst das *jetzt* Geforderte - und sei es das immer oder vereinzelt längst schon Geforderte. Das Licht, das von der nahenden Gottesherrschaft her auf die Tora fällt, läßt das aufscheinen, was nun bedeutsam wird. Das, was nicht ins Blickfeld gerät, wird dadurch noch nicht negiert, ist selbstverständlich oder unwichtig; wenn etwas hinzutritt oder aufgehoben wird, geht das ebenfalls auf diesen Ansatz zurück.[34] Auch die Forderungen Jesu, die nicht von den üblichen differieren, gewinnen von der Proklamation der Basileia her Kraft und werden nicht bloß bekräftigt; denn diese Botschaft, die im Raum der Toraobservanz verkündigt wird, setzt dieser das Maß[35] und beansprucht damit den Vorrang.

Dies in eine Richtung verlaufende, unumkehrbare sachliche Gefälle erklärt unter anderem erstens, warum Jesus mit keiner der frühjüdischen Gruppierungen seiner Zeit im Gesetzesverständnis einfach konform geht,[36] denn es ist Ausfluß seiner eigenen, ihn von den Zeitgenossen unterscheidenden Botschaft; zweitens, warum ihm wenig an der Praktikabilität seiner Weisungen liegt,[37] denn diesen Aspekt muß eine Gesetzesinterpretation berücksichtigen, die die fortdauernde Akzeptanz des Vorgegebenen und seine soziale Funktion sichern will; drittens, warum der zum Gesetz gehörende Bundesgedanke bei ihm keine Rolle spielt,[38] denn Bezugshorizont ist das Kommende; viertens, warum er mit dem sich in der Antithesenformel der sog. primä-

---

[34] Burchard, Jesus (s. Anm. 31) 29: Die Weisungen Jesu "setzten die Königsherrschaft Gottes voraus und suchten ihr zu entsprechen". Er schärfte nicht einfach "die" Tora ein. "Vieles hat er gar nicht berührt", sondern "wie andere auch vor allem das in Weisungen gefaßt, was ihm wichtig war oder was er anders gemacht haben wollte als andere. Er konnte das, weil die Tora ja da war; sie galt, wo er nichts gesagt hatte." (28) Seine Weisungen sind "nicht schon 'die Ethik' Jesu", aber "der charakteristische Teil" (ebd.). "Das Profil Jesu zeigt sich in Auswahl, Betonung *und* Neuerung." (29) Zur Sicht Burchards vgl. aber noch unten im Text bei Anm. 50.

[35] Becker, Ethos (s. Anm. 6) 34: "Die Gottesherrschaft hat eigene Autorität und leiht sich keine. Diese Zukunft Gottes ist Grundgewißheit Jesu und gründet allein in seiner 'Vollmacht'. Wird sie nicht vom Gesetz her legitimiert, so ist sie umgekehrt Maß für alles - auch für das Gesetz." Lindemann, Herrschaft Gottes (s. Anm. 33) 206,35f: "verbindlich bleibt bzw. wird die Tora insoweit, als Jesus sie in seiner Predigt für verbindlich erklärt - nicht umgekehrt". Freilich darf das "insoweit" in diesem Zitat nicht bedeuten: *nur* insoweit, vgl. oben im Text und die vorige Anm.

[36] Allerdings ergeben sich im einzelnen natürlich durchaus Berührungen; zur Frage nach dem Zusammenhang des Gesetzesverständnisses Jesu mit verschiedenen Strömungen im zeitgenössischen Judentum vgl. den Überblick bei Luz, Gesetz (s. Anm. 3) 70ff. J. Maier, Jesus von Nazaret und sein Verhältnis zum Judentum. Aus der Sicht eines Judaisten, in: W. P. Eckert/H. H. Henrix (Hg.), Jesu Jude-Sein als Zugang zum Judentum (Aachener Beiträge zu Pastoral- und Bildungsfragen 6), Aachen 1976, 110: In den "Parteiungen und Richtungskämpfen" des damaligen Judentums "stand Jesus vermutlich bewußt zwischen den sich verhärtenden Fronten, mit dem Blick auf das wiederherzustellende endzeitliche Gottesvolk. Dazu paßt ... seine Tora-Interpretation."

[37] Vgl. dazu Luz, Gesetz (s. Anm. 3) 63.

[38] Zur These von Sanders, Jesus (s. Anm. 4) 336, "that Jesus accepted 'covenantal nomism'", vgl. die Kritik von D. C. Allison, Jesus and the Covenant: A Response to E. P. Sanders, in: JSNT 29 (1987) 57-78, der in der Gesetzesfrage (Sanders, ebd.: Jesus "accepted obedience to the law as the norm") urteilt: "Sanders may even ... have underestimated Jesus' legal conservatism" (64), sogar eine Authentizität von Mk 14,24 nicht ausschließt (65), aber unter anderem gegen Sanders einwendet, für Jesus gelte: "Salvation was no longer viewed as faithfulness to God's covenant and obedience to the Torah. Salvation was rather acceptance of and faithfulness to Jesus' way" (73).

ren Antithesen bekundenden Anspruch inhaltlich etwas vorträgt, was wenigstens zum Teil durchaus jüdischer Überlieferung entspricht; schließlich fünftens, warum er eine Gesetzesübertretung nicht nur als die Regel bestätigende Ausnahme zuläßt, sondern sie als der gegebenen Situation angemessen zumutet.[39]

Stellt also Jesus das Gesetz wie "alles Überkommene unter den Gesichtspunkt des Wertzerfalls und damit nur noch zur Disposition möglicher kritischer Aufnahme"?[40] Zur Beantwortung dieser Frage wünschte man sich Grundsatzäußerungen Jesu zum Gesetz. Aber weder Mt 5,17-20 noch Mk 12,28-34 können dafür in Anspruch genommen werden.[41] Das wohl älteste Element der den Hauptteil der Bergpredigt einleitenden Spruchkombination, der V.18, dessen "Überlieferungsverhältnisse ... hoffnungslos undurchsichtig"[42] zu sein scheinen und der zudem Spuren matthäischer Redaktion an sich trägt, betont die unverkürzte - unvergängliche oder zeitlich begrenzte - Geltung des Gesetzes. Schulz eröffnet mit der Besprechung dieses Wortes seine Darstellung des Gesetzesverständnisses Jesu.[43] Doch es wird schwerlich über die alte judenchristliche Traditionsschicht hinaus auf Jesus selbst zurückzuführen sein,[44] bezieht vielmehr eine überdeutliche, rigorose Position in urchristlichen Auseinandersetzungen. Überwiegend unwahrscheinlich ist auch die Authentizität des Doppelgebots der Liebe mit seiner schwierig aufzuhellenden Traditionsgeschichte, da es nicht gelingt, eine von Hellenismen freie Fassung zu eruieren. Daß dessenungeachtet ihm die Verkündigung Jesu faktisch aufs beste entspreche,[45] mag man zugestehen, aber es erlaubt keinen verläßlichen Rückschluß auf ein bestimmtes, eine herrschende Praxis kritisierendes oder frühjüdische Tendenzen aufnehmendes Toraverständnis Jesu.

Am ehesten läßt sich eine grundsätzlich klingende Einschätzung des Gesetzes durch Jesus noch in Lk 16,16 par finden. Dies Wort wirft freilich kaum geringere Probleme

---

[39] Im Blick auf die Q-Überlieferung Lk 9,59f par räumt auch Sanders, Jesus (s. Anm. 4) 255 ein: "At least once Jesus was willing to say that following him superseded the requirements of piety and the Torah." Nicht einmal diesen vermeintlich einzigen Fall einer vom Nachfolger Jesu geforderten Gesetzesübertretung (336) will Allison, Jesus (s. Anm. 38) 64 anerkennen. Seine Gründe sind aber wenig überzeugend: Er rechnet mit einer rhetorischen Übertreibung und verweist darauf, daß Lukas und Matthäus an dem Wort keinen Anstoß genommen hätten, obgleich es in der synoptischen Tradition eine Tendenz gebe "to tone down sayings that might be seen as undermining the authority of the Torah" (76 Anm. 21).

[40] Becker, Gottesbild (s. Anm. 33) 115; zustimmend Klein, Gesetz (s. Anm. 6) 60,50ff.

[41] Beide Texte zählt Burchard, Jesus (s. Anm. 31) 28 zu "den wenigen Grundsatzäußerungen über die Tora, die Jesus zugeschrieben werden" und die zudem "sagen ..., daß die Tora gilt".

[42] U. Luz, Das Evangelium nach Matthäus. 1. Teilband: Mt 1-7 (EKK I/1), Zürich/Einsiedeln/Köln und Neukirchen-Vluyn 1985, 229. Vgl. zu diesem Vers auch Merklein, Gottesherrschaft (s. Anm. 32) 72ff; Broer, Freiheit (s. Anm. 24) 35ff.

[43] Schulz, Ethik (s. Anm. 4) 37f.

[44] Vgl. z.B. die Urteile bei Schnackenburg, Botschaft (s. Anm. 1) 70, der jedoch meint, das Wort könne der Haltung Jesu entsprechen; Schrage, Ethik (s. Anm. 6) 122.139; Sanders, Jesus (s. Anm. 4) 261.

[45] So Schrage, Ethik (s. Anm. 6) 72, der aber annimmt, "daß es vermutlich eine von Hellenismen freie, auf Jesus selbst zurückgehende Fassung der Überlieferung ... gegeben haben wird" (ebd.). Zur Diskussion um das Doppelgebot vgl. Klein, Gesetz (s. Anm. 6) 60,15ff und die dort genannte Literatur.

auf als die beiden zuvor erwähnten Überlieferungen. In der Rekonstruktion der Q-Fassung herrscht unter den Exegeten weithin Einigkeit. Umstritten ist vor allem die Interpretation des zweiten Teils des Stürmerspruchs, von dem jedoch hier abgesehen werden kann, weil er - wie im einzelnen auch immer - vom Verhalten der Basileia gegenüber bzw. von ihrem Geschick handelt. Im ersten Teil des Spruchs werden "das Gesetz und die Propheten" mit der Basileia konfrontiert und dabei in ihrer Reichweite durch die auf den Plan tretende Gottesherrschaft limitiert. Weil diese Sicht gut zum Denken Jesu von der Basileia her paßt, ist die Authentizität des Wortes ernsthaft zu erwägen.[46] Eine programmatische Toraabrogation kann man ihm nicht entnehmen,[47] sowenig Be- bzw. Abgrenzung ohne weiteres mit Abschaffung gleichzusetzen ist, allerdings unterstreicht es die von der angegebenen zeitlichen Zäsur an datierende Prävalenz der Basileia, die zuvor nicht wirksam war und nun dem Nomos einen anderen Platz als ehedem zuweist.[48] Es ist deshalb wohl angemessener, statt vom "Gesichtspunkt des Wertzerfalls", unter den in der Verkündigung Jesu das Gesetz gerät,[49] von einer Neubewertung zu sprechen, der das Gesetz explizit und implizit unterzogen wird und deren Ausmaß auszuloten wäre. Gibt Lk 16,16a die Auffassung Jesu zutreffend wieder, dann bleibt die Tora für ihn jedenfalls nicht einfach, "was sie für Israel immer schon war oder hätte sein sollen",[50] da der angesagte Einschnitt des "bis Johannes - von da an" einem unmodifizierten Weiterwirken entgegensteht, und kann nicht pauschal eine "Unlösbarkeit von Basileia-Botschaft und Tora-Treue"[51] behauptet werden. Das hat in der synoptischen Tradition seinen Niederschlag gefunden. Auf ein Beispiel, Mk 7,1-23, werde ich im Folgenden näher eingehen.

---

[46] Für Merklein, Gottesherrschaft (s. Anm. 32) 90 kann es "nicht mit letzter Sicherheit auf Jesus selbst zurückgeführt werden"; sei das Wort in der alten Gemeinde entstanden, dann "nicht allzu weit von Jesus entfernt". J. A. Fitzmyer, The Gospel According to Luke (X-XXIV) (AncB 28A), Garden City, N.Y. 1985, 1115 hält es "far from certain that v. 16 is a creation of the early Christian community". Es ist sehr die Frage, ob in dem Wort ursprünglich - anders als im Rahmen des lukanischen Doppelwerkes - jene heilsgeschichtliche Perspektive im Vordergrund steht, die ihm nicht selten zugeschrieben wird und dann gegen seine Herkunft von Jesus zu sprechen scheint (vgl. etwa S. Schulz, Q. Die Spruchquelle der Evangelisten, Zürich 1972, 263f). Bezeichnet der Ausdruck "das Gesetz und die Propheten" hier nicht bloß Teile der bzw. die Schrift, sondern "den zur Tat verpflichtenden Willen Gottes" (Berger, Gesetzesauslegung [s. Anm. 22] 219), drängt sich eine primär "heilsgeschichtliche" Deutung nicht auf (vgl. D. Kosch, Die eschatologische Tora des Menschensohnes. Untersuchungen zur Rezeption der Stellung Jesu zur Tora in Q [NTOA 12], Freiburg [CH]/Göttingen 1989, 438f mit Anm. 34 sowie auch Merklein, a.a.O. 89f).
[47] Mit Merklein, Gottesherrschaft (s. Anm. 32) 89f.94; Kosch, Tora (s. Anm. 46) 440; anders z.B. Hübner, Gesetz (s. Anm. 5) 227, der in neuerer Zeit etwas zurückhaltender urteilt: "Keinesfalls hat ... Jesus in prinzipiellem Antinomismus das G.(esetz) total abrogiert ... Dennoch bleibt ein gewisses grundsätzliches Moment der Negierung der Geltung des G.(esetz)es, an dem nur vorbeikommt, wer es im Stürmerspruch ... bestreitet" (ders., Gesetz 2. Neues Testament, in: EKL[3] 2 [1989] 139).
[48] Vgl. jetzt auch Kosch, Tora (s. Anm. 46) 439f.
[49] Vgl. oben im Text bei Anm. 40.
[50] Burchard, Jesus (s. Anm. 31) 28.
[51] Fiedler, Tora (s. Anm. 18) 78.

III.

Das Streitgespräch habe ich ausgewählt, weil es mir besonders geeignet erscheint, die Problematik der Frage nach Jesu Verhältnis zum Gesetz zu illustrieren. Denn hier findet sich ein Wort (V.15), das oft in diesem Zusammenhang herangezogen wird, dessen Authentizität und Verständnis aber heftig umstritten sind. In Mk 7 läßt sich darüber hinaus gut die frühe Wirkungsgeschichte des Wortes in der vormarkinischen Tradition und bei Markus selbst verfolgen. Der Blick auf diese ist in jedem Fall hilfreich, wenngleich das sachgemäße Verständnis einer Überlieferung nicht schon durch bezeugte Verständnismöglichkeiten präjudiziert werden darf.

Als Ertrag der Forschung habe ich damit bereits vorausgesetzt, daß der Abschnitt 7,1-23 traditionsgeschichtlich keine Einheit bildet und der V.15 seine "Keimzelle"[52] ist. Das erstere, die Mehrschichtigkeit des Abschnitts, ist allgemein anerkannt, wenn auch die Ausleger in der Abgrenzung der einzelnen Überlieferungsstufen und der Bestimmung ihrer Abfolge uneins sind. Wie V.15 in den Überlieferungsprozeß einzuordnen ist, wird sehr unterschiedlich beurteilt. Die einen betrachten das Wort als Einzelspruch, der erst sekundär mit dem in Szene (V.1f), Gegnerfrage (V.5) und Antwort(en) Jesu (V.6-8.9-13) erörterten Problem in Verbindung gebracht wurde,[53] andere weisen ihn bereits dem ursprünglichen, dann sukzessive erweiterten Streitgespräch zu.[54] Da die Frage (V.5) ganz oder teilweise - als Frage nach der Überlieferung der Alten (V.5b) bzw. nach dem Essen mit unreinen Händen (V.5c) - unbedingt

---

[52] E. Haenchen, Der Weg Jesu. Eine Erklärung des Markus-Evangeliums und der kanonischen Parallelen (StÖ II/6), Berlin 1966, 265, ebenso H. Merkel, Markus 7,15 - das Jesuswort über die innere Verunreinigung, in: ZRGG 20 (1968) 351. E. Schweizer, Das Evangelium nach Markus (NTD 1), Göttingen $^{2(12)}$1968, 82: "Vermutlich ist ... V.15 der älteste Kern".

[53] So z.B. W. G. Kümmel, Äußere und innere Reinheit des Menschen bei Jesus, in: ders., Heilsgeschehen und Geschichte 2 (Ges. Aufs. 1965-1977), hg. v. E. Gräßer u. O. Merk (MThSt 16), Marburg 1978, 120f; H. Räisänen, Jesus and the Food Laws: Reflections on Mark 7.15, in: ders., The Torah and Christ (SESJ 45), Helsinki 1986, 221. R. Bultmann, Die Geschichte der synoptischen Tradition (FRLANT 29), Göttingen ^{7}1967, 15 hält V.1-8 für den "Grundbestandteil", dem Markus aus der Tradition V.9-13 und den V.15 ("älteste Tradition") hinzugefügt habe; ähnlich J. Gnilka, Das Evangelium nach Markus. 1. Teilband: Mk 1-8,26 (EKK II/1), Zürich/Einsiedeln/Köln und Neukirchen-Vluyn 1978, 276-278, nach dem das (markinisch überarbeitete und erläuterte) Streitgespräch V.1-7 vom Evangelisten durch die aus der Tradition übernommenen und von ihm bearbeiteten V.9-13 (möglicherweise "ehemals ein eigenständiges Streitgespräch" [277]) erweitert wurde, V.8 sei ein redaktioneller Überleitungsvers und das Logion V.15 "am Anfang ein selbständiges Herrenwort gewesen" (ebd.). Hübner, Gesetz (s. Anm. 5) 142ff sieht in V.1f.5.9-13 den "Urbestand des Streitgesprächs", in V.15 ein "thematisch nahe(s), aber isoliert umgelaufene(s) Logion" (164), das von Markus angefügt wurde, der so das Streitgespräch "unter das Thema: *rein - unrein*" stellte (146). Für L. Schenke, Die Urgemeinde. Geschichtliche und theologische Entwicklung, Stuttgart/Berlin/Köln 1990, 191 könnte die "ursprüngliche Überlieferungseinheit ... aus 7,15.18b.19a.b.20-23 bestanden haben", die mit 7,1-8 "ursprünglich nichts zu tun" hat (ebd. Anm. 2).

[54] Z.B. Berger, Gesetzesauslegung (s. Anm. 22) 462f; J. Lambrecht, Jesus and the Law. An Investigation of Mk 7,1-23, in: EThL 53 (1977) 66-70; H.-J. Klauck, Allegorie und Allegorese in synoptischen Gleichnistexten (NTA 13), Münster 1978, 262; D. Lührmann, ... womit er alle Speisen für rein erklärte (Mk 7,19), in: WuD 16 (1981) 81f; ders., Mk (s. Anm. 21) 126; Weiß, Lehre (s. Anm. 21) 65ff. Vgl. auch die in Anm. 52 erwähnten Autoren.

zum ursprünglichen Streitgespräch gehört, gilt es zu klären, wo die ursprüngliche Antwort zu finden ist. In der Literatur werden alle sich anbietenden Möglichkeiten vertreten.[55] Gegen die Annahme, V.6-13 insgesamt oder das sich auf Jesaja berufende Wort Jesu (V.6f.8) oder aber die Argumentation mit dem Korbanbeispiel (V.9-13) bildeten diese Antwort, spricht vor allem, daß hier nur Gegenvorwürfe erhoben werden, ohne das in V.5 angesprochene Sachproblem jedoch wirklich zu entscheiden; erst V.15 beantwortet den Vorwurf.[56] Nun könnte man sich freilich eine stringentere Gedankenverbindung zwischen Vorwurf und Antwort vorstellen, doch der in V.5c erwähnte Anstoß, das Essen des Brotes mit unreinen Händen, hallt wider im zweimaligen κοινόω des V.15, der zwar nicht direkt auf den konkreten Vorwurf eingeht, ihn aber entkräftet. Der Grundbestand des alten Apophthegmas ist demnach wahrscheinlich in V.(1f.)5.15 enthalten.[57]

Das Wort Jesu wird zu Recht weithin als ein ursprünglich selbständiges Logion angesehen, in sich verständlich und isoliert tradierbar. Es ist unabhängig vom jetzigen literarischen Kontext und ohne Rücksicht auf den im rekonstruierten Apophthegma gegebenen Zusammenhang auszulegen. Ob ihm eine kürzere Urform zugrunde liegt, läßt sich kaum noch feststellen. Gelegentlich wird vermutet, in der ersten Hälfte sei εἰσπορευόμενον εἰς αὐτόν, in der zweiten ἐκπορευόμενα nachträglich hinzugefügt worden.[58] Als markinisch sind diese Wendungen nicht zu erweisen, sie könnten allerdings im Hinblick auf das in V.5 angeschnittene Thema des Essens erst im Verlauf des

---

[55] Vgl. dazu das Referat der verschiedenen Lösungsversuche bei Lambrecht, Jesus (s. Anm. 54) 28ff; Weiß, Lehre (s. Anm. 21) 57ff.

[56] Mit Lührmann, Speisen (s. Anm. 54) 81; ders., Mk (s. Anm. 21) 125; R. P. Booth, Jesus and the Laws of Purity. Tradition History and Legal History in Mark 7 (JSNTS 13), Sheffield 1986, 65-67; Weiß, Lehre (s. Anm. 21) 62f.65f; vgl. auch Schweizer, Mk (s. Anm. 52) 82.

[57] Damit schließe ich mich im wesentlichen der Auffassung der in Anm. 54 genannten Exegeten an. Die dem Vorwurf (V.5) und der Antwort (V.15) hinzugefügte Szene (V.1f) ist sicher von Markus überarbeitet worden. Wie z.B. Lührmann, Speisen (s. Anm. 54) 81 und anders als Weiß, Lehre (s. Anm. 21) 72 halte ich V.5c, das Essen mit unreinen Händen, für den ursprünglichen Vorwurf, der später verallgemeinernd um das Thema der Überlieferung der Alten (V.5b) erweitert wurde (vgl. weiter unten). Die Sicht von Weiß, daß V.5b den ursprünglichen Vorwurf darstelle, ist beeinflußt durch sein Verständnis des V.15, das ich nicht teile (unten im Text, bes. bei Anm. 63.65.87). Im Unterschied zu V.5c reicht V.5b kaum als alleiniger Vorwurf aus, wie Hübner, Gesetz (s. Anm. 5) 146, der allerdings das ganze Streitgespräch ganz anders als hier vorgeschlagen rekonstruiert (vgl. Anm. 53), zutreffend beobachtet: "Eine nicht näher begründete Frage 'Warum wandeln deine Jünger nicht nach der Überlieferung der Ältesten?' dürfte ... zu allgemein gestellt sein." Er räumt außerdem ein (159-164), daß V.15 als Antwort auf V.5c vorstellbar sei, wie dies auch Booth, Jesus (s. Anm. 56) als Ergebnis seiner breiten rechtsgeschichtlichen Erörterungen (155ff) festhält (215). F. Vouga, Jésus et la loi selon la tradition synoptique (Le Monde de la Bible), Genf 1987 dagegen zählt V.5 nicht zur "chrie primitive", die nach ihm nur V.1f.15 umfaßt (71, vgl. 81), abgesehen von Spuren markinischer Redaktion (71f).

[58] So z.B. Klauck, Allegorie (s. Anm. 54) 260, der zudem τὸν ἄνθρωπον (V.15b fin) durch αὐτόν ersetzen möchte; auch Merkel, Jesuswort (s. Anm. 52) 353f will das erste Partizip streichen, weil es pleonastisch sei (zu seiner Einschätzung des V.15b vgl. Anm. 61). Die Versuche von W. Paschen, Rein und Unrein. Untersuchung zur biblischen Wortgeschichte (StANT 24), München 1970, 173-177 und Hübner, Gesetz (s. Anm. 5) 166-168, mit Hilfe von V.18 und V.20 eine ältere Gestalt des Wortes zu eruieren, überzeugen nicht.

Überlieferungsprozesses eingedrungen sein.[59] Nicht alles, was in einem Wort entbehrlich erscheint, ist deshalb auch schon sekundär. Schiede man die beiden Partizipien aus, stünde freilich von vornherein der Gesichtspunkt der Speiseaufnahme nicht derart im Vordergrund, wie manchmal angenommen wird.[60] Doch da sich die Aussage des V.15a ohnehin nicht auf diesen Aspekt beschränken läßt, beeinflußt die Frage möglicher Zusätze die Interpretation nur unwesentlich[61] und kann offenbleiben.

Man interessiert sich zumeist dafür, ob das Wort grundsätzlich oder ungrundsätzlich zu verstehen ist. Die nicht selten damit verquickten Authentizitätserwägungen sollten davon zunächst unberührt bleiben. Denn es ist nicht einzusehen, inwiefern etwa ein Frontalangriff auf die Reinheitstora Jesus prinzipiell eher zuzutrauen wäre als ein Diskussionsbeitrag zur Handhabung kultischer Reinheitsvorschriften oder umgekehrt dieses leichter mit ihm in Verbindung gebracht werden könnte als jenes. Je nachdem, wie man sich in der Authentizitätsfrage entscheidet, hat das dann aber möglicherweise Rückwirkungen auf die Beurteilung der Reichweite des Wortes. In einem ersten Anlauf werde ich also den Vers interpretieren, ohne mich auf eine Herleitung von Jesus oder aus der Gemeinde festzulegen.

Der Vers ist ein weisheitlicher, antithetisch gestalteter Regelspruch. Die Negation im ersten Teil bereitet die im zweiten Teil ausgesprochene Position vor, auf der das Gewicht liegt.[62] Primär handelt das Wort also von dem, was den Menschen unrein macht. Die Aussage wird aber in Abwehr der in V.15a erwähnten Sicht gewonnen, so daß dem Logion selbst ein kritischer Sinn eignet, ein solcher ihm nicht erst zuwächst, wenn es als Argument in einer Auseinandersetzung verwendet wird.[63] Ist das kritische Moment auch unverkennbar, so droht doch eine Überzeichnung, wenn man es isoliert bzw. vornehmlich auf V.15a blickt, die Bestreitung der Möglichkeit einer Verunrei-

---

[59] An eine Bearbeitung des V.15 auf V.5 hin denkt auch Weiß, Lehre (s. Anm. 21) 69, der wie Klauck, Allegorie (s. Anm. 54) 260 Anm. 4 mit Kümmel, Reinheit (s. Anm. 53) 121 zu Recht Zweifel an einer markinischen Herkunft der beiden Verben äußert.
[60] Unter Berufung auf die Verben wird das Wort allein auf Speisen bezogen von Räisänen, Jesus (s. Anm. 53) 223; ders., Zur Herkunft von Markus 7,15, in: J. Delobel (Hg.), Logia. Les paroles de Jésus - The Sayings of Jesus (BEThL 59), Leuven 1982, 478; vgl. noch Lambrecht, Jesus (s. Anm. 54) 60.75; Sanders, Jesus (s. Anm. 4) 266; das überzeugt nicht (vgl. unten im Text bei Anm. 69). Umgekehrt begründet Booth, Jesus (s. Anm. 56) seine Meinung, die Aussage des Spruches sei "not limited to food" (104, vgl. 219), damit, daß die Partizipialwendung in V.15a sekundär (68.219f) gelten müsse.
[61] Das wäre anders, wenn die Vermutung von Merkel, Jesuswort (s. Anm. 52) 355-360, V.15b insgesamt sei ein sekundärer Zuwachs, zuträfe (im Gegensatz zur Torakritik in V.15a werde hier ein neues Gesetz aufgestellt sowie ein in der Umwelt verbreiteter, also ableitbarer Gedanke formuliert, die Fortführung diene der Anwendung in der Paränese); doch vgl. dazu die durchschlagenden Einwände z.B. bei Kümmel, Reinheit (s. Anm. 53) 129; Räisänen, Jesus (s. Anm. 53) 221f.
[62] So wird verbreitet geurteilt, vgl. nur Paschen, Rein (s. Anm. 58) 179; Kümmel, Reinheit (s. Anm. 53) 122; Gnilka, Mk (s. Anm. 53) 284; Klauck, Allegorie (s. Anm. 54) 268; Becker, Ethos (s. Anm. 6) 43.
[63] Gegen Weiß, Lehre (s. Anm. 21) 70: "Erst die Verwendung als Argument in der Auseinandersetzung mit dem Judentum verleiht dem Logion kritischen Sinn."

nigung von außen.[64] Man wertet dann als eigentliches Aussageziel, was zunächst jedenfalls lediglich der Abgrenzung dient. Das Wort spricht nicht in erster Linie von dem, was nicht gilt, sondern von dem, was gilt: Den Menschen macht das unrein, was aus ihm hervorgeht. Andererseits darf ebensowenig V.15b allein für sich betrachtet werden, als ginge es bloß um die Forderung der inneren Reinheit.[65] Die Definition dessen, was Unreinheit verursacht, widerstreitet eben einer anderen, in V.15a genannten Auffassung und beansprucht alleinige Gültigkeit, setzt nicht nur neue Akzente, wie die kategorische Formulierung zeigt. Schwächt man diese ab, hält sie für rhetorisch überspitzt,[66] in ihrer Verneinung weiter gehend bzw. schärfer ausgefallen als es in der eigentlichen Absicht des Sprechers lag,[67] ist das ein Ausdruck der Verlegenheit: Die Aussage des Logions soll einer vorgefaßten exegetischen Meinung nicht zuwiderlaufen.

Die Position, die das Wort bezieht, muß im historischen Kontext gewürdigt werden. Die Bedeutung der Reinheitsvorschriften im palästinischen und hellenistischen Judentum der Zeit steht außer Frage.[68] Mk 7,15 berührt einen für das jüdische Selbstverständnis höchst sensiblen Bereich; dies nicht nur, weil durch V.15a die levitischen Speisegebote (Lev 11) und damit Bestimmungen der Tora betroffen sein könnten, denn wegen der umfassenden Aussage des Nachsatzes greift auch der Vordersatz über den Aspekt der Speisen hinaus[69] und hat weitere Elemente der im einzelnen vielfältigen Reinheitspraxis im Blick. Es mangelt nicht an Versuchen, das Wort als

---

[64] Diesen Aspekt des Wortes unterstreichen neben anderen Käsemann, Problem (s. Anm. 7) 207f; Bornkamm, Jesus (s. Anm. 20) 89; Haenchen, Weg (s. Anm. 52) 265f; Schrage, Ethik (s. Anm. 6) 67f; Klein, Gesetz (s. Anm. 6) 59,21ff.

[65] So die Tendenz z.B. bei Paschen, Rein (s. Anm. 58) 178ff; Weiß, Lehre (s. Anm. 21) 69ff.

[66] Lührmann, Mk (s. Anm. 21) 128 spricht von einer "überspitzende(n) Formulierung der ersten Spruchhälfte"; für Luz, Gesetz (s. Anm. 3) 60f ist Mk 7,15 zwar grundsätzlich formuliert, aber nicht sicher auch grundsätzlich gemeint; denkbar sei, daß das Wort "ursprünglich als rhetorisch zugespitzter Satz formuliert war, der nicht einfach eine prinzipielle Abschaffung des Reinheitsgesetzes implizierte" (61; unter Hinweis auf P. E. Lapide, Der Rabbi von Nazaret. Wandlungen des jüdischen Jesusbildes, Trier 1974, 58).

[67] Damit rechnet S. Westerholm, Jesus and Scribal Authority (CB.NT 10), Lund 1978, 83, auf den sich Merklein, Botschaft (s. Anm. 32) 97 beruft, wenn er bei der Bestimmung der Absicht Jesu "die semitischen Spracheigentümlichkeiten" zu bedenken gibt. Auch Booth, Jesus (s. Anm. 56) 69-71.104.217.219 will das Wort nur in "a relative sense" (104) verstehen.

[68] Das unterstreicht erneut Becker, Ethos (s. Anm. 6) 36; vgl. z.B. J. Neusner, Das pharisäische und talmudische Judentum. Neue Wege zu seinem Verständnis (Texte und Studien zum Antiken Judentum 4), Tübingen 1984, 24ff.41ff (zum Pharisäismus vor 70 n.Chr.); B. Janowski/H. Lichtenberger, Enderwartung und Reinheitsidee. Zur eschatologischen Deutung von Reinheit und Sühne in der Qumrangemeinde, in: JJS 34 (1983) 31-62; Berger, Gesetzesauslegung (s. Anm. 22) 465ff (zum hellenistischen Judentum; dazu vgl. aber noch die Angaben in Anm. 72) sowie Booth, Jesus (s. Anm. 56) 117ff (umfassend zu den sich von Mk 7 her stellenden reinheitsrechtlichen Fragen im historischen Kontext).

[69] So zu Recht Kümmel, Reinheit (s. Anm. 53) 122f. Liegt auf der zweiten Vershälfte das Gewicht und ist deren Deutung auf die natürliche Verunreinigung durch "die Ausscheidungen der Verdauungsorgane" (W. Schmithals, Das Evangelium nach Markus. Kapitel 1-9,1 [ÖTK 2/1], Gütersloh und Würzburg 1979, 344) abzulehnen (dazu vgl. Klein, Gesetz [s. Anm. 6] 59,27ff), kann die erste Vershälfte kaum nur auf die Speiseaufnahme bezogen werden.

Ausspruch Jesu oder als Äußerung aus der in Auseinandersetzungen mit dem Judentum verwickelten Gemeinde vor dem Hintergrund zeitgenössischer Auffassungen zu verstehen und seine Stoßrichtung zu ermitteln.[70] Man erwägt eine Kritik am sadduzäischen Primat des Kultisch-Rituellen, eine Stellungnahme zu den pharisäischen Bestrebungen, priesterliche Reinheitsbestimmungen auf den Alltag zu übertragen, oder auch eine allgemeine Polemik gegen eine äußere Reinheitsobservanz zugunsten der auch in Israel geforderten Reinheit des Herzens (vgl. Jes 1,10-17; Ps 50,7-23; 51,8-19; Spr 30,12). Das alles kann man sich vorstellen, aber es sind nur Vermutungen unterschiedlicher Plausibilität, die dem Wort einen von mehreren sich anbietenden Rahmen hinzufügen und es von daher deuten. Solche Rekonstruktionsversuche müssen sich am Wortlaut des Doppelspruchs messen lassen. Dieser weist weder vor allem auf den Kult noch auf das pharisäische Reinheitsideal, denn V.15a benennt nicht dessen Spezifikum, noch geht es in dem Spruch um eine bloße Relativierung, eine Umgewichtung oder eine Vertiefung hin zum Eigentlichen, denn er ist alternativ formuliert.

Das Wort identifiziert als Quelle der Unreinheit Lebensäußerungen des Menschen, seine Worte und Taten. Sie beeinträchtigen sein Gottesverhältnis; bedroht ist es nicht von außen her, sondern durch den Menschen selbst. Insofern mahnt der Spruch zur Selbstbesinnung[71] und nimmt Gedanken auf, die Israel keineswegs fremd sind. Daß es dabei nicht bleibt, nicht lediglich eine dem Heilszuspruch Mt 5,8 korrespondierende Aussage gemacht, vielmehr die positive Einsicht zusätzlich negativ abgesichert wird, verleiht dem Wort seine Prägnanz. Die in der Tora kodifizierten und in Auslegungen unterschiedlicher Observanz das Leben prägenden Reinheitsbestimmungen basieren weithin auf der Vorstellung einer Verunreinigung des Menschen von außen her; sie sollen vermeidbarer Unreinheit vorbeugen und werden auch dann noch beachtet,

---

[70] Vgl. zum Folgenden den Überblick bei Merklein, Botschaft (s. Anm. 32) 96f, der auch die im Text aufgeführten alttestamentlichen Belege nennt (97). Er selbst denkt primär an Pharisäer als Gegenüber, deren Unterscheidung von Rein und Unrein und deren Bemühen um eine genaue Befolgung der Reinheitstora die Wirklichkeit Israels ("ein einziges Unheilskollektiv" [98]; diese Charakterisierung fehlt jetzt in der 3. Auflage von 1989, vgl. dort 100) verkenne, in der es darauf ankäme, "sich für das jetzt stattfindende Erwählungshandeln Gottes zu entscheiden" (98). "Nicht die Tora ist das Problem, sondern Israel!" (99; der Satz ist ebenfalls in der 3. Auflage entfallen, vgl. dort 100) Diese Interpretation basiert auf einer bestimmten Sicht der eschatologischen Verkündigung Jesu, in die Jesu Stellung zur Tora einbezogen wird. K. Berger, Jesus als Pharisäer und frühe Christen als Pharisäer, in: NT 30 (1988) 239.244 zeichnet auch Mk 7,15 in die Auseinandersetzung mit den Pharisäern ein, in der christlicherseits - wie bei Jesus (246f) - das Konzept einer "offensiven Reinheit" (245 u.ö.) vertreten werde. (Dabei erscheint mir seine Unterscheidung von praktischer und theoretischer Ebene [im Blick auf Jesus: 247] künstlich, denn auch ein sich auf praktischer Ebene abspielender Konflikt hat zwangsläufig Rückwirkungen auf die theoretische Ebene, wenn anders die der Theorie zugerechneten Gebote und Gesetze bezüglich Unreinheit legitimer Praxis Grenzen setzen.) - Zur Frage, ob für das Logion nicht eher die Heidenmission als Hintergrund anzunehmen ist, es seine Entstehung der urchristlichen Diskussion um die Speisegesetze verdankt, vgl. unten die Erwägungen zur Authentizität.
[71] Vgl. auch die Ausführungen bei Paschen, Rein (s. Anm. 58) 182ff, bes. 186; Haenchen, Weg (s. Anm. 52) 271; Becker, Ethos (s. Anm. 6) 43f.

wenn man die Möglichkeit einer dinghaften Verunreinigung anzweifelt.[72] Nun aber sind diese Vorschriften um ihren Wert gebracht; sie leisten nicht, was sie doch leisten sollten, den Schutz vor der Unheilsmacht,[73] ja sie lenken das Augenmerk in die falsche Richtung. Das Dekret ihrer Untauglichkeit (V.15a) ist - wie bereits betont - nicht die Hauptaussage des Logions, auch nicht die zwangsläufige, freilich die ausdrücklich behauptete Entsprechung der in V.15b formulierten Position. Von der Struktur des Wortes her wird man demnach kaum sagen können, es ziele direkt auf die Reinheitstora mitsamt der von ihr abgeleiteten Praxis und fordere ihre Abschaffung, doch es untergräbt deren Fundament.

In der Authentizitätsfrage urteilt D. Lührmann: "Das Wort Jesu in V.15 erfüllt ... durchaus die strengen Maßstäbe, die man üblicherweise anlegt, wenn man nach 'echten' Jesusworten sucht: unableitbar aus dem Judentum, ohne doch bereits christologische Reflexion oder abmildernde Tendenz zu zeigen."[74] Diese Ansicht wird von vielen geteilt, die den Gehalt des Logions als jüdisch unvorstellbar oder zumindest aufsehenerregend werten.[75] Wer hingegen eine ungrundsätzliche Deutung des Wortes vertritt, kann es erst recht Jesus zuschreiben, orientiert sich dann nicht am Differenzkriterium und provoziert keine Debatte um die "Echtheit". Einwände gegen die Authentizität werden denn auch zumeist ausgehend von einem grundsätzlichen Verständnis des Logions erhoben. Man verweist vor allem auf seine angeblich fehlende Wirkungsgeschichte in der frühen Christenheit. Der Streit um die Tischgemeinschaft von Juden- und Heidenchristen sei nicht erklärlich, wenn es solch ein Wort Jesu gegeben hätte, denn unter Berufung auf Mk 7,15 wäre dieser doch entschieden gewesen.[76]

Ich halte diese Einrede nicht für durchschlagend, schon weil der Spruch keine explizite Stellungnahme zu den Speisegeboten darstellt, eine solche allenfalls aus ihm ab-

---

[72] Dies zeigt das häufig zitierte Wort des Jochanan b. Zakkai (Pesiq 40b; Text bei Bill. IV/1, 524). Zur allegorischen Interpretation der Reinheitsbestimmungen im hellenistischen Judentum vgl. L. Goppelt, Theologie des Neuen Testaments (UTB 850), Göttingen ³1978, 143; Klauck, Allegorie (s. Anm. 54) 266f. Den Schluß, den Berger, Gesetzesauslegung (s. Anm. 22) 465-467 aus der Besprechung eines Belegs bei Philo (Spec. Leg. 3,208f) zieht, daß nämlich eine Sentenz wie Mk 7,15 in dieser Zeit im Judentum durchaus möglich gewesen sei, kritisiert zu Recht H. Hübner, Mark. VII. 1-23 und das 'jüdisch-hellenistische' Gesetzesverständnis, in: NTS 22 (1976) 337-339.

[73] Paschen, Rein (s. Anm. 58) 185: "Jesus hält daran fest, daß die tödliche Unheilsmacht - die 'Unreinheit' - den Menschen bedrängt, und er zeigt, woher sie ihm droht. Sie ... greift im Inneren des Menschen an und bricht von dort hervor."

[74] Lührmann, Speisen (s. Anm. 54) 89.

[75] Vgl. die nicht nur das Differenzkriterium bedenkenden Erwägungen zur Authentizität des Wortes bei Kümmel, Reinheit (s. Anm. 53) 117f.123ff; Westerholm, Jesus (s. Anm. 67) 80ff; Räisänen, Jesus (s. Anm. 53) 219f.226ff; Booth, Jesus (s. Anm. 56) 96ff sowie die dort jeweils genannte Literatur.

[76] So neuerdings vor allem Räisänen, Herkunft (s. Anm. 60) 477ff; ders., Jesus (s. Anm. 53) 232ff; vgl. auch Sanders, Jesus (s. Anm. 4) 266; Dautzenberg, Gesetzeskritik (s. Anm. 9) 48; Fiedler, Tora (s. Anm. 18) 73f; Weiß, Lehre (s. Anm. 21) 70f.

geleitet werden *kann*.[77] Er muß deshalb urchristlich nicht gleich als Entscheidungs-
hilfe zur Hand gewesen sein, als die Frage der Tischgemeinschaft akut wurde. Unbe-
kannt ist, ob Paulus anläßlich der antiochenischen Kontroverse ein Herrenwort wie
Mk 7,15 ins Feld geführt hat, und somit, ob ihm ein solches damals zur Verfügung
stand. Für die Vermutung, in Streitfällen dieser Wichtigkeit sei Jesustradition zitiert
worden, wer mit ihr aufzutrumpfen vermochte, habe dadurch die innerchristliche Ge-
genpartei matt setzen können, spricht nichts. Eine Auffassung, wie sie Paulus vertritt,
ist - soweit ersichtlich - auch nicht unter Hinweis auf eine Torakonformität Jesu bezüglich der levitischen Speisegesetze zurückgewiesen worden. Die bloße Tatsache des
Streits um die Tischgemeinschaft und ein rückblickend in urchristlichen Debatten
"vermißtes" Zitat von Mk 7,15 können deshalb keinesfalls auf Nichtauthentizität deuten.[78] Belegt ist allerdings: Paulus beruft sich später auf eine Mk 7,15 auffällig verwandte Erkenntnis. In Röm 14,14.20 könnte das Jesuswort nachklingen; dies läßt sich
aber weder sichern noch ausschließen.[79]

Über Mk 7 und die Matthäus-Parallele hinaus ist eine neutestamentliche Wirkungsgeschichte des Wortes nicht zu dokumentieren. Doch das heißt noch nicht, das Wort
habe abseits dieser Belege nicht gewirkt. Denn daß unbeschadet charismatischer Erfahrungen im Missionszusammenhang bei der Hintansetzung ritueller Vorschriften
auch von Mk 7,15 Impulse ausgegangen sind, ist zumindest ebenso vorstellbar wie
eine Entstehung des Wortes erst aufgrund solcher Erfahrungen. Jedenfalls scheint
mir im Blick auf die urchristliche Entwicklung mit der Bestreitung seiner Authentizität nicht mehr erklärt zu sein als bei der Annahme seiner Herkunft von Jesus.

Demnach darf der Spruch als höchstwahrscheinlich authentisch gelten, zumal er sich
in das erkennbare Bild des Wirkens Jesu einfügen läßt.[80] Kann aber dem Wort im
Munde Jesu jene weitreichende Bedeutung zugeschrieben werden, die zuvor ohne
Rücksicht auf die "Echtheitsfrage" behauptet wurde? Liegt es dann nicht näher, an
eine Stellungnahme zu Problemen zu denken, die sich besonders in Verbindung mit

---

[77] Vgl. dazu bereits oben im Text bei Anm. 69 und die Ausführungen von Westerholm, Jesus (s. Anm.
67) 82 zu dem erwähnten Argument der Bestreiter der Authentizität des Logions.
[78] Zur Frage, ob eine gesetzeskritische Haltung Jesu mit der Geschichte des frühen Christentums in
Einklang zu bringen ist, vgl. noch Becker, Ethos (s. Anm. 6) 48-52.
[79] Mit einer Aufnahme von Mk 7,15 durch Paulus in Röm 14,14 rechnet z.B. Luz, Gesetz (s. Anm. 3) 60
mit Anm. 112 und sieht darin zugleich ein Indiz für die Echtheit des Wortes. Nach U. Wilckens, Der
Brief an die Römer. 3. Teilband: Röm 12-16 (EKK VI/3), Zürich/Einsiedeln/Köln und Neukirchen-
Vluyn 1982, 91 ist es unsicher, ob Paulus durch die Einleitungswendung in V.14 "auf die Lehre Jesu anspielt ... oder ob er die Wahrheit dieses Satzes als in der Autorität des erhöhten Kyrios fundiert betont"
(vgl. die ebd. Anm. 442f genannten Autoren). Selbst wenn der Apostel hier eine "Einsicht" formuliert, die
er "auf Grund seiner Christusgemeinschaft aus seinem Glauben gewonnen hat" (Räisänen, Herkunft [s.
Anm. 60] 481f), ist damit ein Nachwirken auch von Mk 7,15 doch noch nicht ausgeschlossen.
[80] Das zeigt z.B. Kümmel, Reinheit (s. Anm. 53) 127f und wird auch von Räisänen, Herkunft (s. Anm.
60) 484; ders., Jesus (s. Anm. 53) 240 zugestanden.

dem Essen ergaben? Etwa: Wurde die Speise durch eine unreine Person verunreinigt? Sind die Produkte ordnungsgemäß verzehntet worden? C. Burchard meint z.B.: "Wenn Mk 7,15 von Jesus stammt und nicht etwa aus dem Urchristentum ..., dann hat er anstelle von Eßvorschriften, die die Tora verschärfen, vielmehr Reinheit des Herzens gefordert, übrigens keine Neuerung."[81] Es dürfte deutlich sein, daß mit dieser Interpretation V.15a in keiner Weise Genüge getan ist. Burchard kappt die negative Spitze des Wortes und konstruiert ein Gegenüber, das nicht dem Spruch selbst entnommen ist: verschärfende pharisäische Reinheitsvorschriften.[82] Zu einer ungrundsätzlichen Auslegung kann man auch gelangen, wenn man Mt 23,25f par ebenfalls als jesuanisch ansieht und deshalb für Mk 7,15 die gleiche oder eine ähnliche Aussageabsicht vermutet.[83] Aber das Eingeständnis, denkbar sei, "daß Jesus sich zum Reinheitsgesetz verschieden geäußert hat, einmal - in Mk 7,15 - grundsätzlich negativ, das andere Mal - in Mt 23,25f. - nicht",[84] zeigt, wie anfechtbar entschärfende Interpretationen sind, die sich auf die Q-Tradition stützen.

Der konkrete Bezugsrahmen des Wortes im Wirken Jesu ist verloren, über eine ipsissima intentio des Sprechers läßt sich ebenso wie über die Rezeption durch die ersten Hörer nur spekulieren. So ist man gezwungen, sich ohne wenn und aber auf die Aussage des Logions einzulassen. Nimmt man diese ernst, ergibt sich für Jesu Verhältnis zum Gesetz, daß von einer ungebrochenen Torakonformität kaum die Rede sein kann, denn nach Ausweis dieses Wortes bekämpft er zwar nicht die Reinheitsbestimmungen, doch er hält sie (nicht die Reinheit!) für unerheblich und ignoriert sie. Das wird von seiner Verkündigung der Gottesherrschaft her verständlich (vgl. auch Lk 10,8[85]). Jene Reinheit, die vermeintlich rituell zu gewährleisten ist, bzw. jene Unreinheit von außen, vor der man sich hüten zu müssen glaubt, entspricht der angesagten neuen Wirklichkeit nicht mehr. Es zählt *allein* die vom Menschen selbst ausgehende Unreinheit; diese stört das Gottesverhältnis.

Die dem Jesuswort im Verlauf der Überlieferung beigegebenen Kontexte zeigen, wie unterschiedlich das Konfliktpotential, das Mk 7,15 in sich birgt, wahrgenommen

---

[81] Burchard, Jesus (s. Anm. 31) 47.
[82] Vgl. a.a.O. 46f.
[83] So Luz, Jesus (s. Anm. 3) 117.
[84] Luz, Gesetz (s. Anm. 3) 61.
[85] In diesem Wort der Aussendungsrede ist der Bezug zur Gottesherrschaft offenkundig (vgl. V.9). Allerdings wird die Zugehörigkeit der Anweisung "eßt, was euch vorgesetzt wird" zur Q-Überlieferung ebenso bestritten wie die Möglichkeit einer Rückführung auf Jesus (vgl. Räisänen, Jesus [s. Anm. 53] 227). Daß es hier um die Vernachlässigung der Unterscheidung von reinen und unreinen Speisen geht, kann man kaum bestreiten (vgl. ebd.). Sollte es sich um eine alte Tradition handeln (hinter ihr stehe die Autorität Jesu, vermuten M. Hengel, Jesus und die Tora, in: ThBeitr 9 [1978] 164; Becker, Ethos [s. Anm. 6] 42), stützt sie die für Mk 7,15 vorgetragene Interpretation und bezeugt als Erlaubnis, "auf Aussendungsreise unter Umständen Speisegebote zu vernachlässigen", für diesen konkreten Fall der Reinheitsvorschriften keineswegs eine "andere Sache", wie Burchard, Jesus (s. Anm. 31) 47 meint.

wurde. Im alten Apophthegma (V.1f.5c.15)[86] dient V.15 zur Zurückweisung des Vorwurfs, Jünger Jesu hätten mit unreinen Händen Brot gegessen, damit nach pharisäischen Maßstäben Reinheitsvorschriften mißachtet. Eine judenchristliche Gemeinde rechtfertigt mit dem Jesuswort ihr eigenes Verhalten. Der geschilderte Anlaß
der Auseinandersetzung ist konkret; er könnte verglichen mit dem Logion banal, fast
wie eine Karikatur jüdisch kasuistischen Denkens wirken, aber nur, wenn man voraussetzt, das Jesuswort müßte immer als Forderung der Reinheit des Herzens angesichts der andringenden Gottesherrschaft verstanden worden sein.[87] In einer Konflikt-
situation wird auf den ersten Teil des Logions zurückgegriffen, um mit Hilfe des gewählten, in Anlaßschilderung und Vorwurf genannten Beispiels zu demonstrieren,
daß man sich dem pharisäischen Reinheitsideal nicht verpflichtet weiß. Hier wird das
Thema "Rein - Unrein" nicht prinzipiell abgehandelt; es geht nur um das Essen, und
zwar allein um das Wie, nicht das Was.[88] Das Apophthegma legitimiert die christliche
Praxis in Aufnahme des kritischen Aspekts des Jesuswortes, ohne diesen extensiv zu
beanspruchen.

Zwischen dem alten Streitgespräch und dem vorliegenden Mk-Text ist zumindest
noch eine Überlieferungsstufe anzusetzen,[89] auf der die Kritik erheblich weiter vor-
angetrieben und umfassend die "Überlieferung der Alten" thematisiert wird, die nun
im Vorwurf die Essensfrage übergreift (V.5b). Das neue Thema entfalten die beiden
Gegenvorwürfe, die Jesus in V.6-8 und V.9-13 erhebt, wobei das Korbanbeispiel der
vormarkinischen Überlieferung früher zugewachsen sein dürfte als der Rückgriff auf
das Jesaja-Zitat, der in den Bereich des hellenistischen Judenchristentums weist.[90]

---

[86] Vgl. zu dieser Rekonstruktion oben bei Anm. 57.
[87] Zu Weiß, Lehre (s. Anm. 21) 72, der über die Erweiterung des (nach ihm ursprünglich nur V.5b.15
umfassenden) Streitgesprächs durch die Schilderung des Jüngerverhaltens urteilt: "Der banale Anlaß im
'Essen mit unreinen Händen' wirkt im Vergleich zum Gegenstand des Streitgesprächs wie eine Karikatur
der jüdischen Kasuistik."
[88] Vgl. Lührmann, Speisen (s. Anm. 54) 86: "Gegenüber der Ausgangssituation V.1f, *wie* zu essen sei,
kommt (erst in V.19 - d. Vf.) das Problem in den Blick, *was* gegessen werden darf."
[89] Der Evangelist hat das Thema "Überlieferung der Alten" schon vorgefunden. In den von vielen zu
Recht als redaktionell erachteten V.3f (ebenso wohl im überleitenden V.8: "Überlieferung der Menschen") greift es auf, er bringt es aber nicht selbst erst in die Tradition ein, wie z.B. die Erläuterung in
V.11 und die Verallgemeinerung in V.13b zeigen, die auf seine Hand zurückgehen; außerdem wird der
V.15 in V.(6f.8.)9-13 anders als im markinischen V.19c nicht torakritisch beansprucht (s. dazu im Text).
Vgl. zur Frage der markinischen Redaktionstätigkeit Booth, Jesus (s. Anm. 56) 33ff; Vouga, Jésus (s.
Anm. 57) 71f.79ff; Weiß, Lehre (s. Anm. 21) 77ff.
[90] Vgl. dazu nur Lührmann, Speisen (s. Anm. 54) 80f. Daß V.9-13 früher als V.6f dem Text zugewachsen
sind, meint Weiß, Lehre (s. Anm. 21) 73, der zudem vermutet, die Tradition V.6f sei von Markus hinzugefügt worden (77f). Einen engen Zusammenhang zwischen V.5(b+c) und V.9-13a erkennt Hübner,
Gesetz (s. Anm. 5) 142ff; doch war diese Verbindung, anders als Hübner sie sieht, nicht ursprünglich gegeben, sondern ist erst im weiteren Verlauf der Überlieferung hergestellt worden, weil der Vorwurf V.5b
kaum zum ältesten Bestand des Streitgesprächs gehört (vgl. oben bei Anm. 57).

Die Stoßrichtung des eingeschobenen oder wahrscheinlicher angehängten[91] Zusatzes ist deutlich: Die Überlieferung steht im Widerspruch zum Gebot bzw. Wort Gottes (V.9.13), wie die eine exemplarisch genannte belegt (V.10ff). Mit dem geschriebenen wird gegen das mündliche Gesetz polemisiert, und unter die verworfene Paradosis fällt eben auch die Vorschrift das Wie des Essens betreffend, obwohl diese keinem Gesetzesgebot *widerstreitet*. Die Anfangssituation (in V.1f.5c) wird lediglich als Aufhänger für weiterreichende Erörterungen in Anspruch genommen, die Reinheitsproblematik tritt in den Hintergrund. Das wirkt sich auch auf den mittradierten V.15 aus. Er verliert vordergründig an Bedeutung, ist nur noch Teil, vermutlich Anfang einer längeren Rede Jesu und bezieht sich zunächst auf das "Essen mit unreinen Händen", also nicht unmittelbar auf die "Überlieferung der Alten", sondern auf eine dieser zuzurechnenden Bestimmung. Wiederum kommt im neuen Zusammenhang das abgrenzende Element des V.15 zum Tragen; er exemplifiziert die pauschale Absage an die Überlieferung, die nicht im Einklang mit dem Willen Gottes steht. Zugleich aber fügt sich auch die positive Aussage des antithetischen Verses in den Kontext ein. Wie in diesem die Paradosis mit dem göttlichen Gebot konfrontiert wird, so verweist V.15b auf das, worauf es ausschließlich ankommt. Erst recht paßt das Wort mit seiner Unterscheidung von Außen und Innen gut zu dem mit Jes 29,13 untermauerten Vorwurf (V.6f.8). Trotz der gesteigerten antijüdischen Polemik auf dieser Überlieferungsstufe wird das alte Logion nicht *tora*kritisch ausgewertet.

Der Evangelist hat in 7,1-23 einen großen Abschnitt zum Thema "Reinheit und Unreinheit" gestaltet und zu diesem Zweck das vorgefundene Traditionsstück redaktionell bearbeitet.[92] Die in der Situationsschilderung und im Gegnervorwurf angesprochenen Fragen sind für seine Adressaten nicht mehr relevant. Was die Pharisäer wie angeblich "alle Juden" (V.3) tun, erklärt Markus so, als handele es sich um exotische Bräuche (V.3f). Er greift aus der Rede Jesu das einer Aktualisierung am ehesten zugängliche und nicht unbedingt auf ein jüdisches Gegenüber angewiesene Wort heraus, macht es mit sicherem Gespür für seine Auslegungsfähigkeit zum einzigen Inhalt einer weiteren Rede - nun an das herbeigerufene Volk, nicht an die Gegner gerichtet - und leitet diese mit dem Aufruf zum Hören und Verstehen gewichtig ein (V.14f). Inwieweit die beiden angeschlossenen, einer gesonderten Jüngerunterweisung vorbehaltenen Auslegungen des V.15 (V.18f.20-23) vorgeprägtes Gut aufnehmen, sei dahingestellt.[93] Für den Evangelisten jedenfalls wird jetzt das Wort von Jesus selbst definitiv interpretiert. Das geschieht zuerst anknüpfend an V.15a, den Gedanken, daß

---

[91] Ich rechne nicht damit, daß V.(6f.8.)9-13 in einen Streitgesprächszusammenhang V.5.15 "eingeschoben" wurden (so Weiß, Lehre [s. Anm. 21] 73f). Die Ausführung des neuen Themas wird vielmehr an V.15 angehängt, also V.5b+c chiastisch in V.15 und V.(6f.8.)9-13a aufgenommen worden sein.

[92] Zu den redaktionellen Elementen vgl. die in Anm. 89 erwähnten Autoren.

[93] Vgl. zu dieser Frage Booth, Jesus (s. Anm. 56) 49ff.71ff; Klauck, Allegorie (s. Anm. 54) 263.267ff.

nichts von außen den Menschen verunreinigen kann, auf eine "primitiv-rationalistisch"[94] anmutende Weise: Was man zu sich nimmt, geht nur in den Bauch und den Abort, tangiert nicht die Person selbst. Daraus zieht der Erzähler, nicht in einem Wort Jesu, doch im Sinne der von Jesus vorgetragenen Erläuterung den Schluß, es gebe keine unreinen Speisen mehr (V.19c). Mit V.15 wird hier nicht gegen die Paradosis und für die Tora argumentiert, sondern dezidiert gegen Gebote der Tora. Eine innerchristlich einmal umstrittene Position, die Freiheit von den jüdischen Speisegeboten, kann sich also auf Jesus berufen. Markus vermerkt das ausdrücklich, doch fast beiläufig. Wesentlicher als die Speisefrage und somit die Abwehr jüdischer Anschauungen scheint ihm im Blick auf die Gemeinde die Auslegung der zweiten Hälfte des V.15 zu sein, die in V.20ff erfolgt. Das aus dem Menschen hervorgehende Böse in seinen mannigfachen Formen als Gesinnung und Tat, das ist es, was ihn verunreinigt. Diese im abschließenden V.23 bekräftigte ethische Interpretation der Reinheitsfrage, die im hellenistischen Judentum vorbereitet ist, zeigt, daß die im alten Jesuswort formulierte Einsicht, was nämlich den Menschen in Wahrheit unrein macht, bleibende Gültigkeit beanspruchen kann,[95] auch wenn der abgrenzende Aspekt des Wortes, der in der vormarkinischen Überlieferung das Übergewicht hatte und in V.18f noch aufgearbeitet wird, nicht mehr aktuell ist.

Im Rückblick bleibt festzuhalten: Die einzelnen Überlieferungsstufen nehmen das Wort Jesu in recht verschiedener Weise auf. Mit ihm wird eine in Kreisen des zeitgenössischen Judentums übliche Sitte verworfen, es verweist auf den Willen Gottes im Rahmen einer Polemik gegen die über das geschriebene Gesetz hinausgehende Überlieferung, streitet insofern für die Achtung des Gesetzes, aber es dient auch dazu, die Außerkraftsetzung von Geboten des Gesetzes zu rechtfertigen, ohne doch im Gegenzug die eigentliche Intention des Gesetzes zur Geltung bringen zu wollen.[96] Durchgehend wird die kritische Komponente des Logions berücksichtigt. Das geschieht anfangs in eher restriktiver, dann zunehmend extensiver Auslegung, freilich - sieht man von seiner stützenden Funktion für die Erörterungen in V.6-13 ab - insgesamt eingeengt[97] auf das Wie und Was des Essens. Die positive Aussage der zweiten Hälfte des V.15 rückt erst auf der letzten Überlieferungsstufe wieder in den Vorder-

---

[94] Haenchen, Weg (s. Anm. 52) 265.
[95] Vgl. Lührmann, Speisen (s. Anm. 54) 87f; ders., Mk (s. Anm. 21) 129.
[96] Gegen Dautzenberg, Gesetzeskritik (s. Anm. 9) 59f; der Verweis auf V.20-23 genügt nicht, denn "Grundlage der Reihe" in V.21f "ist ... bei Mk nicht der Dekalog" (Lührmann, Speisen [s. Anm. 54] 88 Anm. 60). Anders verhält es sich in Mt 15,19 (Gnilka, Mk [s. Anm. 53] 285 meint allerdings, hier sei nur "die Angleichung an den Dekalog stringenter durchgeführt").
[97] Nach dem oben Ausgeführten muß die Auslegung allein auf die Frage des Essens hin mit Gnilka, Mk (s. Anm. 53) 277.285 als Einschränkung beurteilt werden (vgl. auch z.B. Merkel, Jesuswort [s. Anm. 52] 351f; Kümmel, Reinheit [s. Anm. 53] 119; Klauck, Allegorie [s. Anm. 54] 269), was natürlich nicht gilt, wenn man die Ausgangssituation V.1f (das Wie des Essens) mit der das Wort aktualisierenden Erörterung des Problems, was gegessen werden darf, vergleicht (zu Lührmann, Speisen [s. Anm. 54] 86).

grund. Das Logion, bei Jesus selbst kein eigentliches "Kampfwort",[98] wohl eines, das mit seiner jüdisch schwer oder gar unerträglichen Entwertung der rituellen Reinheitsbestimmungen als Kampfansage empfunden werden konnte, wird dann tatsächlich als Kampfwort eingesetzt und schließlich Teil der ethischen Gemeindebelehrung. Alle in Mk 7,1-23 belegten Aktualisierungen haben sachlich Anhalt am Wort Jesu, auch die in V.19 gezogene Folgerung,[99] denn sie orientieren sich am Richtungssinn des Wortes.

Wer nach Jesu Verhältnis zum Gesetz fragt, kommt nicht umhin, die Einzeltraditionen auf ihre Authentizität hin zu untersuchen. Das solcher Prüfung standhaltende Logion Mk 7,15 zeugt nicht von einer ungebrochenen Torakonformität Jesu. Darüber hinaus kann über den Grad der von Jesus *intendierten* Kritik verläßlich nicht entschieden werden: Stand Jesus trotz der allgemeinen Formulierung des Wortes dem Reinheitsgesetz nur zurückhaltend gegenüber, übertrat er es etwa von Fall zu Fall im Dienst der Deklassierten und Leidenden[100] bzw. wollte er es um derentwillen übertreten wissen? Oder lehnte er es grundsätzlich ab und war sich vielleicht sogar bewußt, einen "geradezu revolutionären Gedanken"[101] auszusprechen? Auf sichererem Boden steht man, wenn man die bei Markus erreichte Traditionsstufe betrachtet mit ihrer "prinzipielle(n) Abrogation des Ritualgebotes".[102] Hier liegt der Sache nach ein Bruch mit dem uns bekannten Gesetzesverständnis des antiken Judentums vor.[103]

Das gewählte Beispiel - wieweit es repräsentativ ist, will ich offenlassen - zeigt, daß der Schritt von einem zweifellos gebrochenen Verhältnis zu wesentlichen Teilen des Gesetzes (V.15a), bedingt durch die Ansprüche der nahenden Gottesherrschaft (Ausdruck dessen ist V.15b), hin zum Bruch mit diesen Teilen des Gesetzes, sollte er denn nicht schon bei Jesus selbst getan worden sein, doch ein Schritt in die von ihm eingeschlagene Richtung war. Zumindest im Blick auf den herausragenden Beleg Mk 7,15 darf man deshalb fragen, wie sinnvoll es ist, auf der Alternative zu beharren, ob er einen grundsätzlichen oder bloß ungrundsätzlichen Widerspruch gegen jüdische

---

[98] Dagegen spricht z.B. Merkel, Jesuswort (s. Anm. 52) 351 im Anschluß an eine von ihm dokumentierte (347ff) Auslegungstradition von einem "torakritische(n) Kampfwort des irdischen Jesus". Er selbst hält aber V.15b für sekundär (vgl. Anm. 61).

[99] Mit Lührmann, Speisen (s. Anm. 54) 92 Anm. 75: "Sicherlich ist der Schluß, wie ihn Mk am Ende von 7,19 zieht, nicht illegitim"; Schenke, Urgemeinde (s. Anm. 53) 191 (zu seiner Rekonstruktion der ursprünglichen Überlieferungseinheit vgl. Anm. 53): "Der Evangelist trifft mit seinem ins Positive gewendeten Kommentar 7,19c den Sinn des negativ formulierten Traditionsstückes durchaus".

[100] Das erwägt Luz, Gesetz (s. Anm. 3) 60.

[101] Schrage, Ethik (s. Anm. 6) 68.

[102] Luz, Gesetz (s. Anm. 3) 118, der hinzufügt, daß Jesus diese prinzipielle Abrogation "wohl noch nicht kennt".

[103] So Dautzenberg, Gesetzeskritik (s. Anm. 9) 59. Zu der dort (59f) folgenden Einschränkung ("In der Sicht des Markus und seiner Tradition aber setzt Jesus aufgrund seiner Autorität nur bestimmte Gebote außer Kraft, um die eigentliche Intention des Gesetzes ... zur Geltung kommen zu lassen.") vgl. jedoch Anm. 96.

Toraobservanz bezeugt, und eine solche Unterscheidung dem *Wort* gegenüber für angemessen zu halten; denn der Weg bis zu Markus verläuft ohne Bruch mit dem Wort Jesu, so sicher er auch über Stationen führt, die keinen grundsätzlichen Konflikt mit der Tora erkennen lassen.

Diskussion

Holtz: Die Frage muß lauten, ob der Jude Jesus die gesellschaftliche Norm verlassen konnte oder nicht. Wenn nun - nachösterlich - über sein "Judentum" diskutiert wird, dann wirkt diese Auseinandersetzung anachronistisch.

Taeger dazu: Man müsse bei der "Norm" bedenken, daß nicht immer alle der für eine Gemeinschaft bestehenden Möglichkeiten auch realisiert werden.

Müller: Die exegetische "Normaldiskussion" stelle Jesus dem "Judentum" gegenüber. Zur Zeit Jesu gebe es aber nur "Judentümer". Wenn man frage, was das jüdisch "Mögliche" sei, so sei auf Grund des vielfältigen Materials immerhin ein gewisser Vergleich möglich.

Dautzenberg: Zu der Frage, ob die Einstellung Jesu zum Gesetz bzw. sein Toragehorsam eine urchristliche Wirkungsgeschichte gehabt habe bzw. ob man sich auf sein Beispiel berufen habe, könne man auf Röm 15,7f verweisen. Dort interpretiere Paulus nach einer Debatte über die Gemeinde beunruhigende Differenzen betr. Rein und Unrein das Wirken Jesu als eines "Dieners der Beschneidung" heilsgeschichtlich, während die "Schwachen" in der Gemeinde sich für ihre Praxis wahrscheinlich auf das Beispiel des Toragehorsams Jesu berufen haben.

Müller: Unter "Gesetz" im Syntagma "Gesetz und Propheten" von Lk 16,16 ist nicht die gelebte Tora zu verstehen.

Maier: Zum Verhältnis von "Reich Gottes" und "Gesetz": Königsherrschaft Gottes wird von der Begriffskomponente "Herrschaft - Ausübung des Willens eines Herrschers" her in der Zeit des 2. Tempels allgemein als Durchsetzung der Tora aufgefaßt. Also ist die Gegenüberstellung von "Reich Gottes" und Tora problematisch. Hinter Mk 7,1f werde das Problem der Abgrenzung von Gruppen sichtbar; die Abgrenzung provoziere eine harte Gegenreaktion wie Mk 7,15.

Taeger: Mk 7,15 sei in der Tat nicht eindeutig.

Zwischen Gesetz und Freiheit.
Überlegungen zu einer Antinomie bei Jesus und Paulus

Peter Trummer, Graz

I. Zur Hermeneutik eines Begriffs

1. Semantisches

Jede/r von uns kennt eine solche Situation: Wir haben die Orientierung verloren, finden uns nicht mehr zurecht, sei es im Wald, im Nebel, im Gebirge, im nächtlichen Straßengewirr. Das ist bedrückend, kann ganz schön Angst machen, trotz aller Erfahrung und Routine. Aber allmählich klärt sich etwas auf: Eine bekannte Silhouette wird sichtbar, die vorsorglich mitgeführte Karte bietet einen Anhaltspunkt, doch am besten ist immer ein Mensch, der sich dort auskennt, verläßlich weiterhilft. Und genau das meint das *hebräische* Verb, das hinter unserer Gesetzesfrage steht, nämlich ירה (jarah).[1] Es ist kein sehr altes Wort, sondern u.a. erst mittelhebräisch und jüdisch-aramäisch belegt, und es heißt soviel wie 'verkünden, lehren, unterweisen'. Vom Inhalt her transportiert es vor allem Lebensweisheit, praktische Erfahrung, konkretes Wissen. Eine sehr klassische, modellhafte Situation seiner Vermittlung ist die Beziehung von Vater und Sohn[2] bzw. von Lehrer und Schüler. Aber auch als Gebetsbitte begegnet die Metapher, z.B. in den Klageliedern: Gott selbst möge den rechten Weg zeigen.[3] In kultischen Fragen hingegen ergeht die Weisung unmittelbar von den Priestern.[4] - Das ist der breite Kontext jenes Wortfeldes, dem unser Begriff Tora (תורה) angehört, und es ist von Anfang an fraglich, ob wir dies überhaupt jemals richtig verstehen können, wenn wir dabei ungeniert vom "Gesetz" reden. Das trifft scheinbar und am ehesten vielleicht noch in kultischen Fragen zu, geht aber - wohl auch dort schon - am weisheitlichen Aspekt des Themas ziemlich weiträumig vorbei. Jedenfalls gehört die Pragmatik des Verbs, der "Sitz im Leben", in einen pädagogischen, didaktischen, katechetischen Zusammenhang oder wie immer man dies bezeichnen will, und sinnigerweise hat auch der Lehrer (מורה) sprachlich eng damit zu tun.[5] Das Judentum charakterisiert sich überhaupt gerne unter dem Bild eines Weges,[6] der gefunden und gegangen werden soll, eine Sicht, die auch das frühe Christentum noch eine Zeitlang

---

[1] Im Lexikon als ירה III angeführt. Vgl. S.Wagner, in: ThWAT III, 920-930.

[2] Z.B. Spr 4,3f.1O.

[3] Vgl. z.B. Ps 27,11; 86,11. Beispiele nach S. Wagner, ebda. 923ff.

[4] Vgl. z.B. Lev 10,11; 14,57.

[5] Vgl. S. Wagner, ebda. 921.

[6] Z.B. versteht sich die ganze Halacha als ein solcher (von הלך, gehen), ähnlich דרך, der Weg (von דרך, gehen). Vgl. auch K.Koch, in: ThWAT II, 293-312.

als Selbstbezeichnung führte,[7] bevor schließlich in Antiochien der Name "Christen" aufkam.[8]

Doch um zur eingangs beschriebenen Situation zurückzukehren: Selbstverständlich muß jemand, der einen Weghinweis bekommen hat, meistens doch noch selbst seinen Weg antreten, um zum gewünschten Ziel zu gelangen, und dabei kann noch immer etliches Unvorhergesehene passieren. Ein Erdrutsch oder eine Lawine können den Weg verschütten. Sogar mitten im trockensten Wadi kann zuzeiten ein Wildbach daherstürzen und zu weiten Umwegen zwingen, plötzlich kann ein wildes Tier den Weg verstellen, von Umleitungen und Unfällen im Straßenverkehr einmal abgesehen. Und für Ausrüstung, Verpflegung und Kondition u.a.m. hat in der Regel sowieso ein jeder selbst Sorge zu tragen. Und um es gleich vorwegzunehmen: Im Hinblick auf eine religiöse Weisung kann es wohl gar nicht anders sein. Das wird auch in der Gesetzesfrage zu berücksichtigen sein.

Oder ein anderes Beispiel, vermutlich selbst noch nicht ganz so erlebt, aber zumindest anschaulich und nachvollziehbar, wenigstens auf anderer Ebene. Da sollen irgendwo Weideplätze verteilt werden, möglichst gerecht und friedlich, also ohne Gewalt. Und nach dem Vorbild Abrahams sagt ein Hirte zum anderen: Gehst du links, gehe ich rechts oder umgekehrt (vgl. Gen 13,9). Keine leichte Entscheidung für die Betroffenen, denn zum Kalkül der fetteren Weiden und besseren Tränken kommen noch das Problem der Himmelsrichtungen und die Seite der bösen Geister, die lieber nicht beim Namen genannt wird.[9] Was ist demnach besser: Soll und kann man dem anderen den Vortritt lassen oder gleich offen zu den eigenen Wünschen stehen? - Aber ist die Sache einmal entschieden, so könnten doch, zumindest in unseren Augen, noch genügend Verwicklungen auftauchen. Denn solange beide Hirten auf Sichtweite bleiben, kann es schon geschehen, daß ein Abrahamschaf bei Lots Herde mitgrast und/oder vice versa. Die beiden Hirten würden jedoch deswegen noch keine Verbotsschilder aufstellen, weder zum Stacheldraht noch zum Brenneisen greifen, um die Besitzverhältnisse ein- für allemal klarzustellen.

Mit diesem vorgeschlagenen Bild liegen wir ganz nahe am griechischen Verb νέμειν, das soviel wie 'zuteilen' heißt.[10] Wiederum ist das semantische Feld sehr eindeutig identifizierbar: Es geht um das gute Verteilen der Weidefläche (νομή), und jener, der dort und davon lebt, ist ein Nomade (νομάς), wie die Numider insgesamt, bzw. Hirte

---

[7] Die Christen sind z.B. nach Apg 9,2 "die des Weges Seienden" (οἱ τῆς ὁδοῦ ὄντες).
[8] Vgl. Apg 11,26.
[9] Es ist die "bessere" Seite (ἀριστερός), die "honorigere" (εὐώνυμος/εὐωνύμιος), die Seite mit dem "guten Namen", was beides sehr euphemisch gemeint ist, nachdem das Unglück immer von links kommt. Vgl. H.G.Liddell/R.Scott, A Greek-English Lexicon, Oxford [9]1940, s.v.
[10] Vgl. H.Frisk, Griechisches etymologisches Wörterbuch II, Heidelberg [2]1973, 302ff.

(νομεύς), und was das Ganze regelt, heißt νόμος, 'Brauch, Sitte, Satzung' und so ähnlich.[11] Wozu uns wieder nur das "Gesetz" als einzige Übersetzungsmöglichkeit einfällt.

Noch eine dritte Szene: Da wird im Volk oder im Senat über anstehende Probleme diskutiert, Argumente werden vorgebracht und gesammelt, und was schließlich in diesem Prozeß der Meinungsbildung herauskommt, ist die *lateinische* lex, die auf der Bedeutung des griechischen und lateinischen λέγω/lego fußt,[12] also auf dem Vorgang der Rede und des Auslesens basiert, jedenfalls zunächst und im Grunde ein zutiefst demokratisches Geschehen darstellt. Und so sehr wir heute vielleicht "römisch" und "Kaiserreich" (womöglich sogar deutscher Nation) assoziieren mögen, dem römischen Staatswesen ist eine monokratische, monarchische Struktur ursprünglich so wesensfremd,[13] daß es mindestens anderthalb Jahrhunderte braucht, um sich auch nur einigermaßen daran zu gewöhnen. Nicht umsonst überwiegt von Cäsar bis Domitian der Mord unter den Regenten den natürlichen Tod.

Und ein weiteres ist anzumerken: Das, was ein "göttlicher" Augustus von sich geben kann, ist nach der Sprache des NT nicht schon ein νόμος, ein "Gesetz", sondern ein δόγμα, eigentlich eine "Meinung" (von δοκέω), also im speziellen Fall ein "Erlaß", wie z.B. der Census im Weihnachtsevangelium sinnigerweise genannt wird (Lk 2,1), d.h. irgendeine jener "Verordnungen" des Kaisers, "wogegen die Christen handeln, weil sie sagen, daß ein anderer König sei, nämlich Jesus" (Apg 17,7).[14] Diese von Juden in Thessaloniki vor der römischen Behörde vorgebrachte Anklage macht übrigens ersichtlich, daß die christlich-jüdische Gesetzesdiskussion insgesamt auch einen gewichtigen staatspolitischen Aspekt enthält und nicht nur auf einen theologischen, rein religiösen Disput reduziert werden darf. Bevor daher die christlichen Leser/innen aus der alleinigen Perspektive des NT ein zu negatives Bild der jüdischen Gegnerschaft, besonders Paulus gegenüber, erschließen: Das Judentum war sicherlich nicht grundlos darüber besorgt, daß eine durch Judenchristen entstehende Unruhe auch die eigene, fast offiziell anerkannte und seit Cäsar zum Teil sogar privilegierte Stellung in der römischen Gesellschaft[15] gefährden könnte. Sein Widerstand gegen die "gesetzesfreie" paulinische Missionstätigkeit ist nicht nur Verstocktheit und Feindschaft, wie Christen es womöglich gerne sehen möchten, sondern wohl auch der verständliche

---

[11] Vgl. ebda. 302.
[12] Vgl. R.Klotz, Handwörterbuch der lateinischen Sprache II (Nachdruck), Graz [7]1963 s.v.
[13] Vgl. auch M.Grant, Roms Cäsaren. Von Julius Caesar bis Domitian (dtv 1762), München 1983, 52f (speziell zum Tod Cäsars).
[14] Die Szene wird von der Apg in Thessaloniki lokalisiert, ist aber wohl für die gesamte Missionssituation typisch.
[15] Vgl. Jos. Ant. XIV, 185-267 (XIV, 10, 1-26). Vgl. den Text bei E. Niese, Bd. 3, Berlin 1892, 220-231 und die Übersetzung von H. Clementz, Des Flavius Josephus Jüdische Altertümer, Bd. 2, Wiesbaden o.J., 237-250.

und berechtigte Kampf um das eigene kollektive Überleben unter den gegebenen politischen Bedingungen.

Und weil wir schon beim politischen Bezug des Themas sind: Die rechtlichen Verhältnisse im Römischen Reich sind keineswegs so starr, wie wir öfters vermuten möchten, sondern können sich ziemlich schlagartig ändern, weil die Befehle des Imperators eben dessen persönliche Willensäußerungen sind, die unter Umständen mit seinem Tod sistiert sind. Prinzipiell schaffen zwar auch die Verfügungen des Prinzeps neben dem ordentlichen Recht der Verwaltung - besonders im Strafrecht - ein außerordentliches (ius extraordinarium). Und auch dieses gilt über den Tod des Herrschers hinaus, dennoch hat es eine eigene Qualität gegenüber dem Ius ordinarium, weil es im Gegensatz zu diesem jederzeit wieder aufhebbar ist.[16] Das spielt auch in der ntl. Zeitgeschichte des öfteren mit. Als z.B. der jugendliche Hitzkopf Gaius Caligula die Aufstellung seines Standbildes im Tempel von Jerusalem mit militärischer Gewalt erzwingen wollte, kollaborierte der syrische Legat Petronius, der mit der Durchführung dieses Auftrags betraut war, mit den Juden. Er war nämlich von deren gewaltlosem Widerstand so beeindruckt (sie verweigerten sogar die Frühjahrsaussaat!), daß er den Kaiser von seinem Vorhaben abbringen wollte, was ihm den Befehl zum Selbstmord einbrachte. Doch zum Glück war der Bote mit der Nachricht von der inzwischen erfolgten Ermordung des Kaisers schneller als jener mit dem "schwarzen" Brief[17], womit das ganze Unternehmen hinfällig war. Oder Paulus braucht nur den Tod des Klaudius, dessen Edikt die Juden aus Rom vertrieben hatte (Apg 18,2), abzuwarten, um mit dem Regierungsantritt des jungen Nero endlich seine schon lang gehegten Rompläne (Röm 15,22ff) zu verwirklichen, u.a.m.[18]

Ungeachtet dieser sprachlichen Vorgeschichte scheint das Stichwort "Gesetz" - zumindest innerhalb der deutschsprachigen Theologie - unvermeidlich zu sein, wenn

---

[16] Vgl. H. Bengtson, Grundriß der römischen Geschichte (HAW III. 5), München ³1982, 273.

[17] Vgl. Jos. Ant. XVIII 8,2-9; Jos. Bell. II 184-203 (I 219-221) und meinen Beitrag: Gewaltloser Widerstand in ntl. Zeit. Und was daraus zu lernen ist, in: ders. (Hg.), Gedanken des Friedens (Grazer Theologische Studien 7) Graz: Institut für Ökumenische Theologie und Patrologie an der Universität Graz 1982, 165-201, 186f.

[18] Auch eine andere biblisch einschlägige Episode verdient eine besondere Erwähnung: Als Aretas IV. spät, aber doch, an seinem Exschwiegersohn Herodes Antipas Rache dafür nahm, daß er seine Tochter Saudat verstoßen hatte, sahen sich die Römer zum Eingreifen genötigt. Die Vorgeschichte: Antipas wollte unbedingt seine Nichte, die Frau seines Halbbruders Philippus heiraten (wobei ihm die Aretastochter jetzt im Wege stand), was ihm den Tadel des Täufers einbrachte und diesen schließlich den Kopf kostete (Mt 14,3-12 parr). Die Römer hingegen mußten den Herodianer vor der jahrelang vorbereiteten militärischen Attacke des Aretas in Schutz nehmen (möglicherweise spielt schon das Jesusgleichnis Lk 14,31, wonach ein König gegen den anderen in den Krieg zieht, darauf an), doch läßt der Tod des Tiberius im März 37 die römische Strafaktion gegen die nabatäische Hauptstadt Petra plötzlich enden. Sein Nachfolger Gaius Caligula verzeiht dem Aretas (Jos. Ant. XVIII 109-162). Vgl. dazu meinen Betrag: Neutestamentliche Zeitgeschichte aus östlicher Perspektive. Die Nabatäer, in: ders., Aufsätze zum NT (Grazer Theologische Studien 12) Graz: Institut für Ökumenische Theologie und Patrologie 1987, 207-220; 216f.

das Evangelium, die Gnade, der Geist oder die Freiheit möglichst kontrastreich beschrieben werden sollen.[19] Um so verwunderlicher ist es, daß die deutsche Sprache an sich so lange ohne dieses Wort auskommen konnte. Es ist keine althochdeutsche, sondern erst *mittelhochdeutsche Wortschöpfung*, nach M. Lexer erstmals belegt im Jahre 1383.[20] Das Wort hat mit "setzen, pflanzen" zu tun, signalisiert also irgend etwas Beruhigendes, wie wir auch heute noch mit der Redewendung ausdrücken: Er/sie sei "gesetzter" geworden, d.h. nicht mehr so fahrig, flatterhaft (wobei die Assoziationen dazu je nach Geschlecht verschieden ausfallen können). Das "Gesetz" oder "Gesetze", wie es ursprünglich auch heißen kann,[21] bedeutet eine 'Festlegung, eine Satzung', etwas Verbindliches, Dauerhaftes, wie etwa eine Ehe. Aber es beschreibt nicht einfach ein Tun, ein Machen, sondern auch ein Vorgegebenes, das ich zur Kenntnis nehmen kann, geschehen lassen kann. Die späteren theologischen Kontroversen um Gesetzesfrömmigkeit oder "Werkerei" würde ich von mir her damit nicht ohne weiteres verbinden. Aber es kann durchaus sein, daß das damals noch relativ junge deutsche Wort die Diskussionen in der Reformationszeit nur noch mehr beflügelte.

2. Kulturgeschichtliches

Die zuerst vorgeschlagenen Orientierungshilfen zum Thema Gesetz haben eines gemeinsam: Sie stammen aus der Zeit *vor* dem Buchdruck, der nicht nur die gesamte Kultur, sondern auch und vor allem unser Thema in einer folgenschweren Weise beeinflußt hat, ein Umstand, der im folgenden zu bedenken ist.

In einer *nomadischen* Kultur kann Recht nur etwas sein, was so klar und einprägsam ist, daß es von allen Entscheidungsträgern leicht behalten werden kann, wozu vor allem die Reihentechnik von Sätzen gute Dienste leistet, denn Siebener-, Zehner- oder Zwölferreihen sind einfach leichter zu merken als detaillierte Anwendungsfälle und Paragraphen. Und selbst beim Übergang zu einer *schriftlichen* Überlieferung bleibt es beschränkt, wo und wie ein Gesetzestext hinterlegt werden kann. Denn sicherlich wird mit einer Stele, die drei Tagereisen entfernt ist, anders umgegangen als mit einem Kodex,[22] der ständig zur Hand ist. Doch verzerren wir von unseren heutigen Bibliotheks- und Kommunikationsmöglichkeiten her die Sicht der Antike und des Mittelalters meist gröblich. Die Herstellung von Handschriften war eine äußerst

---

[19] Vgl. z.B. R. Mau, Gesetz V, in: TRE 13, 82-90; H.-M. Barth, Gesetz und Evangelium I, ebda. 126-142.
[20] Vgl. Ders., Mittelhochdeutsches Handwörterbuch I, Leipzig 1897, 911. - Vgl. auch J./W. Grimm, Deutsches Wörterbuch 4.I.2, Leipzig 1897, 4070. (Die sehr weit zerstreuten Belege bei W. Müller/F. Zarncke, Mittelhochdeutsches Wörterbuch II/2, Leipzig 1866, 345 könnten eventuell noch ein präziseres Bild der deutschen Wortgeschichte erbringen, doch ist hiefür hier nicht der Ort).
[21] Auch bei Luther. Vgl. J./W.Grimm, ebda. 4070.
[22] Seine Erfindung ist übrigens zeitlich und sachlich eng mit der Sammlung und Kanonisierung der ntl. Schriften verbunden, während das Judentum an den Rollen festhielt. Vgl. auch B.M.Metzger, Der Text des NT, Stuttgart 1966, 6.

aufwendige Sache und mit hohen Kosten verbunden,[23] was die tatsächlich produzierbare Textmenge und deren Verbreitung erheblich einschränkt. Wir sollten selbst das Kursieren der biblischen Schriften nicht überschätzen. Es ist fragwürdig, ob in ntl. Zeit kleinere Synagogengemeinden mehr zur Verfügung hatten als gerade die Tora, die Psalmen und eine Jesaja-Handschrift.[24] Und selbst dort, wo die frühjüdische nachbiblische Überlieferung so ersichtlich anwächst, wie in den großen Sammlungen von Mischna, Talmud und anderem, bleibt immer noch die Frage, wer denn überhaupt ein solches Kompendium besitzen kann und ob ein in Spanien befindliches Exemplar einem babylonischen gleicht, selbst wenn beide getreulich vom selben Original abgeschrieben wurden. Denn dort, wo mit Texten gelebt und gearbeitet wird, geschehen unweigerlich auch Eingriffe in dieselben. Eine oberste Instanz hingegen, welche die unterschiedlichen Rezensionen wieder vereinheitlichen könnte, fehlt oder ist auch gar nicht nötig, denn meist handelt es sich ja gar nicht um jene Materie, die wir als "Gesetz" bezeichnen, sondern eher um Gewohnheit, Brauchtum und Sitten, und die sind ja nicht völlig unbeeinflußt vom Wechsel der Zeiten und Umgebungen.

Der *Buchdruck* hingegen suggeriert plötzlich etwas anderes. Jetzt gibt es mit einem Mal gleich mehrere hundert identische Exemplare, die zwar auch viele Fehler haben können, wie das erste griechische NT, das Erasmus 1516 mehr überstürzte als edierte,[25] aber sie sind alle wenigstens gleich, ja werden sogar bisweilen mit denselben Fehlern noch nachgedruckt,[26] was um so erstaunlicher ist, nachdem damals noch jede Seite neu gesetzt werden mußte. Auch für das Judentum verändert die Schwarze Kunst das Leben. Der "gedeckte Tisch" (Schulchan ʿArukh)[27] des 1575 in Safed/Zefat verstorbenen spanischen Juden Rabbi Joseph Karo wird so etwas wie der "Katechismus" des Judentums und - sogar entgegen der Absicht seines Verfassers - zur Verstehensregel der gesamten Tradition, zum "papierenen Papst".[28] Jetzt verstärkt sich auch für Außenstehende der Eindruck, das Judentum sei sehr am Buchstaben orientiert, gleiche sich in allem und jedem. Doch selbst die römische Kirche des Mittelalters, die

---

[23] Dies sei mit der Einschränkung mitgeteilt, daß die Umrechnung der antiken Währung und ihrer Kaufkraft auf heutige Verhältnisse große Probleme macht. Doch sind z.B. die Gestehungskosten einer ntl. Prachthandschrift, wie des Sinaiticus, plausiblerweise mit mehr als einer ganzen Lebensarbeit zu veranschlagen, nämlich mit 30.000 Denaren, das sind im - etwas diachronen - Vergleich ungefähr 40 Jahreslöhne eines römischen Legionärs. Vgl. B.M. Metzger, Text (s. Anm. 22) 16, unter Hinweis auf J.R. Harris, New Testament Autographs, in: AJP 3 (1982), Suppl. Nr. 12, 1-54, 23.
[24] Vgl. R. Riesner, Jesus als Lehrer. Eine Untersuchung zum Ursprung der Evangelien-Überlieferung (WUNT II/7), Tübingen 1981, 146, unter Hinweis auf C. Perrot, La lecture de la Bible. Les anciennes lectures palestiniennes du Shabbat et des fêtes (Collection Massorah I/1), Hildesheim 1973, 135-137, 193.
[25] Vgl. W.G.Kümmel, Einleitung in das NT, Heidelberg [20]1980, 479.
[26] Vgl. B.M. Metzger, Text (s. Anm. 22) 103.
[27] Vgl. z.B. die zweisprachige Ausgabe von S. Ganzfried mit der Übersetzung von S. Bamberger: Kizzur Schulchan Aruch, Basel o.J.
[28] Vgl. J.J.Petuchowski, in: ders./C.Thoma, Lexikon der jüdisch-christlichen Begegnung, Freiburg 1989, 367-371, Zitat 369.

einiges mehr an Organisationstalent und -ambitionen mitbrachte als das Judentum, lebte mit den Varianten der ambrosianischen und gallikanischen Liturgie, von der sonstigen Volksfrömmigkeit noch gar nicht zu reden.

Aber: Je mehr Papier beschrieben werden kann, um so geistloser scheinen sich die Menschen zu gebärden. Wo die Antike mit dem göttlichen "Welt*gesetz*"[29] noch vor allem sinnvolle Ordnung und Schönheit (κόσμος) ausgedrückt sehen kann, worin auch Überraschendes und Wunderbares seinen natürlichen und selbstverständlichen Platz hat (was z.B. die Wunderfrage damals und heute grundlegend unterscheidet[30]), etabliert sich spätestens seit Newton und Descartes eine mechanistische Sichtweise, die keine Ausnahmen von ihren formulierten Regeln mehr gelten lassen will und Mensch und Natur nach dem Modell von Maschinen denkt und verstehen möchte. Aber die Natur "gehorcht" diesen von Menschen eruierten und festgelegten "Gesetzen" nicht unter allen Umständen, sondern geht oft weit über sie hinaus, "transzendiert" sie also und weiß z.B. auch durch Quantensprünge und scheinbares Chaos neue Prozesse in Gang zu setzen, von denen sich der Mensch zuvor gar keine Vorstellungen machen konnte.

Analog zu diesem starren naturwissenschaftlichen Weltbild hat sich auch im Konzept des menschlichen Gehorsams der Blick sehr verengt. Doch als Abraham seiner inneren Berufung zu Selbstabgrenzung und Emigration folgte, war er noch weit entfernt von jenen gedanklichen Zuspitzungen, welche auch die christliche Tradition - oder was allgemein dafür gehalten wird - heute noch sehr prägen, obwohl sie nicht das Gesamtbild darstellen:[31] Augustinus, die Benediktinische Mönchsregel mit ihrer Identifikation von Abt und Gott und dem Gehorsam als Verzicht auf den eigenen Willen, Ignatius mit seinem jesuitischen Papstgehorsam, der neuzeitliche Absolutismus, die kantianische Ethik mit ihrer Betonung von Gesetz und Pflicht.[32] All dies hat auch in der heutigen Kirche und Theologie nachhaltige Spuren hinterlassen. Und seit der französischen Revolution hat sich der ganze Fragenkomplex noch durch die erstmalige Einführung der allgemeinen Wehrpflicht erheblich verschärft. Denn innerhalb der militärischen Struktur kommt jetzt etwas hinzu, was in einer spirituellen Hierarchie weit weniger der Fall war, daß nämlich meist sehr niedrige Bildungsschichten die Befehle der höheren auszuführen hatten. In diesem Fall erschien manchen eine eher unbedachte schlichte Befehlsausführung noch als die günstigste Voraussetzung für ein reibungsloses Funktionieren des - an sich nicht gerade denkfreudigen - Machtappa-

---

[29] Vgl. z.B. den Zeushymnus des Kleanthes.
[30] Weil in der Bibel selbst das "Natürlichste", wie Wachsen und Reifen, Regen und Sonne, als sehr "wunderbar" eingestuft wird.
[31] Vgl. zum Folgenden die Belege bei Ch. Walther, Gehorsam, in: TRE 12, 148-157, 150f.
[32] Vgl. ebda. 152.

rates.[33] Für solche Gedankengänge war auch das religiöse Denken, besonders in faschistischen Zeiten, durchaus anfällig. Und um das Thema vorläufig abzuschließen: Daß die Grammatik der Elektronik eine äußerst vereinfachende und simple ist, hat sich schon herumgesprochen. Doch für eine sinnvolle "Gesetzesobservanz" ist gewiß mehr erforderlich als das bloße Abchecken von Plus, Minus oder Unentschieden. Menschen jedoch können und dürfen nicht einfach "funktionieren".

3. Die Autorität der Weisung

Wenn wichtige Sätze einmal in einem Buch festgeschrieben sind und dieses dann sogar noch als heilig und kanonisch gilt, erübrigt sich anscheinend jede weitere Frage nach der Autorität und Geltung dieser Grundsätze und Gesetze, weil ja das Ganze nur "von Gott" sein kann. Jedoch erweisen sich solch fundamentalistische Absichtserklärungen als nicht sehr tragfähig. Denn wie kommen Menschen überhaupt jemals dazu, etwas als "göttlich" zu verstehen? Offenbarungen und Anordnungen Gottes fallen ja nicht einfach vom Himmel, sondern können nur von Menschen als solche gefunden und "er-funden" werden. Und dies geschieht meist in einem sehr vielschichtigen Prozeß, der viele Überlegungen, Zweifel, Reflexionen und Argumente einschließt. Und selbst wenn etwas als noch so unzweifelhaft, objektiv und sicher von außen oder von oben auf den Menschen zukäme, es könnte von ihm - und sei er noch so begnadet und außergewöhnlich - immer nur entsprechend seinen eigenen kulturellen Kapazitäten, persönlichen Erfahrungen, Ausdrucks- und Assoziationsmöglichkeiten aufgenommen und verstanden werden. D.h. jedes noch so "Göttliche", Objektive ist nur in einer sehr persönlichen, subjektiven und geschichtlichen Interpretation zugänglich, und diese Tatsache verschwindet ja nicht schon allein dadurch, daß sie rundweg geleugnet wird.

Die Glaubensquellen selbst hingegen belehren uns eines Besseren. Wenn der biblische Mensch in seinem Inneren die Stimme Gottes zu vernehmen glaubt, ist er trotz der gewählten literarischen Form: "So spricht der Herr" noch kein reiner Rezipient. Er liefert nicht die Würde seiner Person ab, er "unterwirft" sich nicht, wie wir häufig mißverstehen, "in blindem Gehorsam". Sondern das biblische Verb ὑπακούω meint: ich höre von (ὑπό) jemandem, höre mit meinem Ohr (in ἀκούω steckt οὖς, das Ohr). Und wir wissen eigentlich besser als alle Zeiten vor uns, daß dieses Hören nur in einer sehr eigentümlichen Weise geschehen kann, z.B. in einer logarithmischen Transformation und Nervenleitung der Schallwellen, weil alles übrige außerhalb unserer physiologischen Möglichkeiten läge bzw. diese mit einem Mal zerstören würde. Und wie sehr gerade die eigenen Emotionen filtern und färben, zeigen uns beispielhaft mo-

---

[33] Nach einer verbreiteten bösen Redewendung sollten selbst die Landser des 2. Weltkrieges das Denken lieber den Pferden überlassen, weil diese größere Köpfe hätten.

derne Experimente hinsichtlich der Klangfarben bzw. Obertonreihen: Noch bevor überhaupt ein einziges Wort gehört und verstanden wird, entscheidet bereits das "Ansprechen" des Instruments, in unserem Fall also die jeweilige menschliche Stimme, die Körpersprache und das nonverbale Setting insgesamt, ob und welche Verständigung zwischen Menschen überhaupt möglich wird oder nicht. Was früher einfach als "Sympathie" oder "Antipathie" bemerkt wurde, läßt sich heute zum Teil recht exakt vermessen. Auch die religiöse Betrachtung des Themas sollte an diesen Tatsachen nicht vorbeigehen.

Etwas nach einem intensiven inneren Dialog als den "Ruf Gottes" (z.B. Röm 11,29; Phil 3,14) zu vernehmen, kann das Leben vor bedeutsame Veränderungen stellen, und die können schwer genug und auch mit vielen - sogar eigenen(!) - Widerständen verbunden sein, die um so größer sind, je mehr ein Mensch sich selbst entfremdet ist. Dennoch ist in diesem Zusammenhang einem ungemein hartnäckigen Mißverständnis zu wehren: Auch "Gott" kann den Menschen nicht zu etwas "berufen", was diesem grundsätzlich fremd wäre. Denn es ist niemals gut und menschenwürdig, die eigene Wahl und Entscheidung abgeben zu sollen und an höhere Autoritäten zu delegieren. Denn auch die so zustande gekommenen Entscheidungen haben ihre Konsequenzen, und diese sind in jedem Fall von einem selber zu tragen und zu verantworten. Sich vermeintlich oder real durch höhere Gewalt zu etwas "gezwungen" zu sehen, was nicht auch und letztlich dem eigenen Wesen voll und ganz entspricht, kann nur verhängnisvoll werden, muß hochgradige Aggressionen schaffen, selbst wenn der Druck gleichsam "von ganz oben" kommt, noch so gut gemeint oder notwendig erscheint, oder was immer zur Entschuldigung der solchermaßen mißachteten Personwürde ins Treffen geführt werden mag. Die Wirklichkeit jedenfalls zeigt recht paradoxe Phänomene. Häufig nämlich ist extremer religiöser Eifer in der Praxis mit ziemlicher Gewalt gepaart, und stehen neben ganz frommen Vorstellungen von Gott als dem obersten Gesetzgeber und Richter auch ziemlich unvermittelt hochaggressive Phantasien vom Tod Gottes oder zumindest seines Gesandten oder Sohnes, was das Ganze zu keiner sehr glücklichen Kombination macht, auch nicht in Bezug auf die zuvor strapazierten "göttlichen" Gesetze.[34]

Doch um nicht mißverstanden zu werden: Nicht der Tod Jesu an sich steht hier zur Debatte, sondern der traurige Tatbestand, daß die Sinnhaftigkeit dieser tiefen und "am eigenen Leib" mitfühlenden Solidarität Gottes mit unserem Todesschicksal nicht einmal mehr im christlichen Denken als wohlwollend und wohltuend nachempfunden werden kann. Vielmehr werden auch dort negative Denkmuster bevorzugt, wonach Gott diese "Satisfaktion" für *seine* große Beleidigung durch die menschliche Sünde

---

[34] Vgl. auch G.Theißen, Psychologische Aspekte paulinischer Theologie (FRLANT 131), Göttingen 1983, 248-252.

notwendig gehabt hätte. Über Gott selbst können solche Rechenexempel wohl nur wenig aussagen, doch decken sie das Innerste des Menschen auf. Denn anscheinend können die mit einer ständigen Fremdbestimmung verbundenen menschlichen Frustrationen und Aggressionen gar nicht mehr anders artikuliert werden, als über Gedankengänge, wonach jetzt auch *Gott* in irgendeiner Weise "verletzt" oder "getötet" (also beseitigt) werden *"muß"*, eine Art von Destruktion, die für ein tieferes Verständnis unserer eigenen Erlösung insgesamt keine gute Voraussetzung bildet - und von einem christlichen Gottesbild noch weit entfernt ist.

Biblische Berufung bzw. das Hören und Befolgen des Rufes kann also immer nur etwas sein, was dem Menschen und seinen Möglichkeiten voll und ganz entspricht und dem er in einer eigenen freien Entscheidung auch innerlich zustimmen kann. Ja der Mensch selbst muß das Urteil darüber fällen und verantworten, ob er das Gehörte als wesensgemäß und "göttlich" oder als Versuchung und folglich als "diabolisch" bzw. "teuflisch" einschätzen will. Der Appell an die göttliche Herkunft des Vernommenen reduziert demnach nicht die Eigenständigkeit und das damit verbundene Risiko des menschlichen Gehörs. Und doch bringen Menschen bei letzten Entscheidungen immer mit Recht auch Gott ins Gespräch, um sich einem allzu groben Zugriff von außen zu entziehen, um dem Urteil und der Repression ihrer Umgebung einen inneren Widerstand entgegen zu setzen und die Würde und die ureigenen Möglichkeiten ihrer Person zu verteidigen. Aber dieser religiöse Rekurs geschieht vor einem inneren Forum, fällt in den Bereich des Gewissens, und es ist noch nicht automatisch gesagt, daß damit alle Versuche einer Einflußnahme und Repression seitens der Gesellschaft schon abgetan sind, auch dort nicht, wo solche persönlichen Freiräume formell verbrieft sind.

Von diesen Voraussetzungen her gesehen, sollten wir auf der Hut bleiben und jedenfalls kein Gehorsamskonzept in die biblischen Texte hineinlesen, das die Urteilskraft und Entscheidung des Menschen in irgendeiner Weise herabmindert. Und wenn dies manchmal versucht wurde, dann ist spätestens nach den verheerenden Erfahrungen im Dritten Reich der Gegenbeweis erbracht. Und daß auch, streng theologisch gesehen, immer schon etwas anderes gemeint und beabsichtigt war und ist, zeigt bereits die christologische Diskussion rund um das Konzil von Chalzedon, welche jede Subordination Christi ausschließt und so das Verhältnis von *wesensgleichen* Personen zum Modell des göttlichen Dialogs erklärt. Das hat natürlich auch Folgen für jede menschliche Interaktion, weil jede Christologie oder Theologie eigentlich Soteriologie bedeutet, ja eine auf den letzten Nenner gebrachte Anthropologie meint, welche immer etwas mehr von den Möglichkeiten des Menschen aufzeigt, als er im Augenblick gerade wahrnimmt. So fiel in der Kulturgeschichte des Abendlandes gerade der theologischen Diskussion die Aufgabe zu, die absolute, unbedingte *Personwürde jedes*

Menschen klären zu helfen. Und dies bedeutete einen wesentlichen Fortschritt gegenüber einer antiken Philosophie, in der die vorbehaltlose menschliche Personalität (z.B. auch für Frauen, Kinder, Unfreie) noch keineswegs selbstverständlich war. Aber auch die Theologie brauchte dazu die intensive Denkarbeit mehrerer Jahrhunderte (und wie zäh sich Widerstand bemerkbar machen kann, erleben wir auch heute wieder in der Frauenfrage). Doch erst wenn menschliche Beziehungen nicht mehr nach dem Modell einer Hierarchisierung verstanden werden, eröffnet sich ein Zugang zu dem, was mit Dialog, Mitmenschlichkeit und Gemeinschaft eigentlich gemeint ist. Dies gilt einschließlich der menschlichen Gottesbeziehung, die nur auf einem freien Hören von Person zu Person gründen kann. Ein dreifaltiger Gott nämlich, der die Personwürde (auch die des Menschen!) mißachten würde, wäre ein Widerspruch in sich.

4. Das Gesetz und die Gesetze

Nicht nur die Zuweisung von Regeln und Grundsätzen an letzte Autoritäten fällt im Grunde genommen immer an die Eigenverantwortung des Menschen zurück. Darüber hinaus hat sich jede/r selbst ein Urteil darüber zu bilden, ob eine ausdrückliche Regel im speziellen Fall auch wirklich anzuwenden ist, und wenn dies zutrifft, wie sie dann, den Umständen und Möglichkeiten entsprechend, in der adäquaten und besten Weise zu erfüllen sei. Dabei ist sicherlich bei jeder Anwendung nach mehr zu fragen als nach dem Wortlaut des Gesetzes, denn jede allgemeine Regel erfährt erst in der konkreten Praxis ihre Sinnhaftigkeit, ihre Zuspitzung, oder - wenn man so will - eine "Fokussierung" und "Verschärfung". Und darauf zielt auch jene literarische, prophetische Redeweise, wie sie in den Antithesen der Bergpredigt begegnet.[35] Das heißt aber nicht, daß Jesus vor allem daran lag, die Tora möglichst zu "verschärfen" und gegenüber einer laxen Auslegung besonders schwer erfüllbar zu machen. Das möchten Stellen wie Mt 11,30; 23,4 ja gerade ausschließen. Doch jede Regelanwendung, die konstruktiv und mit eigenem Engagement geschehen soll - und einzig eine solche ist sinnvoll - geht wieder an die Wurzel (radix) der Regel selbst zurück, "radikalisiert" sie also von neuem. Und sie muß es auch, denn es könnte je nach den Umständen auch sein, daß sogar mehrere Grundsätze und Richtlinien im konkreten Fall zusammentreffen und alle einzeln und miteinander berücksichtigt werden wollen. Ja dies wird sogar meistens der Fall sein, wo sich ein Mensch nicht mit einer einseitigen Sicht der Dinge und mit einer monokausalen Welterklärung zufrieden gibt. Und unter Umständen kann trotz aller widersprüchlichen Gesichtspunkte und Interessen in Sekundenschnelle eine Entscheidung, ein Handlungsimpuls notwendig sein, wenn z.B. in Katastrophen und bei Unfällen eine rasche Reaktion gefragt ist oder eindeutig ent-

---

[35] Vgl. z.B. I. Broer, Freiheit vom Gesetz und Radikalisierung des Gesetzes. Ein Beitrag zur Theologie des Evangelisten Matthäus (SBS 98), Stuttgart 1980.

schieden werden muß, wem als ersten geholfen werden soll und wer folglich - wenigstens vorerst - ohne Hilfe bleiben muß. Wobei dies durchaus Fragen auf Leben und Tod sein können. Es genügt also nicht, eine ganze Gesetzessammlung in einfacher Testform mit Ja oder Nein abzufragen, sondern wahrhaft sittliches Handeln muß über alle Einzelgebote hinaus auch und vor allem die Gesamt- und Grundintention der Weisung im Blick haben und möglichst phantasievoll und schöpferisch in die Tat umsetzen. Und diese Entscheidung kann wieder nur auf der eigenen freien Wahl jedes einzelnen basieren. Das steht nicht im Widerspruch zur Bibel, selbst wenn wir in ihr noch nicht alle heutigen Wertvorstellungen von Individualität, politischer und sozialer Freiheit ausgesprochen und verwirklicht sehen. Allerdings ist auch davon meist mehr vorhanden als ein flüchtiger Blick zunächst wahrnehmen möchte.[36] Und daß es trotz aller Einzelheiten immer wieder um das Ganze der Weisung geht, scheint auch Paulus zu wissen, wenn er in seiner Ausdruckweise ganz eigenartig differenziert:[37] "Das *ganze* Gesetz" (ὁ πᾶς νόμος) ist für ihn mit einem einzigen Satz, mit einem einzigen Wort "erfüllt" (πεπλήρωται), nämlich im Gebot der Nächstenliebe (Gal 5,14). Umgekehrt behauptet derselbe Paulus aber auch, daß ein Beschnittener verpflichtet ist, "das *ganze* (d.h. jedes einzelne) Gesetz" zu tun (ὅλον τὸν νόμον ποιῆσαι - Gal 5,3). Wozu er schon in Gal 3,10ff die Behauptung aufstellt, daß dies in der Praxis niemals zutreffen kann. Aber auch unabhängig von dieser wichtigen paulinischen Prämisse (oder eher sogar seinen Konklusionen aus der Betrachtung des Todes Jesu) ist leicht ersichtlich, daß auf eine konkrete Situation niemals alle Einzelgebote zutreffen können, daß also die Erfüllung des Gesetzes als Totalität von genauen einzelnen Handlungsabläufen gar nicht möglich und sinnvoll sein kann.

5. *Die Zwiespältigkeit des Gesetzes*

Gesetze für das Zusammenleben scheinen notwendig zu sein, sind mehr oder weniger gut, sinnvoll, ja sogar "göttlich".[38] Aber ob sie die Menschen wirklich besser machen, ist nicht erwiesen. Denn die Orientierung an den Regeln kann eine sehr zwiespältige Sache sein, zumindest was die Verbote betrifft. Sie nützen unter Umständen sogar

---

[36] Noch immer wird die Übersetzung von 1 Kor 7,21 mit "auch wenn du frei werden kannst, lebe lieber als Sklave weiter" (so die Einheitsübersetzung) kolportiert, obwohl der Sinn nur sein kann: "Wenn du aber frei werden kannst, gebrauch es lieber (für Gottes Ruf)". Vgl. dazu meinen Beitrag: Die Chance der Freiheit. Zur Interpretation des μᾶλλον χρῆσαι in 1 Kor 7,21, in: Bib. 56 (1975) 344-368. - Ähnliches gilt übrigens auch für die Übersetzung der ἰσότης in 2 Kor 8,13f; Kol 4,1. Sie meint die "Gleichheit", nicht nur einen "Ausgleich" (wie die Einheitsübersetzung 2 Kor 8,13f wiedergibt). Und im Zusammenhang mit der Sklavenparänese von Kol 4,1 deutet die offizielle Übersetzung dasselbe Wort sehr diffus mit "was (recht und) billig ist", weil ihr die Gleichheit (von Herren und Sklaven!) in diesem Zusammenhang viel zu radikal erscheint bzw. die Gleichheit erst als Parole der französischen Revolution angesehen wird, obwohl sie ntl. eindeutig belegt ist.
[37] Vgl. auch H.Hübner, νόμος, in: EWNT II, 1158-1172, 1169.
[38] Vgl. auch Röm 7,12, wo Paulus für das Gesetz sogar die Gottesprädikate "heilig, gerecht, gut" verwendet.

wenig bis gar nicht, bewirken möglicherweise nur noch mehr Neugierde, Herausforderung, Begehren, da ist nicht einmal der Dekalog ausgenommen.[39] Warnungen, Verbote oder Sicherheitsvorkehrungen können sich bisweilen tatsächlich sehr gegenteilig auswirken. So ist in amerikanischen Supermärkten beobachtet worden, daß die Kunden um so mehr stehlen, je perfekter die Kontrolleinrichtungen ausgebaut sind, weil sich der menschliche Geist dann erst recht mit diesen messen will. Das kann uns schon zu denken geben.

Aber in einer noch viel komplexeren Art und Weise kann mich die Orientierung an Verboten am Sinn meines Lebens und an wahrer Sittlichkeit vorbeiführen. Ich kann mich sehr wohl bemühen, in keinem Gebot oder Verbot schuldig zu werden, und angenommen, dies könnte mir tatsächlich gelingen, ich wäre schon allein dadurch am Leben schuldig geworden, daß ich es zu nichts anderem gebraucht bzw. mißbraucht habe, als eben nicht schuldig werden zu wollen. Und würde ich von allen Geboten gerade eines als besonders wichtig herausheben und als das "oberste und erste Gebot" bezeichnen und stilisieren, ich hätte fast die Garantie darauf, daß es gerade dieses Gebot ist, über das ich stolpern muß.

Steht aber der Sinn aller Gebote zusammen auf dem Spiel, also das, was ihre Gesamtheit ausmacht, und nicht irgendwelche Einzelbestimmungen, ist also Liebe gefragt, nicht Nächstenliebe ganz allgemein und abstrakt, sondern Liebe, konkret und zugeschnitten auf einen realen Menschen und eine bestimmte Situation, kann es sehr wohl einmal angebracht sein, gegen den Wortlaut eines Einzelgebotes anzutreten, gegen irgendein Gebot sogar ausdrücklich zu verstoßen, um dem Mitmenschen und seiner Situation, ja auch mir selbst und der mir gestellten Aufgabe gerecht zu werden, was abschließend an einem jesuanischen Beispiel einsichtig gemacht werden soll. Doch sind zuvor noch einige weitere Aspekte des Themas wenigstens kurz anzudeuten.

6. Freiheit vom Gesetz als Bindung an die Liebe

Der "Sitz im Leben" der frühchristlichen Gesetzesdiskussion ist ein ganz eindeutiger. Nicht geht es dabei darum, die Geltung des Dekalogs für Christen abzuschaffen, obwohl auch dort der Sinn der Gebote im einzelnen durchaus zu bedenken ist, wozu z.B. die jesuanischen Antithesen (Mt 5,21-48) anregen wollen. Vielmehr wird die Gesetzesfrage in Sachen der praktischen kirchlichen Gemeinschaft akut. Denn wie kann zwischen Heiden- und Judenchristen Kontakt und (möglichst Mahl-) Gemeinschaft entstehen oder beibehalten werden, wenn letztere an der Geltung der jüdischen Le-

---

[39] Vgl. Röm 7,7.

bensweise strikte festhalten wollen? Doch das, was wir heute vielleicht eher als eine bloß soziologische Eigenart einer Gruppe und damit als relativ unerheblich einschätzen möchten, ist dort eine unbedingte religiöse Verpflichtung, die kaum einen Spielraum zuläßt. Denn das Judentum mußte sich schon allein aufgrund seiner besonderen politischen Situation und der daraus sich ergebenden ungünstigen Machtverhältnisse besonders streng von allem Nichtjüdischen abgrenzen, um die eigene Identität zu wahren, und die war vor allem durch die Religion gewährleistet. Was jetzt auch gegenüber den Heidenchristen wirksam wird und die Gemeinschaft der einen Kirche aus Juden und Heiden bedroht, wenn sich die Heidenchristen nicht der jüdischen Sitte unterwerfen (vgl. Gal 2,11-14). Die Frage ist in der Tat nicht leicht zu lösen, denn schließlich stehen diese besonderen jüdischen Verhaltensnormen zum Großteil schon in der Tora, die jetzt auch von den Christen als Heilige Schrift übernommen wird, oder sie werden wenigstens stringent aus ihr abgeleitet. D.h. diese Regeln sind nach allgemeinem christlichen - und nicht nur jüdischen(!) - Verständnis verbindliche Vorschriften *Gottes*, und es ist wahrlich nicht leicht zu begreifen, wieso bestimmte biblische Sätze für die einen schon derogiert sein sollen, während sie für die anderen weiterhin in Geltung bleiben müssen. Dafür ist ein gewaltiger theologischer Argumentationsaufwand nötig, und im Grunde genommen dient fast die gesamte paulinische Theologie dazu, diesen Regeln gegenüber mehr Freiheit und Handlungsspielraum zu gewinnen. Was allerdings nicht die jeweils eigene Willkür begründen soll, wie Paulus so oft unterstellt wurde, sondern ein gemeinsames Tun und vor allem kirchliche Mahlgemeinschaft über die vormals so wichtige Grenzziehung zwischen Juden und Heiden hinweg zu ermöglichen sucht.

Und dennoch erscheint es als fast aussichtslos, die Gesetzesfrage und den paulinischen Durchbruch für die Gesamtkirche nur auf dem Hintergrund des damaligen Judentums verstehen zu wollen. Vielmehr geht es dabei um die ganz allgemein menschliche Frage, wie wir überhaupt sinnvoll mit Regeln umgehen können. Und möglicherweise sind es gar nicht so sehr die "göttlichen" Gesetze, welche all unsere Lebensäußerungen rundherum einschränken, sondern die *eigenen*, vor allem emotionalen Grundsätze, die wir nach unseren kindlichen Ersterfahrungen bereits in einer vorbewußten Entwicklungsphase als letzte, oberste, scheinbar unumstößliche Wertungen und Urteile ausprägen und meist ein ganzes Leben lang beibehalten und verbissen in Form von Glaubenskämpfen gegen alle Welt verteidigen, selbst dann noch, wenn im Erwachsenenalter unsere kleinkindlichen Strategien längst nicht mehr angemessen sind. Allerdings ist der Übergang von diesen - zum Großteil - unbewußten Regeln und den von außen und oben übernommenen Vorschriften hin zu einem selbständigen freien Handeln meist ein sehr mühsamer persönlicher Reifungsprozeß. Doch nur dadurch läßt sich der für jeden Menschen notwendige Schritt von der

Knechtschaft an dunkle Mächte hin zur Freiheit und Würde einer eigenständigen Person wirklich nachvollziehen. Erst auf der Basis einer persönlichen Bewußtwerdung und einer damit verbundenen ethischen Emanzipation kann überhaupt erst Verantwortung gesehen und übernommen werden, werden übrigens auch die Mitmenschen und die Umwelt insgesamt aus ihrer zuvor objekthaften Rolle und Funktion entlassen, welche sie nur als Erfüllungsgehilfen der eigenen Regeln und Grundsätze "benützen" konnte. Und deswegen muß jeder Mensch irgendwann einmal seine ganz persönliche Weltsicht und das damit verbundene Regelsystem in Frage stellen, damit die Mitmenschen, ihre Eigenheiten und Bedürfnisse erstmals realistisch *wahr*genommen werden können. Was wiederum eine von "Vor-Urteilen" möglichst ungetrübte Wahrnehmung der eigenen Person und der äußeren Wirklichkeit voraussetzt. Doch nur dadurch kann echte Mitmenschlichkeit gelebt und freies verantwortliches Handeln praktiziert werden, während vorher trotz aller Anstrengungen und mit viel gutem Willen nur Regeln exekutiert wurden und die Menschen auf der Strecke bleiben mußten.

Daß auch im persönlichen Bereich diese unbedingt erstrebenswerte christliche "Freiheit vom Gesetz" (vgl. Gal 5,1) nicht eigene Rücksichtslosigkeit begründen kann und soll, versteht sich von selbst (vgl. Gal 5,13f), sondern es geht darum, über alle bisherigen Regeln hinweg zu wahrhaft liebevollem Handeln aus ganzem Herzen zu reifen.

7. *Das "innere Gesetz"*

Menschliche Freiheit meint die bewußte Wahl, die abwägende, verantwortliche Entscheidung, die von den vielen Möglichkeiten die eine wählt und die andere(n) folglich ausschließt. Diese Freiheit ist nicht zu verwechseln mit dem verhängnisvollen Versuch, alles immer offen lassen zu wollen, Entscheidungen überhaupt zu vermeiden, nur weil man deren Konsequenzen fürchtet.[40] Auch eine lang hingezogene Nichtentscheidung ist bereits de facto eine eindeutige Wahl und hat ebenso ihre logischen Folgen. Deswegen ist es wichtig, möglichst kongruente Entscheidung zu versuchen und d.h. die eigenen Grundintenionen und Möglichkeiten wahrhaft zu erkennen und in Gang zu setzen, jedoch die Wege und Mittel dazu gegebenenfalls auch zu adaptieren und zu modifizieren. Ja nötigenfalls ist der Weg insgesamt nochmals zu korrigieren, obwohl dies immer nur mehr ein sehr eingeschränkter Entscheidungsversuch sein kann. Denn das Leben selbst zieht durch den irreversiblen Zeitenlauf eindeutige Grenzen, legt den Menschen immer mehr eindeutig fest und bindet ihn. Und deswegen hat jede freie menschliche Wahl immer nur einen sehr begrenzten Entfaltungsraum. Daher tut sie gut daran, an schon Bewährtem Maß zu nehmen, nicht völlig

---

[40] Vgl. auch R. Mehl, Freiheit V, in: TRE 11, 511-533, 525.

außerhalb aller menschlichen Lebensmöglichkeiten zu agieren. Was auch die Gebote als generelle Leitlinien veranschaulichen wollen. Doch selbst diese Grund-Sätze können es dem einzelnen nicht abnehmen, gerade jene spezifischen Möglichkeiten zu erkennen und zu verwirklichen, die dem eigenen Wesen und folglich auch der mitmenschlichen Gemeinschaft und der Welt insgesamt am besten entsprechen. Diese richtige eigene Wahl ist auch deswegen so wichtig, ja lebensnotwendig, weil erfahrungsgemäß die Lebenskraft eines Menschen auf die Dauer und unter Belastungen nur daraus gespeist werden kann, daß er gerade das verwirklicht, was ihm und nur ihm allein ganz unverwechselbar entspricht. Er kann dies zwar mehr oder weniger frei wählen, aber diese Wahl ist ihm schicksalhaft auf Gedeih und Verderben aufgetragen, fordert ihn heraus, macht ihn zu dem, was er eigentlich ist, "verpflichtet" ihn, jetzt aber nicht von außen als Zwang, sondern von innen her als wesensgemäß. Und wahrscheinlich ist gar nicht mehr genau zu unterscheiden, ob es sich dabei um Freiheit und Eigeninitiative oder Notwendigkeit und Bindung handelt, weil der Mensch dabei dem "Gesetz" des Herzens gehorcht, nicht den äußeren Verhältnissen. Religiös ausgedrückt, sind wir damit wieder beim "Ruf Gottes", bei der göttlichen Berufung, dem ewigen Gesetz angelangt, das nur in der Konkretheit eines Einzellebens verwirklicht werden kann.

II. Gesetzesübertretung als Erfüllung des Gesetzes, oder: Jesus und die blutende Frau (Mk 5,25-34 parr) [41]

1. Die Texte

Die Geschichte ist sehr einschlägig und reizvoll für unser Thema. Auch sie kann zwar den Problemen nicht entgehen, welche eine Rückfrage nach dem historischen Jesus insgesamt so schwierig machen, jedoch trifft sie punktscharf den Nervus rerum. Sie ist keine Heilungsgeschichte unter vielen anderen ihresgleichen, sondern geradezu einzigartig. Sie verhandelt einen Gesetzeskonflikt von ungeheurem Ausmaß. Allerdings wird dieser in der Auslegung so gut wie nie bemerkt, weil schon das NT die Erzählung dermaßen verpackt hat, daß sie gar nicht sonderlich auffällt. Die Heilung der blutenden Frau ist mit einer zweiten Geschichte kombiniert, nämlich mit der Aufer-

---

[41] Eine ausführliche Exegese dazu findet sich in meinem Buch: Die blutende Frau. Wunderheilung im NT, Freiburg 1991. Die Gesetzesthematik allerdings ist hier breiter als dort abgehandelt, wo es vor allem um die Zusammenhänge von Heil und Heilung geht. -
Die Perikope erfreut sich übrigens gerade in der letzten Zeit eines zunehmenden Interesses, besonders von Exegetinnen: Vgl. M. Fander, Die Stellung der Frau im Markusevangelium unter besonderer Berücksichtigung kultur- und religionsgeschichtlicher Hintergründe (MThA 8), Altenberge [2]1990; M. J. Selvidge, Woman, Cult, and Miracle Recital. A Redactional Critical Investigation on Mark 5,24-34, Lewisburg 1990; L. Fatum, En kvindehistorie om tro og køn (Eine Frauengeschichte über Glauben und Geschlecht), in: DTT 52 (1990) 278-299. Bei aller Unterschiedlichkeit im persönlichen Augenmaß und Arbeitsstil haben die hier genannten Arbeiten einen deutlichen gemeinsamen Duktus, der auf eine effektive Befreiung der Frau und eine völlig neue Sicht des NT insgesamt zielt.

weckung der Jairustochter. Und in der Tat sind die Hörer- und Leser/innen nach der flehentlichen Bitte eines Synagogenvorstehers für seine sterbenskranke (Mk 5,23) oder schon tote (Mt 9,18 /Lk 8,42) Tochter sehr gespannt, was da wohl geschehen werde, so daß die blutende Frau, die dazwischentritt, fast als Störung empfunden wird. "Die könnte ja wohl etwas warten, wenn rasches Handeln Jesu gefordert ist", wäre nur eine sehr verständliche Reaktion. Doch was da so nebenbei erzählt wird, ist äußerst wichtig und wäre möglicherweise als einziger Gegenstand einer Perikope auch gar nicht verkraftbar. Also empfiehlt sich die Verflechtung mit einer anderen Geschichte, die thematisch (zwei Frauen) und stichwortmäßig (12 Jahre) gut dazu paßt. Doch auch bei dieser Kombination und Verschachtelung bleibt einiges recht merkwürdig.

Die kürzeste Fassung der Erzählung bietet Mt. Er hat es geschafft, die Mk-Vorlage (Mk 5,25-34) auf ein Drittel zu kürzen, so als ob er sich gar nicht zu lange bei diesem Thema aufhalten möchte (Mt 9,20ff). Worum geht es? Es handelt sich um eine blutende Frau, im Griechischen um eine γυνὴ αἱμορροοῦσα, die schon 12 Jahre an ihrer Krankheit leidet. Mit dem Stichwort der "Blutflüssigen" wird ein wichtiger Kasus der atl. Reinheitsvorschriften aufgegriffen, nämlich Lev 15,33. Und dieser Wortlaut bei Mt ist nicht erst dessen eigene nachträgliche Angleichung an das AT, sondern bereits der älteste Evangelist hatte bei seiner Krankheitsbeschreibung in Mk 5,25 die recht ungewöhnliche Formulierung gewählt: καὶ γυνὴ οὖσα ἐν ῥύσει αἵματος ("und eine Frau, seiend im Fließen des Blutes"). Und dieser mk Text, den übrigens auch Lk 8,43 wörtlich zitiert, stimmt bis auf das dritte und vierte Wort wörtlich mit Lev 15,25 überein. D.h. bereits der älteste Evangelist hatte bei der Themenangabe dieser Heilungsgeschichte sehr bewußt den atl. Wortlaut anklingen lassen, weil es sich dabei nicht nur um irgendeine besonders unangenehme Form einer Erkrankung handelt, sondern weil diese Geschichte sogar den intimsten Kern der atl. Reinheitsvorschriften berührt, deren Zentrum Lev 15 darstellt.[42] Alle drei Synoptiker also zitieren einleitend entweder breit und ausdrücklich (wie Mk/Lk) oder wenigstens implizit (wie Mt) ein wichtiges Thema des AT. Den Rest müssen die Leser/innen selber wissen bzw. kombinieren.

---

[42] Sie reichen zunächst von Lev 11-15 ("Reinheitsgesetze") - zuerst die unreinen Tiere (Lev 11), die Wöchnerin (Lev 12), der Aussatz (Lev 13/14), geschlechtliche Unreinheiten (Lev 15) -, in Lev 16 folgt die Ordnung des Versöhnungstages, der das Herzstück kultischer Entsühnung darstellt, und daran schließen sich die Bestimmungen von Lev 17-26 ("Heiligkeitsgesetz") an, zuerst Bluttabu und Inzestverbote (Lev 17/18), dann Kultisches und Soziales, todeswürdige Verbrechen: Kindopfer, Totenbeschwörung und Wahrsagerei, Unzucht (Lev 19/20), Vorschriften für Priester (Lev 21/22), Festverordnungen und Feiervorschriften (Lev 23/24), Sabbat- und Jubeljahr (Lev 25) und abschließend Segen und Fluch (Lev 26).

Eine jüdische Frau, welche die Menses hat, ist unrein und damit unberührbar. Nach archaischem Recht steht auf Geschlechtsverkehr während der Regel für beide die Todesstrafe (Lev 18,19.29; 20,18), nach der milderen Fassung von Lev 15,24 (also in unserem einschlägigen Kapitel) bringt ein solcher Verstoß nur mehr sieben Tage Unreinheit ein. (Daß hier einiges ungereimt ist, hängt damit zusammen, daß die Endredaktion nicht alle Spannungen zwischen den ursprünglichen Traditionsstücken bereinigt hat.) Bis zu welchen Konsequenzen eine solch kultische Unreinheit bei der Frau führen kann, ist bei den Anweisungen für die Wöchnerin nachzulesen (Lev 12,1-8): Auch die Geburt, bei der ja Blut fließt, macht unrein, bei einem Knaben sieben Tage (am achten Tag ist die Beschneidung), bei einem Mädchen das Doppelte, und anschließend muß die Frau beim Knaben noch dreiunddreißig Tage wegen ihrer Reinigungsblutungen zu Hause bleiben, bei einem Mädchen gilt auch hier wieder das zweifache Maß, und d.h. die Frau darf nichts Heiliges berühren und nicht zum Heiligtum kommen. (Unser christlicher Festkalender hat diese Zeiten übrigens noch sehr genau bewahrt, wie am zeitlichen Abstand von Weihnachten und Mariä "Reinigung" oder Lichtmeß abzusehen ist.) Das die Reinigungszeit abschließende Opfer besteht in jedem Fall - also bei Knaben und Mädchen - aus einem einjährigen Schaf als Brandopfer und einer jungen Taube oder Turteltaube als Sündopfer, welche die Frau zum Priester am Eingang des Offenbarungszeltes zu bringen hat, dessen Darbringung sie dann entsühnt und vom Blutfluß reinigt. Für den Fall, daß sie das Schaf nicht finanzieren kann, genügen auch zwei Turteltauben oder zwei junge Tauben, eine als Brandopfer, eine als Sündopfer. (Nach Lk 2,24 trifft letzteres auch für Jesus zu.) Soweit die Bestimmungen von Lev 12,1-8.

Die Unreinheit einer blutenden Frau bleibt nicht auf sie beschränkt, sondern ist nach Lev 15,19-24 streuungsfähig, ja geradezu epidemisch: "Wer sie (nämlich eine unreine Frau) berührt, ist unrein bis zum Abend. Alles, worauf sie sich in diesem Zustand legt, ist unrein; alles, worauf sie sich setzt, ist unrein. Wer ihr Lager berührt, muß seine Kleider waschen, sich im Wasser baden und ist unrein bis zum Abend. Wer irgendeinen Gegenstand berührt, auf dem sie saß, muß seine Kleider waschen, sich im Wasser baden und ist unrein bis zum Abend." So gefährlich also ist jeder leiseste Kontakt. (Einiges erinnert fast an Aids.) Und V. 24: " Schläft ein Mann mit ihr, so kommt die Unreinheit ihrer Regel auf ihn. Er wird für sieben Tage unrein. Jedes Lager, auf das er sich legt, wird unrein."[43]

Auch ein nächtlicher oder sonstiger Samenerguß oder das Austreten irgendwelcher undefinierter Sekrete aus dem Penis ("Ausfluß") machen unrein (Lev 15,2-15), aller-

---

[43] Zitiert nach der Einheitsübersetzung (1980).

dings nur bis zum Abend, das Blut hingegen ist wahrlich ein "ganz besondrer Saft". Doch ist die männliche Unreinheit noch stärker streuungsfähig als die weibliche, und deswegen muß nach Lev 15,11 "jeder, den der Kranke berührt, ohne zuvor seine Hände mit Wasser abzuspülen, ... seine Kleider waschen, sich in Wasser baden und ist unrein bis zum Abend".[44] Eine ähnliche Bestimmung liest man bei der Unreinheit der Frau nicht, weil es offensichtlich völlig undenkbar und unmöglich ist, daß sie in diesem Zustand von sich aus jemanden berührt. Und gerade dazu entschließt sich die Frau in unserer Perikope, eine Ungeheuerlichkeit! Aber sie muß sich offenbar dazu durchringen, denn sie kann mit dieser dauernden Behinderung nicht mehr leben: Allen ausweichen, keinen berühren, von Körperkontakt keine Spur, weit und breit kein Partner, geschweige denn Kinder! Das will etwas heißen in der alten Welt.

Und daß sie Jesus berührt, das will auch etwas heißen, sogar für uns. Übereinstimmend erzählen alle drei Synoptiker, daß die Frau "von hinten her" kam (Mk 5,27 parr). Das entlastet sie, aber wohl auch Jesus. Denn er kann, zumindest nach unseren heutigen moralischen Prinzipien, nichts dafür, wenn er, so ganz zufällig, von hinten her berührt wird. Aber selbst in dieser verhaltenen, heimlichen Kontaktnahme liegt noch genügend Zündstoff. Dies ist vielleicht auch daran zu merken, wie die Seitenreferenten mit Mk umgehen. Denn nach der ältesten Version bei Mk 5,27 berührt die Frau das Gewand Jesu, die beiden Seitenreferenten reden in auffallender Übereinstimmung davon, daß die Frau - "nur" könnten wir fast ergänzen - den "Saum" (κράσπεδον) des jesuanischen Gewandes berührte (Mt 9,20/Lk 8,44). Und auch wenn es sich dabei vor allem um einen intensiven orientalischen Bittgestus[45] handelt, im Hinblick auf die Berührung als solche ist diese spätere Umgestaltung gegenüber Mk nicht ohne Bedacht, denn sie verlegt die Kontaktschwelle möglichst an den Rand, so gut es eben geht, von Jesus weg. Aber auch bei einer derart verhaltenen Berührung bleibt die Konsequenz bestehen: Jesus ist von einer Unreinen berührt worden und ist folglich auch selbst unrein bis zum Abend. Wir können zwar die Weise nicht recht durchschauen, wie er dadurch schuldig werden konnte, aber jeder andere Jude wäre es an seiner Stelle selbstverständlich auch. Und die Konsequenz daraus lautet, er ist kultunfähig, bedarf der Entsühnung, und das heißt wiederum, daß er irgendwie mit etwas Unreinem, Unheiligem, Sündigem in Berührung gekommen sein muß.

3. Jesus und das Gesetz: z.B. Tod und Aussatz

Wie auch immer die Zusammenhänge von Unreinheit und Schuld gedacht werden mögen, diese Berührung stellt eine Verletzung des Gesetzes dar, das ist eindeutig.

---

[44] Zitiert nach der Einheitsübersetzung (1980).
[45] Vgl. M. Hutter, Ein altorientalischer Bittgestus in Mt 9,20-22, in: ZNW 75 (1984) 133ff.

Wo Jesus eigentlich gar nicht nur darauf aus war, sich bei jeder Gelegenheit darüber hinwegzusetzen. Bei den Totenerweckungen hält er sich offensichtlich an die geltenden Reinheitsvorschriften: Seinen Freund Lazarus faßt er nicht an (Joh 11,38-44), beim Jüngling von Nain berührt er, aus Mitleid mit der Witwe, auch nicht den Toten selbst, sondern nur die Bahre (Lk 7,14), einzig bei der - vermeintlich - toten Jairustochter ergreift er ihre Hand (Mk 5,41 parr), jedoch nicht, ohne zuvor darauf hingewiesen zu haben, daß das Mädchen nicht tot sei, sondern schlafe (Mt 9,24parr).

Bei Leichen vermeidet demnach Jesus die sieben Tage Unreinheit, die sich durch eine Berührung ergeben würden (Num 19,11), ja es würde schon Unreinheit bedeuten, nur ein Zelt zu betreten, in dem ein Toter liegt (Num 19,14). Jesus scheint nichts dergleichen getan zu haben und würde damit selbst den priesterlichen Reinheitsanforderungen noch genügen. Nach Lev 21,1-4 nämlich darf sich ein Priester nicht an der Leiche eines seiner Stammesgenossen verunreinigen, ausgenommen sind nur nahe Verwandte unter genau festgelegten Bedingungen. Den Kriterien eines Hohenpriesters freilich würde er schon nach der Szene mit dem Jüngling von Nain nicht mehr entsprechen, denn ein solcher darf sich einer Leiche nicht einmal nähern, selbst wenn es Mutter oder Vater sind (Lev 21,11).

Auch die Begegnung mit einem Aussätzigen stellt ein wichtiges Reinheitsproblem dar. Korrekt gelöst ist die Frage bei den zehn Aussätzigen aus Lk 17,12, denn diese bleiben, wie es sich gehört, auf Abstand. Bei jenem Aussätzigen aus Mk 1,41 parr allerdings erfaßt Jesus von sich aus - ebenfalls aus Mitleid, wie Mk betont - den Kranken. "Er streckte die (seine) Hand aus, berührte ihn", berichten alle drei Synoptiker. Und gerade das wollen ja die beiden Kapitel Lev 13/14 verhindern, daß es zu einem Kontakt mit Aussätzigen kommt. Ein Aussätziger soll daher seine Kleider einreißen, sein Haar nicht pflegen, den Bart verhüllen und: "Unrein, unrein"! rufen (sc. um die anderen vor sich zu warnen).

Nun könnten wir dabei zwar versuchen, das Problem aus unserer Sicht zu verringern und den Aussatz nicht im strengen Sinn als Lepra, sondern als Hauterkrankung im weiteren Sinn zu verstehen (z.B. als Psoriasis). Die synoptische Erzählung jedoch spricht eindeutig von λεπρός und λέπρα, und somit gilt alles das, was in Lev 13/14 ausdrücklich als Gotteswort eingeführt wird, in Lev 14,2 nach dem griechischen Text sogar mit der Formel: "Dies ist das Gesetz des Aussätzigen" (οὗτος ὁ νόμος τοῦ λεπροῦ).[46] Es sind also nicht nur praktische hygienische Regeln, welche angesichts dieser Krankheit vorgelegt werden, sondern es handelt sich nach biblischem Verständnis eindeutig um "Gotteswort", und das meint auf jeden Fall, ein Aussätziger hat sich ab-

---

[46] Vgl. auch Lev 14,54.57.

zusondern, damit ihn die anderen nicht versehentlich berühren. Da ist selbst ein König nicht ausgenommen, was Asarja/Usija in 2 Kön 15,5; 2 Chron 26,21 am eigenen Leib zu spüren bekommt. Und auf diesem kulturgeschichtlichen Hintergrund setzt sich Jesu Berührung des Aussätzigen mehr oder weniger ausdrücklich über ein Verbot Gottes hinweg, wenngleich es eher implizit als explizit formuliert ist. Denn die Gesunden müssen nach dem atl. Wortlaut nicht einmal ausdrücklich vor einer aktiven Berührung gewarnt werden. Offensichtlich sind schon die eigenen Ängste motivierend genug, um sich von jedem leisesten Kontakt mit ihnen fernzuhalten. Deswegen sei außerhalb der Gesetzesproblematik noch eigens angemerkt, daß es gewiß eine großartige emotionale Leistung Jesu war, sich gegenüber den allgemein verbreiteten und wohl auch selbst erlebten Berührungsängsten derart zu emanzipieren, daß er vor dieser leibhaftigen Begegnung nicht zurückscheut.

4. Speziell das Bluttabu

Bei Jesu Kontakt mit der blutenden Frau geht es um mehr als um das Thema Krankheit bzw. Krankheit als Strafe Gottes, wovon eine der gefürchtetsten der Aussatz ist, sondern es wird das Bluttabu (Lev 17,10-14/Dtn 12,23ff) verletzt. Und das führt uns in das Zentrum der jüdischen Religion überhaupt. Denn im Blut ist das Leben besonders anschaulich, wie jeder nachvollziehen kann, wenn beim Ausfließen des Blutes auch der Lebensodem zusehends entweicht.[47] Doch das Leben ist - so wie alles Blut - Gott selbst vorbehalten. Blut darf von Menschen nur unter genau geregelten Bedingungen und unter Beachtung entsprechender Riten vergossen, aber keinesfalls genossen werden. Und so sehr das Blut im Alltag bewahrt und gemieden werden soll, im Kult spielt es eine hervorragende Rolle. Vor allem in der Liturgie des Versöhnungstages ist es das zentrale Symbol. Aber es muß dort Gott nicht erst durch Opfer gnädig stimmen, sondern macht als (durch die Tierschlachtung gewonnenes, fast könnten wir sagen: "sakramentales") Zeichen die Anwesenheit und Gnade Gottes auch angesichts menschlicher Schuld sichtbar.[48]

Jedoch das Blut gehört dort hin, wo es hingehört: in die Erde, auf den Altar, und einmal im Jahr auf die Bundeslade. Wenn es dagegen bei der Opferung das Kleid des Opfernden besprizt, dann muß diese Stelle an heiliger Stätte gewaschen werden (Lev 6,20). Auch der vorsichtige und rigide Umgang mit dem Blut bei der Regel oder der Geburt steht innerhalb dieser großen religiösen Zusammenhänge. Das Blut, das Gott selbst vorbehalten ist, kann im Alltag nicht als etwas völlig Gewöhnliches und Belangloses zur Kenntnis genommen werden, sondern erfordert eine ganz besondere

---

[47] Vgl. B.Kedar-Kopfstein, in: ThWAT II, 248-266, 251.
[48] Lev 16. Vgl. dazu B. Janowski, Sühne als Heilsgeschehen. Studien zur Sühnetheologie der Priesterschrift und der Wurzel KPR im Alten Orient und im AT (WMANT 55), Neukirchen 1982.

Aufmerksamkeit. Und auf der anderen Seite kann eine Frau nicht ihr gesamtes Leben - die Zahl Zwölf symbolisiert die Fülle - unter diesen ständigen Vorsichtsmaßnahmen leben, auch wenn dies noch so sehr mit den Grundsätzen der Religion begründet wird. Also greift sie bei einem Mann zu, bei dem sie meint, diese Übertretung riskieren zu können. Jesus spürt es, wendet sich um, steht dazu, und das ist wesentlich für ihre Heilung.

Doch nicht nur im jüdischen Milieu ist dieser heilsame Kontakt Jesu mit einer blutenden Frau eine gewaltige Tabuverletzung, auch der christlichen Tradition erscheint das Blut noch problematisch genug, zumindest in Berührung und Verbindung mit dem Heiligen. Wenn z.B. auch heute noch sogar schon Ministrantinnen im Altarraum heftigste Diskussionen und Abwehr nach sich ziehen (von weiteren Konsequenzen gar nicht zu reden), dann sind wir wieder bei einem Thema angelangt, das wir längst überwunden glaubten. Ja wahrscheinlich hat sogar die dogmatische Formulierung der virginitas in partu irgendwie auch mit der Vermeidung des Blutthemas innerhalb der Christologie zu tun. Denn so sehr wir die Erlösung durch sein am Kreuz vergossenes Blut feiern, das Blut einer Frau scheint für unser Vorstellungsvermögen bei der Geburt des Messias keineswegs selbstverständlich zu sein.[49]

Nach unserer Heilungsgeschichte aber hat Jesus das Blut einer Frau durchaus nicht gescheut oder verabscheut. Er hat in der Berührung der Blutflüssigen nicht nur deren Regelverletzung geschehen lassen und akzeptiert, sondern ist durch diese Berührung mitschuldig, ja selbst schuldig geworden, zuerst vielleicht unwissend, wie wir abschwächen könnten, doch auch Unwissenheit schützt nicht vor der Schuld, bewahrt nicht vor Sanktionen. Nach Lev 5,1-13 werden dafür in einigen Fällen ausdrücklich Opfer gefordert.[50] Und was noch anzumerken ist: Jesus hat diese Gesetzesübertretung nicht nur im geheimen geduldet, er hat sie im anschließenden Gespräch sogar selbst publik gemacht (vgl. Mk 5,30-34/Lk 8,45-48), jedenfalls durch sein Wort an die Frau ausdrücklich bestätigt (Mt 9,22 parr). Jesus hat sich also auch gegenüber dem religiösen und sozialen Druck seiner Umgebung großartig und souverän benommen. Er hat nicht mehr akzeptiert, daß eine Frau, die Frau überhaupt, sich verbluten muß, auch und im Namen der Religion. Er hat dabei sogar etwas von jener großartigen Vision aus Ez 16,6.9 wahrgemacht, wonach Gott selbst das blutverschmierte Findelkind Jerusalem im Leben stärkt, sein Blut abwischt und es mit Öl salbt. Jedenfalls hat er leibhaftig und symbolisch erfahrbar gemacht, daß der Gott in ihm durch die

---

[49] Vgl. P. Trummer, Frau (s. Anm. 41) 121ff.

[50] Wer eine Verfluchung als Zeuge anhört, ohne sie anzuzeigen (Lev 5,1), eine unreine Sache (das Aas eines Tieres) berührt oder "er berührt etwas Unreines von einem Menschen, dessen Berührung unrein macht, und bemerkt es nicht, aber er erfährt es später und wird schuldig" (Lev 5,3), oder wer einen unbesonnenen Schwur macht (Lev 5,4), hat ein weibliches Stück Kleinvieh (Schaf oder Ziege) zu opfern, und wenn seine Mittel dazu nicht ausreichen, zwei Turteltauben oder zwei junge Tauben.

Berührung einer blutenden Frau nicht verunreinigt wird. Er hat nicht nur einer unbekannten Zeitgenossin mit einem schwer heilbaren "Frauenleiden" geholfen, vielmehr "erklärte er", wenn eine Analogiebildung zu καθαρίζων aus Mk 7,19 gestattet ist, damit alle Frauen zu allen Zeit "für rein".

5. Konsequenzen

Der Frage nach der Historizität kann auch diese Erzählung nicht entgehen. Doch um beim Minimum anzusetzen: Insgesamt ist diese Geschichte viel zu problematisch, um nur erfunden zu sein. Aber auch unabhängig von dieser speziellen Perikope spricht ein breiter Traditionsstrom dafür, daß der historische Jesus einen für seine Zeit und Umgebung ungewöhnlichen Umgang mit Frauen gehabt hat. Weiters ist es ein unleugbares Faktum, daß Frauen in der Frühzeit des Christentums in den Gemeinden so weit integriert waren, daß ihnen "amtliche" Funktionen nicht mehr abgesprochen werden können. Jedenfalls sind nach Gal 3,28 die zuvor religiös relevanten Unterschiede zwischen männlich und weiblich durch die Einheit in Christus aufgehoben. Was in der Praxis auch heißt, daß die jüdischen Reinheitsgesetze, auch die, welche die Menstruation und das Geburtsblut regeln, in diesen Gemeinden generell nicht mehr Geltung haben können, obwohl sie noch immer als Gotteswort in den alttestamentlichen Schriften gelesen werden. Und wer etwas um die Problematik der Beschneidungsfrage weiß, kann auch erahnen, daß es einer ungemein starken Motivation, ja eines gewichtigen Motives bedarf, um gegen so hochautorisierte eingefleischte Regeln anzugehen, wie z.B. das Bluttabu. Und noch weniger sind die vielen Behinderungen und Krankheiten, die aus einem solchen Regelsystem folgen, ohne weiteres aufzulösen. Doch im konkreten Verhalten des historischen Jesus finden die Gemeinden Entlastung und Hilfe, ja ihr großes Vorbild. Nur von ihm ist solch befreiendes Handeln entgegen allen Konventionen und Ängsten zu berichten. Niemand außer ihm ist im weiten Umkreis eine derartige Reife und Handlungsfreiheit wirklich zuzutrauen. Und sicherlich hat Jesus sich bei seinem Kontakt zu Frauen nicht von deren Regel beeindrucken oder abhalten lassen. Das dürfen wir sogar unabhängig von dieser Heilungsgeschichte vermuten. Aber unsere Erzählung bestätigt dies auch formell und prinzipiell. Denn sie ist keine rührend harmlose Anekdote aus dem Leben Jesu, sondern eine äußerst konsequenzenreiche Symbolhandlung, welche dem Leidvollen und Krankmachenden dieser vormals geltenden Gesetze und Regeln das Heilsame des jesuanischen und christlichen Verhaltens gegenüberstellt. Die Konfliktgrenze dieser Erzählung verläuft allerdings gar nicht so sehr gegenüber dem Judentum, sondern innerhalb einer Kirche, in der diese genuin jesuanische Haltung immer wieder geübt und erneuert werden muß, zur Heilung alles Weiblichen, auch in den Männern.[51]

Was an dieser kleinen Geschichte überhaupt zu lernen ist: So göttlich kann gar kein Gesetz sein, daß es nicht immer wieder ganz hinterfragt werden muß, damit der Sinn von allem verwirklicht werden kann, nämlich konkret geübte und frei geschenkte Nächsten- und Selbstliebe, selbst wenn die Hände davon schmutzig werden sollten. Entscheidend ist immer die Reinheit und Lauterkeit des Herzens, nicht das Gesetz.

[51] Vgl. P. Trummer, Frau (s. Anm. 41) 137-153.

Jesus und das Gesetz - Anmerkungen zur Geschichte des Problems und zur Frage der Sündenvergebung durch den historischen Jesus

Ingo Broer, Siegen

1. Jesu Verhältnis zum Gesetz und die Ursachen für seinen Tod in der neueren Diskussion

In seinem berühmten und die sog. Neue Frage nach dem Historischen Jesus einleitenden Aufsatz "Das Problem des historischen Jesus" hat E. Käsemann 1953 erklärt, daß Jesus mit dem "Ich aber sage euch" einiger Antithesen und der Aufhebung der Unterscheidung von rein und unrein eine Autorität neben und gegen Moses für sich beansprucht und sich damit entweder aus dem Verband des Judentums gelöst habe oder aber der Messias sei. Die Souveränität, mit der Jesus der Tora gegenübergetreten sei, sei auch entscheidende Ursache für seinen Tod.[1]

Diese Sicht des Verhältnisses Jesu zum Gesetz ist weit verbreitet. Man findet sie z.B. bei M. Hengel, der Jesu messianische Vollmacht u.a. an seinem Ausspruch vom Verbot der Bestattung des Vaters aus Q (Mt 8,21f), an dem Verbot der Ehescheidung, dem Gewaltverzicht- und Feindesliebesgebot, an seiner Vernachlässigung der rituellen Reinheit und an seinem Verhalten am Sabbat festmacht.[2]

Und G. Friedrich schreibt 1982:

Jesus "hat die Sabbatgebote, auf deren Einhalten die Juden nicht nur aus kultischen, sondern auch aus eschatologisch-messianischen Gründen so großen Wert legten, gebrochen und die Reinheitsvorschriften nicht eingehalten. Solche Vergehen waren nicht versehentliche Verstöße. Jesus hat vielmehr in seinem Reden und in seinem Verhalten bewußt gegen die jüdische Gesetzesfrömmigkeit polemisiert und sich nicht gescheut, mit deklassierten Personen ... Gemeinschaft zu pflegen und ein solches Tun als dem Willen Gottes gemäß zu deklarieren. Ein solcher Generalangriff auf die Grundlagen der jüdischen Frömmigkeit konnte nicht ungestraft bleiben."[3]

---

[1] Vgl. Käsemann, Problem 206.208. Ganz anders in neuerer Zeit z.B. v.d. Osten-Sacken, Grundzüge 90, der einen Zusammenhang zwischen den Auseinandersetzungen Jesu um das Gesetz vor seinem Gang nach Jerusalem und seinem Tod bestreitet. Jesu "Einzug in die Stadt mit dem Flair eines Messiasprätendenten" und "seine provokatorische Handlung im Vorhof des Tempels" seien ausreichend für die Erklärung seiner Hinrichtung am Kreuz.

[2] Hengel, Jesus 152-172.

[3] Friedrich, G., Verkündigung 25. Vgl. etwa auch noch Merkel, H., Jesus, 207-217, der 212 unter Aufnahme von Zitaten M. Hengels und P. Hoffmanns schreibt: "Die drei skizzierten Themen (Sabbat, kultische Reinheit und Ehescheidung) ergeben einen kritisch gesicherten Minimalbestand an authentischen Jesusworten, die zeigen, daß die Torah für Jesus 'nicht mehr Mittelpunkt und letztgültiger Maßstab' bildete. Dasselbe gilt etwa auch für die primären Antithesen der Bergpredigt in ihrer ursprünglichen Form (Mt 5,21f.27f.33-36), in denen sich Jesus 'gegen die Torah samt ihrer schriftgelehrten Auslegung' wendet. Wie sehr Jesus auch mit dem Glauben und Hoffen Israels verbunden gewesen sein mag, hier wird ein

Allerdings ist dieses Verständnis der Jesustradition durch einige neuere Arbeiten erheblich in Frage gestellt worden. Lassen wir auch hier drei charakteristische Positionen zu Wort kommen:

E.P. Sanders findet bei seinem Durchgang durch die in Frage kommenden Perikopen zwar *ein* Beispiel dafür, daß Jesus zu einer Gesetzesübertretung auffordert (Mt 8,21fpar), ansonsten aber brachte die Nachfolge Jesu keine weitere Aufforderung zu Gesetzesübertretungen mit sich, wenn Jesus freilich das mosaische Gesetz auch weder als endgültige Offenbarung des Willens Gottes noch als absolut verbindlich ansah. In den Fällen, in denen Jesus strikter ist als das Gesetz (z.B. in den Antithesen), steht er nicht gegen das Gesetz, sondern bestätigt sogar dessen Autorität.

"He apparently did not think that it could be freely transgressed, but rather that it was not final."[4] "The disciples did not gain the impression that the Mosaic dispensation was valueless and had already passed away." "Jesus himself looked to a new age, and therefore he viewed the institutions of this age as not final, and in that sense not adequate. He was not, however, a reformer. We find no criticism of the law which would allow us to speak of his opposing or rejecting it."[5]

Nach K. Müllers Aufsatz "Gesetz und Gesetzeserfüllung im Frühjudentum" sahen die jüdischen Theologen die Tora angesichts der heute noch erkennbaren Vielfalt der Interpretationen und der Abweichungen vom Gesetz, die bis zur Forderung des Gegensatzes des im Gesetz Geforderten gehen können, "nicht als eine einmalige Vorgegebenheit mit ein für allemal fest umgrenzten Aussagen" an, sondern betrachteten sie als ganz stark auf menschliche Interpretation in die verschiedenen geschichtlichen Situationen hinein angewiesen.[6] Er wendet sich deswegen ausdrücklich gegen die Ansicht einer schlechterdings souveränen Stellung Jesu zur Tora.[7]

Und schließlich stellt G. Dautzenberg beim Abschluß seines einschlägigen Artikels fest:
"Für die älteste Stufe der Jesustradition ist weder eine prinzipielle noch eine partielle

---

neues, die Grenzen Israels sprengendes Denken erkennbar. Die Ursache für Jesu Bruch mit der Torah ist zweifellos in seinem Gottesbild zu suchen". Aus der neuesten Zeit vgl. etwa Becker, Ethos (Lit.).

[4] Sanders, Jesus 267.

[5] Sanders, Jesus 268f. - V.d.Osten-Sacken, Grundzüge 86-89 rechnet zwar damit, daß Mk 7,15 vom historischen Jesus stammt, sieht darin aber keinen Bruch Jesu mit dem Judentum, weil einerseits in MBerak 9,5 von R. Nathan der Satz überliefert ist: "Sie brachen dein (Gottes) Gesetz, *weil* es Zeit war, für den HERRN zu wirken" und damit dieses Wort Jesu "als kritisches und eminent jüdisches Ringen auf dem Boden der Tora und nicht jenseits ihrer" zu verstehen ist (86) und andererseits "der Grund für seine (sc. Jesu) Zweifel an der Bedeutung der Reinheitsgebote und für seine Betonung des reinen Herzens als der entscheidenden menschlichen Realität im Gottesverhältnis" in der Nähe der Gottesherrschaft noch erkennbar ist.

[6] Müller, Gesetz 24f.

[7] Müller, Gesetz 26f.

Infragestellung der Tora oder einzelner ihrer Bestimmungen nachweisbar. Alle Beobachtungen sprechen für die Annahme, daß der Toragehorsam den Lebensraum des palästinischen Judenchristentums bestimmt und daß Diskussionen über leitende Gesichtspunkte der Toraauslegung zunächst noch innerhalb der vom Toragehorsam bestimmten innerjüdischen Solidaritätsgemeinschaft geführt wurden."[8]

Angesichts dieser recht unterschiedlichen Äußerungen kann man den Eindruck gewinnen, die Wissenschaft sei wie eine Achterbahn, auf der es einmal rauf, ein andermal wieder runter geht und wo dieselben Fragen einmal so und dann wieder anders beantwortet werden. In jedem Fall ist es nützlich, sich zu vergewissern, wie diese Frage überhaupt aufgekommen ist und welche unterschiedlichen Antworten sie aus welchen Gründen im Laufe der Forschung gefunden hat.

2. Das Verhältnis Jesu zum Gesetz in der Literatur - Ausgewählte Positionen
2.1 D.F. Strauß

Der Tod Jesu ist in der Geschichte der Forschung keineswegs immer mit seiner Kritik am Gesetz verbunden worden. Zwar hat D. F. Strauß in seinem Leben Jesu wenigstens andeutungsweise diese Verbindungslinie gezogen, aber wir werden sehen, daß dies keineswegs immer im Verlaufe der Forschung der Fall war. Bleiben wir zunächst bei Strauß. Dieser bestreitet zwar in seiner Glaubenslehre eine Abschaffung des mosaischen Gesetzes durch Jesus, Jesus habe allein den Geboten und Verboten eine auf das Wesen und die Gesinnung drängende Gestalt geben wollen,[9] konkretisiert aber diese Angabe in seinem Leben Jesu dahin, daß die Hierarchie der Judenschaft an drei Dingen im Leben Jesu Anstoß genommen habe: 1) an seinem feierlichen Einzug nach Jerusalem, 2) an der starken Anhänglichkeit des Volkes und 3) an seinem Reden und Tun gegen die Sabbatvorschriften, "worin immer letzteres bestanden haben mag".[10] Diese hätten die Reaktion der jüdischen Obrigkeit gegen Jesus hervorgerufen.

Die in den Evangelien erhaltenen positiven Worte über das Gesetz und die entsprechenden Taten Jesu lassen sich nach Strauß nicht als bloße Akkomodation an seine Volksgenossen begreifen, sondern Jesus war von der Gültigkeit der Tora des Moses überzeugt, und obwohl ihm nur der ethische Dekalog und das doppelte Liebesgebot das wahre Gesetz darstellten, ehrte er aufgrund seines tiefgewurzelten Respekts vor dem Gesetz des Moses auch dessen übrige Teile, "was er um so eher konnte, da im

---

[8] Dautzenberg, Gesetzeskritik 68f.
[9] Strauß, Glaubenslehre I 241.
[10] Strauß, Leben Jesu II 380, vgl. auch 374ff.

Verhältniß zu dem in's Unsinnige übertriebenen Pedantismus der traditionellen Zusätze das Rituelle im Pentateuch als höchst einfach erscheinen mußte."[11]

Eine gewisse Kritik an den Sabbatvorschriften also wird zwar zugegeben, ohne daß sie genauer spezifiziert wird, eine besondere Bedeutung für die Gegnerschaft von seiten der Juden wird dieser Kritik Jesu bei Strauß aber offensichtlich nicht eingeräumt.

2.2 H.S. Reimarus

H.S. Reimarus begreift Jesus noch als Reformator des Judentums, der also vollkommen innerhalb des jüdischen Rahmens verbleibt, erst die Urgemeinde hat sich vom Judentum abgespalten, und dies auch nicht sofort, sondern erst nach einiger Zeit. Er führt für seine Sicht von Jesu Haltung zum Gesetz das nicht leicht zu entkräftende Argument an: Wäre Jesus dem Gesetz nicht treu geblieben, so hätten seine Gegner ja den gesuchten Grund für eine Anklage gegen ihn gehabt, den zu finden sie so große Mühe aufwenden mussten. Gerade um ihnen diesen Grund nicht zu liefern, habe Jesus das Gesetz bis in alle Kleinigkeiten befolgen müssen.[12]

Reimarus schreibt:
"Er war ja von Jugend auf zum öffentlichen äusserlichen Gottesdienste angehalten, und als ein Knabe von zwölf Jahren mit zum Tempel geführet worden: seine Mutter war eine genaue Beobachterin des Gesetzes, und opferte nach ihrem Wochenbette die Gabe welche Moses im Gesetz verordnet hatte. Warum sollte denn Jesus nicht in die Fußstapfen getreten sein? Hätte er das nicht gethan: so würde die Priesterschaft und die gantze Schaar der Pharisäer und Schriftgelehrten nicht ermangelt haben, da sie doch eine Sache an ihn suchten, ihn als einen Übertreter des Gesetzes und Verächter der Sacramente anzuklagen, oder wenigstens bey dem Volke dadurch verhaßt zu machen; so wie es heutiges Tages denen geht, welche sich des Abendmaals einige Jahre enthalten.... Noch mehr: Jesus begeht auch die Gebräuche mit, welche nicht im Gesetze Mosis vorgeschrieben, sondern spätere menschliche Stiftungen waren. ... Wenn nun Jesus dergleichen Gebräuche mit beobachtet, welche nicht durch das göttliche Gesetz, sondern bloß von der Jüdischen Kirche gestiftet waren: so hat er ja dem Judenthum überhaupt keinen Stoß geben, und um so weniger das geschriebene Gesetz aufheben wollen. ... Die Lehre Jesu stimmt mit seinem Betragen überein."[13] "Also hat Jesus solchen Begriff von dem Messias-Amte gehabt und gegeben, daß es die Juden besonders angehen, und daß dadurch ihr Levitisches Gesetz, welches ihre positive Religion von allen andern unterscheydet, noch besser und genauer als jemals in

---

[11] Ebda. 501; vgl. auch Schweitzer, Geschichte I 130.
[12] Reimarus, Apologie II 96ff.
[13] Ebda. 99f.

Erfüllung gebracht werden müsse. Diesen Begriff haben die Apostel gäntzlich verlassen, und das Gegentheil zu lehren und zu treiben angefangen. Nicht allein die Heyden, sondern auch die Juden wurden von solcher Bürde, die weder sie noch ihre Väter ertragen können, frey gemacht. Die Apostel hörten selbst auf das Gesetz Mosis zu beobachten....Wir wollen jetzt nicht untersuchen, ob die Jünger darin besser und klüger gehandelt als ihr Meister, daß sie das Judentum zu Grabe gebracht. Aber es erhellet doch gantz klar daraus, daß die Apostel eine wesentlich unterschiedene Idee und System von dem Amte eines Messais, von der Daure des Gesetzes und Judenthums, und von dem Erlösungs-Werke, wenigstens nach dem Tode Jesu, gegeben, als ihr Meister, und sie selbst vor Jesu Tode gehabt."[14]

Der Abschnitt gipfelt dann in den Worten:
"Jesus selbst wollte nicht allein für seine Person das Cerimonial-Gesetz erfüllen, sondern es auch, als ein ewiges unwandelbares Gesetz, in dem Reiche seines Vaters, oder dem sogenannten Himmelreich, bis auf alle Kleinigkeiten, beybehalten, und also das Judenthum, welches sich durch diese Cerimonien von der allgemeinen Religion unterschied, als das Reich Gottes, als eine Theokratie, wieder aufrichten; und sagte..., daß alle, die nicht jede geringste Stücke des Gesetzes beobachteten, keinen Teil an dem Himmelreiche haben sollten..."[15]

Freilich bleibt dabei die Frage offen, worin denn die Opposition der Gegner Jesu ihren Grund hat, wenn nicht im Gesetz. Darauf gibt Reimarus die Antwort: Jesus habe "die verkehrte heuchlerische Moral der Pharisäer und Schriftgelehrten" aufgedeckt, weswegen deren Ansehen beim Volk etwas gesunken sei und diese deswegen umso erbitterter gegen Jesus eingestellt gewesen seien.[16] Reimarus beantwortet auch die weitere Frage, warum denn angesichts der Beanspruchung der Königswürde Jesu nicht auch seine engsten Anhänger der Verfolgung von seiten des Hohen Rates unterzogen wurden, und schließlich auch, wie es denn von dem gesetzestreuen Jesus über die gesetzestreuen Anfänge der Urgemeinde zur Gemeinschaft der das Gesetz verlassenden und das Judentum aufgebenden Apostel gekommen sei. Zu ersterer sagt er, daß die herrschenden Juden der Meinung waren, mit der Tötung des Anführers

---

[14] Ebda. 101f. Vgl. freilich auch ebda. 103, wo Reimarus darauf hinweist, daß "die ersten Christen aus dem Judenthum so sehr von dieser Absicht Jesu, daß das Levitische Gesetz in seinem Gange bleiben sollte, überzeugt gewesen, daß sie, ungeachtet ihres Glaubens an Jesum als den Messias, alle Gebräuche beybehielten und Eifferer des Gesetzes waren. Die Apostel hatten große Mühe diesen Eiffer nachgerade zu mildern".
[15] Ebda. 102f. Vgl. auch die Zusammenfassung ebda. 118, wo R. noch einmal den Unterschied zwischen der Lehre Jesu und dem System der Apostel betont.
[16] Ebda. 155. Darüberhinaus hätte der Hohe Rat an seinem zu Unrecht erhobenen (156) Messiasanspruch, dem Gottessohn- und dem Menschensohn-Titel, der Tempelaktion (161ff.169), dem Ausstreuen von "Unkraut der Empörung wider die Obern" und an der Absicht "auf den Umsturz der gantzen jüdischen Verfassung" (158) Anstoß genommen (155ff). Vgl. auch ebda. 161ff.

Jesus sei die Sache ein für alle Mal aus der Welt geschafft,[17] zu der zweiten führt er aus:

Die Apostel "sahen bald ein, daß bey den Juden nicht viel auszurichten seyn würde; und fingen also bey Zeiten an sich zu den Heyden zu wenden, und das Jüdische Cerimonien-Gesetz für unnütze, unerträglich ja hinderlich zu erklären."[18]

So wenig man die von Reimarus angeführten und hier nicht genannten Beweggründe der Apostel für die Änderung der Lehre Jesu in das apostolische System eines geistlichen Erlösers wird akzeptieren können, so sehr wird man doch feststellen müssen, daß Reimarus den engen Zusammenhang zwischen Lehre und Verhalten Jesu, seinem Tod und der Lehre und dem Verhalten der Jünger deutlich erkannt und ihn auf seine Weise zu erklären versucht hat. Daß seine Weise nicht unsere Weise sein kann, versteht sich vor allem angesichts der von Reimarus den Jüngern für ihren Paradigmawechsel unterstellten Motive von selbst, aber durch Reimarus ist die Frage nach dem zutreffenden Verständnis der Lehre Jesu in einer Weise und auf einem Niveau gestellt, hinter das wir nicht zurückfallen dürfen.

2.3 F.C. Baur

Bei F.C. Baur hat die Frage nach dem historischen Jesus allgemein im Vergleich zu Reimarus und Strauß insofern ein wesentlich höheres Niveau erreicht, als er das bis dahin übliche Gegeneinander-Ausspielen von synoptischen Sätzen gegen Sätze des Joh und umgekehrt nicht mehr betreibt, weil sich ihm der ungeschichtliche Charakter des Joh bereits erwiesen hat.[19] Das Verhältnis des Christentums bzw. der Lehre Jesu zum Judentum unterliegt nach Baur den Gesetzen, denen auch das Entstehen übriger neuer Religionen unterliegt. Und dazu gehört nun einmal, daß die neue Religion von der alten sich prinzipiell unterscheidet, daß sie aber gleichzeitig noch in engstem Zusammenhang mit dieser alten Religion steht "und an ihr erst ihr eigentliches Princip zum bestimmteren Bewusstsein sich entwickelt." (46) Den Zusammenhang der Lehre Jesu mit und den Unterschied zum Judentum versucht Baur anhand der Bergpredigt zu erheben. Er findet dabei vor allem in den Antithesen "die nicht blos in der äußern That, sondern im Innern der Gesinnung bestehende Sittlichkeit" und sieht so in dem Gegensatz zwischen Äußerem und Innerem, zwischen Werktätigkeit und Gesinnung oder zwischen "particuläre(r), sich selbst eine Schranke setzende(r) Sittlichkeit und allgemeine(r), auf der Unbedingtheit des sittlichen Bewusstseins beruhende(r)" Sittlichkeit die Differenz zwischen der Lehre Jesu und dem Judentum. Dann stellt sich natürlich sofort wie bei Strauß die Frage, die Baur selbst stellt und beantwortet,

---

[17] Ebda. 311.
[18] Ebda. 316.
[19] Vgl. Baur, Kirchengeschichte 397f; ders., Vorlesungen 85.

nämlich wie sich zu diesem Verständnis der Bergpredigt die in 5,17-20 stehenden Sätze von der unbedingten Geltung von Strichlein und Häkchen des Gesetzes, unter die ja wohl auch das Ritualgesetz zu fassen sei, fügen. Dazu betont Baur aber anders als Strauß, daß das Drängen Jesu auf die Gesinnung mit diesen Sätzen unvereinbar sei und findet deswegen in diesen eine judaistische Fassung des Evangelisten Mt, dessen historische Zuverlässigkeit er sonst wesentlich höher einschätzt. Den Geschichten vom Ährenraufen der Jünger, von der Heilung einer gelähmten Hand durch Jesus am Sabbat, von der Ablehnung des Händewaschens und dem Ehescheidungsverbot Jesu entnimmt Baur sodann, daß Jesus dem Gesetz keine absolut verbindliche Autorität mehr zugewiesen hat, daß er sich aber gleichzeitig nie über die endgültige Aufhebung des Gesetzes geäußert hat. Als Grund dafür nennt er nicht wie Reimarus, daß Jesus damit seinen Gegnern den Grund für seine Beseitigung frei Haus geliefert hätte, sondern das Vertrauen Jesu, daß der von ihm gelegte Grund von selber zum Bruch mit dem Gesetze führen mußte. Jesus habe in den Sprüchen vom neuen Flicken auf alte Kleider und vom neuen Wein in alten Schläuchen diesen Gegensatz seiner Lehre zum Judentum deutlich ausgesprochen, wohl aber selbst das getan, was er dort ausdrücklich ablehne, nämlich neuen Wein in alte Schläuche gefüllt, weil er zum einen "den substantiellen Inhalt des Gesetzes unversehrt erhalten wissen wollte" und zum andern auch so viel wie möglich die alten Formen beibehalten wollte - freilich alles in dem Bewußtsein, "dass der neue Inhalt bald genug die alte Form zerbrechen werde" (58). Jesus erweitert also nach Baur das alttestamentliche Gesetz, indem er es auf die Gesinnung ausdehnt, hält aber darüber hinaus nicht an der unbedingten Geltung des Gesetzes fest, ohne vor allem den letzteren Punkt nun auf die Agora zu tragen. Vielmehr vertraut er darauf, daß der von ihm so gelegte Grund schon von allein zum Zerbrechen der alten Form führen werde. Bleibt so auch der Grund undeutlich, warum Jesus "so viel wie möglich an die alten traditionellen Formeln sich hielt" (58), so gibt Baur auf diese Weise doch eine einigermaßen plausible Antwort darauf, daß Jesus sich mit seiner Verkündigung ja eine ganze Zeitlang im jüdischen Verband gehalten haben muß, ohne daß man ihn wegen offener Gesetzesverletzung oder der Anstiftung dazu angeklagt hätte.

2.4 W. Bousset

W. Bousset beginnt in seinem Jesusbuch die Darlegungen zu Jesu Verhältnis zum Gesetz damit, daß er betont, Jesus habe mit voller Überzeugung den Willen Gottes im Gesetz gefunden, aber säuberlich von diesem die Weiterungen der Pharisäer und Schriftgelehrten geschieden, in denen er Verfälschungen und Entstellungen des Willens Gottes fand. Jesus habe nicht gegen das Gesetz und das AT gekämpft, sondern diese gegen die falsche Interpretation und gegen die Weiterungen von seiten der führenden religiösen Kreise verteidigt. Diese erste Sicht hält freilich nach Bousset einer genaueren Überprüfung nicht stand, denn zwar sei Jesus schon der Meinung gewesen, auf dem Boden des Gesetzes zu stehen, aber mit dieser seiner Meinung "verhält es sich bei Lichte besehen nicht viel anders als mit Luthers Glauben, ein treuer Sohn der katholischen Kirche zu sein, als er schon lange innerlich mit ihr zerfallen war." Denn in seinem Kampf gegen das, was er für Auswüchse der Pharisäer hielt, traf er gelegentlich auch das Gesetz selbst.[20] Deswegen meint Bousset, Jesus habe ein paradoxes Verhältnis zum Gesetz gehabt: "Das Gesetz blieb für Jesus der heilige Gotteswille, aber er hörte aus dem Gesetz nur die Töne heraus, auf die sein Ohr gestimmt war." (65) Auch den kultischen, zeremoniellen und juristischen Bestimmungen des Gesetzes habe Jesus solange gleichgültig gegenübergestanden, solange sie sich nicht als Hindernis für das Sittliche erwiesen. (66)[21]

War so Jesu Verhältnis zum Gesetz nach Bousset von geringer theoretischer Klarheit,[22] so verwundert es nicht, daß ähnliches auch für seinen Zug nach Jerusalem und seinen Tod gilt. Die Überzeugung der Evangelisten, Jesus sei nach Jerusalem gegangen, um dort zu sterben, werde schon durch das Gethsemane-Ereignis widerlegt. Vielmehr dürfen wir "vermuten, daß Jesus in dem dunklen Drange und Bewußtsein nach Jerusalem zog, daß sich dort irgendwie sein Geschick vollenden werde, so wie der Vater es ihm beschieden habe."[23] Wer die eigentlich treibenden Kräfte gegen Jesus gewesen sind, ob nicht z.B. die Römer eine wesentlich aktivere Rolle gespielt haben als sie es in den Evangelien tun, ist nicht mehr erkennbar, aber es "steht doch fest, daß Jesus als Messias und wegen seiner messianischen Ansprüche zum Tode

---

[20] Bousset, Jesus 63ff. B. nennt das Gesetz der Talio, das Recht auf Ehescheidung, die Reinheitsbestimmungen (Mk 7) und die Sabbatheiligung - insgesamt dürfte er den Gegensatz zum Judentum in dem früheren Werk, Jesu Predigt stärker betont haben. Vgl. auch Bousset, Jesus 19, wo B. wiederum dialektisch einerseits betont: "Jesu Stellungnahme zur Schrift war theoretisch keine andere als die seiner Zeitgenossen ...", gleichzeitig andererseits aber ausführt: "Gewiß, die Schrift war ihm Auktorität - nur wenn es gar nicht anders ging, durchbrach er, ohne daß es ihm immer ganz zum Bewußtsein kam, ihre Schranken, und dann setzte er gern Schriftwort gegen Schriftwort, Auktorität gegen Auktorität."
[21] Einen ähnlichen Standpunkt wie Bousset hatte vor ihm schon E. Haupt eingenommen. Jesus hat sich nach H. zwar z.B. in der Bergpredigt "in den ausgeprägtesten Gegensatz" gegen den Buchstaben des Gesetzes gestellt, macht aber "doch alles, was er sagt, als Erfüllung des Gesetzes geltend, hat also offenbar, was uns als Gegensatz erscheint, nicht als solchen gefühlt" (Leben Jesu 42, vgl.auch 43.48.51).
[22] Angesichts dieser Meinung Boussets ist es erstaunlich, daß er an anderer Stelle betont, die Hauptsachen würden in der Jesus-Forschung nicht genügend klar herausgearbeitet, wie man u.a. daran sehen könne, daß in der Forschung "das Problem, ob Jesus wesentlich im Gegensatz zum Judentum oder wesentlich im Rahmen desselben aufzufassen sei, so ganz verschieden beantwortet" werde (W.B., Jesu Predigt 4, vgl. auch 6f). Kann man von der Forschung Klarheit verlangen, wenn Jesus sich so unklar ausdrückte? - Die Aufgabe umschreibt Bousset, Predigt Jesu 5 präzise: Es gilt herauszuarbeiten "eine scharf gemeisselte Gestalt in Zügen lebendiger Wahrheit, an der in wenigen wirklich grossen Zügen das Originale, Urkräftige, Persönliche klar hervortritt, eine klare bestimmte Erkenntnis ihrer geschichtlichen Stellung, durch die das überkomme, übernommene an ihr von dem urkräftig neuen in ihr in scharfen Linien sich abgrenzt..."
[23] Bousset, Jesus 8, vgl. allerdings die etwas andere Sicht 93, wo B. weit mehr als eine Todesahnung Jesu, "ein fast zur vollen Klarheit gesteigertes Wissen" um seinen Tod findet.

verurteilt wurde." (9) Aber worin bestanden diese, wo doch auch Jesus den problematischen Inhalt dieses Titels für sein Werk erkannte? Eine Antwort darauf gibt Bousset eigentlich nicht, er begnügt sich damit, daß Jesu Verständnis seiner Rolle "überprophetisch" war und daß dafür nur die Rolle des Messias in Frage kam.[24] Wenn B. aber in diesem Zusammenhang Jesu Bewußtsein erwähnt, "das letzte entscheidende Wort zu sprechen", so stellt er eine Verbindung her zwischen Jesu Verkündigung und seiner Messianität, so daß über den Messiasbegriff auch eine Verbindung zwischen seiner Verkündigung und seinem Tod anzunehmen ist,[25] ohne daß diese explizit wird, weswegen ihr nach Bousset wohl auch keine entscheidende Bedeutung zukommt.[26]

Geht B. in diesem Werk auf Jesu Verhältnis zum Gesetz näher ein, so ist dies in dem früheren, für unsere übergreifende Fragestellung wichtigen Büchlein "Jesu Predigt in ihrem Gegensatz zum Judentum" praktisch nicht der Fall.[27] Aber hier betont B. nicht nur die Notwendigkeit solcher vergleichenden Arbeit, sondern auch daß trotz aller Verbindungslinien zwischen Judentum und der Predigt Jesu letztere vor allem in ihrem Gegensatz zum Judentum zu betrachten sei.[28] Hier finden sich Äußerungen, die auch dem Christen heute wehe tun.[29]

---

[24] Bousset, Jesus 87: "Denn mit der Rolle eines Vorläufers konnte er sich nicht zufrieden geben. Er fühlte sich in einer Nähe Gott dem Vater gegenüber, wie niemand vor ihm und nach ihm. Er war sich bewußt, das letzte entscheidende Wort zu sprechen..." Vgl. zum Verhältnis vom Bewußtsein der Messianität Jesu und seinem Todesverständnis Boussets Werk: Jesu Predigt 114: "Fertig war das Messiasbewusstsein Jesu erst, als es sich in den Gedanken von seinem Tod und der Parusie vollendete ..."

[25] Vgl. dazu auch noch Bousset, Jesus 32 "...wir wissen nicht einmal genauer, wie die plötzlich auflodernde Feindschaft dieser Kreise (sc. der jerusalemischen Priesteraristokratie) gegen Jesus entstanden ist."

[26] Vgl. Jesus 96, wo dies ganz deutlich wird. Insofern hat Sanders, Jesus 26 nur halb recht, wenn er erklärt: "The occasion of Jesus' trial and death is stated baldly, without any attempt to explain why a messianic claim should have led to death." Sanders weist zwar auf den Wechsel in der Gegnerschaft Jesu zwischen Galiläa und Jerusalem hin, aber die Fortsetzung dürfte für Bousset so nicht ganz zutreffen: "Thus the content of the disputes on matters of religious significance did not actually influence the outcome of Jesus' career." Denn über den Messiasbegriff gibt es sehr wohl eine Verbindung zur Predigt Jesu. Allerdings bleibt es ein Verdienst Sanders', auf die Bousset wie selbstverständlich von der Hand gehenden negativen Aussagen über die Juden und vor allem ihre Führer hingewiesen zu haben. Ein Beispiel dafür, wohin man kommt, wenn man Jesus vor allem im Kontrast gegen das Judentum seiner Zeit zeichnen will, sei hier wenigstens zitiert: "Die eigentlichen Antipoden und erbittertsten Gegner Jesu sind die Gelehrten. So sehr Jesus, wenn wir das Äußere seiner Wirksamkeit ansehen, ihnen in den Formen seines Wirkens glich, seinem inneren Wesen nach war er durch Welten von ihnen geschieden. Hier die Unnatur grüblerischer, unfruchtbarer Gelehrsamkeit und dort einfache Frische des Volkskindes und des Laien; hier eine durch Generationen fortgesetzte Verbildung und Verschrobenheit und dort Einfachheit, Schlichtheit, Natur... Das war wie Wasser und Feuer. Nie konnten es die Zünftigen, die Berufsgelehrten dem einfachen Laien verzeihen, daß er mehr konnte als sie, und daß das Volk auf ihn hörte. Hier war von Anfang an Todfeindschaft" (Jesus 33).

[27] Vgl. Bousset, Jesu Predigt 54.

[28] Bousset, Jesu Predigt 39.67.

[29] Vgl. Bousset, Jesu Predigt 14.17-19.26.38f. Als Beispiel außer dem oben bereits genannten mag vielleicht die Kennzeichnung der jüdischen Frömmigkeit als "greisenhaft reflektiert" und als "feige Sclavengesinnung" gelten (45f). - Freilich gilt für uns schlaue Nachgeborenen immer noch Joh 8,7.

2.5 A. Schweitzer

Auch nach Schweitzer stirbt Jesus aufgrund seines Messiasanspruches, den Jesus selbst freilich weder dem Volk noch der jüdischen Führung bekanntgegeben, den er vielmehr sorgfältig vor diesen verborgen hatte. Der Verrat des Judas bestand gerade darin, daß er dieses Geheimnis den Hohenpriestern und Ältesten verraten hat.[30] Bei der Verhandlung vor Pilatus unterrichten diese das Volk von Jesu Messianitätsanspruch und der deswegen erfolgten Verurteilung Jesu durch die jüdischen Autoritäten. "Dadurch wird für sie aus dem gefeierten Propheten ein Gotteslästerer."[31] Kommt schon deswegen ein großer Teil des bei den Synoptikern überlieferten Materials für die öffentliche Verkündigung Jesu nicht in Frage, so bestimmt Schweitzer das Verhältnis Jesu zum jüdischen Gesetz als ziemlich indifferent. Er habe das Gesetz als eine bestehende Größe anerkannt, ohne sich im Einzelnen daran zu binden, auf eine prinzipielle Stellungnahme dazu habe er sich ebensowenig eingelassen wie auf die Frage, ob das Gesetz auch in der Zukunft für seine Anhänger gelten sollte. Allerdings sei eines in der Verkündigung Jesu ganz klar geworden: "... in dem Reich, das auf Grund der neuen Sittlichkeit in Erscheinung trat, war es abgethan, da der Vollendungszustand übergesetzlich und überethisch war."[32]

2.6 M. Dibelius

Sehr dialektisch ist die Frage nach dem Verhältnis Jesu bei M. Dibelius behandelt. Dibelius betont zwar mehrfach, daß Jesus mit seiner Botschaft im Rahmen des Judentums verblieben und diesen keineswegs gesprengt hat[33] und daß auch das AT durchaus geeignet ist, den Menschen den Willen Gottes anzudeuten, gleichzeitig kann Dibelius aber davon sprechen, daß "das ganze System von Geboten und Verboten mit absoluter Geltung ... fragwürdig" wird und daß das Sabbatgebot zugunsten des Willens Gottes durchbrochen werden muß (95). Die Ursache für die Gegnerschaft jüdischer Kreise gegenüber Jesus findet Dibelius dann weniger in Jesu Botschaft von der Nähe des Reiches Gottes, da diese sich mit jüdischer Hoffnung wohl vereinbaren ließ, nicht aber der Radikalismus, mit dem Jesus diese Botschaft vortrug.

Das "ausschließliche 'Eins ist not', entwertete den Anspruch aller andern Pflichten, auch der kultischen, auch der gesetzlichen, auch der jüdisch nationalen. Und Jesus brachte diese Entwertung in seinem Leben zum Ausdruck: den Sabbat brach er, wenn er sich von Gott zum Handeln aufgerufen wußte... So würde er noch zahllose andere Fragen abgewiesen haben, die den Lehrern des Volkes als die wichtigsten galten. ...

---

[30] Schweitzer, Geschichte II 449.
[31] Schweitzer, Geschichte II 450.
[32] Schweitzer, Messianitätsgeheimnis 30.
[33] Dibelius, Jesus 89.103.

Die Entwertung jener Pflichten durch das 'Eins tut not' muß ihnen als Untergrabung und Vernichtung des ganzen Systems der Frömmigkeit erscheinen. Schon hier gibt es keine Verständigung" (103f). Allerdings findet Dibelius in dieser Haltung Jesu nicht den entscheidenden Grund für den Gegensatz zu den leitenden jüdischen Kreisen, sondern darin, daß Jesus seine Botschaft nicht auf die Autorität der Bibel stützt und den Willen Gottes "ohne Ableitung und ohne Begründung" (104) verkündigt. Dibelius nimmt dabei auch Bezug auf das Dogma von der prophetenlosen Zeit und sagt, daß wer so wie Jesus den Willen Gottes von sich aus zu kennen weiß dem damaligen Judentum als Lästerer und Ketzer erschienen sein muß.[34]

2.7 Zusammenfassung

Alle dargestellten Autoren haben die Frage, in welchem Verhältnis der historische Jesus zum jüdischen Gesetz stand, reflektiert, häufiger findet sich bei ihnen der schon bei Spinoza gegebene[35] Hinweis, Jesus habe das Gesetz von aller Veräußerlichung durch die Juden befreit und dessen innerliche Erfüllung gefordert, aber keiner der genannten älteren Autoren hat den Gegensatz zwischen Jesus und dem Judentum so stark betont, wie wir dies in einem Teil der neueren Literatur fanden.[36] Am weitesten dürfte F.C. Baur in dieser Sicht vorangegangen sein, wenn er sagt, daß Jesus die absolute Geltung des Gesetzes mit seinen Zeitgenossen nicht mehr geteilt, dies aber nie offen ausgesprochen habe. Neben Baur wäre aber hier auch Bousset zu nennen, der freilich den Gegensatz zum Judentum insgesamt stärker betont als den Gegensatz in der Gesetzesfrage.

3. Die Frage nach der Sündenvergebungsvollmacht Jesu
3.1 Sündenvergebung, Gesetz der Juden und der Tod Jesu

Der vielleicht nicht auf den ersten Blick erkennbare Zusammenhang der Sündenvergebungsproblematik mit dem Thema ist auf vielerlei Weise gegeben. Zum einen, weil man in der von Jesus regelmäßig im Namen Gottes geübten Tischgemeinschaft mit Zöllnern und Sündern den entscheidenden Grund für das Vorgehen der jüdischen Obrigkeit gegen Jesus gefunden hat;[37] zum anderen, weil Jesu Sündenvergebungs-

---

[34] Vgl. auch die Darstellung des Zentrums jüdischen Denkens ebda. 98.103f.

[35] Spinoza, Baruch de, Tractatus Theologico Politicus. De Interpretatione Scripturae Cap. VII.

[36] Vgl. auch das Urteil von Bultmann, Erforschung 8: "Merkwürdig ist, daß man sich über den äußeren Verlauf des Lebens Jesu und die Gründe seiner Hinrichtung nur wenig Gedanken gemacht hat..., welches eigentlich die von außen bestimmenden Faktoren seines Schicksals sind, und was ihn eigentlich ans Kreuz gebracht hat, danach ist kaum gefragt worden, als sei es selbstverständlich, daß die Feindschaft der Schriftgelehrten und Pharisäer seinen Tod herbeiführte." (Im Original z.T. gesperrt) 37: "...jedenfalls darf man nicht annehmen, daß Jesu sittliche Verkündigung die Pharisäer und Schriftgelehrten so gegen ihn aufgebracht habe, daß er schließlich ihrer Feindschaft zum Opfer fiel."

[37] Perrin, Jesus 113.

vollmacht sehr häufig ganz eng mit seinem Verhältnis zum Gesetz zusammengesehen und als Ursache für seinen Tod angesehen wird.[38]

3.2 Sündenvergebung Jesu im Neuen Testament

Daß Jesus Sünden vergeben hat, wird im NT nur zweimal erzählt (Mk 2,1-12; Lk 7,36-50). Allerdings gibt es in der Literatur die verbreitete Tendenz, diese geringe Zahl erhaltener Überlieferungen vom Gebrauch der Vollmacht, Sünden zu vergeben, für zufällig zu erklären und der Sündenvergebung im Leben Jesu eine wesentlich höhere Bedeutung zuzuweisen. Dazu wird auf einzelne Gleichnisse und Jesu Tischgemeinschaft mit den Sündern zurückgegriffen.[39]

3.2.1 Lk 7,36-50

Die Geschichte von der Sünderin in Lk 7 kommt für eine historische Rückfrage, ob Jesus die Sündenvergebungsvollmacht für sich beansprucht hat, nicht in Frage, da sie sich nach der meistvertretenen Ansicht deutlich aus Mk 14,3-9 entwickelt hat[40] und insofern das Sündenvergebungswort erst im Laufe der Überlieferungsgeschichte dieser Perikope angehängt worden ist.[41] Deswegen bleibt für die historische Rückfrage allein Mk 2,1-12 übrig.

3.2.2 Mk 2,1-12

3.2.2.1 Literarkritische Überlegungen

In Mk 2 meint man die Frage gelegentlich schon literarkritisch beantworten zu können, indem man den ganzen von der Sündenvergebung handelnden Abschnitt Mk 2,5b-10 als sekundären Einschub ausscheidet.[42] Man wird dieser Lösung durchaus einige gute Seiten abgewinnen können, denn nicht nur schließt V.11 hervorragend an

---

[38] Vgl. Hahn, Überlegungen 43 - da dieses Zitat im Laufe des Symposions mehrfach zitiert wurde, sei hier auf dessen Zitation verzichtet. Vgl. auch ders., Prozeß 45 Anm. 69.

[39] Vgl. z.B. Hahn, Gottesdienst 27 Anm. 41; Schnackenburg, Gottes Herrschaft 57 Anm. 19. Jetzt auch wieder Gnilka, Jesus 112. 186 schließt er aus der Berufung des Zöllners Levi einerseits und der Tatsache andererseits, daß die Pharisäer Zöllner nicht in ihre Reihen aufnahmen: "Darum muß die Berufung eines Zöllners als Ausdruck dafür gelten, daß Sünden vergeben wurden."

[40] Vgl. dazu neuestens Bovon, Evangelium 387f (Lit.); Schneider, Evangelium 176: V.48-50 sind sekundärer Nachtrag (Lit.). Vgl. auch Gnilka, Jesus 116. Anders freilich Wilckens, Vergebung 398f.

[41] Vgl. dazu neuestens Gnilka, Jesus 116.

[42] Vgl. dazu nur Gnilka, Mk I 96, der in Anm. 4 auch einige Autoren nennt, die Gründe für die Verteidigung der Traditionalität von V.5b anführen, und die Zusammenfassung der Argumente bei Koch, Bedeutung 46ff. - Nicht literarkritisch bewältigt das Problem in Mk 2,1-12 Gaston, Stone 77f, der den Menschensohn auf Erden im Kontrast zu dem zum Menschensohn Erhöhten sieht und ihn deutet auf "the body of Christ the Church, to whom has been given the authority to forgive (Jn 20,22f, Mt 16,19;18,18), as is shown by the editorial modification of Mt 9,8, 'God has given such authority to men.'" Vgl. auch ebda. 240. Diese Lösung kann freilich auch nicht überzeugen.

V.5a an - das allein kann freilich nun wirklich kein Kriterium sein, wenn man nicht der Willkür der Exegeten Tür und Tor öffnen will -, sondern vor allem wird auf diese Weise verständlich, wie der in der uns vorliegenden Fassung äußerst störende Halbsatz "sagt er zu dem Gelähmten" in V.10 - mitten in einem Wort Jesu! - in den Text gekommen ist: Er lehnt sich an 2,5a an (solche Anlehnungen sind ja häufig bei Einschüben und Erweiterungen[43]) und vermittelt im jetzigen Text zwischen dem Wort an die Gegner in V.10 und dem Wort an den Gelähmten in V.11. Auch solche durch Bearbeitung eines Textes entstehenden Spannungen haben ja zahlreiche Analogien in der Evangelienliteratur.[44] Der Text hätte dann ursprünglich so gelautet: "Als Jesus ihren Glauben sah, sagt er zu dem Gelähmten: 'Ich sage dir...'" (2,5.11).[45] Diese Lösung hätte auch den Vorteil, daß sie den plötzlichen und insofern störenden Adressatenwechsel zwischen V.5 und 6 und zwischen V.10 und 11 vermeiden würde. - Man wird dieser hier nur sehr verkürzt dargestellten Argumentation - von großer Bedeutung ist zweifellos auch die Tatsache, daß in dem Schlußchor der Geschichte die Sündenvergebung überhaupt keine Rolle mehr spielt[46] - in meinen Augen einen hohen Plausibilitätsgrad zubilligen müssen.[47] - In einem Punkt freilich kann man vermeintlich besonders gut begründet anderer Meinung sein, nämlich in der Zugehörigkeit des Sündenvergebungswortes V.5b zur ursprünglichen Perikope.[48]

Es wird in der Literatur dazu ausgeführt, die (sekundäre) Verknüpfung von Sündenvergebung und Heilungsgeschichte sei leichter vorstellbar, wenn die Vorlage schon einen Hinweis auf die Sündenvergebungsvollmacht Jesu enthalten habe.[49] Die zuerst

---

[43] Vgl. dazu das grundlegende Werk von Schmidt, Rahmen passim. Zur Problematik in Mk 2,1-12 vgl. Koch, Bedeutung 48 bes. Anm. 12.

[44] Vgl. zur Literarkritik bzw. Traditionsgeschichte der Perikope Maisch, Heilung 29ff, aber auch die kritische Auseinandersetzung bei Kiilunen, Vollmacht 94ff.

[45] In der Literatur wird darauf hingewiesen, "daß das Wort an den Gelähmten in V.11 genau dem entspricht, das man in V.5 als Anrede erwartet hat." So Maisch, Heilung 30.

[46] Vgl. Maisch, Heilung 32. Vgl. dazu weiter unten.

[47] Daß es auch eine Reihe von Autoren gibt, die für die Einheitlichkeit der Perikope eintreten, versteht sich beim gegenwärtigen Zustand der neutestamentlichen Wissenschaft quasi von selbst, vgl. Hampel, Menschensohn 189 Anm. 3.

[48] Dieser Meinung ist z.B. aus jüngster Zeit Hofius, Vergebungszuspruch 126 Anm. 54. Wie wenig wir die alten Fragen in der Zwischenzeit gelöst haben, zeigt die Tatsache, daß diese Kontroverse nicht erst bei Dibelius (Formgeschichte 63ff) und Bultmann (Geschichte 12) auftaucht.

[49] Vgl. z.B. Pesch, Mk I 156: "Die Singularität dieses Zuspruchs verleitet viele Erklärer zu der Annahme, daß V.5b bereits zum sekundären Einschub (Streitgespräch) gehöre. Doch läßt sich dann im Text der Wundergeschichte keine Basis für den Einschub mehr ausmachen, kein Grund für ihn angeben (es sei denn den gemeinantik engen Zusammenhang von Krankheit und Sünde überhaupt)." Anders argumentiert für den Zusammenhang von Wunderheilung und Sündenvergebung Kiilunen, Vollmacht 104. Die Beobachtung, "dass im Erzählduktus von V.3-5 der Glaube und der Zuspruch der Sündenvergebung miteinander korrespondieren: der Glaube zielt auf die Sündenvergebung, die Sündenvergebung kommt dem Glauben zu", trifft zwar für den jetzigen Zusammenhang zu, trifft diesen aber nur unvollständig. Denn nach Ausweis des Textzusammenhanges korrespondiert der Glaube zunächst einmal und primär dem Heranbringen des Kranken und dem Öffnen des Daches, vgl. "als Jesus ihren Glauben sah". Der Korrespondenz zwischen Glauben und Sündenvergebung eine Abhängigkeit des Motivs vom Abdecken des Daches von der Sündenvergebungsthematik zu entnehmen, scheint mir insofern zu weit zu gehen, als

genannten Vertreter, die das Sündenvergebungswort mit zu dem sekundären Einschub rechnen, müssen ja Antwort auf die Frage geben, wieso ausgerechnet in diese Heilungsgeschichte die Frage der Sündenvergebungsvollmacht eingetragen wurde. Diese Antwort fällt naturgemäß schwer.[50]

3.2.2.2 Die Kritik an der literarkritischen Scheidung in Mk 2,1-12 durch V. Hampel

Nun ist neuerdings - wie auch früher immer wieder von anderen Autoren - dies alles von V. Hampel als falsch und die Perikope Mk 2,1-12 als "eine ursprüngliche Einheit" bezeichnet worden, die "eine konkrete Begebenheit aus dem Leben Jesu wiedergibt."[51] Dabei spielt u.a. die Verwendung des Menschensohn-Titels eine wichtige Rolle in der Argumentation, und man wird ja Hampel auch nicht ohne weiteres bestreiten können, daß bei einer sekundären Bildung des Sündenvergebungswortes eine Anlehnung an die im NT erhaltenen und an den Gekreuzigten gebundenen Sündenvergebungsaussagen eine Verbindung der Aussage von Mk 2,10 mit dem Christus- oder Gottessohn-Titel (statt mit dem Menschensohn-Titel) eher zu erwarten wäre.[52]

3.2.2.2.1 Die methodische Bedeutung des Argumentes mit dem historischen Jesus

Aber man darf bei dieser Lösung auch nicht übersehen, daß der historische Jesus nicht wie ein deus ex machina gebraucht werden darf. Gedanken des historischen Jesus müssen genauso viel oder genauso wenig vermittelt sein wie in der Urgemeinde entstandene Worte. Nur weil die Urgemeinde in einer wichtigen Aussagenreihe die Sündenvergebung an den Tod Christi gebunden hat, muß die Verbindung von Menschensohn und Sündenvergebung nicht gleich vom historischen Jesus stammen. Uns sind ja keineswegs alle Tendenzen und Stränge der nachösterlichen Entwicklung bekannt. Wir können zwar viele Fragen stellen und Probleme sehen, ohne auch gleich

---

dann das Thema der Sündenvergebung in dieser Perikope unverständlich bzw. weniger verständlich wird als bei der umgekehrten Annahme, denn: Das Glaubensmotiv gehört implizit oder explizit zu den Wundergeschichten. Was ist - allmähliches Wachstum der Heilungswundergeschichte einmal vorausgesetzt - plausibler, daß dem Glaubensmotiv das von der Sündenvergebung angefügt und dann das Abdecken des Daches eingeführt wurde, oder die Illustration des Glaubensmotivs durch das Abdecken des Daches und diese gewaltige Demonstration des Glaubens als Anlaß zur Einfügung der Sündenvergebung?

[50] V.d. Loos, Miracles 444 hat Überlegungen dazu angestellt, die kaum allgemein vermittelbar sein dürften.

[51] Vgl. Hampel, Menschensohn 197. Die Argumente finden sich weitgehend schon bei Colpe, Argumentationen 232ff. Vgl. auch noch die Liste der Autoren, die Mk 2,10 für historisch halten bei Caragounis, Son 187.

[52] Vgl. Hampel, Menschensohn 193f. Mit dem vordergründig so objektiv klingenden Argument: "Die Verbindung Menschensohn - Sündenvergebung ist weder aus dem Judentum noch aus dem Urchristentum ableitbar; das Unableitbarkeitskriterium erweist sie als jesuanisch" gerät Hampel in die Gefahr des Zirkelschlusses. Das Ganze stehe auch in deutlichem Kontrast zur nachösterlichen Christologie und verweise auch insofern auf authentische Jesustradition (194 Anm. 26). Vgl. im übrigen zur Verbindung von Menschensohn und Sündenvergebung in der Jesustradition auch Mk 10,45.

die Lösung mitliefern zu können. Angesichts der Produktivität der Urgemeinde kann Jesus nicht als der alleinige Produzent von neuen "Ideen" angesehen werden, so wenig man natürlich Jesus als kreativen Faktor unterbewerten darf.[53] Und wenn man die Entstehungsmotive von etwas (noch) nicht kennt, muß das Ganze deswegen nicht gleich vom historischen Jesus stammen. Es lohnt sich insofern, die für die Einheitlichkeit von Mk 2,1-12 und gleichzeitige Historizität des Ganzen vorgetragenen Argumente Hampels ein wenig genauer anzuschauen.

3.2.2.2.2 Kritische Auseinandersetzung mit den Argumenten Hampels

Die Ambivalenz literarkritischer Argumentation[54] wird zunächst an der unterschiedlichen Bewertung des λέγει τῷ παραλυτικῷ (sagt er zu dem Gelähmten) in V.5 und 10 deutlich. Hier scheint ein intersubjektives Urteil nicht möglich. Hampel argumentiert wie schon andere vor ihm: Da Mt und Lk hier nicht wie sonst die Vorlage des Mk verbessert haben, haben sie an dieser Stelle offensichtlich keine Schwierigkeit gesehen. Deswegen hält er dieses Argument zugunsten einer literarkritischen Operation für erledigt.[55]

Die Schwierigkeit, daß der Schluß nicht auf die Sündenvergebung Bezug nimmt, lehnt unser Verf. ausdrücklich ab. Im Gegenteil, der Lobpreis in V.12b beziehe sich gerade

---

[53] Dabei erscheint mir der Streit darum, wer nun die Beweislast zu tragen hat, der Bestreiter der Historizität oder deren Befürworter, noch immer als ziemlich unfruchtbar (vgl. schon Broer, Urgemeinde 4-7). Die neuerdings wieder vorgetragene Ansicht "Jeder Historiker muß präsumieren, daß seine Quellen im Rahmen ihrer Möglichkeiten zuverlässig berichten, sofern nicht ihre Unzuverlässigkeit, sei es im einzelnen, sei es im ganzen, erwiesen ist. Nachzuweisen ist nicht die Echtheit einer Urkunde, sondern die Fälschung" (so Reiser, Gerichtspredigt 191) ist zumindest in ihrem zweiten Teil auf das NT bezogen methodisch naiv, übersieht völlig, was die historisch-kritische Forschung über die Evangelien und das Selbstverständnis der Evangelisten, die sich nun einmal trotz der Ansätze zur historischen Kritik schon bei Herodot, Thukydides und Lukian erkennbar nicht für den historischen Tatbestand, sondern primär für bestimmte theologische Aussagen interessierten, erbracht hat und benutzt m.E. falsche Kategorien - wer käme denn heute noch auf die Idee, Mt z.B. wegen seiner Änderung des Motivs für den Gang der Frauen zum Grabe Jesu (oder wegen der Grabeswache oder Lk wegen 24,7 oder einen urchristlichen Propheten, der ein Wort im Namen Jesu spricht) der "Fälschung" zu bezichtigen? (Zu Herodot vgl. Hist. I 5.95.182 II 99.118; zu Thukydides vgl. Geschichte des Peloponnesischen Krieges I 20.22, freilich auch seine eigene Bewertung der von ihm überlieferten Reden ebda. und die Differenz zwischen methodischem Anspruch und konkreter Ausführung etwa auch bei Lukian von Samosata; zu Letzterem vgl. Hengel, Geschichtsschreibung 25f).

[54] P. Dschulnigg, Sprache hat m.E. zu Recht Kritik an der vorherrschenden Handhabung der Literarkritik auch anhand ihrer divergierenden Ergebnisse geäußert, aber seine Ausführungen zum Individualstil des Mk vermögen m.E. solange nicht zu überzeugen, als die vorgängig zu beantwortende Frage der kollektiven Vermittlung dieser Sprache (und der Traditionen!) des Mk nur nebenbei angesprochen wird (269). Man kann sich das Problem gut an der joh. Sondersprache verdeutlichen, die ja nicht nur die des Verfassers des vierten Evangeliums, sondern auch die seiner Gemeinde gewesen sein wird. U.a. die Frage, wie und wann der Verfasser des Mk zu seinen Traditionen gekommen ist, wird so für die Frage nach der stilistischen Prägung der markinischen Perikopen durch die - natürlich auch vermittelte - Individualsprache oder durch die Sprache der Gemeinde bedeutungsvoll.

[55] Hampel befindet sich mit diesem Argument durchaus in guter Gesellschaft, vgl. beispielhaft Caragounis, Son 184: "As a native speaker of Greek I cannot see any awkwardness on the literary or syntactical level of the text."

ausdrücklich auf die V.5b und 7, "wo in der Tat Gott - Jesus handelt ja im Namen Gottes - dem Gelähmten Sündenvergebung zueignet" (190).[56] Leider läßt sich das Gegenteil beweisen. Achten wir zunächst darauf, daß die Autoren, auf die sich unser Verf. bei der Zusammenfassung der gegen die Einheitlichkeit sprechenden Argumente stützt, differenziert argumentieren. I. Maisch weist zu V.11f zuerst darauf hin, daß hier der stilgerechte Abschluß einer Wundergeschichte vorliege, der als "Beweis für die These eines Streitgesprächs ...singulär" wäre. Erst nach diesem formalen Argument folgt das inhaltliche: "Die Reaktion der Menge erschöpft sich im Staunen über das Wunder, ohne mit einem Wort dieses Wunder als Beweis für Jesu Vollmacht zur Sündenvergebung zu würdigen oder auf die Sündenvergebung selbst einzugehen."[57] Daß in V.12 das Motiv des Gott-Preisens sich auf die Sündenvergebung bezieht, kann Hampel m.E. nur gegen den völlig offensichtlichen Befund im NT behaupten, denn dieses Motiv ist nachweisbar im NT an vielen Stellen gerade der Abschluß einer Wundergeschichte *Jesu* bzw. eines Wunder-Summariums ohne das Sündenvergebungsmotiv, vgl. Mt 15,31; Lk 7,16; 13,13.17; 17,15-18;[58] 18,43,[59] was unser Verf. übrigens an anderer Stelle (191 unten) selbst sieht, ohne zu erkennen, daß damit sein Argument, V.12b beziehe sich auf das Sündenvergebungsmotiv in V.5 und 7, gerade hinfällig wird. Wir haben es in V.12b bei dem Lobpreis *Gottes* mit einem Motiv zu tun, das in mehreren neutestamentlichen Wundergeschichten *Jesu* den Abschluß der jeweiligen Wundererzählung bildet, so daß man im *jetzigen* Kontext in Mk 2 zwar einen Bezug des Lobpreismotivs auf das Sündenvergebungsmotiv finden, aber kaum damit für die ursprüngliche Einheitlichkeit der Perikope argumentieren kann. Das Motiv des Gott-Preisens ist nun einmal im NT mehrfach als Abschluß einer reinen Wundergeschichte Jesu gebraucht.

---

[56] Vgl. auch Colpe, Argumentationen 232 Anm. 5. - Einen Bezug von Mk 2,12 auf 2,5b vertritt auch Söding, Glaube 412f, allerdings mit dem erheblichen Unterschied, daß er diese Beziehung allein im Kontext des jetzigen Textzusammenhanges konstatiert und daraus keine Konsequenzen für den vormarkinischen Bestand des Textes ableitet. S. findet in dem Nebeneinander von Glauben an Jesus und Lobpreis Gottes, "daß der von Jesus geforderte und Jesus entgegengebrachte Wunderglaube letztlich immer auch Glaube an Gott ist" (26f als Frage, vgl. auch 413).

[57] Maisch, Heilung 30f.

[58] Vgl. an den beiden zuletzt genannten Stellen das von Lk ausdrücklich genannte Nebeneinander von Wundertat Jesu und Lobpreis Gottes. - Söding, Glaube 22.26f hat auch für die gegenwärtige Fassung der Geschichte Mk 2,1-12 die Beziehung des Lobpreises Gottes auf den Glauben des Gelähmten und seiner Träger betont.

[59] Angesichts des verdoppelten Motivs vom Lobpreis Gottes in V.15 und 18 wird das Glaubensmotiv von V.19 sich zumindest auch auf Gott beziehen, freilich wegen des Dankes an Jesus auch auf die Wundervollmacht Jesu. Dieses Miteinander dürfte für die synoptischen Wundergeschichten, soweit sie das Glaubensmotiv und/oder das Motiv des Lobpreises Gottes enthalten, charakteristisch sein. - Will Mk in 11,22ff wirklich etwas ganz anderes ausdrücken und den (Vertrauens-)Glauben ausschließlich auf Gott ausrichten? Dann würde Mk also zwei Arten von Vertrauensglauben kennen. Spricht nicht schon die Tatsache, daß Jesus der Sprecher dieses Logions ist, und die zentrale Bedeutung der Wundergeschichten im Mk-Evangelium dagegen? (Zu Rebell, Alles ist möglich 53f).

Gegen den schon von Bultmann zugunsten der Einschubthese gegebenen Hinweis, daß der Glaube des Gelähmten und seiner Träger in 5b-10 nicht erwähnt wird, macht Hampel geltend, daß der Glaube auch in V.11f nicht auftauche und deswegen "konsequenterweise auch die V.11f als sekundär (zu) postulieren" seien.[60] Aber trifft das Argument? Daß in V.11f als Abschluß der postulierten Wundergeschichte das Glaubensmotiv nicht mehr begegnet, liegt m.E. auf einer anderen Ebene und ist von ganz anderer Qualität als das Fehlen dieses Motivs in 5b-10, wie man sofort erkennt, wenn man sich den ggf. ursprünglichen Wortlaut anschaut: "Und als Jesus ihren Glauben sah, spricht er zum Gelähmten: 'Kind, ich sage dir, steh auf, nimm dein Bett und geh in dein Haus.' Und er stand auf und nahm sogleich sein Bett und ging vor den Augen aller hinaus..."[61] Daß ein Bezug auf das Glaubensmotiv bei der Sündenvergebung ungleich näher gelegen hätte, scheint mir evident zu sein; daß dieser Bezug bei ursprünglichem Zusammenhang der beiden Teile unbedingt hergestellt worden sein müßte, würde ich freilich auch nicht behaupten.

Erst recht kann ich nicht erkennen, wieso das Motiv der Erkenntnis der inneren Rede der Schriftgelehrten durch Jesus in Jes 11,2-4 irgendwie vorgebildet ist, so daß man darin die *messianische* Würde Jesu ausgedrückt finden kann. Zwar ist in Jes 11,2-4 vom Geist der Einsicht und Erkenntnis die Rede, aber ein direkter Zusammenhang zu der Einsicht in das Innere der Schriftgelehrten ist in keiner Weise gegeben.[62]

3.2.2.3 Vom Nutzen der Argumente

Obwohl gegen die Argumente Hampels, die freilich nicht nur er vertritt, durchaus gute Gegengründe angeführt werden können und zumindest an einer Stelle ein wichtiger Pfeiler der Argumentation sich als völlig unhaltbar erwiesen hat, zeigt die Dis-

---

[60] Hampel, Menschensohn 190.

[61] Rekonstruktion nach Maisch, Heilung 49.

[62] Vgl. als Parallele zumindest Philostrat, Vita Apollonii I 19, wo Apollonius sagt: "...weiß ich doch auch alles, was die Menschen verschweigen." (Übers. V. Mumprecht) - Im übrigen sollte man m.E. mit der Annahme, das Ganze sei historisch möglich, doch etwas vorsichtiger sein. Zwar habe ich keine Bedenken gegen die Möglichkeit des Aufhackens eines Daches in Palästina, nicht nur, weil Jörg Zink in einem Film das vorgemacht hat, und auch das Argument Dalmans (Orte 78), ein Hausbesitzer hätte sich das nicht ohne weiteres gefallen lassen, scheint mir nicht zwingend gegen die Historizität zu sprechen, wohl aber die Annahme, daß unter dem aufzugrabenden Dach zahlreiche Leute gesessen haben sollen (vgl. dazu Haenchen, Weg 100). Spricht das nicht dafür, daß entweder das Motiv der Fülle oder das des Dach-Aufgrabens, die sich freilich gegenseitig bedingen, nicht historisch ist? LevR 19 (abgedruckt bei Str.-B. I 34f) ist nicht unbedingt ein Gegenbeweis, ebensowenig Jos. Ant. XIV, 15,12; Bell. I,17,6 (so auch Kiilunen, Vollmacht 102 Anm. 27). Oder sollte man besser mit van der Loos, Miracles 442 schließen: "It is not possible to reconstruct the situation, but in any case there must have been enough room to avoid the falling material at the point where Jesus was standing.", wobei man doch auch noch die (sitzenden) πολλοί (Vielen) mit einbeziehen müßte. Entsprechend urteilt v.d. Loos auch: "The account of the strange way in which the paralytic appeared before Jesus need not be legendary." (449) Gnilka, Jesus 117 (vgl. auch 133) sieht darin einen unerfindlichen Zug. Aber zeigt die Vielfalt der Motive in den Legenden nicht, daß es unerfindliche Züge gar nicht gibt?

kussion der skizzierten Probleme eindeutig, daß hier insgesamt kaum zu einer einigermaßen intersubjektiven Antwort zu kommen ist, wie überhaupt Literarkritik nach dem Ausweis ihrer Ergebnisse[63] kaum zu allgemein überzeugenden Urteilen zu kommen scheint. Selbst anscheinend so objektive Kriterien wie die Vokabelstatistik, von der ich mir früher eine Objektivierung der Literarkritik versprach,[64] scheint hier nicht weiterzuhelfen, weswegen man die Literarkritik vielleicht nicht unbedingt und in jedem Falle aufgeben, aber sowohl Umfang als auch Bedeutung erheblich reduzieren sollte. - Wir gehen deswegen im Folgenden davon aus, daß die Frage, ob der historische Jesus Sünden vergeben hat, oder zutreffender formuliert: ob der historische Jesus beansprucht hat, Sünden vergeben zu können, die ja ausschließlich anhand von Zeugnissen, die ihn von dieser Vollmacht und ihrer Ausübung sprechen lassen, gestellt und beantwortet werden kann, in Bezug auf Mk 2,1-12 nicht schon durch Literarkritik und Traditionsgeschichte allgemein überzeugend zu beantworten ist, weil die gerade auch zu der in Frage stehenden Perikope vorgetragenen Gründe offenbar die jeweiligen "Gegner" nicht zu überzeugen vermögen, so daß in dieser nicht nur für das (Selbst-)Verständnis des historischen Jesus so wichtigen Frage auf diese Weise kein Einvernehmen zu erzielen ist.

Dann stellt sich natürlich die Frage, wie diese Frage überhaupt beantwortet werden kann.

3.2.2.4 Sündenvergebung und der Zusammenhang von Sünde und Krankheit

P. Fiedler hat darauf hingewiesen, daß Jesus den Zusammenhang zwischen Krankheit und Sünde verneint habe und daß schon deswegen die Perikope Mk 2,1-12 kaum als

---

[63] Vgl. z.B. die Bewertung von Mk 2,5b.10 in der Literatur. Pesch, Mk I 156 urteilt zu V.5b: "Klar ist - wie im Text auch mit dem Passivum divinum, der Umschreibung von Gottes Handeln (ἀφίενται [werden vergeben]), vorausgesetzt wird -, daß nur Gott selbst Sünden vergibt." Und zu V.10: "Im Streitgespräch, und das zeigt eindeutig seinen sekundären Charakter, wird die Vollmacht, Sünden zu vergeben, auch dem Menschensohn zugesprochen". Gnilka, Mk I 99 dagegen: "Die passivische Formulierung umschreibt zwar das Wirken Gottes, aber dieses wird durch Jesus vermittelt, so daß zwischen der individuellen Sündenvergebung und der grundsätzlichen Aussage in 10 kein wesentlicher Unterschied festgestellt werden kann." Vgl. auch Kuhn, Sammlungen 56f: "Es ist deshalb möglich, mit J. Jeremias die passive Wendung ἀφίενται (v.l. ἀφέωνται) in V.5 als Umschreibung des Gottesnamens aufzufassen. Das gilt auf alle Fälle für die ältere Wundergeschichte, falls der betreffende Versteil (5b) zu ihr gehörte. Für den jetzigen Text bleibt die Entscheidung besser offen, denn die einzigartige Vollmacht des hier mit dem Hoheitstitel 'Menschensohn' benannten Jesus darf man auf keinen Fall mit einer wie auch immer im Judentum geübten Vermittlung der Vergebung gleichsetzen." - Hier scheint die Gefahr der Literarkritik, zirkulär zu argumentieren, besonders deutlich, wenn auch für die Annahme eines Einschubes überhaupt - unabhängig von dessen Umfang - eine ganze Reihe von Gründen angeführt wird. - Zur Problematik des theologischen Passivs im allgemeinen vgl. jetzt Reiser, Gerichtspredigt 255ff, zur Frage, ob ein solches in Mk 2,5 vorliegt, ebda. 259, wobei R. allerdings die Frage nur für die Ebene des Evangeliums stellt. Auf die Problematik einer evtl. vormk Fassung und deren Verständnis des Passivs geht R. nicht ein.

[64] Vgl. Broer, Urgemeinde passim.

78

historisch angesehen werden könne.[65] So wenig dieses Argument über jeden Zweifel erhaben ist, da z.B. Lk 13,1-5 sehr häufig in der Literatur dem historischen Jesus zugesprochen wird und diese Perikope doch eindeutig den Tun-Ergehen-Zusammenhang voraussetzt,[66] so sehr wird man es doch auch nicht aus den Augen verlieren dürfen.

3.2.2.5 Kriterien

Eine weitere Möglichkeit wäre wohl zu prüfen, wie sich das Bewußtsein dieser Vollmacht zum übrigen Selbstverständnis Jesu verhält, also z.B. zu fragen, ob es aus dem übrigen Leben Jesu uns bekannte Elemente gibt, die für das Vorhandensein eines entsprechenden Selbstbewußtseins bei Jesus sprechen könnten. Denn wenn Jesus das eingangs zitierte Verhältnis zum jüdischen Gesetz einnahm, sich also nicht unter dessen Autorität, sondern über diese stellte, dann könnte er wohl auch die Sündenvergebungsvollmacht für sich beansprucht haben. Aber gerade auch dieser Aspekt ist doch wohl nicht zu beantworten, ohne daß man sich darüber Rechenschaft ablegt, wie denn im damaligen Judentum Sünden vergeben wurden.

Deswegen soll im Folgenden einfach einmal der Versuch gemacht werden, die Perikope in den Rahmen des damaligen Judentums, soweit wir es kennen, einzuzeichnen, und von da aus zu prüfen, ob uns das Ergebnis weiterhilft. In jedem Fall ist, wie sich noch zeigen wird, der alttestamentlich-jüdische Hintergrund auch für die Interpretation der Perikope Mk 2,1-12 von erheblicher Bedeutung. - Es ist im übrigen auffällig, daß in den einschlägigen Untersuchungen die Frage nach der Sündenvergebung im Judentum in der Regel unter der Perspektive der Sündenvergebung in der Endzeit, durch den Messias oder sonst eine Einzelperson gestellt wird, die allgemeinen Bedingungen unter denen damals Sündenvergebung erlangt werden konnte, demgegenüber aber stark zurücktreten.[67]

3.3 Sündenvergebung im AT und Frühjudentum

Ziel der folgenden Überlegungen ist es also, sich ein Bild davon zu verschaffen, was "der Jude" zur Zeit Jesu tun mußte, wenn er die Tilgung seiner Sünden von Gott erreichen wollte. - Zur Frage von Sünde und ihrer Vergebung, zum Problem des Opfers und der Umkehr im AT und Judentum gibt es eine Fülle von Literatur, vor allem aus dem vergangenen und dem Beginn dieses Jahrhunderts, die freilich in der

---

[65] Fiedler, Jesus 108. Ich danke P. Fiedler für gelegentlichen hilfreichen Ratschlag. Mein Dank gilt auch I. Maisch, die mir freundlicherweise einige Passagen der umfangreicheren Urfassung ihrer Dissertation zu Mk 2 zur Verfügung stellte.
[66] Vgl. die Literatur bei Reiser, Gerichtspredigt 233ff.
[67] Vgl. nur Hampel, Menschensohn 195ff und Klauck, Frage 236ff.

Regel andere Zwecke verfolgt, nämlich entweder aus christlicher Perspektive dem Judentum seinen Formalismus und seine Veräußerlichung zu "beweisen" oder aber das Judentum und seine Anschauungen über die Sündenvergebung gegen solche christlichen Angriffe zu verteidigen, die bezogen auf unser Thema etwa lauteten, die Juden hätten ein stark veräußerlichtes Verständnis der Sündenvergebung, das dem des Christentums eindeutig unterlegen sei, weil es hier nur um äußerliche Werke (Opfer!), nicht aber um eine Umkehr des inneren Menschen und seine Abkehr von seinen widergöttlichen Werken gehe. Dagegen weisen die entsprechenden Autoren in der Regel daraufhin, daß Umkehr und Wiedergutmachung bei Sünden wider den Nächsten selbstverständliche Konsequenz im Judentum und daß Opfer ohne Umkehr und Wiedergutmachung gar nicht wirksam seien und deswegen von einer Veräußerlichung in diesem Sinne keine Rede sein könne.[68] Diese Diskussion kommt uns heute doch schon etwas merkwürdig vor, offensichtlich weil wir zumindest ansatzweise gelernt haben, wie schwierig es ist, einen anderen oder ein anderes System richtig zu verstehen, und die Verabsolutierung unseres eigenen Standpunktes uns nicht mehr so unbesehen von der Hand geht, wie das früher gelegentlich der Fall war.[69] - Bei unserer Rückfrage geht es um eine Fragestellung mehr inhaltlicher als bewertender Art, wir wollen zunächst einmal religiöse Bräuche kennenlernen und sie nicht gleich auch bewerten. Im übrigen könnte das Christentum den hohen moralischen Anspruch einiger diesbezüglicher Aussagen des Judentums, z.B. der, daß ein wirklich Umkehrender die gleiche Sünde nicht zweimal begehe und daß zur Umkehr auch die feste Absicht gehöre, die nächste Gelegenheit zu meiden,[70] durchaus zugeben. Stellvertretend für das hohe Niveau und die Intensität vieler die Umkehr betreffender Sätze des Judentums, in denen diese keineswegs als "Leistung" des Menschen vorgestellt ist, sei hier aus dem 18-Bitten-Gebet zitiert: "Bringe uns zurück, Jahwe, zu dir, daß wir umkehren (in Buße); erneuere unsere Tage wie ehedem. Gepriesen seist du, Jahwe, der du Wohlgefallen an der Umkehr hast... Vergib uns, unser Vater, denn wir haben gesün-

---

[68] Vgl. die Werke von Moore, Büchler, Montefiore, Schechter, Sjöberg, aber auch die von Schmitz und Wenschkewitz.

[69] Freilich gilt es dennoch immer auf der Hut zu sein, weil uns das Eigene nun einmal näher steht als das Fremde! Wie leicht einem eine Verzeichnung einer jüdischen Anschauung unterläuft, vermag vielleicht das folgende Zitat zu zeigen: "Zwischen 4 Makk 17,22 und Röm 3,25 lassen sich gewisse Berührungen herausarbeiten. Aber trotz mancher Gemeinsamkeiten liegen gravierende Unterschiede vor. 4 Makk 17,22 lassen Menschen als Ersatz für die Sünden ihres Volkes ihr Leben, und Gott errettet daraufhin das bedrängte Israel aus politischer Not, Röm 3,25 dagegen ist Gott der souverän Handelnde, der Sühne schafft und Sünder zu Gerechten macht" (Friedrich, Verkündigung 65, vgl. auch 75). Dabei ist in der herangezogenen Stelle aus den Apokryphen ganz eindeutig die göttliche Vorsehung das Subjekt der Rettung und Ursache dessen, was diese bewirkt hat: καὶ διὰ τοῦ αἵματος τῶν εὐσεβῶν ἐκείνων καὶ διὰ τοῦ ἱλαστηρίου τοῦ θανάτου αὐτῶν ἡ θεία πρόνοια τὸν Ἰσραὴλ προκακωθέντα διέσωσεν. ("Durch das Blut jener Frommen und ihren sühnenden Tod hat die göttliche Vorsehung das zuvor schwer heimgesuchte Israel gerettet." Übers. Klauck in JSHRZ III 753, vgl. auch ebda. 671f).

[70] Vgl. schon Sir 34,30f und Joma 86b bei Str.-B. I 171 b und Dietrich, Umkehr 371f zu den Merkmalen der vollkommenen Umkehr; auch Moore, Judaism III Note 222.

digt gegen dich; lösche aus unsere Übertretungen vor deinen Augen. Gepriesen seist du, Jahwe, der du viel vergibst."[71]

Im folgenden werden also keine neuen Belege herangezogen. Die Belege sind bis auf die aus Qumran[72] alle schon lange bekannt. Es kann hier nur darum gehen, diese vorzustellen und die Frage zu verfolgen, wieso diese eine so unterschiedliche Bewertung gefunden haben.

3.3.1 Der Zusammenhang von Krankheit, Sünde und Wunder

Der Zusammenhang von Krankheit und Sünde in der Perikope Mk 2 kann für das damalige Judentum zwar nicht allgemein und ungebrochen, gleichwohl aber doch als vorhanden vorausgesetzt werden, wie sich vielfältig zeigen ließe, man vergleiche nur das Buch Hiob, in dem sich ja beides, der enge Zusammenhang von Tun und Ergehen und dessen Bestreitung, findet. Daß zu Thriumphalismus von seiten des Christentums, es habe diesen Zusammenhang überwunden, kein Anlaß besteht, vermag gerade das Johannes-Evangelium zu zeigen, auf das man sich in der Regel für das Zerbrechen dieses Zusammenhangs beruft. Denn so sehr in Joh 9,2 dieser Zusammenhang zerbrochen wird, so sehr wird er in der Rede Jesu in Joh 5,14 wieder in sein Recht gesetzt (vgl. dazu auch unten 3.4).

Die in Mk 2 vorausgesetzte Situation dürfte auch ansonsten gut möglich sein, da Jesus im Laufe seiner öffentlichen Wirksamkeit sicher einen gewissen Ruf als Wunderheiler gehabt haben wird, wie es ja auch keinen Exegeten gibt, der Jesus solche Wunderheilungen abspricht.

---

[71] Zitiert nach der paläst. Rezension bei Str.-B. IV 211f. Bonsirven, Judaïsme II 99 beschreibt das Wesen der Umkehr wie folgt: "Philon fait de cette vertu le deuxième degré de la perfection: elle est comme le retour de l'infirmité à la santé, un redressement, le salut dans le naufrage, la réminiscence après l'oubli, le passage du mal au bien, de l'ignorance à la science, l'accession à toutes les vertus; il la présente comme une conversion, une réforme de la vie, ce qui est le propre d'une âme courageuse: idées qui restent bien dans la ligne de la pensée juive palestinienne." Köberle, Sünde betont 602f, bei der Buße im Judentum sei stets festgehalten worden, daß zu ihr vor allem "die innere Umkehr zu Gott und die entsprechende Änderung des sittlichen und religiösen Verhaltens gehöre, daß die Buße ohne den ernsten Schmerz der Reue und den festen Vorsatz der Besserung nicht echt sei... und daß, falls es möglich ist, die böse Tat und ihre Wirkungen wieder gut gemacht werden müssen" (bei K. z.T. gesperrt).

[72] Die Qumran-Literatur findet im Zusammenhang mit Mk 2,1-12 besondere Beachtung, weil sich in ihr ein Beleg findet, in dem vielleicht ein einzelner Mensch Sünden vergibt. Vgl. zu 4QOrNab 1,3f im Zusammenhang mit Mk 2,1-12 Klauck, Sündenvergebung 239f. Für uns erübrigt sich eine Erörterung dieser Stelle, wie sich aus dem Duktus der Ausführungen ergeben wird. Im übrigen wird aber die Auslegung von 4QOrNab 1,3f auf die Sündenvergebung durch einen Einzelnen in der neueren Literatur gewöhnlich abgelehnt (vgl. nur Janowski, Sündenvergebung 263ff). Eine Analogie zwischen Mk und 4QOrNab sieht u.a. Vermes, Jesus the Jew, 68f, der aufgrund von bNed 41a Sündenvergebung und Heilung für Synonyme im Judentum hält. Vgl. zur Diskussion, Janowski, Sündenvergebung 263ff. - Für uns ist die Qumran-Literatur in anderem Zusammenhang wichtig, weil sie die gegenwärtigen Opfer im Tempel ablehnt, ohne den Tempelkult grundsätzlich abzulehnen. Vgl. dazu Klinzing, Umdeutung 153f u.ö.

3.3.2 Sündenbewußtsein und Sündenvergebung

Daß es ein allgemeines oder doch zumindest weit verbreitetes intensives Sündenbe-
wußtsein im Judentum zur Zeit Jesu gegeben hat, läßt sich mit einem oder wenigen
Belegen nicht ohne weiteres beweisen, aber einige Belege vermögen doch zu zeigen,
wie ernst im damaligen Judentum die Sünde wenigstens von einigen genommen
wurde: 4 Esra 7,46.68; 8,34f; 9,36; oder wenn fromme Juden aus der Sorge heraus,
unwissentlich eine Sünde/Verunreinigung begangen zu haben, täglich ein Schuldopfer darbringen.[73] Wie ging der fromme Jude mit seinen Sünden um? Was tat er, wenn
er einer Sünde inne wurde, um sein Verhältnis zu Gott wenigstens von sich aus in
Ordnung zu bringen? Wobei als Sünde nicht nur die bewußte Übertretung eines moralischen Gebotes Gottes angesehen wurde, die im AT als Sünde mit erhobener
Hand bezeichnet wurde und für die eine Sühne dort überhaupt nicht vorgesehen
war,[74] sondern auch die unbewußte oder unwillentliche Übertretung und auch die levitische Verunreinigung.[75] Für alle letzteren ist Sühne und damit Vergebung möglich.[76]

Es versteht sich von selbst, daß in Israel, dem Gott sich aus freier Gnade erschlossen
hatte, der Mensch nicht von sich aus in der Lage war, sein Verhältnis zu Gott in Ordnung zu bringen, sondern daß dies nur Gott konnte. Die Sündenvergebung war also
an Gottes Bereitschaft dazu geknüpft. Gott aber hatte dazu eine bestimmte Ordnung
ergehen lassen; wie diese aussah, interessiert uns. Daß es Gott ist, der die Vergebung
schenkt, und nicht der Mensch, der das vorgeschriebene Opfer darbringen läßt
und/oder der umkehrt,[77] und auch nicht der Priester, der dieses Opfer für den betreffenden Israeliten Gott weiht, wird an den verschiedenen Stellen des AT u.a. durch die

---

[73] Vgl. Kerith. 6,3; Tos 4,4; LevR 14 zu 12, 2: "Selbst wenn einer der Frömmste der Frommen wäre, muß
er doch eine Seite von Schuld haben" (ThWNT I, 292, 34ff). Philo, Vit. Mos. II 147: παντὶ γενητῷ ...
συμφυὲς τὸ ἁμαρτάνειν ἐστίν (die Sünde ist mit jedem Menschen eine feste Verbindung eingegan-
gen).Vgl. auch ders., Spec. Leg. I 252; Büchler, Types 73ff; ders., Studies 425; Urbach, Sages 433.

[74] Vgl. Num 15,30f; 1 Sam 3,14 und dazu S. Herrmann, Art. ἱλάσκομαι κτλ. (sühnen) 310,11ff. Für die-
sen Fall sieht das AT die Ausrottung aus der Gemeinde vor. Vgl. aber auch Eichrodt, ThAT I 98 und
Anm. 326, der diese Einengung für nicht ursprünglich und für eine spätere Entwicklung hält. Philo, Spec.
Leg. I 24ff-238 kennt Sühne für absichtliche (περὶ τῶν ἑκουσίων) Vergehen, führt aber als Beispiel nur
Meineid bei unrechtmäßigem Besitz an. In dem relativ späten Buch Sifra 16,6 finden wir drei Arten von
Sünden: unverschämte Missetaten, aufrührerische Handlungen, unwissentliche Verstöße; vgl. dazu
Moore, Judaism I 464: "For the first two classes the law provides no sacrificial atonement; Judaism found
their guilt borne away by the scapegoat, on condition on repentance." Unvergebbare Sünden nennt E.E.
Urbach, Sages 465f.

[75] Vgl. Lev 4 und 5 und dazu Moore, Judaism I 463; zur Unterscheidung von levitischer und moralischer
Sünde vgl. noch Moore III, Note 186.

[76] Vgl. Herrmann, Art. ἱλάσκομαι κτλ. 310, der auch ausdrücklich betont, diese Sühne lasse sich nicht
auf kultisch-rituelle Vergehen beschränken.

[77] Vgl. dazu, daß auch die Umkehr bei den Propheten von Gottes vorangehender Heilsinitiative umgrif-
fen ist, Wolff, Umkehr 140ff; ders., Botschaft 556. Daß das auch später nicht vergessen und die Umkehr
gerade nicht einseitig als "Leistung" des Menschen verstanden wurde, zeigen 1 QH 4,30f und CD 3,17ff.
Dazu G. Jeremias, Lehrer 329.344.

Formulierung im Nifal "dann wird ihnen vergeben werden" zum Ausdruck gebracht[78] und sei hier ein für allemal vorausgeschickt.[79]

3.3.3 Verschiedene Wege der Sündenvergebung im Judentum?

Wenn im folgenden von verschiedenen Wegen der Sündenvergebung die Rede sein soll, so sind dabei natürlich mannigfache Überschneidungen in Rechnung zu stellen, die in den Urtexten nicht immer angedeutet sind. So wird bei manchen Texten, die von der Kraft der Umkehr zur Sündenvergebung sprechen, sicher auch ein entsprechendes Opfer mitgedacht sein, ohne daß es immer erwähnt wird,[80] und erst recht ist bei der Sündenvergebung durch Opfer wohl immer (oder fast immer, vgl. unten Sanders) die Umkehr und die Wiedergutmachung mitgedacht, ohne daß sie immer gesondert angesprochen werden muß.[81] Da die Umkehr als etwas Aktives vorgestellt ist, also eine Veränderung in Handeln und Verhalten meint, ergibt sich z.B. auch eine Überschneidung mit der Sündenvergebung aufgrund guter Werke, ebenso mit der durch Fasten usw.[82] Gleichwohl hoffe ich, daß die im Folgenden zu treffende Unterscheidung zwar idealtypisch ist, aber doch wenigstens einen Teil der Vielfalt des Judentums um die Zeitenwende in Bezug auf die Sündenvergebung einzufangen vermag.

---

[78] Subjekt der Vergebung (ἀφίημι) ist Gott z.B. in Ex 32,32; Lev 4,20 (theol. Passiv, Tätigkeit des Priesters im (Medium-) Aktiv: ἐξιλάσεται), ebenso 4,26.31.35; 5,6.10.13.16.18.26; 19,22; Num 15,25; 14,19; Hi 42,10 LXX; Ps 25,18; 32,1.5. Vgl. auch die Betonung, daß der sog. Priestersegen nicht vom Priester, sondern von Gott stammt, z.B. in SNum 6,27: "...damit die Israeliten nicht glauben, ihr Segen hänge von den Priestern ab,... und die Priester nicht denken: wir segnen Israel, lehrt die Schrift: ich werde segnen mein Volk Israel" (Zitiert nach Wenschkewitz, Spiritualisierung 40f).

[79] Vgl. dazu auch die Zusammenfassung bei Janowski, Sühne 358: "Äußerlich ist der Wechsel von der nichtkultischen zur kultischen Verwendung von כפר dadurch gekennzeichnet, daß jetzt (vorher nie) ein Priester Subjekt des כפר-Handelns ist; obwohl bei P aber nirgends Jahwe, sondern immer der Priester grammatisches Subjekt des Sühnevollzuges ist, ist es letztlich Jahwe, der handelnd im Sinne eines logischen Subjekts die Sühne wirkt, während der Priester als der von ihm bevollmächtigte Mittler den Sühnevorgang kultisch vollzieht. Anders ist ein Satz wie: 'So schafft der Priester ihnen Sühne, und es wird ihnen (von Gott) vergeben werden'... gar nicht zu verstehen." Vgl. auch ebda. 359 und 361: "Der Mensch (Laie/Priester) kann den Sühneritus vollziehen, weil Gott ihm dafür das tierische Opferblut als Sühnemittel gegeben hat. So ist der Mensch noch - und gerade - im Akt des Gebens (d.h. im Vollzug von Schlachtung und Blutritus) ein Beschenkter, weil der Empfänger der göttlichen Vor-Gabe des Sühnemittels Blut." Vgl. zum Problem auch noch Stamm, Erlösen 129 und Koch, Sühne 218.

[80] Vgl. z.B. Philo, Spec. Leg. I 242 und unten Anm. 96.

[81] Vgl. Montefiore, Rabbinic Literature 395, der sich auf Shebuoth 12b-13b bezieht; Schechter, Aspects 303 und TosJoma 5,9: "Sündopfer und Schuldopfer und Tod und Versöhnungstag, alle sühnen nur zusammen mit Buße... Wenn er sich bekehrt, wird ihm vergeben, wenn er sich nicht bekehrt, wird ihm nicht vergeben." Vgl. auch Maier, Zwischen 221f, wo er auf die Gefahr der Moderne hinweist, die rituellen Praktiken allzu leicht als bloßen Formalismus abzutun.

[82] Vgl. dazu Wenschkewitz, Spiritualisierung 29ff; Hermisson, Sprache 76ff.

3.3.3.1 Sündenvergebung durch Opfer

Hierbei geht es wie schon erwähnt nicht darum, daß das Opfer die Sündenvergebung bewirkt, sondern daß das Opfer notwendiger Teil eines Gesamtzusammenhanges ist, der als Ganzer von Gott eingesetzt ist und die Voraussetzung für das Schenken der Vergebung durch Gott bildet.[83] Umkehr und Wiedergutmachung (bei Sünden gegen den Nächsten) waren ebenfalls notwendiger Teil dieses Gesamtzusammenhanges,[84] und das Opfer konnte erst dargebracht werden, wenn die Wiedergutmachung geleistet war. Aber das Opfer gehörte zu der von Gott zum Zwecke der Sündenvergebung eingesetzten Ordnung, so daß nach dieser Vorstellung ohne das entsprechende Opfer Sühne nicht erlangt werden konnte. Der Zusammenhang ist beispielhaft in Num 5,6-8 dargestellt. Dazu gehörte auch ein Sündenbekenntnis über dem Kopf des Opfertiers.[85] Entsprechende Formeln finden sich Ps 106,6; 1 Kön 8,47; Dan 9,5ff; vgl. auch Lev 16,21. Ob die Israeliten ihre Sünden einzeln und ggf. laut bekannten, ist nicht nur in der Literatur, sondern auch schon bei den Rabbinen umstritten.[86] Daß die Opferhandlung nicht automatisch wirkt, sondern Buße und Wiedergutmachung voraussetzt, wird verschiedentlich betont, vgl. nur Sir 38,9f.[87]

Eine ganz besondere Rolle spielt in diesem Zusammenhang der Versöhnungstag, dessen Ritual in Lev 16 beschrieben ist und dessen Bedeutung nach der Zerstörung

---

[83] Vgl. dazu nur Janowski, Sühne 176: "Nirgends meint כפר ein Versöhnen, Gnädigstimmen oder Beschwichtigen Gottes." Ebda. 5: "... Sühne... ist die von Gott gewirkte Aufhebung des von menschlicher Seite nicht aufhebbaren Sünde-Unheil-Zusammenhanges." Eichrodt, ThAT II/3 310f. Stamm, Erlösen 120.129; Koch, Sühne 231. Trummer, Frau 35 nennt es gerade eine Besonderheit Jesu, "daß dieser keine Opfer zu seiner Versöhnung braucht".

[84] Vgl. mit Bezug auf den Versöhnungstag Schechter, Aspects 303; Moore, Judaism I 505, aber auch die vorsichtige Kritik von Sanders, Palestinian Judaism 165-167 und die von Montefiore, Rabbinic Literature 393 Anm. 1 und 2 gegebenen Belege (weitere Par dazu bei Str.-B. II, 247 Anm. 1); Kosmala, Jom Kippur 6f; Safrai, Versöhnungstag 52f; Lohse, Märtyrer 27f.

[85] Vgl. SDtn 2,6. Die Frauen waren freilich vom Handaufstemmen und Sündenbekennen über dem zu opfernden Tier ausgeschlossen, vgl. Büchler, Studies 416 Anm. 1.440.

[86] Vgl. Lohse, Märtyrer 23, der für eine Aufzählung der einzelnen Sünden eintritt. Nach Büchler, Studies 425 Anm. 2 war nur bei öffentlichen Sünden auch ein öffentliches Sündenbekenntnis notwendig, wofür er sich auf Sir 4,26 beruft. Daß die Frage schon unter den Rabbinen umstritten war, zeigt pJoma 8,9 Bar - abgedruckt bei Str.-B. I 113f, Joma 86[b] Bar abgedruckt ebda. 170. Für die spätere Zeit rechnet Dietrich, Umkehr 415 aufgrund Midr LevR 3 mit einer am Vortag des Versöhnungstages gesprochenen "Einzelbeichte". Ob der Text das hergibt, ist immerhin nicht eindeutig, vgl. Str.-B. I 114d.170f. Mit einem eher allgemeinen Sündenbekenntnis bei der Taufe durch Johannes den Täufer rechnet Gnilka, Jesus 80. Ist bei Philo, Spec. Leg. I 241 eindeutig ein öffentliches Sündenbekenntnis des Einzelnen vorausgesetzt (so Thyen, Studien 123)?

[87] Gaston, Stone 77 faßt die Meinung des Judentums der damaligen Zeit wie folgt zusammen: "'Who can forgive sins but God alone?' is the attitude common to all of Judaism, but he has graciously given in the Torah the way by which he forgives: on the basis of previous repentance through the daily and private sacrifices and especially through the rites of the Day of Atonement." Schmid, Sünde 22: "Die Sühnekraft des Kultus stand dem Judentum von vornherein fest, weil er von Gott eingesetzt, verordnet und in der Thora geoffenbart war (Sir 35,4; 2 Makk 3,32f; 12,43ff: Opfer für die Verstorbenen). Aber schon Sirach (7,8f; 34,23) erklärt, daß ein Opfer ohne Umkehr wirkungslos ist, während diese allein ohne kultische Leistung Sündenvergebung bewirken kann."

des Tempels trotz der Unmöglichkeit der Opfer noch gewachsen zu sein scheint.[88] Hier hatte vor allem der Sündenbock sündentilgende Bedeutung.[89]

3.3.3.2 Das Alter der Sühne durch Opfer und die prophetische Kritik am Kult

Ist auch die Darbringung von Opfern zum Zwecke der Sühne für die vorexilische Zeit nicht durch 1 Sam 3,14 gesichert,[90] so kann doch schon in der vorexilischen Zeit der Jerusalemer Tempel als Ort, wo Sühne geschieht, dargestellt werden, vgl. Jes 6,1ff,[91] so daß bei aller Verschiedenheit der späteren, vor allem in der Priesterschrift enthaltenen Vorstellung ein Zusammenhang zwischen Sündenvergebung und Kultus auch schon vorexilisch bezeugt ist. Ohne diesen wäre auch die prophetische Kritik am Kult kaum zu verstehen. Zwar lehnt diese nicht immer den Kult als Mittel der Sühnevergebung total ab, wie es etwa bei Hosea der Fall ist,[92] sondern fordert die rechte Relation von Kult und Verhalten. So weist z.B. Jesaja darauf hin, daß großer Eifer in Sachen Kult dann nichts bei Gott vermag und Gott nicht gefällt, wenn damit die Vernachlässigung ethischer Pflichten parallel geht (vgl. Jes 1,14ff).[93] Dagegen ist die Kultkritik bei Hosea viel grundsätzlicher, er setzt an die Stelle der nicht im Dekalog enthaltenen Schlacht- und Brandopfer die "Hingabe" und die "Gotteserkenntnis".[94] Diese theologische Linie, die Sündenvergebung als Folge allein der Umkehr ansieht,[95] ist im AT nicht nur bei den Propheten,[96] sondern wesentlich breiter belegt.[97]

---

[88] Vgl. daß bei den Tannaiten eine weitgehende Konzentration der Sühnewirkung auf den Versöhnungstag festzustellen ist, während Hillel und Schammai noch die Sühnewirkung des täglichen Opfers diskutieren. Sjöberg, Gott 178. - Zum Wandel von der alttestamentlichen zur rabbinischen "Vorstellung" des Versöhnungstages vgl. Kosmala, Jom Kippur 4.

[89] Vgl. dazu Sjöberg, Gott 178ff.

[90] Gegen Herrmann, Art. ἱλάσκομαι κτλ. 305, 40f; vgl. Janowski, Sühne 177. Zum vorexilischen Kult vgl. v. Rad, ThAT I 254ff.

[91] Vgl. Janowski, Sühne 177-179; Koch, Sühne 219.

[92] Vgl. die Belege bei Wenschkewitz, Spiritualisierung 11; vgl. auch noch Koch, Sühne 222 und Anm. 10.233.

[93] Vgl. dazu Wildberger, Jesaja 1635 und z.St.

[94] So übersetzt Rudolph, Hosea 131.

[95] Vgl. dazu Wolff, Umkehr 131f, der darauf hinweist, daß die Synonyma zu שוב, בקש und דרש "in der älteren Prophetie zumeist in ausgesprochener Antithese zu dem kultischen Jahwesuchen" gebraucht werden.

[96] Belege z.B. bei Eichrodt, ThAT II 318f; v. Dobbeler, Gericht 186. Vgl. auch Montefiore, Rabbinic Literature 392, der den direkten Zusammenhang von Umkehr und Sündenvergebung bei Hosea, Jeremia, Ezechiel, Sacharja und Maleachi findet. Vgl. zur prophetischen Kritik auch noch Thyen, Studien 29.

[97] Vgl. die Kultkritik in Bar 2,33f; 4,2f.28f; Dan 9; Spr 28,13; Ps 32, 5f (vgl. dazu die Ausführungen bei Kraus, Psalmen I 402, der "vorsichtig" fragt, ob diese Stelle mit Sündopfer- und Reinigungsriten in Zusammenhang zu bringen ist bzw. sich nachträglich von diesen gelöst hat); 40,7f; 50; 51,18ff; 69,31f. - Allerdings muß die Kultkritik der Propheten und die von den Kultsängern in den Psalmen ausgedrückte Kritik am Kult sich nicht notwendig den gleichen Motiven verdanken; vgl. dazu Klinzing, Umdeutung 97 und Becker, Heil 129f: Die Propheten üben (wenigstens z.T.) grundsätzliche Kritik am Kultus, während die Tempelsänger eine Neuorientierung *innerhalb* des Kultus vertraten. "Das blutige Opfer sollte durch das Gott besser gefallende Lobopfer der Lippen ersetzt werden ..., also ein kultischer Vorgang durch einen anderen..." im Anschluß an S. Mowinckel, Psalmenstudien VI, 51. Vgl. auch H.J. Hermisson, Spra-

Mit diesen Bemerkungen sind wir aber von der Zeit Jesu noch weit entfernt, und nach dem Exil finden wir die Opfer und deren sühnenden Charakter in der priester(schrift)lichen Gesetzgebung stark betont, während an sich drei Gegebenheiten den isralitischen Kult auszeichnen: Die Gemeinschaft mit Jahwe im Opfermahl, die Ehrung Gottes mit der Gabe und die Sühne für die Verschuldungen.[98]

3.3.3.3 Umkehr und Sühne bei den Rabbinen

Betrachten wir zunächst einfach, ohne auf die gerade in letzter Zeit stark betonten Schwierigkeiten, aus der rabbinischen Literatur historisch zutreffende Erkenntnisse für die Zeit und Welt Jesu zu gewinnen,[99] die von den Rabbinen überlieferten Aussagen über die Sündenvergebung.

Wir finden bei den Rabbinen beide erwähnten Linien aufgenommen, und in den herangezogenen Werken der Sekundärliteratur ist die Notwendigkeit der Umkehr auch für den Kultus stark betont. Es finden sich auch eine ganze Reihe von Belegen, wo allein die Umkehr die Vergebung der Sünden bewirkt,[100] und die besondere Hochschätzung der Umkehr wird auch dadurch verdeutlicht, daß sie unter die sieben vor Erschaffung der Welt geschaffenen Dinge gerechnet wurde.[101]

Einige Beispiele:
BSanh 102b.103a: "R. Jehuda sagt, Menase habe einen Anteil an der zukünftigen Welt, denn es heißt: als Menase zum Herrn betete, ließ er sich von ihm erbitten. R. Johanan sagte: Beide folgerten sie es aus einem und demselben Schriftverse, denn es heißt: und ich will sie zu einem Schreckbilde machen für alle Königreiche der Erde, um Menases willen, des Sohnes Hizqias. Einer erklärt: um Menases willen, der Buße getan hat, während sie keine Buße getan haben, und einer erklärt: um Menases willen, der keine Buße getan hat.

---

che 153ff, der darauf hinweist, daß der Ort dieser Lieder der Tempel mit dem bestehenden Opferkult gewesen ist.

[98] Vgl. Zimmerli, Grundriß 130f.

[99] Vgl. nur das Kapitel über die Pharisäer in Neusner, Judentum. Vgl. zu dem Problem der Erhellung der Zeit Jesu mit Hilfe der Zeugnisse von tannaitischen Rabbinen freilich auch Sanders, Judaism 60: "I do not suppose that it provides an accurate picture of Judaism or even of Pharisaism in the time of Jesus and Paul, although it would be surprising if there were no connection."

[100] Vgl. Midr Ps (einem freilich späten Stück, vgl. dazu Stemberger, Einleitung 294f: "Der Großteil des Materials geht sicher auf talmudische Zeit zurück". Abfassungsort in Palästina) 32 § 4 (122b) bei Str.-B. IV, 2 1069f: "R. Eliezer b. Jaaqob (um 150) hat im Namen des R. Pin^echas b. Jair (um 200...) gesagt: Gott sprach: Ich habe den bösen Trieb gemacht; sei vorsichtig, daß er dich nicht sündigen läßt; wenn er dich aber hat sündigen lassen, dann sei vorsichtig (= darauf bedacht) Buße zu tun u. dann will ich deine Sündenschuld wegnehmen, wie es heißt Jes 46,4: 'Ich habe gemacht u. ich will wegnehmen (so der Midr) u. ich will tragen u. ich will erretten', nämlich aus dem Gericht des Gehinnoms." Weitere Belege z.B. bei Büchler, Studies 453 Anm. 2; Dietrich, Umkehr 408f; Köberle, Sünde 598.610f.

[101] Vgl. Montefiore, Rabbinic Literature 403; Sjöberg, Gott 126.

R. Johanan sagte: Wer da sagt, Menase habe keinen Anteil an der zukünftigen Welt, macht die Hände der Bußfertigen erschlaffen, denn ein Schüler lehrte vor R. Johanan, Menase habe dreiundreißig Jahre in Bußfertigkeit verbracht."[102]

SNum 27,12 §134 (50b): "Rabbi Jehuda b. Baba (+ um 135) sagte: Gleich einem Menschen, der im (Anklage-)Protokoll der Regierung steht: mag er auch noch so viel Geld geben, so wird er doch unmöglich daraus beseitigt. Aber du (Gott) sagst: Tuet Buße, so nehme ich euch an, s. Jes 44,22 ..."[103]

Joma 86b: "Rabbi Jochanan (+ 279) hat gesagt: Groß ist die Buße; denn sie verdrängt ein Gebot in der Tora. Es heißt Jer 3,1: 'Wenn ein Mann sein Weib entläßt und sie von ihm weggeht und eines anderen Mannes wird, darf er wieder zu ihr zurückkehren? Würde nicht schändlich entweiht dieses Land? Und du hast gehurt mit vielen Buhlen', und (trotzdem, unter Zurücksetzung jenes Verbotes, vgl. Dt 24,1ff) spricht Jahve (zu Israel): Kehre zurück (in Buße) zu mir..."[104]

Israel fragt: "Wenn wir Umkehr tun, wirst du uns annehmen?" und Gott antwortet: "Ich habe die Umkehr Kains angenommen, sollte ich nicht ihre Umkehr annehmen?"[105]

3.3.3.4 Die Gewichtung von Opfern und Umkehr bei den Rabbinen

Nun gibt es aber einige Belege, wo die Rabbinen zwischen Umkehr und Opfer/ Versöhnungstag gewichten. Dabei wird zwar die Umkehr in der Regel als unverzichtbar mit erwähnt (vgl. Joma 8,8: "Der Tod und der Versöhnungstag sühnen in Verbindung mit der Umkehr. Die Umkehr schafft für leichte Vergehen gegen Gebote und gegen Verbote Sühne. Aber bei schweren Vergehen wirkt sie aufschiebend, bis der Versöhnungstag kommt und sühnt."[106]), aber die Betonung liegt doch auf dem Kult.[107] Vgl. z.B.: TJoma 5,6ff (190): R. Jischmael (um 135) sagte: Eine vierfache

---

[102] Zitiert nach: Der Babylonische Talmud übertragen von L. Goldschmidt, Berlin 1967. Andere - freilich sehr späte - Stellen mit dem Manasse-Stoff PRK ed. Buber 162a, zitiert bei Schechter, Aspects 318f. Dort auch weitere Par. Vgl. auch die wunderschöne, wenn auch späte Stelle bei Petuchowski, Dialektik 190f, wo Weisheit und Prophetie auf die Frage nach der Strafe des Sünders auf Unglück bzw. Tod verweisen, der Pentateuch auf das Schuldopfer, Gott aber sagt: "Er soll Umkehr tun und dadurch Versöhnung erlangen!" (Ebenso bei Lohse, Märtyrer 26f).
[103] Abgedruckt bei Str.-B. I 165. Stemberger datiert SNum "ab der 2. Hälfte des 3. Jahrhunderts" (Einleitung 250).
[104] Abgedruckt bei Str.-B. I 165f, vgl. auch SDtn 32,1 zitiert bei Sjöberg, Gott 69.
[105] PRK ed. Bub. 160ff zitiert nach Sjöberg, Gott 128 Anm. 3 auf 129. PRK gehört nach Stemberger, Einleitung 273 allerdings ins 5. Jahrhundert.
[106] Zum Alter dieser Stelle vgl. Dietrich, Umkehr 412 und Anm. 3; sie ist zitiert auch bei Str.-B. I 169 und Sjöberg, Gott 142, der 143 Anm. 1 noch Par-Stellen anführt.
[107] So Dietrich, Umkehr mit Belegen. Anders freilich Montefiore, Rabbinic Literature 392: "The mixture produced by the two different strains of teaching was never wholly brought into harmony by the Rabbis,

87

Sühnung gibt es. Wenn jemand Gebote übertreten hat u. Buße tut, so weicht er nicht von dort (von der Stätte seines Bußgebets), ohne daß man (Gott) ihm vergeben hätte, wie es heißt Jer 3,22: Kehret (in Buße) um, ihr abtrünnigen Söhne, so will ich eure Abirrungen heilen. Wenn jemand Verbote übertreten hat u. Buße tut, so hält diese (den Strafvollzug) in der Schwebe, u. der Versöhnungstag schafft Sühnung, wie es heißt Lev 16,30: 'Denn an diesem Tage wird man für euch Sühnung schaffen' [und Billerbeck kommentiert: "die Sühnkraft des Versöhnungstages überragt die der Buße"]. Wenn einer Sünden begangen hat, auf die die Ausrottung (durch Gottes Hand) oder die gerichtliche Todesstrafe gesetzt ist, und Buße tut, so hält diese und der Versöhnungstag (den Strafvollzug) in der Schwebe und hinzukommende Leiden schaffen Sühnung, wie es heißt Ps 89,33... Aber wenn jemand, durch den der Name Gottes entheiligt worden war, Buße getan hat, so hat weder die Buße Kraft (den Strafvollzug) in der Schwebe zu halten noch der Versöhnungstag Sühnung zu schaffen, sondern Buße und Versöhnungstag sühnen ein Drittel und Leiden an den übrigen Tagen des Jahres sühnen ein Drittel und der Todestag sühnt völlig, s. Jes. 22,14..."[108] Aufgrund dieser Belege kann man schon verstehen, daß Dietrich in seinem Buch über die Umkehr diesen Stellen die Überordnung des Versöhnungstages über die Umkehr vor dem Jahre 70 entnimmt.[109] Die Frage ist aber, ob das zutrifft. M.E. hat Sjöberg nicht zu Unrecht gegen die Meinung Dietrichs protestiert, weil es sehr viele Stellen der Rabbinen gibt, die nicht nur die Umkehr in höchsten Tönen preisen, sondern auch die Vergebung allein auf die Umkehr zurückführen und andere Sühnemittel in diesem Zusammenhang überhaupt nicht nennen. Es darf also zumindest gefragt werden, ob es sich bei den zuletzt zitierten Belegen um die *allgemeine* Praxis vor 70 gehandelt hat. Jedenfalls finden wir bei den Rabbinen neben den die Sühne preisenden Belegen auch sehr schöne Texte über die sündentilgende Kraft der Um-

---

though the prophetic element is largely predominant, and gives ethical colour and tone to the priestly conceptions. But theoretic consistency was never achieved." Vgl. aber auch Joma 5a: "Es gibt keine Sühne außer durch Blut" und Men 93b sowie Zeb 6a.

[108] Zitiert bei Str.-B. I 169; die zahlreichen Par-stellen dazu nennt Wenschkewitz, Spiritualisierung 33 Anm. 1, der im übrigen die von ihm herangezogene Par-Stelle ARN 29 ganz von der Situation nach 70 kommentiert: "Wir sehen also hier, wie die Sühne durch die Buße die Sühne durch das Opfer soweit verdrängt hat, daß diese nicht einmal mehr in diesem Zusammenhang erwähnt wird." (Aber schwingt bei der Nennung des Versöhnungstages nicht der Gedanke an Opfer immer noch mit? Worin sonst soll die von W. ebda. 35 erwähnte "größere Leistung" des Versöhnungstages bestehen?) Vgl. auch Dietrich, Umkehr 432f.

[109] Dietrich, Umkehr 411-414. Safrai, Versöhnungstag, 48 der sich nur mit der kultischen Sühne beschäftigt, gewichtet so: Vor 70 "bewirkten die Opfer und in besonderer Weise der Sündenbock die Entsühnung", eine Generation nach der Zerstörung des Tempels "wurde entschieden, daß es der Tag der Versöhnung als solcher sei, der die Entsühnung bewirke, auch dann, wenn es keine Opfer gab..."

kehr[110], wenn natürlich auch für die Zeit nach 70 eine entsprechende Tendenz in Anschlag gebracht werden muß.[111]

Von dieser noch sehr vorläufigen Erkenntnis her sind jedenfalls die zahlreichen Äußerungen der Exegeten, die Möglichkeiten zur Sündenvergebung im Judentum zur Zeit Jesu nur im Tempelkult finden, doch zumindest etwas zu relativieren.[112] Das Judentum der Rabbinen, von dem wir gehandelt haben, kennt neben der Sühnewirkung des Kultus ergreifende und zahlreiche Aussagen über die Sündenvergebung durch die Umkehr, so daß zumindest das Nebeneinander zweier Aussagenreihen nicht ausgeschlossen werden kann.[113]

3.3.3.5 Rabbinische Belege für die sofortige Annahme des umkehrenden Sünders

Daß diese Einschätzung der Umkehr bei den Rabbinen zutreffen könnte, darauf weisen auch andere Aussagen der Rabbinen hin, die die *sofortige* Annahme des umkehrenden Sünders bei Gott aussprechen: "Sobald sie ihre Schulden bekennen, wende ich sofort um und erbarme mich über sie" (Sifra Lev 26,40).[114] "In der kurzen Stunde, wo Israel Umkehr tat, wurde es sofort angenommen" (ebda.). - Diese Zeugnisse belegen auch, daß es nicht etwa das Opfer des Versöhnungstages[115] war, das hierbei vorausgesetzt ist, weil ja in der Zwischenzeit längst von dem Betreffenden bzw. von Israel wie-

---

[110] Vgl. dazu etwa die Belege bei Montefiore, Rabbinic Literature 407f. Die Defizienz und das volle Genügen der Buße zugleich spiegelt LevR Par. 7 zu Kap. 6,9: "Woher läßt sich beweisen, daß derjenige, welcher Buße tut, so angesehen wird, als wenn er nach Jerusalem hinaufgezogen wäre und daselbst den Tempel erbaut, den Altar errichtet und die in der Tora vorgeschriebenen Opfer dargebracht hätte? Aus jenem Verse: Die Opfer Gottes sind ein zerbrochener Geist (Ps 51,19)" (Zitiert nach Wenschkewitz, Spiritualisierung 32f).

[111] Vgl. dazu Dietrich, Umkehr 413; Montefiore, Rabbinic Literature und den deutlichen Beleg ARN 4 über Jochanan ben Zakkai abgedruckt bei Str.-B. I 500.

[112] Weiß, Lehre 137: "...die Vergebung der Sünden außerhalb des Kultus (ist) dem Judentum fremd", obwohl er 136 festgestellt hatte: "Unter Annahme eines passivum divinum, auf das Mk 2,7 im Munde der Gegner anspielt, könnte sich der Zuspruch in einen traditionell jüdischen Argumentationsgang einfügen (Sir 38,9-15)." Vgl. auch Hampel, Menschensohn 195: "...Jahwe hat die Sündenvergebung an bestimmte Ordnungen gebunden: an die Kultordnung..." Ebenso 198; Hahn, Gottesdienst 26f; Hahn, Rückfrage 43; Becker, Ethos 35: "Das Gesetz sagt, wie Schuld gesühnt wird, und verweist auf den Kult: Jesus nimmt 'kultfern' die 'Sünder' an und ißt mit ihnen." - vgl. aber jetzt Breytenbach, Versöhnung 199f, allerdings auch 202, wo wiederum eine gewisse Einschränkung der nichtkultischen Sühne auf die Diaspora vorzuliegen scheint.

[113] Darüberhinaus gibt es Aussagen über die Sündenvergebung des Leidens, des Fastens, der guten Werke und des Todes. Vgl. dazu Schechter, Aspects 309.312; Büchler, Studies 253.255.261 Anm. 1 und die dort genannten Belege; sowie Str.-B. I 1142; Lohse, Märtyrer 32ff; zum Fasten speziell Urbach, Sages 434f, zum Tod 432; zur Sühne durch Leiden Sanders, Judaism 168ff. Auch den Komplex Sündenvergebung durch Fürbitte, Gebet und Lobpreis haben wir nicht erwähnt.

[114] Zitiert nach Sjöberg, Gott 150 Anm. 1. Stemberger, Einleitung 247 setzt den Grundstock von Sifra in der 2. Hälfte des 3. Jahrhunderts an.

[115] Denn grundsätzlich gilt: "Selbst ein Israelit fernab in der Diaspora empfängt vom Tempel Sündenvergebung, indem er einen Geldbetrag zur Durchführung der Sühnung nach Jerusalem überweist (I Baruch 1,10.13)." So Koch, Sühne 238.

der Sünden begangen sein konnten. Dennoch heißt es: "In der kurzen Stunde wurde Israel angenommen."[116]

3.3.3.6 Sündenvergebung als ökonomisches Problem

Dagegen, daß alle Israeliten Opfer des Einzelnen, die ja seit der josijanischen Kultreform nur am Tempel in Jerusalem dargebracht werden konnten, als allgemein zur Sündenvergebung verbindlich angesehen haben, spricht auch eine Überlegung, die in der Literatur verschiedentlich angestellt wurde. Bei weitem nicht jeder Israelit außerhalb Jerusalems war in der Lage, Opfer im Tempel darzubringen bzw. darbringen zu lassen. Er wird dazu weder ökonomisch noch aufgrund der "Verkehrsverhältnisse" in der Lage gewesen sein.[117] Daß die Bestimmungen der Tora hinsichtlich der Opfer wenigstens teilweise eher Theorie als religiöse Praxis darstellen könnten, darauf weist ja auch jene Stelle hin, wo diskutiert wird, was eine Frau tun soll, die nach fünf Geburten zum ersten Male Gelegenheit zu einem Reinigungsopfer hat, das sie an sich nach jeder Geburt hätte darbringen sollen (Kerit 1,7[118]).

3.3.3.7 Freisprechung durch den das Opfer darbringenden Priester?

Für unsere Fragestellung ist noch wichtig, ob der Priester, der das Opfer für den Umkehrenden darbrachte, diesen anschließend durch eine deklaratorische Formel für rein erklärte. Diese Frage ist sehr schwer zu beantworten, da die Literatur hierzu kontrovers ist. Während R. Rendtorff urteilt: "Ein rite vollzogenes Opfer wird dem

---

[116] Auch Sanders, Judaism 157ff scheint dem, wenn ich ihn richtig verstehe, nicht zu widersprechen, obwohl es ihm mehr auf Notwendigkeit der Reue auch bei den anderen Sühnemitteln ankommt. Auch die Tatsache, daß "one will look in vain in the Rabbinic literature for any attack on these cultic acts" (162) muß unserem Befund nicht notwendig widersprechen. Allerdings stellt 398 Anm. 1, wo er sich gegen die von Büchler getroffene Unterscheidung von zwei Schulen der Chassidim ausspricht, vielleicht eine gewisse Schwierigkeit dar. Vgl. dazu auch Montefiore, Rabbinic Literature 392, der den prophetischen Strang im AT von dem priesterlichen mit seinem Opfersystem unterscheidet und dann ausführt: (vgl. das Zitat oben Anm. 107.) Vgl. auch ebda. 399.403ff und 409: "The favourite quotation ...is doubtless the opening of the last chapter of Hosea" 14,2f. "In these verse the Rabbinic fathers found the full doctrine of repentance and confession." Zu Hos 14,2f vgl. z.B. Rudolph, Hosea 250: "Das Kultgesetz verlangt, daß man nicht mit leeren Händen vor Jahwe erscheine (...), damit sind Opfergaben, vor allem Tieropfer gemeint, aber was Jahwe davon hält, hat der Prophet seinen Hörern ja schon deutlich genug gesagt... Deshalb lautet seine Forderung auch jetzt: 'nehmt Worte mit euch', d.h. 'Worte des Bekennens'(..), die nachher 'Frucht der Lippen' genannt werden und in dem Bußlied bestehen, das er ihnen nun vorsagt."

[117] Vgl. Moore, Judaism I 499. Zur auch nur theoretischen Bedeutung der deuteronomischen Vorschrift des dreimaligen Besuches des Tempels pro Jahr durch jeden erwachsenen israelitischen Mann vgl. Maier, Zwischen 230. Zur grundsätzlichen Problematik auch ebda. 236.
Noch einige weitere einschlägige Belege für den engen Zusammenhang von Sünde und Umkehr bei den Rabbinen: SNum 27,12 §136: "R. Jehuda b. Baba sagte: An drei Stellen kamen die Israeliten in eine schwere Sünde, und Gott sprach zu ihnen: Kehrt um, so nehme ich euch an..." Gleiche Anschauung noch in einem weiteren Spruch, vgl. zum Ganzen Dietrich, Umkehr 436. Tos. Qid. 1,14.15: "Wenn ein Mensch sein Leben lang ein vollendeter Bösewicht gewesen ist und zuletzt umkehrt, so nimmt ihn Gott an" (abgedruckt bei Str.-B. I 166).

[118] Vgl. dazu Büchler, Studies 431f.

Darbringer angerechnet. Diese Anrechnung wird vollzogen durch das Aussprechen bestimmter 'deklaratorischer Formeln' durch den Priester",[119] und K. Koch ebenfalls mit einer die Sühnehandlung abschließenden und diese für gültig erklärenden deklaratorischen Formel rechnet, kann H.W. Kuhn schreiben: "Mir ist kein Beleg eines direkten Vergebungszuspruchs an einen einzelnen in den entsprechenden Texten bekannt."[120] O. Hofius ist in einem Aufsatz dieser Frage gründlich nachgegangen und hat aufzeigen können, daß weder im AT noch in den Apokryphen ein Vergebungszuspruch eines Priesters oder gar des Hohenpriesters zu finden ist - auch nicht in Sir 50,5-21, einem Text der möglicherweise den Ritus des Großen Versöhnungstages oder den des täglichen Ganzopfers wiedergibt.[121] Er entnimmt vielmehr der samaritanischen Literatur der aramäischen Periode die Vermutung, daß im antiken Judentum wie in Mémar Marqa der aaronitische Segen den Abschluß der Sühnehandlung mit der gültigen Proklamation der vergebenden Zuwendung Gottes bildete.[122]

3.3.3.8 Halacha des Frühjudentums in rabbinischen Zeugnissen?

Alle unseren Bemühungen um die Möglichkeiten der Sündenvergebung im Judentum zur Zeit Jesu stehen nun freilich unter einem Verdikt von judaistischer Seite, das hier beachtet sein will. Deswegen, und weil die Belege zum großen Teil relativ spät sind, habe ich oben auch so vorsichtig formuliert. K. Müller hat dieses Verdikt vor einigen Jahren so formuliert: "Nach wie vor ist es unter Neutestamentlern üblich, talmudische Quellen (Mischna, Gemara, Midrasch) mehr oder weniger ausführlich hinzuzuziehen, wenn es darum geht, die halachischen Verhältnisse der frühjüdischen Zeit zu beschreiben. Geflissentlich sieht man dabei meistens über das bis zur Stunde ungelöste und vielleicht für immer unlösbare Problem hinweg, vor welches jede Art der Rückdatierung rabbinischer Aussagen unweigerlich stellt."[123] Er fährt dann später fort: "Da ist zunächst der unbestreitbare Befund, daß die spätere rabbinische Selektion der Überlieferung nach den Katastrophen der Jahre 70 und 135 aus der Fülle der überkommenen frühjüdischen halachischen Stoffe in jedem Falle nur das stehen ließ und weitergab, was mit der sich allmählich herausbildenden rabbinischen Orthodoxie des zweiten und dritten Jahrhunderts zusammentraf. Das hat unweigerlich zur Folge, daß man von rabbinischen Äußerungen nur dort mit einiger Gewißheit Nachrichten über die halachischen Entwicklungen im Frühjudentum erwarten darf, wo man implizit

---

[119] Rendtorff, Studien 255. Er verweist darauf, daß sich in Lev 19,7 zumindest die gegenteilige Form (Nichtanrechnung) finden lasse. Vgl. noch ders., Gesetze in der P 74ff; Hermisson, Sprache 87.89f; Koch, Sühne 226.231.235 und Lohmeyer, Mk 52. Thyen, Studien 35 Anm. 2.

[120] Kuhn, Sammlungen 56 Anm. 20.

[121] Vgl. Hofius, Vergebungszuspruch 119 und Anm. 25.

[122] Vgl. ebda. 124f.

[123] Wenn ich Safrai, Versöhnungstag 32f.36 richtig verstehe, scheint das freilich nicht nur unter Neutestamentlern zu gelten. Vgl. auch ebda. 39, wo zwischen der Versprachlichung von "Gefühlen gleich unmittelbar nach der Zerstörung des Tempels" und späteren Bewältigungsformen unterschieden wird.

oder explizit auf Positionen stößt, die von der späteren rabbinischen Norm abweichen oder ihr gegenläufig sind."[124] Und er schließt seinen Gedankengang: "All das legt die Einsicht nahe, daß das talmudische Schrifttum als Quelle für die Erhebung frühjüdischer Halacha weitgehend ausscheiden muß."[125] Angesichts dieser Erkenntnis verweist Müller die Exegeten auf andere Quellen,[126] und zwar in folgender Reihenfolge: Erstaunlicherweise nennt er Josephus, vor allem Ant. 4,8, an erster Stelle, dann folgen die Tempelrolle, das Jubiläenbuch, die Papyri aus Ägypten, speziell auch die von Elefantine, und Philo usw.[127] Angesichts dieser Äußerungen kommt den folgenden Untersuchungen noch größere Bedeutung zu als dem bereits vorgetragenen Befund. Nur wenn diese noch zu erörterndenden Texte ähnliche Tendenzen erkennen lassen, kann der bei den Rabbinen mit aller Vorsicht erhobene Tatbestand als zuverlässig gelten.

3.3.3.9 Umkehr und Sühne in den Apokryphen

Die bei den Rabbinen getroffene Feststellung, daß es neben der kultischen Sündenvergebung auch nichtkultische Möglichkeiten, von den Sünden befreit zu werden, gibt, unter denen der Umkehr eine besondere Bedeutung zukam, trifft wenigstens teilweise auch für die Apokryphen zu. Auch dort stehen Belege, die von der Sündenvergebungsmacht des Kultus sprechen, neben solchen, die, ohne den Kultus zu erwähnen, von der sündenvergebenden Macht der Umkehr handeln. Letzteres ist deutlich z.B. in den PsSal der Fall, die mehrfach die Sühnkraft der Umkehr betonen,[128] ohne den Tempel oder die Opferpraxis in diesem Zusammenhang zu erwähnen: "Bei Sünden sprichst du den Menschen frei, wenn er bekennt und beichtet ... und deine Güte (waltet) über reuigen Sündern" (PsSal 9,6f). Zwar ist in dieser Schrift durchaus Interesse am Tempel vorhanden, denn es werden die Hasmonäer getadelt, weil sie die Opfer befleckt haben, und Pompeius, weil er das Heiligtum verletzt hat.[129] "Aber direkte Belege dafür, daß man von den kultischen Vorgängen Sühnung erwartet, fehlen."[130] G. Klinzing hat im übrigen darauf hingewiesen, daß das Fehlen von Hin-

---

[124] Müller, Gesetz 22.

[125] Müller, Gesetz 24. Vgl. auch ders., Datierung 554f.558f.587.

[126] Vgl. auch noch den Hinweis Müllers zu den Sprüchen der Väter, Datierung 559: "Gerade der von den Neutestamentlern so häufig und meist ohne Bedenken zitierte Traktat Pirqej Avot verlangt also besondere Zurückhaltung. Denn hier vervielfältigen sich die für das gesamte rabbinische Schrifttum zutreffenden Datierungsprobleme. Eindeutiger und dichter als anderswo erfolgen hier die Zuweisungen von Stoffen und Traditionen an namentlich genannte Autoritäten aufgrund rein systematischer und theoretischer Überlegungen: die dogmatische Schaffung von Überlieferungsbrücken ... steht absolut im Vordergrund aller redaktionellen Bemühungen." Zu den Baraitot vgl. ebda. 562ff.

[127] Müller, Gesetz 21f.

[128] Vgl. auch 10,1ff und 18,4f, wo die Züchtigungen die Umkehr des Sünders bewirken sollen.

[129] PsSal 1,8; 2,2f; 8,11f.22 und dazu Sjöberg, Gott 220f; Sanders, Judaism 398.

[130] So Sjöberg, Gott 221; ebenso Schmitz, Opferanschauung 80f.191, vgl. aber Sanders, Judaism 398.

weisen auf die Opferpraxis an einigen Stellen (3,7f; 9,6) besonders auffällig ist.[131] Das ist anders im (freilich für Katholiken kanonischen) Buche Jesus Sirach, wo Belege von der Sühnkraft der Umkehr neben Belegen, die die Sühnkraft der Tempelopfer ansprechen, stehen.[132] Das gleiche gilt für das Jubiläenbuch,[133] in dem an einigen Passagen ganz Israel als verworfen erscheint, aber aufgrund seiner Umkehr gerettet wird: "Und sie werden mein ganzes Gesetz, alle meine Gebote und mein ganzes Recht vergessen; sie werden Neumond, Sabbat, Feste, Jubiläen und die Ordnung auflösen. Und darnach werden sie sich aus der Mitte der Heiden zu mir wenden mit ihrem ganzen Herzen und mit ihrer ganzen Seele und mit ihrer ganzen Kraft, und ich werde sie (zu mir) sammeln aus der Mitte aller Heiden. Sie werden mich aber suchen, damit ich mich von ihnen finden lasse; und wenn sie mich mit ihrem ganzen Herzen und mit ihrer ganzen Seele gesucht haben, dann werde ich ihnen viel Heil in Gerechtigkeit eröffnen" (1,14f; vgl. auch 1,23; 23,26; 35,5; 41,23-25).

"Und über die Kinder Israels ist geschrieben und angeordnet: Wenn sie sich bekehren zu ihm in Gerechtigkeit, wird er vergeben und wird verzeihen alle ihre Sünde. Es ist geschrieben und angeordnet: Er wird barmherzig sein zu allen, die sich bekehren von aller ihrer Sünde einmal jedes Jahr" (5,17f mit deutlicher Anspielung auf das jährliche Versöhnungsfest).

Schließlich spricht 4 Esr 7,82 davon, daß die Verächter "die wahre Buße zum Leben nicht mehr tun können"[134]; ähnlich sieht das Verhältnis von Heil und Buße 4 Esr 9,12.[135]

---

[131] Klinzing, Umdeutung 158. Für unseren Zusammenhang ist die Frage, ob es sich um einen grundsätzlichen oder nur zeitweiligen Verzicht auf die Opfer handelt, von untergeordneter Bedeutung, vgl. ebda. 159.

[132] Vgl. Snaith, Ecclesiasticus 20f zu Sir 3,3: "There are several ways, according to Ben Sira, of removing the bad effect of human sin before God. Sacrifices may be offered in the temple as prescribed in the Old Testament; but also good deeds which fulfil God's commandments help to destroy the effect of sin: *Respect of one's father*, almsgiving ...(3,30), forgiveness of others (28,2), fasting (34,26) and even more avoidance of evil (35,3 [sc. LXX]). In this he anticipated the sayings of later Jewish rabbis recorded in the Talmud." Ebda. 171 zu 35,3 (LXX-Zählung): "*to make atonement*, that is, to restore the relationship with God broken by sin, lies in decisive renunciation of *wrongdoing* rather than in a liturgical act." Vgl. auch Sir 3,14;17,24.29. Zum Ganzen vgl. noch Schmitz, Opferanschauung 59-69.191. Wenschkewitz, Spiritualisierung 11 findet im Sirachbuch wenigstens z.T. Ersetzung des Opfers durch das Gebet.

[133] Vgl. dazu Köberle, Sünde 606f; Schmitz, Opferanschauung 70-77. Zur Frage der Akzeptanz der Opfer ohne Umkehr in Jub vgl. 30,14-16.

[134] Vgl. dazu Harnisch, Verhängnis 218: "Wieder läßt sich an der Plerophorie des Ausdrucks ablesen, daß an dieser Stelle das besondere Interesse des Verfassers greifbar wird... Solange die Zeit dieses Äons währt, steht jedem die Möglichkeit offen, das Angebot des Lebens zu ergreifen und entschlossen der Sünde den Rücken zu kehren. Wer allerdings in diesem Äon die Gabe der Freiheit mißbraucht und die Gelegenheit zur Umkehr versäumt, kann nicht damit rechnen, noch einmal in die Situation der Entscheidung gestellt zu werden (vgl. 4 Esr 7,82!)."

[135] Vgl. allerdings die Übersetzung von Harnisch, Verhängnis 177: "und - als ihnen der Raum der *Langmut* noch offenstand -", aber auch die von Schreiner, JSHRZ V 4, 372: "und den Raum der *Buße*, als er für sie noch offen war..." (Sperrung I.B.) und die dazu gehörige Anm. Der lat. Text lautet: "et cum adhuc esset eis apertum *paenitentiae* locus non intellexerunt sed spreverunt..." Das Problem ergibt sich aus der Abweichung der syrischen und äthiopischen Übersetzung. - Vgl. auch JosAs 16,14, wo der Geist des Le-

3.3.3.10 Sündenvergebung in Qumran

Auch in Qumran finden sich, obwohl diese Gemeinde grundsätzlich am Kult festhielt, wenn auch nicht an dem gegenwärtig in Jerusalem praktizierten,[136] und für die Endzeit einen erneuerten Kult an Stelle des gegenwärtigen verunreinigten erwartete, Äußerungen, die dem Lobpreis Gottes und dem rechten Wandel die gleiche Sühnewirkung zuschreiben wie den ursprünglichen Opfern,[137] und die Heilsgemeinde von Qumran kann die zentrale Bedeutung der Umkehr/Buße durch die Selbstbezeichnung "Bund der Umkehr" herausstellen (CD 19,16). TR 59,9-11 wird der Umkehr die Rettung verheißen: "...da sie meinen Bund gebrochen haben und ihre Seele meine Torah verschmäht hat, bis sie sich verschuldeten mit jeglicher Schuld. Darnach werden sie umkehren zu mir mit ihrem ganzen Herzen und mit ihrer ganzen Seele gemäß all den Worten dieser Torah und ich rette sie aus der Hand ihrer Feinde und kaufe sie los aus der Hand ihrer Hasser..."[138]

Die Umkehr begegnet in Qumran in vielen Kontexten,[139] von denen für unsere Frage die der Umkehr von der Sünde, zur Tora, zur Wahrheit und zu Gott von Bedeutung sind, die dort in enge Beziehung zu Reinheit, Heiligkeit und Heil gebracht werden. "Während im Eschaton Gottes Zorn über Israel entbrennt, werden die Umkehrenden verschont, denn sie sind es, die den Bund Gottes wirklich gewahrt haben (CD 20,17). Deshalb bleiben für sie die Segensverheißungen wirksam ... Die Heilszusage ist primär, aber sie gilt nur für die 'Umkehrenden'."[140]

3.3.3.11 Sündenvergebung und Umkehr bei Josephus

Bei Josephus finden wir einen eigentlich theologischen Gebrauch von μετάνοια (Umkehr) wie bei den Propheten relativ selten.[141] Er verwendet dieses Wort in der Regel profan in der Bedeutung Sinneswandel. Aber in Ant. II,3,1 §23 heißt es: "Wenn sie von der Tat Abstand nähmen, werde Gott sie um ihrer Reue und Sinnesänderung

---

bens in Form einer Honigwabe denen zugesagt wird, "die (da) sich anschließen Herr dem Gott (!) in Umkehr" (zitiert nach der Übersetzung von Burchard in JSHRZ II) und JosAs 11,10-15. Zu JosAs 15,4 vgl. Lindemann, Aufhebung 142 Anm. 193: "Der ganze Zusammenhang des Romans zeigt aber deutlich, daß Aussagen wie die von 15,4 (...) als Metaphern für die Annahme des Menschen nach der Buße zu verstehen sind. Das zeigt vor allem auch der Fortgang des Romans ..."

[136] Vgl. dazu Philo, Quod omnis 75; zur Problematik von Jos. Ant. XVIII 1,5 § 18f vgl. die Anm. in der Ausgabe der LCL 433 S. 16 Anm. a und Wenschkewitz, Spiritualisierung 25 Anm. 1.

[137] Vgl. Klinzing passim, z.B. 94 das Zitat von 1 QS 9,4f. Zum umstrittenen Verständnis dieses Stückes vgl. ebda. 39.

[138] Nach der Übersetzung von Maier. Zur Bedeutung des Opfers in der TR vgl. Lichtenberger, Atonement 164ff.

[139] Vgl. Fabry, Wurzel 24ff.

[140] Ebda. 28. Vgl. auch Jeremias, G., Lehrer 329.344.

[141] Vgl. Wolff, Umkehr 132 für das Verb שוב: "Bei einem mehr als tausendfachen Vorkommen berührt es nur in einem Zehntel der Fälle das Verhältnis des Menschen zu Jahwe und umgekehrt."

willen lieben",[142] in Ant. VIII,4,3 § 112: "Denn womit könnten wir besser deinen Zorn besänftigen (ἱλάσασθαι) und deine Gnade und Güte über uns erflehen, als mit dem Worte, das wir aus der Luft entnehmen und durch die Luft wieder zu dir hinsenden? Für dieses Geschenk gebührt dir besonderer Dank".[143] In C. Ap. I,34 §308 schreibt Josephus, die präisraelitische Schar habe in der zweiten Nacht "durch Fasten die Götter zu versöhnen (ἱλάσκεσθαι) gesucht und um Rettung zu ihnen gefleht."

Schließlich kann Josephus sagen: "Die Gottheit ist für die, die bekennen und umkehren, leicht zu versöhnen"[144] oder: "Achab ... bekannte seine Sünden. Und Gott ließ sich versöhnen (ἐξευμενίζων)" (Ant. VIII,13,8 §362).[145] Es ist andererseits nicht zu bestreiten und auch gar nicht zu erwarten, daß sich bei Josephus nicht auch Aussagen über die Sühnekraft der Opfer finden. So erwähnt Josephus bei seiner Beschreibung der Opfer auch das Sündopfer, ohne freilich genauer auf dessen sündenvergebende Wirkung einzugehen (Ant. III,9,3 §230-232; vgl. III,10,1 §238). Ein besonders deutlicher Beleg, der durch die Erwähnung der Sühnkraft dieses Todes über die alttestamentliche Vorlage hinausgeht, ist in Ant. VI,6,5 § 124 zu finden: "Bei Gott selbst schwöre ich, daß ich den Frevler töten werde, und sollte es auch mein Sohn Jonathas sein. Auf diese Weise hoffe ich Gott zu versöhnen".[146]

---

[142] ἀποστάντας μὲν τῆς πράξεως ἀγαπήσει μετανοίᾳ καὶ τῷ σωφρονεῖν εἴξαντας (v.l. ἀγαπήσειν).

[143] Vgl. dazu den Kommentar von Breytenbach, Versöhnung 94f: "Da Gott allgegenwärtig ist ..., ist die menschliche Stimme, das Gebet das angemessne Mittel, Sühne ... oder Befreiung von der göttlichen Strafe zu erlangen, und nicht der Opferkult, den Josephus Salomo gar nicht erst erwähnen läßt."

[144] τὸ θεῖον εὐδιάλλακτον ἐξομολογουμένοις καὶ μετανοοῦσιν (Bell. V,9,4 §415). Schmitz, Opferanschauung 189 weist freilich auf Ant. VI 7,4 §144 hin, wo "Gott im Zusammenhang der Verwerfung Sauls trotz der dringenden Fürbitte Samuels jeder Sündenvergebung schlechterdings abgeneigt" erscheint. Diese Stelle vermag aber nur die Schwierigkeit der Systematisierung der unsere Frage betreffenden Anschauungen des Josephus (und des Judentums) zu demonstrieren, denn natürlich bewirkt auch die Bitte um Vergebung und die Umkehr keine Sündenvergebung, wenn Gott nicht will (vgl. 2 Kön 24,4; 1 Sam 3,14; Jes 22,14) - nur daß Gott nicht will, ist eben nicht das Normale, das Normale ist sein Heilswille. Aus der genannten Josephus-Stelle zu schließen, daß das Urteil des Josephus "über die Bereitwilligkeit Gottes zum Vergeben" merkwürdig stark schwanke, oder ihr gar zu entnehmen, "daß seine Persönlichkeit 'fast jeglichen religiösen Kalibers entbehrt'" (so Schmitz, Opferanschauung 189, unter Benutzung einer Formulierung Boussets), scheint mir nicht berechtigt. Das mag aus anderen Gründen vielleicht zutreffen, aus diesen Stellen kann man es nicht ableiten, da die Unterscheidung zwischen vergebbaren und unvergebbaren bzw. zwischen vergebbaren und nicht-vergebenen Sünden bereits im AT angelegt ist und auch anderen späteren jüdischen Schriftstellern Probleme bereitet hat. Vgl. z.B. Jub 30,14-16, wo die Möglichkeit eines Sündopfers von vornherein abgelehnt wird; 33,13; 41,25. (An dieser Stelle zeigt sich nach Schmitz, Opferanschauung 76 "die Verlegenheit des Erzählers, der zwischen der berichteten Straflosigkeit Judas und seiner eigenen moralistischen Tendenz hin und her balanziert").

[145] Vgl. Ant. II,6,8 §146: "Und wenn es schon zu großem Lobe gereicht, kleinere Vergehen zu verzeihen, so reicht es doch fast an Gott selbst heran, den Zorn zu bezähmen und denjenigen zu verzeihen, die uns beleidigt und so das Leben verwirkt haben." VI,5,6 § 92 und das Gebet Manasses Dan 3,39ff Th und LXX.

[146] ἀποκτείνειν αὐτὸν καὶ τὸν θεὸν οὕτως ἱλάσασθαι. - Schmitz, Opferanschauung 184f faßt den Standpunkt des Josephus hinsichtlich der Opfer in Ablehnung älterer Auffassungen dahingehend zusammen, daß dieser der kultischen Tradition seines Volkes keineswegs entwachsen gewesen sei, aber "daß gelegentliche zum Teil recht starke Erweichungen zu konstatieren sind gegenüber dem Standpunkt einer rigorosen Kultfrömmigkeit." Schmitz verweist dafür auch noch auf die Darstellung des Täufers durch Josephus, in der dieser die Wirkung der Taufe auf den Leib des Täuflings beschränkt.

3.3.3.12 Zwischenergebnis

Es lassen sich also eine ganze Reihe von Argumenten für die nichtkultische Sünden-vergebung im Palästina zur Zeit Jesu anführen. Wenn auch die Datierung der rabbi-nischen Aussagen naturgemäß schwierig bleibt und der Verdacht, daß sie aus einer späteren Zeit - also nach der Zerstörung Jerusalems - stammen, nicht ganz ausge-räumt werden kann, so zeigen doch die herangezogenen, eindeutig aus vorchristlicher Zeit stammenden Zeugnisse aus den Apokryphen, daß die sündenvergebende Kraft der Umkehr im Judentum der Zeitenwende bekannt und anerkannt war.

3.3.3.13 Sündenvergebung bei Johannes dem Täufer

Es gibt aber noch einen weiteren Beweis aus der Zeit Jesu: Die von einer vom Kult am Tempel unabhängigen Möglichkeit der Sündenvergebung sprechende Botschaft Johannes des Täufers.

In der Literatur wird das in Mk 1,4 überlieferte Wort des Täufers von der "Taufe der Umkehr zur Vergebung der Sünden" als sicher vom Täufer stammend bezeichnet.[147] Angesichts des in der Predigt des Täufers ganz stark im Vordergrund stehenden dro-henden endzeitlichen Unheils, kann man kaum zu Recht formulieren, daß die Taufe des Johannes noch nicht das Heil vermittle,[148] denn insofern die Taufe zusammen mit der Umkehr die Rettung vor dem Zorngericht und die Vergebung der Sünden - man könnte auch sagen: durch die Vergebung der Sünden - bewirken soll, kommt die Wirkung der Taufe einem eschatologischen Sakrament, das nicht nur negativ vor dem Gericht bewahrt, sondern auch positiv Anwartschaft auf das Heil vermittelt, gleich.[149] Zwar wird hier die Sündenvergebung nicht nur Folge der Umkehr, sondern auch der damit verbundenen Taufe sein,[150] aber in welchem Verhältnis bei Johannes dem Täu-fer auch immer Taufe, Umkehr und Vergebung der Sünden gestanden haben, er bleibt ein Zeuge für die nicht-kultische Vermittlung der Sündenvergebung (auch durch die Umkehr).[151]

---

[147] Vgl. Thyen, Studien 131; Merklein, Umkehrpredigt 31; Becker, Johannes der Täufer 38; v. Dobbeler, Gericht 173.

[148] So Merklein, Umkehrpredigt 37 im Anschluß an Schnackenburg. Vgl. aber ders., Jesu Botschaft 32.

[149] Vgl. Reiser, Gerichtspredigt 174, vorsichtiger Becker, Johannes 28.40. Vgl. dazu auch noch Reiser, Gerichtspredigt 181f und Anm. 7. V. Dobbeler, Gericht 175 schließt daraus auf eine heilsmittlerische Funktion des Täufers.

[150] Vgl. dazu Merklein, Umkehrpredigt 37: "Auch in der Taufe bleibt sein eigentliches Kerygma die Um-kehr"; Ernst, Johannes 311; Gnilka, Jesus 80f: "Dies bedeutet, daß die Taufe allein nicht die Sündenver-gebung garantiert, sondern gleichsam als Siegel auf die bekundete Umkehrbereitschaft ist." Nach v. Dobbeler, Gericht 174 stellen Taufe und das dabei erfolgende Sündenbekenntnis die vom Täufer geforderte Umkehr dar.

[151] Den engsten Zusammenhang zwischen Umkehr und Sündenvergebung sieht Kraft, Entstehung 20: "Denn die Sündenvergebung ist nach der Predigt des Täufers ... keine Frucht der Taufe, sondern der Buße. Ohne Buße spendet entweder der Täufer nicht die Taufe, oder sie nützt nichts... Die Behauptung,

3.3.3.14 Weitere Sündenvergebungsmöglichkeiten im Judentum

Daß es daneben auch noch andere Modelle der Sündenvergebung gab, haben wir kurz angedeutet. Es wäre des weiteren z.B. noch das Modell der stellvertretenden Sühne zu erwähnen, wobei allerdings darauf hinzuweisen ist, daß der ursprüngliche Ort in Jes 53 ein Deutemodell ex post ist[152] und daß dieses Theologoumenon deswegen mit dem hier in Frage stehenden Modell nicht ohne weiteres verglichen werden kann.

3.4 Konsequenzen aus dem jüdischen Hintergrundmaterial

Es gab also offensichtlich im Judentum zur Zeit Jesu unterschiedliche Vorstellungen über die Möglichkeit, Sündennachlaß zu erreichen. Vor allem die Frage, in welchem Verhältnis zueinander diese Möglichkeiten von ihren jeweiligen Vertretern gesehen wurden, wäre weiter zu verfolgen. Bestritten z.B. die Vertreter einer Sündenvergebungsmöglichkeit durch Buße in der Regel in Anlehnung an bestimmte Propheten die Möglichkeit, durch Opfer Sündennachlaß zu erhalten? Sah Johannes der Täufer die Umkehr verbunden mit der Taufe durch ihn als die einzig mögliche Art, Sündenvergebung geschenkt zu bekommen, an? Und schließlich: Bestritten die priesterlichen Kreise, auf die die priesterschriftliche Vorstellung von der Sündenvergebung durch Opfer zurückgeht, jegliche Möglichkeit der Sündenvergebung durch Buße allein?

3.4.1 Konsequenzen für den historischen Jesus und die Urgemeinde

Wenn die Sündenvergebung mit Gottes Hilfe relativ leicht[153] - nämlich durch Abkehr von der bösen Tat und Hinwendung zu Gott - zu erreichen war, so ist zu fragen: Besteht dann für eine von Jesus (oder wem auch immer) zuzusprechende Sündenvergebung - in welcher Rolle auch immer der Jesus des Erdenlebens sich verstand - noch eine Notwendigkeit oder ein genügender Grund? Hätte es nicht - zumindest aus der Perspektive des Gelähmten - genügt, daß der Kranke sich zu Jahwe gewandt und seine Sünde in Reue bekannt hätte, und hätte er dies nicht umso mehr getan, wenn er die Anschauung von der Krankheit - es handelt sich hier im übrigen ja nicht um irgendeine Krankheit, sondern um einen ganz besonders schweren Fall - als Folge der

---

die Johannestaufe geschehe zur Vergebung der Sünden, ist nichts als ein Versuch der Evangelisten, die Wirkung der Johannestaufe gegenüber der christlichen Taufe einzuschränken." (Weil nach Meinung des Täufers seine Taufe den Geist vermittelte.) - Die besondere Bedeutung der Umkehr bei Johannes d. T. erschließt v. Dobbeler, Gericht 176f auch aus der Tatsache, daß der Täufer sich die Wüste zum Aufenthaltsort wählt. - Vgl. auch ebda. 184, wo Verf.in den nicht-kultischen Charakter der Sündenvergebung bei Johannes d.T. separat reflektiert.

[152] Vgl. die starken Argumente für die autobiographische Deutung der Ebed-Jahwe-Lieder und die Zuweisung des vierten Liedes an einen Schüler des Propheten bei Haag, Gottesknecht 122ff.156.

[153] Dieser mißverständliche Ausdruck mag hier beim Vergleich mit der Sündenvergebung durch Opfer erlaubt sein.

Sünde geteilt hätte? Selbstverständlich hätte er doch wohl auch, wenn er ein Sündopfer zur Sündenvergebung für notwendig hielt, auch dieses erbracht bzw. erbringen lassen. Diese Überlegung zeigt, daß der Kranke und seine Träger (!) - nach der der Perikope jetzt innewohnenden Logik, die wie dargelegt jedenfalls nicht von vornherein mit der Ebene des historischen Jesus identifiziert werden darf - entweder den direkten Zusammenhang von Tun und Ergehen nicht gekannt (was kaum vorstellbar ist) oder aber diesen nicht (mehr) anerkannt haben,[154] während Jesus - auf der Ebene der Perikope! - ihn nicht nur vorauszusetzen, sondern sogar zu bestätigen scheint - anders kann man die spontane Sündenvergebung durch Jesus kaum verstehen, zumal diese ja als Reaktion auf "ihren Glauben", also auf ihr Zutrauen auf die Heilungsvollmacht Jesu, dargestellt wird.[155] Man wird also nicht nur eine unterschiedliche Haltung gegenüber der Sündenvergebung zwischen Jesus und seinem Gegenüber in dieser Perikope finden müssen, sondern auch ein unterschiedliches Verständnis des Tun-Ergehen-Zusammenhangs. Wenn es stimmt, daß der historische Jesus diesen Zusammenhang nicht akzeptiert hat, was hier nicht entschieden werden soll, dann läge darin ein weiteres Argument gegen die ursprüngliche Einheit von Mk 2,1-12 und die unmittelbare Rückführung der Geschichte auf ein Ereignis im Leben des historischen Jesus. Des weiteren wäre auch zu fragen, ob - wenn die oben angestellten Überlegungen/Fragen zur Exklusivität des jeweiligen Sündenvergebungsverständnisses zutreffen sollten - hinter der Perikope nicht die Ansicht steht, weder der alttestamentliche Kult, noch Johannes der Täufer, sondern allein Jesus habe die Kraft, Sünden zu vergeben.

Unsere Perikope scheint Sündenvergebung jedenfalls anders als oben für das Judentum zur Zeit Jesu erhoben als etwas nur schwer zu Erreichendes, das von bestimmten Vollmachtsträgern vermittelt werden muß, zu verstehen. Dieses Verständnis würde nun aber sehr gut zu einer - neutral formuliert - Gruppe passen, die sich die Sündenvergebung als Konsequenz eines stellvertretenden Sühnetodes vorstellte, weil sie die Sündenvergebung offensichtlich als etwas ganz Schwieriges und keineswegs jedermann und jederfrau mit gutem Willen Zugängliches verstand. - Es wäre also zu überlegen, ob nicht von solcher Überlegung her die Zuweisung zumindest des Sündenvergebungs-Teiles unserer Perikope an die Urgemeinde wesentlich plausibler zu

---

[154] Es sei denn man rechnet in Anlehnung an oben zitierte Belege mit einer erst durch den (nächsten) Versöhnungstag oder gar nur durch den Tod endgültig zu sühnenden Sünde als Ursache für diese Krankheit.
[155] Darauf hat Luck, Was wiegt leichter? 107 zu Recht unter Bezugnahme auf Gnilka aufmerksam gemacht. Vgl. aber schon Bousset/Greßmann, Religion 391 und Anm. 1.

machen ist als an den historischen Jesus,[156] sofern man nicht schon den Gedanken des stellvertretenden Sühnetodes auf diesen zurückführt.

3.4.2 Konsequenzen für das Verständnis von Mk 2,1-12

Das dargelegte Verständnis hätte, wenn es zutrifft, aber nicht nur für das Verständnis des historischen Jesus Bedeutung, sondern auch, wie angedeutet, für die theologische Interpretation von Mk 2,1-12. Wenn Sündenvergebung (nicht nur durch den Opfer-kult, sondern) auch durch die Umkehr - von Gott! - erreicht/geschenkt werden kann, dann besteht kein Grund, in dem im theologischen Passiv formulierten Vergebungs-wort Jesu eine Abschaffung des Tempels zu finden,[157] Jesus hier an die Stelle des Hohenpriesters[158] oder gar an die Stelle Gottes treten zu lassen[159] - bzw. dann würden alle bzw. zumindest ein Teil dieser Aussagen selbstverständlich auch z.B. für Johannes den Täufer - wenigstens nach dessen Verständnis! - gelten.

Diskussion

Das Gespräch sucht die textliche Spannung zwischen Mk 2,5 und 2,10 zu erklären, wo zwei unterschiedliche Aussagen über die Sündenvergebung einander gegenüber ste-hen: V.5 gebraucht ein theologisches Passiv (ἀφίενται), nach V.10 hat der Menschen-sohn diese Vollmacht. Diese Spannung weist darauf hin, daß der heute vorliegende Text keine ursprüngliche Einheit darstellt, sondern aus zwei Schichten besteht.

Außerdem wird angemerkt, daß das Streitgespräch dem Menschensohn die Sünden-vergebung zuschreibt, während er im Judentum vorwiegend richterliche Funktion hat. Doch bleibt die Frage, was mit dieser Aussage eigentlich gemeint ist: Ersetzt der Menschensohn damit den Hohenpriester und seine Funktion im Versöhnungsgesche-hen zwischen Gott und Mensch oder tritt er direkt an die Seite Gottes? Doch abge-sehen von der redaktionellen Absicht der einzelnen Evangelisten muß offen bleiben,

---

[156] Neuerdings weist Gnilka, Jesus 117 das Sündenvergebungswort wieder dem historischen Jesus zu und begründet dies mit dem theologischen Passiv und dem Erzählzug vom Aufgraben des Daches, "der Be-achtung verdient, weil er in seiner Unerfindlichkeit etwas von der Lebendigkeit des Vorfalls aufbewahrt hat" - aber ist Unerfindlichkeit angesichts der Erfindungsfreude bei erzählerischen Zügen wirklich noch ein Argument?

[157] So Hahn, Gottesdienst 26f. Vgl. jetzt bezogen auf den historischen Jesus Becker, Ethos 44f: Jesus hat verbal Kritik am Tempel geübt "und praktisch durch die programmatische kultfreie Zueignung der Got-tesherrschaft als Stiftung des allein noch möglichen positiven Gottesverhältnisses in Konkurrenz gestan-den zum Monopol göttlicher Nähe im Tempel."

[158] So Grundmann, Mk 76.

[159] So Schweizer, Jesus 19.

ob und in welcher Weise der historische Jesus den Menschensohntitel überhaupt von sich verwendet hat.

Allerdings darf die ganze Thematik nicht nur auf eine formelle Sündenvergebung bzw. Jesu Anspruch und Selbstbewußtsein eingeengt werden. Denn Jesus praktizierte allgemein einen ziemlich ungewöhnlichen Umgang mit den Sündern (vgl. z.B. Mt 11,19/Lk 7,34; Mk 2,17 parr). Andererseits ist gar nicht leicht zu definieren, wer denn eigentlich als "Sünder" bezeichnet wird. Denn offensichtlich geht es dabei nicht nur um Fragen des Gesetzes, das ja immer schon unterschiedliche Interpretationen zuließ, sondern auch und vor allem um die Gruppennorm. Wobei wiederum zu beachten ist, daß es "das Judentum" nicht gibt, sondern höchstens "Judentümer" (Müller). Daher werden auch die Ausgrenzungen und die Bezeichnungen "Sünder" jeweils entsprechend ausfallen. Ein Faktum allerdings ist, daß der Adressatenkreis Jesu über den des Täufers hinausgeht. Doch nicht alle Sündergeschichten liegen auf derselben Ebene.

Wenn Jesus z.B. mit den Sündern ißt, bedeutet dies noch nicht eo ipso Sündenvergebung. Auf der anderen Seite haben gerade die Heilungswunder insgesamt einen engen sachlichen Konnex zur Schuldfrage, nach dem Krankheiten religiös vor allem als Sündenstrafen eingeschätzt werden. D.h. Heilung setzt also immer auch, wenigstens implizit, eine "Aufhebung" dieser negativen Zusammenhänge voraus.

Resultat:

Jesu Vergebungspraxis sollte nicht zu sehr mit dem Judentum kontrastiert werden. Denn auch das Judentum setzt bei Versöhnung und Sühne nicht nur oder ausschließlich auf Opfer. Nicht immer konnte und mußte ein Tempelopfer dargebracht werden. Umgekehrt aber gibt es auch im Judentum eine Reihe von ergreifenden Texten, welche vor allem auf Vergebung und Umkehr (einschließlich des festen Vorsatzes, nicht mehr schuldig zu werden) setzen. Sachlich liegen also Jesus und das Judentum gar nicht so weit auseinander. Radikalisiert wird die neutestamentliche Vergebungsfrage vor allem in der Person des Verkünders, der mit seinem Evangelium "jetzt" zur entscheidenden Umkehr ruft.

Literaturverzeichnis

Baur, F.C., Kirchengeschichte des neunzehnten Jahrhunderts 1862

Baur, F.C., Vorlesungen über neutestamentliche Theologie, hg. v. F.F. Baur, Leipzig 1864 (Neudruck mit einer Einführung von W.G. Kümmel, Darmstadt 1973)

Becker, J., Das Ethos Jesu und die Geltung des Gesetzes, in: Merklein, H. (Hg.), Neues Testament und Ethik. Für R. Schnackenburg, Freiburg u.a. 1989, 31-52

Becker, J., Das Heil Gottes. Heils- und Sündenbegriffe in den Qumrantexten und im Neuen Testament (SUNT 3), Göttingen 1964

Bonsirven, J., Le Judaisme Palestinien au temps de Jésus Christ I und II (BTH), Paris 1934 und 1935

Bousset, W., Jesus (Religionsgeschichtliche Volksbücher für die deutsche christliche Gegenwart), Halle 1904

Bousset, W., Jesu Predigt in ihrem Gegensatz zum Judentum. Ein religionsgeschichtlicher Vergleich, Göttingen 1892

Bousset, W./Greßmann, H., Die Religion des Judentums im späthellenistischen Zeitalter (HNT 21), Tübingen ^{4}1966

Bovon, F., Das Evangelium nach Lukas (1,1-9,50) (EKK III 1), Zürich 1989

Breytenbach, C., Versöhnung. Eine Studie zur paulinischen Soteriologie (WMANT 60), Neukirchen 1989

Broer, I., Die Urgemeinde und das Grab Jesu. Eine Analyse der Grablegungsgeschichte im NT (StANT 31), München 1972

Büchler, A., Studies in sin and atonement in the Rabbinic literature of the first century, London 1928, repr. 1967

Büchler, A., Types of Jewish-Palestinian piety from 70 B.C.E. to 70 C.E., London 1922

Bultmann, R., Die Erforschung der synoptischen Evangelien, in: ders., Glauben und Verstehen IV, Tübingen ^{2}1965, 1-41

Bultmann, R., Geschichte der synoptischen Tradition, Göttingen ^{6}1964

Caragounis, C.C., The son of man: vision and interpretation, Tübingen 1986

Colpe, C., Traditionsüberschreitende Argumentationen zu Aussagen Jesu über sich selbst, in: Jeremias, G. u.a. (Hg.), Tradition und Glaube. Das frühe Christentum in seiner Umwelt (FS K.G. Kuhn), Göttingen 1971, 230-245

Dalman, G., Orte und Wege Jesu, Gütersloh ^{3}1924

Dautzenberg, G., Gesetzeskritik und Gesetzesgehorsam in der Jesustradition, in: Kertelge, K. (Hg.), Das Gesetz im NT (QD 108), Freiburg u.a. 1986, 46-70

Dibelius, M., Die Formgeschichte des Evangeliums, Tübingen ^{5}1966

Dibelius, M., Jesus, Berlin ^{4}1966

Dietrich, E.K., Die Umkehr (Bekehrung und Buße) im Alten Testament und im Judentum bei besonderer Berücksichtigung der neutestamentlichen Zeit, Stuttgart 1936

Dobbeler, S. v., Das Gericht und das Erbarmen Gottes. Die Botschaft Johannes des Täufers und ihre Rezeption bei den Johannesjüngern im Rahmen der Theologiegeschichte des Frühjudentums (BBB 70), Frankfurt 1988

Dschulnigg, P., Sprache, Redaktion und Intention des Markus-Evangeliums. Eigentümlichkeiten der Sprache des Markus-Evangeliums und ihre Bedeutung für die Redaktionskritik (SBB 11), Stuttgart ^{2}1986

Eichrodt, W., Theologie des AT, Stuttgart u.a. ^{5}1964

Ernst, J., Johannes der Täufer: Interpretation, Geschichte, Wirkungsgeschichte, Berlin u.a. 1989

Fabry, H.-J., Die Wurzel sub in der Qumran-Literatur. Zur Semantik eines Grundbegriffes (BBB 46), Köln-Bonn 1975

Fiedler, P., Jesus und die Sünder (BET 3), Frankfurt 1976

Friedrich, G., Die Verkündigung des Todes Jesu im NT (BTSt 6), Neukirchen ^{2}1985

Gaston, L. No stone on another. Studies in the significance of the fall of Jerusalem in the Synoptic Gospels (NTSuppl XXIII), Leiden 1970

Gnilka, J., Das Elend vor dem Menschensohn (Mk 2,1-12), in: Pesch, R./Schnackenburg, R. (Hg.), Jesus und der Menschensohn. Für Anton Vögtle, Freiburg u.a. 1975, 196-209

Gnilka, J., Jesus von Nazareth. Botschaft und Geschichte (HThKSuppl III), Freiburg u.a. 1990

Gnilka, J., Das Evangelium nach Markus (EKK II 1 und 2), Zürich u.a. 1978 und 1979

Grundmann, W., Das Evangelium nach Markus (ThHK 2), Berlin ^{8}1980

Haag, H., Der Gottesknecht bei Deuterojesaja (EdF 233), Darmstadt 1985

Haenchen, E., Der Weg Jesu. Eine Erklärung des Markus-Evangeliums und der kanonischen Evangelien, Berlin 1966

Hahn, F., Der Prozeß Jesu nach dem Johannesevangelium. Eine redaktionsgeschichtliche Untersuchung, in: Gnilka, J. u.a., EKK Vorarb. 2, Zürich u.a. 1970, 23-96

Hahn, F., Der urchristliche Gottesdienst (SBS 41), Stuttgart 1970

Hahn, F., Methodologische Überlegungen zur Rückfrage nach Jesus, in: Kertelge, K. (Hg.), Rückfrage nach Jesus (QD 63), Freiburg u.a. 1974

Hampel, V., Menschensohn und historischer Jesus. Ein Rätselwort als Schlüssel zum messianischen Selbstverständnis Jesu, Neukirchen-Vluyn 1990

Harnisch, W., Verhängnis und Verheißung der Geschichte (FRLANT 97), Göttingen 1969

Haupt, E., Das Leben Jesu von B. Weiß kritisch beleuchtet, in: ThStK 57 (1884) 7-79

Hengel, M., Zur urchristlichen Geschichtsschreibung, Stuttgart 1979

Hengel, M., Jesus und die Tora, in: ThB 9 (1978) 152-172

Hermisson, H.-J., Sprache und Ritus im altisraelitischen Kult. Zur "Spiritualisierung" der Kultbegriffe im Alten Testament (WMANT 19), Neukirchen 1965

Herrmann, S., Art. ἱλάσχομαι κτλ. (sühnen), in: ThWNT III 301-311

Hofius, O., Vergebungszuspruch und Vollmachtsfrage. Mk 2,1-12 und das Problem priesterlicher Absolution, in: Geyer, H.G. u.a. (Hg.), "Wenn nicht jetzt, wann dann?" Aufsätze für H.J. Kraus zum 65. Geburtstag, Neukirchen 1983, 115-127

Janowski, B., Sühne als Heilsgeschehen. Studien zur Sühnetheologie der Priesterschrift und zur Wurzel kpr im Alten Orient (WMANT 55), Neukirchen 1982

Janowski, B., Sündenvergebung "um Hiobs willen". Fürbitte und Vergebung in 11QtgJob 38,2f und Hi 42,9f LXX, in: Freundesgabe für Prof. P. Stuhlmacher zum 50. Geburtstag (masch.), 1982, 255-282

Jeremias, G., Der Lehrer der Gerechtigkeit (StUNT 2), Göttingen 1963

Käsemann, E., Das Problem des historischen Jesus in: ders., Exegetische Versuche und Besinnungen I, Göttingen ³1964, 187-214

Kiilunen, J., Die Vollmacht im Widerstreit. Untersuchungen zum Werdegang von Mk 2,1-3,6 (AASF Diss. Hum. Litt. 40), Helsinki 1985

Klauck, H.-J., Die Frage der Sündenvergebung in der Perikope von der Heilung des Gelähmten (Mk 2, 1-12 par) in: BZ 25 (1981) 223-248

Klijn, A.F., Der lateinische Text der Apokalypse des Esra (TU 131), Berlin 1983

Klinzing, G., Die Umdeutung des Kultus in der Qumrangemeinde und im NT (StUNT 7), Göttingen 1971

Köberle, J., Sünde und Gnade im religiösen Leben des Volkes Israel bis auf Christum, München 1905

Koch, D.A., Die Bedeutung der Wundererzählungen für die Christologie des Markusevangeliums (BZNW 42), Berlin 1975

Koch, K., Sühne und Sündenvergebung um die Wende von der exilischen zur nachexilischen Zeit, in: EvTh 26 (1966) 217-239

Kosmala, H., Jom Kippur, in: Judaica 6 (1950) 1-19

Kraft, H., Die Entstehung des Christentums, Darmstadt 1981

Kraus, H.J., Psalmen I (BK AT XV/1), Neukirchen-Vluyn ⁵1978

Kuhn, H.W., Ältere Sammlungen im Markusevangelium (StUNT 8), Göttingen 1971

Lichtenberger, H., Atonement and sacrifice in the Qumran community, in: Green, W.S. (Hg.), Approaches to ancient Judaism Vol. II, Chico 1980, 159-171

Lindemann, A., Die Aufhebung der Zeit. Geschichtsverständnis und Eschatologie im Epheserbrief (StNT 12), Gütersloh 1975

Lohmeyer, E., Das Evangelium des Markus (KEK I 2), Göttingen ¹⁶1963

Lohse, E., Märtyrer und Gottesknecht. Untersuchungen zur urchristlichen Verkündigung vom Sühntod Jesu Christi (FRLANT 46), Göttingen ²1963

Loos, H. v. d., The Miracles of Jesus (NTSuppl. 9), Leiden 1965

Luck, U., Was wiegt leichter? Zu Mk 2,9, in: Frankemölle, H./Kertelge, K. (Hg.), Vom Urchristentum zu Jesus. Für J. Gnilka, Freiburg u.a.1990, 103-108

Maier, J., Die Tempelrolle vom Toten Meer, München 1978

Maier, J., Zwischen den Testamenten. Geschichte und Religion in der Zeit des zweiten Tempels (Die Neue Echter Bibel Erg. Band 3), Würzburg 1990

Maisch, I., Die Heilung des Gelähmten. Eine exegetisch-traditionsgeschichtliche Untersuchung zu Mk 2,1-12 (SBS 52), Stuttgart 1971

Merkel, H., Jesus im Widerstreit, in: Wolff, K.D. (Hg.), Glaube und Gesellschaft (FS F. Kasch), Bayreuth 1981

Merklein, H., Die Umkehrpredigt bei Johannes dem Täufer und Jesus von Nazareth, in: BZ 25 (1981) 29-46

Merklein, H., Jesu Botschaft von der Gottesherrschaft. Eine Skizze (SBS 111), Stuttgart 1983

Montefiore, C.G., Rabbinic Literature and Gospel Teaching, repr. New York 1970

Moore, G.F., Judaism in the first centuries of the christian era I-III, Cambridge [11]1970

Mowinckel, S., Psalmenstudien VI, Amsterdam 1966

Müller, K., Gesetz und Gesetzeserfüllung im Frühjudentum, in: Kertelge, K. (Hg), Das Gesetz im NT (QD 108), Freiburg u. a. 1976, 11-27

Müller, K., Zur Datierung rabbinischer Aussagen, in: Merklein, H. (Hg.), Neues Testament und Ethik. Für R. Schnackenburg, Freiburg u.a 1989, 551-587

Neusner, J., Das pharisäische und talmudische Judentum (TSAJ 4), Tübingen 1984

Osten-Sacken, P. v.d., Grundzüge einer Theologie im christlich-jüdischen Gespräch, München 1982

Perrin, N., Was lehrte Jesus wirklich? Rekonstruktion und Deutung, Göttingen 1972

Pesch, R., Das Markusevangelium, I. Teil (HThK II 1), Freiburg u.a. [4]1984

Petuchowski, J.J., Zur Dialektik der Kappara. Einführung in das jüdische Verständnis von Umkehr und Versöhnung, in: Heinz, H./Kienzler, K./Petuchowski, J.J. (Hg.), Versöhnung in der jüdischen und christlichen Liturgie (QD 124), Freiburg u.a. 1990, 184-196

Rad, G. v., Theologie des AT, München [6]1975

Rebell, W., Alles ist möglich dem, der glaubt. Glaubensvollmacht im frühen Christentum, München 1989

Reimarus, H.S., Apologie oder Schutzschrift für die vernünftigen Verehrer Gottes. Im Auftrage der Joachim-Jungius-Gesellschaft der Wissenschaften Hamburg, hg. v. G. Alexander I und II, o.O. u. o.J.

Reiser, M., Die Gerichtspredigt Jesu. Eine Untersuchung zur eschatologischen Verkündigung Jesu und ihrem frühjüdischen Hintergrund (NTA 23), Münster 1990

Rendtorff, R., Studien zur Geschichte des Opfers im Alten Israel (WMANT 24), Neukirchen 1967

Rudolph, W., Hosea (KAT XIII), Gütersloh 1966

Safrai, S., Der Versöhnungstag in Tempel und Synagoge, in: Heinz, H./Kienzler, K./Petuchowski, J.J. (Hg.), Versöhnung in der jüdischen und christlichen Liturgie (QD 124), Freiburg u.a. 1990, 32-55

Sanders, E.P., Paul and Palestinian Judaism. A comparison of patterns of religion, London 1977

Schechter, S., Aspects of Rabbinic theology, repr. New York 1961

Schmid, J., Sünde und Sühne im Judentum, in: BuL 6 (1965) 16-26

Schmidt, K.L., Der Rahmen der Geschichte Jesu. Literarkritische Untersuchungen zur ältesten Jesusüberlieferung, Neudruck Darmstadt 1964

Schmitz, O., Die Opferanschauung des späteren Judentums und die Opferaussagen des Neuen Testaments. Eine Untersuchung ihres geschichtlichen Verhältnisses, Tübingen 1910

Schnackenburg, R., Gottes Herrschaft und Reich. Eine biblisch-theologische Studie, Freiburg [4]1965

Schneider, G., Das Evangelium nach Lukas. Kapitel 1-10 (ÖTK 3/1 GTB 500), Gütersloh u.a. 1977

Schüpphaus, J., Die Psalmen Salomos (Arbeiten zur Literatur und Geschichte des hellenistischen Judentums VII), Leiden 1977

Schweitzer, A., Das Messianitäts- und Leidensgeheimnis. Eine Skizze des Lebens Jesu, Tübingen [3]1956

Schweitzer, A., Geschichte der Leben-Jesu-Forschung I und II (Siebenstern TB 77-79), München/Hamburg 1966

Schweizer, E., Jesus Christus im vielfältigen Zeugnis des NT, München u.a. 1968

Sjöberg, E., Gott und die Sünder im palästinischen Judentum, Stuttgart u.a. 1938

Snaith, J.G., Ecclesiasticus or the wisdom of Jesus son of Sirach, Cambridge 1974

Söding, Th., Glaube bei Markus. Glaube an das Evangelium, Gebetsglaube und Wunderglaube im Kontext der markinischen Basileiatheologie und Christologie (SBB 12), Stuttgart [2]1987

Stamm, J.J., Erlösen und Vergeben im Alten Testament. Eine begriffsgeschichtliche Untersuchung, Bern o.J. (1940)

Strauß, D.F., Die christliche Glaubenslehre in ihrer geschichtlichen Entwicklung und im Kampfe mit der modernen Wissenschaft II, Neudruck Darmstadt 1973

Stemberger, G., Einleitung in Talmud und Midrasch, München [7]1982

Thyen, H., Studien zur Sündenvergebung im NT und seinen alttestamentlichen und jüdischen Voraussetzungen (FRLANT 96), Göttingen 1970

Trummer, P., Die blutende Frau. Wunderheilung im NT, Freiburg u.a. 1991

Urbach, E.E., The Sages. Their concepts and beliefs, Jerusalem 1979

Vermes, G., Jesus the Jew. A historian's reading of the gospels, London [2]1983

Weber, R., Biblia Sacra iuxta vulgatam versionem..., Stuttgart 1975

Weiß, W., Eine neue Lehre in Vollmacht (BZNW 52), Berlin 1989

Wenschkewitz, H., Die Spiritualisierung der Kultusbegriffe Tempel, Priester und Opfer im NT (Angelos-Beiheft 4), Leipzig 1932

Wilckens, U., Vergebung für die Sünderin (Lk 7,36-50), in: Hoffmann, P. u.a. (Hg.), Orientierung an Jesus. Zur Theologie der Synoptiker. Für Josef Schmid, Freiburg u.a. 1973, 394-424

Wildberger, H., Jesaja (BK AT X 19-21), Neukirchen 1982

Wolff, H.W., Das Thema 'Umkehr' in der alttestamentlichen Prophetie, in: ZThK 48 (1951) 129-148 (hiernach wird zitiert) = ders., Gesammelte Studien zum Alten Testament (ThB 22), München 1973, 130-150

Wolff, H.W., Die eigentliche Botschaft der Propheten, in: Donner, H./Hanhart, R./Smend, R. (Hg.), Beiträge zur alttestamentlichen Theologie (FS für W. Zimmerli zum 70. Geburtstag), Göttingen 1977, 547-557

Zimmerli, W., Grundriß der alttestamentlichen Theologie, Stuttgart u.a. [2]1975

Beobachtungen zum Verhältnis von Tora und Halacha in frühjüdischen Quellen

Karlheinz Müller, Würzburg

Wer über das Verhältnis Jesu von Nazaret zum "Gesetz" seiner Tage urteilen will, muß wissen, welchen Schwierigkeiten er dabei auf der Seite der *frühjüdischen* Überlieferungen begegnet. Von solchen Schwierigkeiten ist in den Stellungnahmen der Neutestamentler gewöhnlich kaum die Rede. Sie erwecken weithin den Eindruck, als sei es im großen und ganzen problemlos, zu erfahren, was damals gültiges Gesetz, also Halacha, war.

In Wirklichkeit ist die Überprüfung ihrer tatsächlichen Geltung der mit Gewißheit schwierigste Test, dem man die frühjüdischen Überlieferungen der Gebote und Verbote unterziehen muß. Er ist meistens nicht oder nicht befriedigend leistbar, da das verfügbare Material darauf so gut wie niemals eingerichtet ist. Näherhin hat diese objektive Erschwernis allen Sprechens über die Gesetze und ihre Observanz im Frühjudentum mit der erheblichen Entfernung zu tun, welche die Halacha unter normalen Umständen von der Tora trennt.[1]

Damit muß den Neutestamentlern zugemutet werden, eine Reihe von Verdeutlichungen in Kauf zu nehmen.

1. Der Abstand zwischen Halacha und Text der Tora

Eine erste Klärung betrifft das Verhältnis der Halacha zum *Text* der Tora. Es ist ein Irrtum, annehmen zu wollen, daß Gebote und Verbote stets ein Ausfluß aus dem feststehenden Wortlaut der Tora sein müßten. Es ist durchaus nicht so, daß derjenige,

---

[1] Wahrscheinlich der einzige Neutestamentler, der das hier anstehende Problem schon sehr frühzeitig erkannte, war W.G.Kümmel, Jesus und der jüdische Traditionsgedanke, in: ZNW 33 (1934) 105-190, 106, der zu den einschlägigen Arbeiten jener Tage kritisch anmerkte: Es "wird gänzlich übersehen, *daß der spätjüdische Gesetzesgedanke von dem atlichen grundsätzlich verschieden ist*". Trotz dieser ungewöhnlich klarsichtigen methodischen Einsicht gelangte der Verfasser jedoch zu dem üblichen Ergebnis: "Und da lag nun für den Juden das Unbegreifliche und doch für Jesus gerade das Selbstverständliche: hier erkannte ein Mensch das Gesetz an und brachte es doch zu seinem Ende, hier erklärte einer das Gesetz und beseitigte doch den jüdischen Traditionsgedanken. Demgegenüber gab es für die Pharisäer nur ein Entweder-Oder. Entweder ihr Glaube an die Weitergabe von Gottes Willen in der Offenbarungskette war richtig, dann mußte Jesus fallen, weil er dem Judentum die Wurzel abschnitt. Oder Jesus hatte den Auftrag und das Recht von Gott, Gottes Willen endgültig zu verkünden, dann gab es nur Gehorsam diesem einen Gesandten Gottes gegenüber und die ganze jüdische Tradition war wertlos geworden. Dieses Entweder-Oder, das Jesus den Pharisäern stellte, hat Jesus den Tod gebracht. Aber in noch viel tieferem Sinne ist auch der jüdische Glaube darüber zugrunde gegangen, an dessen Stelle jüdische Volk noch heute der Tradition gehorcht, an deren Stelle Jesus Gottes neuen Willen gesetzt hat " (ebda. 130). -Letztlich sind hier aus einer richtigen und grundlegenden methodischen Erkenntnis die genau gegenteiligen Schlüsse gezogen worden.

der den *Text* der Tora zu Rate zieht, *das Gesetz* kennt. Von Anfang an und in der Überzeugung aller bislang identifizierbaren frühjüdischen Richtungen reicht der Wortlaut der Tora niemals aus, um das zu gewährleisten, was dieselbe Tora immer wieder verheißt: ein im authentisch "jüdischen" Verstande gelingendes Leben.[2] Die Anweisung der sogenannten "Kanonformel"[3] aus Dtn 4,2: "Ihr sollt dem Wortlaut dessen, worauf ich euch verpflichte, nichts hinzufügen und nichts davon wegnehmen; ihr sollt auf die Gebote des Herrn, eures Gottes, achten, auf die ich euch verpflichte" - wurde im (Früh-) Judentum offensichtlich im Zusammenhang mit einem Begriff von Überlieferung rezipiert, der sich zwar in der theologischen Würde der Tora verankerte, diese aber als erheblich weiterreichend und die Abmessung ihres konkreten Textes weit übersteigende Möglichkeit der Offenbarung verstand.

Eine willkommene Anschauung von diesem erregenden Sachverhalt vermittelt die *Tempelrolle*.[4] Sie enthält zwar auch Zitate aus der Tora,[5] erweitert sie jedoch auf Schritt und Tritt, ohne derartige Abänderungen des Pentateuchtextes jemals anzumerken.[6] Die Rolle kodifiziert die Gebote und Verbote der essenischen Halacha, in-

---

[2] Zutreffend und pragmatisch sowie ohne theologischen Ehrgeiz schildert J.Neusner, Schrift und Tradition im Judentum unter besonderer Berücksichtigung der Mischna, in: Kairos 23 (1981) 51-66, 64 den Sachverhalt im Falle der späteren jüdischen Traditionsliteratur: "Die Gelehrten der Mischna sprechen der Bibel die höchste Autorität zu. Was sie aber von den autoritativen Aussagen der Bibel auswählen, ist dann am Ende eine eigene Aussage. Um es vereinfacht auszudrücken: die Bibel in ihrer Gesamtheit ist autoritativ, aber nur Teile aus ihr werden als bedeutsam betrachtet. Was also geschieht, ist, daß die Redaktoren und Gelehrten der Mischna sich dann an die Bibel wenden, wenn sie einen Grund dafür haben. Das heißt, sie tragen an die Schrift ein Programm von Fragen und Problemstellungen heran, das im wesentlichen bei ihnen selbst formuliert wurde. Sie waren also im höchsten Maße selektiv. Ihr Programm selbst ist ein Urteil über die Bedeutung der Bibel, während sie und ihre Apologeten sogleich hinzufügen, daß es nur eine Erklärung der Bedeutung der Bibel sei".

[3] Vgl. Dtn 13,1 und Jer 26,2; Prov 30,6; Koh 3,14. Dazu: M. Weinfeld, Deuteronomy and the Deuteronomic School, Oxford 1972, 260-264.

[4] Im Folgenden beziehen sich alle Zitate und Textverweise auf die englische Ausgabe von Y. Yadin, The Temple Scroll I-III und Supplementary Plates (1977), Jerusalem 1983. Wo es notwendig oder nützlich erscheint, wird auch die hebräische Erstedition berücksichtigt: ders.,M°gillat ham Miqdasch I-III und luchot maschlimim, Jerusalem 1977. Verglichene Übersetzungen: J. Maier, Die Tempelrolle vom Toten Meer (UTB 829) München/Basel 1978, und vor allem: ders., The Temple Scroll. An Introduction, Translation and Commentary (JSOTS 34), Sheffield 1985.

[5] G. Brin, The Bible as Reflected in the Temple Scroll, in: Schnaton 4 (1979-1980) 182-225. Der Verfasser kommt zu dem Ergebnis: "The Temple Scroll is a composition of the Judaean Desert Sect" (ebda. 223). Problematisch ist jedoch gerade seine grundlegende methodische Voraussetzung: er macht den Masoretischen Text (!) zur "Bibel" des "Autors" der Tempelrolle und verrechnet deren Abweichungen entsprechend als Niederschläge der *sektiererischen* Anstrengungen der Essener. Die eigentlich beunruhigende Frage ist, ob man im Blick auf das Judentum des zweiten Jahrhunderts v.Chr. überhaupt schon von der Vorstellung einer feststehenden "heiligen Schrift" ausgehen darf. Es wird ratsam sein, sich allmählich einer ganz anderen Sicht der Dinge anzunähern - wie sie etwa J. Maier, Zum Stand der Essenerforschung, in: BiKi 40 (1985) 46-53, 48 formuliert: "das Interesse an der Textüberlieferung dürfte zunächst vorwiegend mit der Praxis liturgischer Lesungen verbunden gewesen sein und hat sich erst mit der Zeit ausgeweitet, und zwar *nicht einheitlich*, sondern in den einzelnen Richtungen und Gruppen *unterschiedlich*".

[6] Vgl. die Listen und ihre Kommentierung bei Y.Yadin, The Temple Scroll (s. Anm. 4) I (73 bzw.) 77-81. Dazu das Beispiel llQTemple 63,13-15: "Und sie (sc. die 'gefangene Frau von schönem Aussehen' ebda.

dem sie ohne Hinweis oder Warnung ein beträchtliches Maß an zusätzlichem Text zur Tora hinzubringt,[7] soweit sie überhaupt auf den Wortlaut der Tora Bezug nimmt.[8] Dabei ist auffällig, daß sie gerade auch dort von Gott in der ersten Person Singular reden kann, wo es sich um jenen eigenen, durch die Tora *nicht mehr* gedeckten Text der Halacha handelt.

So heißt es am Ende der Kolumnen 56-59, welche der Herausgeber Yigael Yadin mit dem Titel "Statuten für den König" überschrieb:[9] "(59,16). Wenn er (sc. der König) in meinen Satzungen wandelt und meine Gebote beachtet, und wenn er tut (17) das Rechte und das Gute vor mir, dann wird (es) ihm nicht fehlen, (daß) einer seiner Söhne sitzt auf dem Thron der Königsherrschaft (18) Israels immerdar. Und ich werde mit ihm sein und ihn aus der Hand seiner Hasser retten und aus der Hand (19)

Zeile 11) soll in deinem Hause wohnen und sie soll beweinen ihren Vater und ihre Mutter einen Monat (14) lang. Danach sollst du zu ihr eingehen und die Ehe vollziehen, damit sie deine Frau werde. *Aber sie darf bei dir nichts* (sc.rituell) *Reines berühren bis (15) zu sieben Jahren und das Fleisch von Friedensopfern darf sie nicht essen bis sieben Jahre vorübergegangen sind. Erst dann darf sie* (sc.davon) *essen*". Hier wird zunächst ohne nennenswerte Änderung Dtn 21,13bc zitiert. Daran schließt sich ohne Einleitung und Markierung die Halacha über das sieben Jahre dauernde Verbot des Genusses von Opferfleisch an. Dabei ist unverkennbar, daß sich das von Dtn 21,10-14 nirgendwo angesprochene oder auch nur mitgemeinte Verbot aus den Zeilen 14b-15 (oben kursiv) der Sprache des voranstehenden Bibeltextes anzugleichen versucht.
[7] So fehlen in der Tora alle detaillierten Anweisungen zum Bau des Tempels nach der Landnahme. In Ex 25,8-9 heißt es lediglich: "Baut mir ein Heiligtum. Dann werde ich in ihrer (sc. der Israeliten) Mitte wohnen. (9) Genau nach dem Muster der Wohnstätte (sc. des Zeltes in der Wüste) und aller ihrer Gegenstände, das ich dir zeige, sollt ihr es herstellen". Offenkundig sind die Verfasser der Tempelrolle in den Kolumnen 3,8-13,7 darum bemüht, die Lücke in der Tora auszufüllen. Auch 1Kön 6-8 bot ihnen dafür keine entscheidende Hilfe.
[8] Welche Stütze findet die Anordnung einer *jährlichen* (!) Priesterweihe (11QTemple 15,3-17,5) in der Tora? Ex 29,1-37 und Lev 8,1-36 beziehen sich nur auf Aaron und seine Söhne, die später für das Heiligtum verantwortlich sein sollten. Nach der Tempelrolle dagegen müssen *jedes Jahr* neue Priester geweiht werden, wobei der amtierende Hohepriester die Rolle des Mose in der Wüste übernimmt. War es nötig, daß ein Hoherpriester ordiniert wurde, sollte dies gleichfalls während der von der Tempelrolle kalendarisch vorgeschriebenen Weihewoche und durch die "Ältesten *der Priester*" (11QTemple 15,18) geschehen.
[9] M. Weinfeld, "Tempelrolle" oder "Königsgesetz" (hebräisch), in: Schnaton 3 (1978-1979) 214-237 vergleicht die "Statuten für den König" mit den Tischgesprächen im Aristeasbrief (Arist 187-300) und versucht die *gesamte* Tempelrolle als "Traktat über das Königtum" (περὶ βασιλείας) in der Linie der bekannten hellenistischen Gattung verständlich zu machen. Zudem zieht er den Mischnaabschnitt "Paraschat ha-Mäläch" in Sota 7,8 zum Vergleich heran. Ähnlich argumentiert M. Mendels, On Kingship in the Temple Scroll and the Ideological Vorlage of the Seven Banquets in the 'Letter of Aristeas to Philocrates', in: Aegyptus 59 (1979) 127-136: "A comparison between the two compositions *from the same era*, both dealing with such issues as the king as a judge, his temperance, his council, and his army shows that the 'pattern' of kingship which emerges from the letter of Aristeas could in its greater part be a Hellenistic edition of Jewish ideas which the author of the letter was familiar with, although perhaps only generally" (ebda. 136). Abgesehen von den weniger wahrscheinlichen Einzelheiten einer solchen Vergleichsarbeit, resultiert aus ihr in jedem Falle einmal mehr die Notwendigkeit, neu nach dem Entstehungsdatum der "Statuten für den König" und damit der Tempelrolle überhaupt zu fragen. Dies um so mehr, als M. Weinfeld, The Royal Guard according to the Temple Scroll, in: RB 87 (1980) 394-396 auf Parallelen aufmerksam gemacht hat, welche die Beschreibung anbietet, die einst Diodorus Siculus von der Leibwache der Ptolemäer gab (vgl. 11QTemple 57,5-11). Darüber auch M. Delcor, Le statut du roi d'apres le Rouleau du Temple, in: Henoch 3 (1981) 47-68 und Ben Zion Wacholder, The Dawn of Qumran, Cincinnati 1983, 205f.278.

derer, die darnach trachten, ihm das Leben zu nehmen, und ich gebe hin alle seine Feinde vor ihn, daß er sie beherrscht (20) nach seinem Gutdünken, nicht aber sie über ihn herrschen. Ich setze ihn oben an und nicht unten hin, an die Spitze (21) und nicht ans Ende, und er wird lange regieren über sein Königreich, er und seine Söhne nach ihm". Die Verfasser der Tempelrolle sind davon überzeugt, daß die ganze Reihe der Gebote und Verbote für den König von Gott selbst formuliert und dem Mose am Sinai übermittelt wurde,[10] - *obwohl* sie diese Bestimmungen nur zum geringsten Teil aus Dtn 17,14-20 ablesen oder deduzieren konnten, und es im einzelnen um völlig neuartige Sujets geht: wie um die Organisation der Armee und um die Ernennung ihrer Offiziere,[11] um die Aufstellung einer Leibwache,[12] um die Einsetzung eines die Macht des Königs einschränkenden Kronrates von 36 Mitgliedern,[13] um die Stufen der Mobilmachung anläßlich eines feindlichen Angriffskrieges,[14] um die Verteilung der Beute[15] sowie um die Untersagung von Polygamie und Scheidung.[16]

Halacha entsteht eben nicht aus einer schlichten Kommentierung des *Textes* der Tora, sondern aus der situationsgebundenen Weiterentwicklung von deren *Stoffen*, - sei es in Übereinstimmung mit dem Wortlaut der Tora oder nicht.

---

[10] Sie werden durch llQTemple 56, (14 ist über der Zeile nachgetragen: "den *ich* erwählen werde" und) 17 ohne Ausnahme in der ersten Person Singular tradiert. Vgl. dagegen Dtn 17,16: "denn *der Herr* hat zu euch gesagt" (und Dtn 17,14: "den *der Herr, dein Gott* erwählen wird").

[11] llQTemple 57,1-5a. Nach Num 1,3 führen Mose und Aaron die Musterung durch, nach der Tempelrolle (Zeile 1) sind es die Priester. Vgl. J. Milgrom, Studies in the Temple Scroll, in: JBL 97 (1978) 501-523, 522-523 und ders., Further Studies in the Temple Scroll, in: JQR 71 (1980-1981) 1-17.89-106, 100.

[12] llQTemple 57,5b-11a. Vgl. Y.Thorion, Zur Bedeutung von גבורי חיל למלחמה in 11QT LVII,9, in: RQ 10 (1981) 597-598; Z. Falk, Tempelrolle und 'Erste Mischna' (hebräisch), in: Sinai 83 (1977-1978) 30-41, 33 spricht sich für eine Kompilation von biblischen Belegen aus. Ebenso M. Hengel/ J.H. Charlesworth/D. Mendels, The Polemic Character of "On Kingship" in the Temple Scroll, in: JJS 37 (1986) 28-38, 32, die "Num 1,16; Dtn 1,13-15; 1Sam 22,7; 2Kings ll,4" (ebda. Anm. 18) als "biblical notions" angeben. Die Aufrechnung eines solchen chaotischen Konglomerats von biblischen Anklängen unterstellt für die Zeit des Frühjudentums die Anschauung, daß jede halachische Festlegung unmittelbar aus der Tora oder wenigstens aus "der Bibel" abgeleitet werden müsse. Aber ein solcher Atomismus und Formalismus des Schriftgebrauchs hat gerade im Blick auf die Tempelrolle wenig Wahrscheinlichkeit für sich. Dagegen macht M. Weinfeld, The Royal Guard according to the Temple Scroll (s. Anm. 9) 394-396 mit weit größerer Schlüssigkeit ptolemäische Vorbilder geltend. Zwar geht die Zahl 12000 für das stehende Heer sicher auf Num 31,4-5 zurück, aber es ist entscheidend, daß das *gleiche* Heer mit Nachdruck als *Leibwache des Königs* (!) bezeichnet wird.

[13] llQTemple 57,11b-15. J. Maier, Die Tempelrolle (s. Anm. 4) 120 bemerkt zu Recht: "Hier wird Dtn 17,20 'sich nicht über seine Brüder erheben' institutionalisiert: Der König ist an die Entscheidungen des Kronrats gebunden".

[14] llQTemple 58,3-11a.15b-21. Zum Angriffskrieg, der mit Entschiedenheit der hohenpriesterlichen Orakelentscheidung unterstellt wird (Zeile 18-21) vgl. Num 27,17-21 und lQM 7,8-9.

[15] llQTemple 58,11b-15a. Die Verfasser gleichen den Widerspruch zwischen Num 31,27-28 und 1Sam 30,24-25 aus.

[16] llQTemple 57,17b-19.

108

Nur unter einer solchen Voraussetzung wird es auch verständlich, daß mit der Tempelrolle der im frühjüdischen Schrifttum nur selten belegbare[17] Fall einer *systematischen Erfassung* der geltenden Rechts- und Verhaltensnormen (für eine sich absetzende religiöse Gruppierung) vorliegt. Die Tempelrolle schließt die einzelnen Gesetze essenischer Lebensgestaltung nach Themen zusammen und verschmilzt sie zu zusammengehörigen Blöcken, die primär entsprechend ihren halachisch relevanten *Stoffen* und erst in zweiter, nicht unverzichtbarer Hinsicht[18] nach der Abfolge des Textes der Tora geordnet sind.

Die Verfasser der Tempelrolle folgen damit demselben "halachischen Prinzip"[19] wie mehr als 200 Jahre später Josefus Flavius, der in seinen "Jüdischen Altertümern" als Vorspruch zu seiner Aufführung der mosaischen Gesetze anmerkt: "(4,196) Ich habe alles so aufgeschrieben, wie Mose es hinterlassen hat. Und wir haben nichts zur Ausschmückung hinzugefügt, was Mose nicht hinterlassen hat. (197) Das einzige, was an meiner Darstellung *neu* ist, ist eine bessere Anordnung der einzelnen Anweisungen. Denn er (sc. Mose) hat diese nur verstreut aufgezeichnet, so wie Gott jede einzelne (sc. Anweisung) mitgeteilt hatte. Ich halte es aber für wichtig, das noch einmal vorauszuschicken, damit meine Volksgenossen, die diese Schrift lesen, nicht etwa auf den Verdacht kommen, ich sei (sc. von Mose) abgewichen". Eine derartige Methode des Arrangements verlangt eine vergleichsbereite Vorstellung von den *Stoffen* der Halacha *jenseits des Textes* der Tora. Und so kann es Josefus Flavius auch anläßlich seiner Berichterstattung über die Offenbarung der zehn Gebote am Sinai vermeiden, seinen Lesern einen der Wortlaute[20] der Tora mitzuteilen. Statt dessen schreibt er: "(Ant. 3,90) Und es drang die Stimme (sc. Gottes) aus der Höhe zu aller Ohren, so daß ihnen keines jener zehn Worte entgehen konnte, die Mose auf den zwei Tafeln aufgezeichnet und hinterlassen hat. Doch ist es uns nicht erlaubt, daß wir sie Wort für Wort wiedergeben, weshalb wir hier nur ihre Inhalte (τὰς δὲ δυνάμεις αὐτῶν) darlegen wollen". Die Gebote und Verbote des Dekalogs verfügen demnach über eine belangreiche halachische Materie *hinter dem Text* der Tora, auf die es dem Josefus Flavius

---

[17] Wie ungewöhnlich eine derartige "Kodifizierung" der Halacha noch zu Lebzeiten des Josefus Flavius war, zeigt dessen ängstlicher und absichernder Satz in Ant. 4,197: τοῦτο χάριν ἀναγκαῖον ἡγησάμην προδιαστείλασθαι, μὴ καί τις ἡμῖν παρὰ τῶν ὁμοφύλων ἐντυγχανόντων τῇ γραφῇ μέμψις ὡς διημαρτηκόσι γένηται.

[18] Vgl. die Aufstellung bei Y. Yadin, The Temple Scroll (s. Anm. 5) I 45-70 mit den in der dritten Spalte angemerkten Bewertungen des Schriftgebrauchs: "Full or partial quotation with deletions or additions; textual emendations; changed to first person or given in first person in supplementary text; combined with the main source; allusion to or reliance upon the source; considerable supplementary text". Die erste dieser Kategorien findet weitaus am wenigsten Verwendung.

[19] Y. Yadin, Die Tempelrolle, München-Hamburg 1985, 83.

[20] L.D.Merimo, El Decalogo en el Targum Palestinense. Origen, Estilo y Motivaciones, in: EstB 34 (1975) 23-48 vergleicht Ex 20,1-17 und Dtn 5,6-21 mit den Wiedergaben des Papyrus Nash, der Septuaginta, mit den Qumranfragmenten, Philo, dem Neuen Testament, Josefus Flavius (Ant. 3,91-92) und den Targumim.

in erster Linie ankommt und die es ihm ermöglicht, vom Wortlaut der Tora mehr oder weniger abzusehen.[21] Auf dieses hintergründige halachische Substrat spielt er auch an, wenn er unmittelbar nach seinem bewußt freien Referat über die zehn Gebote die Neugierde der Israeliten auf "die von Gott gegebenen Gesetze" beschreibt: "(Ant. 3,93) In den folgenden Tagen aber kamen sie (sc. die Israeliten) oft zu seinem Zelt und begehrten, daß er ihnen die von Gott gegebenen Gesetze (νόμους παρὰ θεοῦ) verkündigen möge. (94) Er (sc. Mose) entsprach ihrem Wunsch und schrieb ihnen vor, was sie in jeder Lebenslage zu tun hätten."

Das Modell des Verstehens, an dem Josefus Flavius sich orientiert, wenn er sich darauf einläßt, das Verhältnis der Halacha zum Text der Tora zu verdeutlichen, liegt demzufolge relativ klar zutage. Die unmittelbare, den Israeliten am Sinai vernehmbare Offenbarung beschränkte sich auf den Dekalog. Mose dagegen ist der eigentliche *Gesetzgeber*. Er schreibt nicht nur die zehn Gebote auf, sondern er formuliert auch "unter Gottes Beistand" alle "Gesetze und die Verfassung" des jüdischen Gemeinwesens (Ant. 4, 193) . Näherhin geht es dabei um die "jetzigen Gesetze" (Ant. 4,181: νόμιμα τὰ παρόντα) - um die gültige Halacha also, die sich im jüdischen Erlebnisfeld des Josefus Flavius indessen schon erheblich vom Wortlaut der Tora entfernt hatte. Daher sieht er sich nirgends dazu genötigt, seine Nachrichten über "die derzeitige Frömmigkeit" (Ant. 4,181: εὐσεβεία ἡ νῦν), an der allein er interessiert ist, mit dem *Wortlaut der Tora* abzugleichen. Statt dessen bewegt er sich einem Geländer entlang, dessen Richtung und Sicherheit sich aus der rasant fortschreitenden Tradition der halachischen *Stoffe* und nicht aus dem *Text* der Tora herleitet.

Nicht nur die durchaus bedachte Art, wie Josefus Flavius den Wortlaut der Tora vernachlässigen kann, sondern auch die Tatsache, daß die Tempelrolle eine ganze Sammlung von Geboten und Verboten meist *gegen* und weitgehend *ohne* Rücksicht auf den Text der Tora ihren Lesern zuzumuten vermag, lassen es bereits dringlich geraten erscheinen, den *wirklichen* Einfluß des *Wortlauts* der Tora auf das geltende Gesetz im Frühjudentum nicht zu überschätzen, sondern eher *gering* zu veranschlagen.

Eine solche Empfehlung muß sich umso mehr nahelegen, als es noch ein anderes frühjüdisches Dokument gibt, welches das bislang Beobachtete auf eine sehr beein-

---

[21] Ohne zu überzeugen, glaubt W.L. Knox, Pharisaism und Hellenismus, in: H.M.J. Loewe (Hg.), The Contact of Pharisaism with Other Cultures, New York 1969, 85-86 zur Kommentierung des Satzes (οὕς οὐ θεμιτόν ἐστιν ἡμῖν λέγειν φανερῶς πρὸς λέξιν) aus Jos. Ant. 3,90 auf eine örtlich begrenzte jüdische Gewohnheit verweisen zu müssen, die den Wortlaut des Dekalogs als ein Geheimnis gegenüber Andersgläubigen wahren wollte. G. Vermes, The Decalog and the Minim, in: M. Black/G. Fohrer (Hg.), In memoriam Paul Kahle (BZAW 103), Berlin 1968, 233. 239 vermutet, daß nach der Wertschätzung des Josefus Flavius die zehn Gebote in ihrer biblisch-hebräischen Formulierung die Heiligkeit des unaussprechbaren Tetragramms beanspruchen durften. Ähnlich: F.E.Vokes, The Ten Commandments in the New Testament and in First Century Judaism, in: TU 103, Berlin 1968, 146-194, 149-150.

druckende Weise bestätigt und unterstreicht: die *Damaskusschrift*. Beinahe ihr gesamter zweiter Teil (CD 9-16) ist mit essenischer Halacha befaßt und dient deren Einschärfung. Aber nirgends spielt ein biblischer *Text* oder eine biblische *Abfolge* eine bestimmende Rolle. Vielmehr werden die Gesetze sehr pointiert in einer rein thematischen Reihe aufgeboten. Nirgendwo lehnt sich ihre Anordnung und ihr Wortlaut erkennbar an den Text der Tora an. Sondern wenn es etwas Auffälliges zu bemerken gibt, dann ist es das konsequent durchgeführte und ausschließlich topische Arrangement der halachischen Stoffe - *ohne* ersichtlichen Bezug zum Text der Tora.

Das wird vor allem aus den Überschriften und Unterschriften ersichtlich, denen die einzelnen Gebote und Verbote unterstellt werden: "über den Eid" (CD 9,8), "Ordnung für die Richter der Gemeinde" (CD 10,4), "über die Reinigung durch Wasser" (CD 10,10), "über den Schabbat" (CD 10,14), "Wohnordnung der Städte Israels, um auf Grund dieser Gesetze zu scheiden zwischen unrein und rein und um den Unterschied zwischen heilig und profan kundzugeben" (CD 12,19-20; gedacht ist an die "Gesetze" in CD 11,19-12,18), "Wohnordnung für die Lager" (CD 12,22-23 vgl. 13,20; 14,3), "Ordnung des Aufsehers für das Lager" (CD 13,7), "Ordnung für die Vollmitglieder" (CD 14,12), "Regel in der ganzen Zeit des Frevels für jeden, der von seinem verderbten Wandel umkehrt" (CD 15,7), "über den Eid der Frau" (CD 16,2). Obwohl die Damaskusschrift nicht ansteht, die Observanz dieser Gebote und Verbote als "Rückkehr zur *Tora des Mose*" (CD 16,2) zu apostrophieren, begegnen zwischen CD 9 und CD 16 nur vier verifizierbare Bezugnahmen auf den Text der Tora (Lev 19,18: CD 9,2; Lev 19,17: CD 9,7-8; Dtn 5,12: CD 10,16-17; Lev 23,38: CD 11,18), die indessen die halachischen Einlassungen im einzelnen keineswegs begründen oder auch nur nahelegen können.[22]

So stellt sich die Damaskusschrift an die Seite aller bislang aus frühjüdischen Schriften bekannt gewordenen "Kodifikationen" der Halacha. Auch im Urteil ihrer Verfasser haftet das signum und die Qualität der Offenbarung primär an den *Stoffen* und nicht am *Text* der Tora. Zwar ist für diese Gelehrten des Frühjudentums die Tora in ihrer als Text vorfindlichen Gesamtheit die maßgebende Autorität. Aber faktisch erachten sie nur gewisse Ausschnitte aus der Tora als einschlägig.

---

[22] Diesen deutlichen Sachverhalt übersieht E.J.Schnabel, Law and Wisdom from Ben Sira to Paul. A Tradition Historical Enquiry into the Relation of Law, Wisdom, and Ethics: WUNT 16, Tübingen 1985, 184 völlig: "The Scriptures are the sole source and basis of halakhah in Qumran. The halakhah is the fruit of progressive revelation and is linked with further exegesis". Dagegen urteilt J.A.Huntjens, Contrasting Notions of Convenant and Law in the Texts from Qumran, in: RQ 8 (1974) 361-380, 366 sehr viel verständiger und den Texten angemessener, wenn er bestreitet, daß die Halacha aus CD 9-16 das Ergebnis schriftgelehrter "exegesis" sei und statt dessen von "stated as already well-established and absolute legal maxims" redet.

Das wiederum hat damit zu tun, daß sie eine Summe von Fragen und Problemstellungen an die Tora heranbringen, die im wesentlichen dadurch zustandekam, daß sie sich ihnen durch eine Folge von zeitgeschichtlichen Erfahrungen aufdrängte. Das Bezugssystem ihrer *eigenen* Welterfahrung normiert und begrenzt somit die halachischen Fragenkomplexe und Antwortbedürfnisse, die sie nun nicht an den viel zu eng bemessenen *Text* der Tora heranbringen, sondern an deren *Stoffe*. Auf solche Weise entwickeln jene frühjüdischen Autoren einen eigenen *Kanon* dessen, was an der Tora wichtig ist: sie *definieren* über die halachisch zutreffenden *Stoffe* der Tora den für sie aktuellen Stellenwert des *Textes* der Tora jeweils und immer wieder neu.

Unter den gleichen sachlichen Voraussetzungen wird es ihnen dann aber auch möglich, eine derartige Selektion der Tora nach ihren einschlägigen *Stoffen* unter Zuhilfenahme der Kategorie einer *Auslegung des Textes der Tora* verständlich zu machen, auch wenn dadurch der *Text* der Tora an Umfang und Reichweite weit hinter die von ihm transportierten oder wenigstens angedeuteten halachischen *Stoffe* zurückfallen muß. Diese Gelehrten und "Exegeten" des Frühjudentums sind der Überzeugung, daß ihre Halacha das verlangt, was die Tora verlangt, *wenn sie richtig interpretiert wird*. Die Halacha hat demzufolge keine autonome Autorität, sondern ihre Autorität und Authentie ist korrelativ zu den halachischen *Stoffen hinter dem Text der Tora* gegeben. Und das wiederum setzt voraus, daß man in Tora und Halacha nichts anderes sieht als zwei unterschiedliche Medien der Offenbarung, die zusammen ein einziges corpus von geoffenbarten Gesetzen vermitteln.

Unter solchen Vorzeichen galt im Grunde für alle frühjüdischen Gruppierungen, was Josefus Flavius von den Pharisäern zu berichten weiß: "(Ant. 13,297) Die Pharisäer haben dem Volke aus der Überlieferung der Väter gewisse Gesetze (νόμιμά τινα) übermittelt, welche unter den Gesetzen des Mose (ἐν ταῖς Μωυσέος νόμοις) *nicht* aufgeschrieben sind".[23] Selbst die Sadduzäer machten davon offensichtlich keine Ausnahme.[24] Denn Josefus Flavius notiert zwar an derselben Stelle seiner "Jüdischen Altertümer" über "die sadduzäische Partei", daß sie jene pharisäischen "Gesetze aus der Überlieferung der Väter" verwerfe und dies damit begründe, "daß man nur die geschriebenen Gesetze (νόμιμα τὰ γεγραμμένα) als verbindlich ansehen dürfe und die aus der Überlieferung der Väter stammenden nicht zu beobachten brauche".[25] Jedoch hat sich in der Nummer 26 der *Fastenrolle* die Information erhalten, daß während des jü-

---

[23] Vgl. Jos. Ant. 13,171-173 und Jos. Bell. 2,162-163. Dazu die wichtigen begrifflichen Klarstellungen von J. Neusner, Method and Meaning in Ancient Judaism (Brown Judaic Studies 10), Missoula 1979, 69-70.73-74.

[24] Ebenso J. Lightstone, Sadducees versus Pharisees: The Tannaitic Sources, in: J. Neusner (Hg.), Christianity, Judaism and Other Greco-Roman Cults. Festschrift M. Smith (SJLA 12,3), Leiden 1975, 206-217.

[25] Vgl. Jos. Ant. 18,16.

dischen Krieges ein "Buch der Rechtsentscheidungen" abgeschafft worden sei, nach dem die Sadduzäer sich auszurichten pflegten.[26] Dieser "Sefär g^eserata" läßt keine Zweifel daran zu, daß dieselben Sadduzäer, die es ablehnten, Gesetze außerhalb der Tora anzuerkennen, sich in der Praxis keineswegs auf die Vorschriften der Tora beschränkten. Auch sie müssen eine kodifizierte halachische Überlieferung zwischen der Tora und dem Leben gehabt haben.[27] Und Ant. 18,16 könnte ein direkter Hinweis darauf sein: "Für sie (sc. die Sadduzäer) gibt es keine Observanz (φυλακή) außer gegenüber den Gesetzen (sc. der Tora). Sie halten es indessen für eine Tugend, sogar gegen die Lehrer der *Weisheit, auf deren Pfaden sie selbst wandeln*, in der Diskussion anzugehen. Aber es gibt nur wenige Leute, zu denen *diese Lehre* durchgedrungen ist. Die allerdings gehören den höchsten Ständen an".[28] Gerade der Umstand, daß sie die Gebote der Tora unberührt stehen ließen und sie nicht wie die Pharisäer ständig den sich ändernden Anforderungen der Umwelt und des menschlichen Vermögens akkomodierten, erlaubte es den Sadduzäern, wendiger, großzügiger und freier nach ihrer *eigenen "Weisheit"* oder *"Lehre"* zu "wandeln", - und macht ihren innerjüdischen Ruf als "Epikuräer"[29] verstehbar.[30] Feststehen dürfte immerhin, daß auch die Sadduzäer eine Halacha hatten[31] und nicht anstanden, es sich sogar programmatisch zu verwehren, diese aus dem *Text* der Tora abzuleiten.[32]

---

[26] H. Lichtenstein, Die Fastenrolle. Eine Untersuchung zur jüdisch-hellenistischen Geschichte: HUCA 8-9 (1931-1932) 295-297 (die ältere Diskussion). 331 (Text).

[27] So auch in einem anderen Zusammenhang: V. Epstein, When and how the Sadducees were Excommunicated, in: JBL 85 (1966) 213-224

[28] Merkwürdig und kaum zu rechtfertigen ist die kunstfertige Unterscheidung, die H. Feldman , Josephus with an English Translation IX: The Loeb Classical Library, London-Cambridge (Massachusetts)1969, 14 Anm. a (zu Jos. Ant. 18,16) macht: "The Sadducees accepted the written but not the oral Law, whereas the Pharisees accepted both. The Sadducees, however, it should be remarked, had their own traditions, as we can see from such passages as Mishnah, Makkot 1,6; but these were gezeroth (decrees) and not based on the oral law". Diese Differenzierung wird nicht besser, wenn E. Schürer, The History of the Jewish People in the Age of Jesus Christ II, Edinburgh 1979, 408 Anm. 22 zum Kommentar von L.H. Feldman erklärend ergänzt: "but these were decrees or gezeroth, proclaimed by virtue of priestly authority and not presented as an oral Torah revealed by God to Moses and transmitted via an uninterrupted chain of tradition". Hier werden die späteren talmudischen Gegebenheiten endgültig zum Maßstab für frühjüdische Befunde erhoben: die petitio principii ist unverkennbar.

[29] Jos. Ant. 10, 277-281 vgl. 13,172-173; Bell 2,164 und Sanh 10,1.

[30] Ähnlich: A. Schlatter, Die Theologie des Judentums nach dem Bericht des Josefus: BFCTh 26, Gütersloh 1932, 189.

[31] Im übrigen fördert Josefus an keiner der drei bekannten Stellen seines Gesamtwerkes, wo er mit thematischer Bedachtsamkeit auf die drei "Parteien" bzw. "Philosophien" des Judentums zu sprechen kommt (Bell. 2,119-166; Ant. 13,171-173 und Ant. 18,11-25), den Eindruck, daß im Blick auf die Notwendigkeit einer Halacha der theologische Grundkonsens zwischen Pharisäern und Sadduzäern auf dem Spiele stand. Der älteste der drei Belege (Bell. 2, 164-166) sagt dazu gar nichts. Dessen Aussage über die Sadduzäer ist für Josefus jedoch maßgebend, da er zwanzig Jahre später mit den anderen beiden Einlassungen (Ant. 13,173;18,11) auf diese Stellungnahme im "Jüdischen Krieg" zurückverweist. In Ant. 13,171-173 fehlt immer noch jeder Hinweis auf eine diesbezügliche Divergenz der Sadduzäer. Erst in Ant. 18,16 steht dann der wenig ergiebige Satz: φυλακὴ δὲ οὐδαμῶς τινων μεταποίησις αὐταῖς ἢ τῶν νόμων.

[32] Kaum hilfreich ist der wenig verständige Satz von R. Leszynsky Die Sadduzäer, Berlin 1912,24: "Die Pharisäer sind die Verfechter der Tradition, die Sadduzäer erkennen einzig und allein die Thora an". Dagegen legt J. Neusner, The Rabbinic Traditions about the Pharisees before 70 A. D.: the Problem of

Was besagt es dann aber, wenn Ernst Käsemann aus Anlaß einer Besprechung von Mk 7,15 dekretiert: "Wer bestreitet, daß die Unreinheit von außen auf den Menschen eindringt, trifft die Voraussetzungen und *den Wortlaut der Tora und die Autorität des Mose selbst*"?[33] Oder wenn Günther Bornkamm bei einer ähnlichen Gelegenheit einen *"Angriff" Jesu "auf den Buchstaben der Tora"* in Erwägung[34] zieht?

Es ist wenig nützlich, den objektiven Mangel an positivem Wissen über den Stellenwert und die Wege der frühjüdischen Halacha durch eine allzu einfache Bezugnahme auf den Text der Tora kompensieren zu wollen. Denn so viel geben die verfügbaren Belege immerhin zu erkennen: die Halacha hat im Frühjudentum schon beträchtlichen Abstand vom *Wortlaut* der Tora gewonnen.

2. Der Abstand zwischen Halacha und "Auslegung" der Tora

Der Eindruck, daß über die gesamte Periode des Frühjudentums hinweg die Halacha kein unmittelbarer Ausfluß aus dem Text der Tora ist, verdichtet sich entscheidend durch die Wahrnehmung eines anderen auffälligen Tatbestandes: die Tora kommt auch als Ausgangspunkt einer *methodisch* (und einvernehmlich) geregelten *Ableitung* und Begründung der Halacha kaum in Frage. Es gibt für die frühjüdische Epoche keine sich in Grammatik, Syntax oder Wortbestand der Tora verankernde *Technik der Exegese*, die eine überprüfbare und verobjektivierende Verbindung zwischen Tora und Halacha schaffte. Auch wenn Zitate aus der Tora begegnen und selbst, wenn Schriftbelege kombiniert und gemischt werden, ist die durch sie markierte Halacha gewöhnlich nicht einmal formal mit der Tora verklammert: die konkrete halachische Anforderung erweist sich meistens keineswegs als Produkt einer durch exegetische Logik kontrollierten oder erzwungenen Deduktion aus der Tora. Eine die halachischen Inhalte aus der Tora *erst hervortreibende* und *verursachende* Auslegung der Tora ist im Schrifttum des Frühjudentums so gut wie unbelegbar. Statt dessen gewinnt man einmal mehr den Eindruck, daß die einzelnen Gebote und Verbote im Normalfall längst *abseits* oder *vor* ihrer eventuellen biblischen Umrahmung oder Zuordnung feststehen.

Ein lehrreiches Beispiel für diesen unbestreitbaren Sachverhalt bietet die Zusammenstellung der mit Eigentum und Eigentumsverlust befaßten gesetzlichen Regelungen, die Josefus Flavius in Ant. 4,271-274 für seine Leser arrangierte. Sie eröffnet in idealer Weise die Gelegenheit, über eine längere Textstrecke hinweg das sehr lok-

---

Oral Tradition, in: Kairos 14 (1972) 57-70, 64 mit Recht Wert auf die Feststellung: "All evidence points toward the existence of extra-Scriptural traditions among all parties of ancient Judaism, Essene-Qumranian, Pharisaic, and Sadducean".

[33] E. Käsemann, Exegetische Versuche und Besinnungen, Göttingen 1970, I 207.
[34] G. Bornkamm, Jesus von Nazaret, Stuttgart [8]1968, 90.

kere Verhältnis zwischen Halacha und Auslegung der Tora zu beobachten und den tatsächlichen Abstand zwischen diesen beiden Bezugsgrößen zu ermessen. Der Abschnitt setzt mit einer halachischen Behandlung von *Diebstahldelikten*[35] ein:

"(Jos. Ant. 4,271) Für den Diebstahl eines *Menschen* soll Tod die Strafe sein. Wer aber *Gold oder Silber* entwendet, soll das Doppelte zahlen. Wenn jemand aber einen beim Diebstahl im Hause tötet, so soll er straflos ausgehen, selbst wenn er ihn schon beim Durchbrechen einer Mauer (sc. des Hauses tötet). (272) Wenn jemand *Vieh* stiehlt, so soll er das Vierfache als Strafe zahlen, außer bei einem Rind, für welches er das Fünffache entrichten soll. Wer aber nicht imstande ist, die Strafe zu zahlen, der soll denen ein Sklave sein, die ihn verurteilen ließen".

Schon das *Nacheinander* der hier aufgereihten Eigentumsdelikte bleibt ohne Vorbild in der Tora und ist kein Ergebnis einer Schriftexegese. Es orientiert sich nach rein thematischen und kodifikatorischen Aspekten, die Josefus oder seine Vorgänger von außen heranführen und deren einziges Kriterium offenkundig die Vergleichbarkeit der halachisch relevanten *Stoffe* ist. Diese wiederum werden nach dem Gewicht der Vergehen hintereinander angeordnet: sie beginnen mit Menschenraub und reichen über den Diebstahl von "Gold und Silber" bis zur widerrechtlichen Aneignung von Vieh. Das sittliche und "juristische" Maß für eine solche Reihenfolge der Delikte stammt unter keiner Rücksicht aus der Tora, sondern ist sekundär an der Härte der Strafen ausgerichtet worden.

Jedoch auch die Vermittlung *der einzelnen Tatbestände* mit der Tora ist nicht einfach und problemlos. Sie gelingt in sehr unterschiedlicher Nähe zur Tora und nur mit erheblich divergierender Überzeugungskraft. Am ehesten läßt sie sich noch für den Fall des Menschenraubes wahrscheinlich machen. Hier kann man an das Verbot in Ex 21,16 denken, aber man wird auch Dtn 24,7 nicht außer Acht lassen dürfen.[36] Das

---

[35] Vgl. sonst zu den Diebstahldelikten Jos. C. Ap. 2,208b: "Niemand darf sich Güter aneignen, die er nicht selbst in Verwahrung gegeben hat, niemand darf seine Hand auf irgendeines Fremden Eigentum legen, niemand darf daran auch nur Interesse zeigen (τόχον οὐ λήψεται)". Und ebda. 2,216: "Aber auch wenn sich einer bei Maßen und Gewichten vergeht, oder wenn einer dadurch Unrecht tut, daß er (sc. einen anderen beim Handel) betrügt, auch wenn sich einer eines fremden Menschen Eigentum aneignet, oder wenn einer seine Hand auf etwas legt, was er nicht selbst in Verwahrung gegeben hat - alle diese Vergehen sind (sc. bei uns Juden) mit Strafen belegt, die nicht nur so sind wie bei anderen Völkern, sondern sehr viel schwerer ausfallen". L. Wallach, Alexander the Great and the Indian Gymnosophists in Hebrew Tradition, in: PAAJR 11 (1941) 47-83, 70-71 macht auf die geringen Vergleichsmöglichkeiten aufmerksam, welche auch diese Formulierungen mit der Tora zusammenhalten. Er meint, daß die erheblichen Abweichungen durch die Absicht des Josefus Flavius bedingt seien, "Griechen" davon zu überzeugen, daß auch die Juden über Gesetze verfügten, die den griechischen Gesetzen gleichwertig seien. Aber die Tendenz ist eher gegenläufig: Josefus kommt es darauf an, die bessere und menschlichere Qualität der jüdischen Gesetze gegenüber den griechischen zu demonstrieren.

[36] A. Alt, Das Verbot des Diebstahls im Dekalog, in: ders., Kleine Schriften zur Geschichte des Volkes Israel I, München [4]1968, 333-340 hat nachgewiesen, daß auch das Diebstahlverbot im Dekalog (Ex 20,15;

eine Mal gebietet die Tora: "Wer einen Menschen raubt, gleichgültig, ob er ihn (schon) verkauft hat oder ob man ihn noch in seiner Gewalt vorfindet, wird mit dem Tode bestraft". Ex 21,16 belegt also die Entführung eines Menschen nur dann mit der Todesstrafe, wenn von dem Entführer ein *Verkauf des Entführten in die Sklaverei* beabsichtigt war.[37] Ebenso liegen die Dinge in Dtn 24,7, nur ist dort das Gesetz auf die Entführung und den Verkauf eines *frei geborenen Juden* zugespitzt: "Wenn ein Mann dabei ertappt wird, wie er einen seiner Brüder, einen Israeliten, entführt, ihn als Sklaven kennzeichnet und verkauft, dann soll dieser Entführer sterben. Du sollst das Böse aus deiner Mitte wegschaffen". Die beiden von der Tora verlangten Spezifizierungen und Einschränkungen des Tatbestandes eines vom Tode bedrohten Menschenraubes auf das Motiv eines schließlichen Verkaufs des Entführten in die Sklaverei sowie auf dessen Zugehörigkeit zu den "Israeliten" fehlen somit ohne Begründung in Jos. Ant. 4,271. Trotzdem ist die Schriftbasis für das von Josefus Flavius referierte Verbot des Menschenraubes relativ eindeutig und stark. Es handelt sich in Jos. Ant. 4,271 um eine bloße Erweiterung oder Verallgemeinerung einer ziemlich klar erkennbaren Anweisung der Tora. Der halachische *Stoff* der Tora wird lediglich neu formuliert und in seiner Geltung ausgeweitet. Dies allerdings geschieht, ohne daß *exegetisch* aus der Tora abgeleitete oder begründende Details dem Leser mitgeteilt werden.

Sehr viel komplizierter stellt sich bereits der Tatbestand des nächsten von Josefus in Ant. 4,271 vorgetragenen Gebotes dar: "Wer Gold oder Silber entwendet, soll das Doppelte zahlen". Nirgendwo redet die Tora von "Gold und Silber" und faßt dabei gestohlene Gegenstände ins Auge. Und nur in Ex 22,6 kommt sie auf den Diebstahl von "Silber" (= Geld!) zu sprechen: "Übergibt jemand einem anderen 'Silber' oder Gerät zur Aufbewahrung und es wird aus dessen Haus gestohlen, dann soll der Dieb, wenn man ihn findet, doppelten Ersatz leisten".[38] Sofort ist klar, daß die Verordnung der Tora unter anderen Bedingungen erfolgt. Dort handelt es sich um den Diebstahl von vertrauensvoll deponiertem[39] und keineswegs um eigenes "*Silber* oder Gerät". Die

Dtn 5,19) ursprünglich nicht den normalen Diebstahl, sondern den Menschenraub meint. H.J. Boecker, Recht und Gesetz im Alten Testament und im Alten Orient, Neukirchen-Vluyn 1976, 145 weist zutreffend darauf hin, "daß die Erwähnung des Diebstahldelikts in den alttestamentlichen Gesetzen verglichen mit dem Codex Hammurabi stark zurücktritt".

[37] F. Horst, Der Diebstahl im Alten Testament, in: ders., Gottes Recht. Gesammelte Studien zum Recht im Alten Testament in: ThB 12, München 1961, 167-175 versucht das mit dem Umstand zu erklären, daß die Tora die Todesstrafe für Diebstahl nur in den Fällen vorsehe, wo das Eigentum Gottes angegriffen werde.

[38] Die von der Tora vorgesehene Strafe für Diebstahl besteht in der Regel in der doppelten Ersatzleistung: Ex 22,3.6.8. Das heißt: der Dieb muß das gestohlene Gut zurückgeben und noch etwas Gleichwertiges hinzufügen.

[39] In Ex 22,7 heißt es weiter: "Findet man den Dieb nicht, so soll der Hausherr vor Gott erklären, daß er sich nicht selbst am Eigentum des anderen vergriffen hat". Nach der Rechtsbestimmung der Tora ist der Verwahrer für das ihm anvertraute Gut also nur bis zu einem gewissen Grad verantwortlich. Wird er das

Merkmale des Tatbestandes weichen also beträchtlich ab, und nur die biblische Rede vom "doppelten Ersatz" läßt überhaupt vermuten, daß Ex 22,6 hinter der Halacha des Josefus steht.[40] Dann aber erhebt sich um so dringlicher die Frage nach den exegetischen Wegen der Ableitung und nach den Gründen der Ableitbarkeit. Darauf jedoch wird keine Antwort gegeben. Die Anbindung der Halacha an die Tora bleibt unter inhaltlicher Rücksicht vage und letztlich unerfindlich.

Nicht besser steht es mit dem Gebot, das Josefus Flavius in unmittelbarem Anschluß daran einzuschärfen versucht: "Wenn jemand einen beim Diebstahl im Hause tötet, so soll er straflos ausgehen, selbst wenn er ihn schon beim Durchbrechen einer Mauer (sc. des Hauses) tötet". Die Anordnung erinnert sofort und auf den ersten Blick an Ex 22,1-2a:" (1) Wird ein Dieb beim Einbruch ertappt und so geschlagen, daß er stirbt, so entsteht dadurch keine Blutschuld. (2a) Doch ist darüber bereits die Sonne aufgegangen, dann entsteht Blutschuld". Eine andere und bessere biblische Rechtfertigung für das Gesetz aus Jos. Ant. 4,271 läßt sich in der Tora schlechterdings nicht aufspüren. Um so gravierender schlagen dann allerdings die Unterschiede zu Buch. Da ist zunächst die Abweichung der von Josefus vorgeführten Halacha bei der Kondizionierung einer erlaubten Tötung des ertappten Diebes. Die in Ant. 4,271 wiedergegebene Verpflichtung legt Wert auf die Feststellung, daß nur der bestohlene oder wenigstens von einem Diebstahl bedrohte *Hausbesitzer* von Bestrafung frei bleibt, wenn er den Dieb auf seinem Anwesen ("im Hause" bzw. schon "beim Durchbrechen der Mauer") tötet. Die Tora dagegen billigt jedem beliebigen (jüdischen) Zeitgenossen das Recht zu, einen bei frischer Tat gestellten Dieb zu töten.[41] Darüber hinaus ist sie jedoch bemüht, ein solches Tötungsrecht in zweifacher Hinsicht einzuschränken. Einmal dadurch, daß sie streng genommen nur den *Totschlag* ohne Strafe davonkommen läßt. Sie rechnet mit dem Fall einer Tötung, die sich in der *unbeabsichtigten* Folge eines "Schlages" einstellt. Zum anderen macht die Tora einen sehr bezeichnenden Unterschied zwischen einem Einbruch, der in der *Nacht* durchgeführt wird, und einem Einbruch, den ein Dieb bei Tag begeht: und nur bei *Nacht* ist die Tötung des Diebes straffrei. Das heißt, die Tora nimmt lediglich die versehentliche

---

Opfer eines Diebstahls, so muß er das Depositum dem Eigentümer nicht ersetzen. Das Recht der Tora unterscheidet dann zwei Möglichkeiten. Wird der Dieb gefaßt, so muß dieser nach der üblichen Strafbemessung für Diebstahl den Schaden doppelt ersetzen. Wird der Dieb aber nicht ermittelt, dann kann sich der Verwahrer durch einen Reinigungseid vom Diebstahlverdacht befreien.

[40] Auch die sehr viel spätere talmudische Regelung bezieht Ex 22,6 selbstverständlich auf fremdes Eigentum, das zur Verwahrung übernommen worden war. Vgl. die Baraita in bBQ 63b: "'Der Dieb, wenn man ihn findet' (Ex 22,6). Hier spricht die Schrift von einem wirklichen Dieb" (also nicht von dem Fall, daß der Depositar selbst als Dieb ertappt wird). Vgl. H. Weyl, Die jüdischen Strafgesetze bei Flavius Josephus, Berlin 1900, 116-117 Anm. 2.

[41] So auch die Baraita in b Sanh 72b: "'Und er wird so geschlagen, daß er stirbt' (Ex 22,1): von irgendeinem Menschen (בכל אדם)". Wieder entspricht die dem Josefus Flavius bekannte Halacha weder der Tora noch deren späterem rabbinischen Verständnis.

oder im Dunkel aus Notwehr geschehene Tötung eines Diebes von der Strafe aus. Von all diesen gewissenhaften Limitierungen und Absicherungen weiß die Halacha nichts mehr, die Josefus Flavius in Ant. 4,271 vorträgt.[42] Ohne exegetischen Nachweis und ohne die Mühen einer erklärenden Auslegung verläßt sie den von der Tora vorgesehenen Tatbestand des nächtlichen Totschlags und bewegt sich in die Richtung einer kaum beschränkten Lynchjustiz.[43]

Keineswegs geringer, sondern eher noch größer ist der Abstand zwischen Tora und Halacha, wie er sich bei einem genauen Vergleich des Gebotes auftut, das Josefus als nächstes seiner Sammlung anfügt: "Wenn jemand Vieh stiehlt, so soll er das Vierfache als Strafe zahlen, außer bei einem Rind, für welches er das Fünffache entrichten soll". Wieder wartet die Tora in Ex 21,37 mit ganz anderen Sachverhalten auf: "Wenn einer ein Rind oder ein Schaf stiehlt und es schlachtet oder verkauft, so soll er fünf Rinder für das Rind und vier Schafe für das Schaf als Ersatz geben". Nicht nur, daß die Tora sich damit zufrieden gibt, auf den Diebstahl eines *Schafes* die vierfache Strafe zu setzen (vgl. Ex 21,37 LXX: τέσσαρα πρόβατα ἀντὶ τοῦ προβάτου) und dabei anderes Kleinvieh gar nicht in Betracht zu ziehen.[44] Sie setzt auch erst für *den* Fall einen vier bzw. fünffachen Ersatz fest, daß der Dieb das gestohlene Schaf oder Rind bereits geschlachtet oder verkauft hat: die Tora sieht den Tatbestand des Viehdiebstahls erst dann als vollendet an, wenn sich der Dieb das betreffende Klein- oder Großvieh durch Schlachtung und Verkauf wirklich angeeignet hat.[45] Von diesen sehr einschneidenden und spezifizierenden Bestimmungen fehlen in der durch Josefus Flavius überlieferten Halacha alle Spuren.[46] Und mehr noch: in Jos. Ant. 4,272 gibt es keinerlei Anzeichen dafür, daß eine solche Differenz zwischen Tora und Halacha durch eine methodisch besonnene Exegese des Toratextes überbrückt wurde oder hätte überbrückt werden müssen.

---

[42] Anders das spätere talmudische Recht: vgl. die Baraita b Sanh 72 a. Das Targum Onqelos notiert zu Ex 22,2a: "Wenn das Auge der Zeugen auf ihn (sc. den Einbrecher und Dieb) gefallen ist (sc. also bei Tageslicht), dann entsteht seinetwegen (sc. des Diebes wegen) Blutschuld (sc. wenn man ihn erschlägt)".

[43] Großzügiger ist die Halacha des Josefus vor allem im Blick auf die zeitliche Erstreckung des Tatbestandes eines Diebstahls: der Dieb wird schon beim Einbruch (χὰν εἰ πρὸς διορύγματι), also noch bevor er eigentlich gestohlen hat, für vogelfrei erklärt.

[44] Die Erhöhung der Ersatzleistung durch die Tora erklärt sich am einfachsten aus der Tatsache, daß das Vieh den eigentlichen Besitz und das eigentliche Vermögen darstellt: F. Horst, Der Diebstahl im Alten Testament (Anm. 37) 170.

[45] Vgl. jedoch auch M. Noth, Das zweite Buch Mose, Göttingen 1968, 148, der hierzu anmerkt, daß die schnell durchgeführte Schlachtung oder der schnelle Verkauf des gestohlenen Tieres planvolles Vorgehen des Diebes erkennen läßt und deshalb eine härtere Bestrafung zur Folge haben muß.

[46] Ebenso wenig wie Josefus akzeptiert die von Philo überlieferte Halacha den von der Tora unzweideutig festgelegten Umstand, daß erst nach der Schlachtung oder nach dem Verkauf des gestohlenen Schafes oder Rindes der vier- oder fünffache Ersatz zu erbringen sei. Die Belege bei B. Ritter, Philo und die Halacha, Leipzig 1879, 56-58.

Beträchtlich ist der Abstand zur Tora dann auch bei der gesetzlichen Regelung, mit der Josefus seinen Bericht über die halachische Beurteilung von Vergehen des Diebstahls abschließt. "Wer nicht imstande ist, die Strafe zu zahlen, der soll denen ein Sklave sein, die ihn verurteilen ließen (ταῖς καταδεδικασμέναις)". Die Tora ordnet nirgendwo an, daß der gefaßte Dieb dem Bestohlenen als Sklave dienstbar sein müsse.[47] Vielmehr heißt es in Ex 22,2b: "Besitzt er (sc. der zum Ersatz verpflichtete Dieb) nichts, so soll man ihn für den Wert des Gestohlenen verkaufen". Das setzt voraus, daß der Dieb an irgendjemand verkauft wird und daß die für ihn eingelöste Geldsumme dem Bestohlenen als Ersatzleistung angewiesen werden muß.[48] Wieder zeigt sich die Halacha in einer ansehnlichen Entfernung von der Tora,[49] ohne daß diese Kluft durch den Vorgang einer bedachten exegetischen Methodik überwunden oder überwindbar erscheint. Und nicht nur das, sondern nirgendwo werden Anstrengungen dazu unternommen.[50]

Auf denselben Befund stößt man in dem direkt folgenden Abschnitt. Er behandelt die Gesetze über die Länge und über die Beendigung der Dienstzeit des an einen an-

---

[47] B. Cohen, Civil Bondage in Jewish and Roman Law, in: ders., Jewish and Roman Law. A Comparative Study I, New York 1966, 159-178 erklärt den Unterschied mit dem Anliegen des Josefus Flavius, das jüdische Recht in Übereinstimmung mit dem römischen darzustellen.

[48] Wichtig ist in diesem Kontext auch der Bericht des Josefus in Ant. 16,1-3 über einen Akt herodianischer Gesetzgebung: "Indem er sich darum bemühte, alle Angelegenheiten des Staates zu regeln, ließ der König es sich angelegen sein, die verschiedenen Übeltaten in Stadt und Land abzustellen, und er erließ ein Gesetz, das den früheren durchaus unähnlich war. Und er erteilte ihm selbst Rechtskraft: er ließ die Einbrecher zur Ausfuhr aus dem Königreich verkaufen, was nicht nur eine allzu schwere Strafe für die Bestraften war, sondern auch eine Verletzung der Gesetze der Väter in sich barg. (2) Denn Fremden, die nicht die gleiche Lebensweise einhielten, Sklavendienste leisten zu müssen und gezwungen zu sein, alles, was jene anordneten, zu befolgen, ist ein Vergehen gegen die religiösen Vorschriften und nicht eine Züchtigung des (sc. beim Diebstahl) Ertappten, zumal in den alten Gesetzen derartiges vorgesehen war (πεφυλαγμένης ἐν ταῖς πρώταις τῆς τοιαύτης τιμωρίας). (3) *Die Gesetze bestimmen nämlich daß der Dieb das Vierfache aufbringen muß, ist er aber dazu nicht imstande, so soll er zwar verkauft werden, jedoch nicht an Nichtjuden und nicht in immerwährende Sklaverei, da er ja nach sechs Jahren entlassen werden mußte*". Dazu A. Schalit, König Herodes, Berlin 1969, 250-251: "Es hat sich uns deutlich gezeigt, daß das Einbruchgesetz des Herodes mit der Wahrung des augusteischen Friedens, der damals das zentrale Anliegen Roms war, in Zusammenhang steht. Folglich scheint es uns, daß, was im Römischen Reich zum Schutze des augusteischen Friedens unternommen wurde, dem Herodes als Muster diente bei dem Erlaß seines Einbruchgesetzes, das ja auch seinerseits keinen anderen Zweck verfolgte als den, zu dem Schutz dieses Friedens seinen Teil beizusteuern". Schon lange vorher hatte A. Gulak, Das Gesetz des Königs Herodes zur Bestrafung der Diebe (hebräisch), in: H. Torczyner (Hg.), Sefär Josef Klausner, Tel Aviv 1937, 132-135 darauf hingewiesen, daß sowohl das römische Zwölf-Tafel-Gesetz als auch die herodianische Verfügung vor allem einen gemeinsamen Zug erkennen lassen: beide sehen vor, daß der Dieb ins Ausland verkauft werden soll.

[49] S. Zeitlin, Slavery during the Second Commonwealth and the Tannaitic Period, in: JQR 53 (1962-1963) 185-218 arbeitet die Widersprüche zur talmudischen Gesetzgebung heraus. Vgl. E. Urbach, Die Sklaverei betreffende Halachot als Quelle für die Sozialgeschichte des Zweiten Tempels und der talmudischen Periode (hebräisch), in: Zion 25 (1960) 141-189.

[50] J. Gutman, Leibeigenschaft eines Mannes für seine Schulden im Gesetz Israels (hebräisch), in: Y. Baer, J. Gutman, M. Schwabe (Hg.), Sefär Ben-Zion Dinaburg, Jerusalem 1949, 68-82 betont mit Rücksicht auf Jos. Ant. 16,1-3 (s. o. Anm. 48) die gänzlich "hellenisierte" Sprache des Josefus bei der Formulierung der Strafzumessung.

deren Juden verkauften jüdischen Sklaven. Jos. Ant. 4,273: "Wer an einen Stammes-genossen (ὁμοφύλῳ) verkauft wird, soll ihm sechs Jahre dienen, im siebten (sc. Jahr) aber soll er als Freier entlassen werden. Wenn er aber (sc. inzwischen) mit einer Sklavin im Hause dessen, der ihn gekauft hat, Kinder gezeugt hat, und wenn er aus Wohlwollen und Menschenfreundlichkeit gegenüber (sc. seinem eigenen) Haushalt, weiter Sklave sein will, dann soll er im nächsten Erlaßjahr, das heißt: im (sc. nächsten) fünfzigsten Jahr, freigelassen werden und er soll auch seine Kinder und seine Frau als freie Menschen mitnehmen".

Aufmerksamkeit verdient bereits der Umstand, daß diese Textfolge ohne weitere Vermittlung und Erklärung an das vorausgehende Kompendium der Vergehen gegen das fremde Eigentum (Jos. Ant. 4,271-272) angehängt wurde. Dabei kommt ein ver-hältnismäßig einfacher Gesichtspunkt zum Tragen. Die unmittelbar voranstehenden Einlassungen hatten davon gesprochen, daß der wenigstens zu doppeltem Ersatz ver-pflichtete, aber unvermögende Dieb an einen Juden in die Sklaverei verkauft werden solle, um auf diesem Wege die finanzielle Entschädigung des Bestohlenen zu garan-tieren.[51] Daran wird ohne Zögern und mit einer durchaus verstehbaren Logik die halachische Regelung für die Dienstzeit des in einem solchen Strafzusammenhang verkauften Sklaven angeschlossen.[52] Das allerdings macht wieder deutlich, daß die von Josefus aufgebotene Sammlung von Geboten und Verboten auf die Reihenfolge der Gesetze in der Tora keinerlei Rücksicht nimmt, sondern in ihrem Aufbau zuerst und vorrangig durch die sekundär vermittelte Zusammengehörigkeit der *halachischen Stoffe* bestimmt wird. Im vorliegenden Fall bleibt das nicht ohne Konsequenzen für den Inhalt der Gesetze. Denn der Text der Tora ließ sich in Ex 21,2-6 zwar auf die Dienstdauer eines "hebräischen Sklaven" ein, *nicht* aber auf den unvermögenden und zwangsverkauften Dieb:"(2) Wenn du einen hebräischen Sklaven kaufst, soll er sechs Jahre Sklave bleiben, im siebten Jahr soll er ohne Entgelt als freier Mann entlassen werden.[53] (3) Ist er allein gekommen, soll er allein gehen. War er verheiratet, soll seine Frau mitgehen. (4) Hat ihm sein Herr eine Frau gegeben und hat sie ihm Söhne

---

[51] Zum gesetzlichen Status jüdischer Sklaven vgl. auch: R. Sugranyes de Franch, Études sur le droit pale-stinien à l'époque évangélique. La contrainte par corps, Freiburg/Schweiz 1946, 82-83, der mit Vorzug Jos. Ant. 16,1-5 und 3,282 diskutiert.

[52] Vgl. neben Ex 21,2-6 (s. auch nächste Anm.) die Verlautbarung der Tora in Dtn 15,12: "Wenn dein Bruder, ein Hebräer - oder auch eine Hebräerin - , sich dir verkauft, soll er dir sechs Jahre als Sklave dienen. Im siebten Jahr sollst du ihn als freien Mann entlassen".

[53] Die Tora sieht also die sechsjährige Arbeitsleistung als ausreichenden wirtschaftlichen Ersatz für die Schulden des Sklaven an. Aufschlußreich ist ein Vergleich zwischen Ex 21,2-6 und Dtn 15, 12-18. Das deuteronomische/deuteronomistische Sklavengesetz geht offenkundig von einer völlig veränderten sozi-algeschichtlichen Situation aus, in der auch die Frau (Dtn 15,12.17) als grundbesitzfähig und damit als rechtsfähig angesehen wird. Wahrscheinlich fehlt deshalb im Dtn ein ausgesprochenes Sklavinnengesetz wie Ex 21,7-11. Außerdem wird der Sklavenbesitzer durch Dtn 15,13-14 angewiesen, dem entlassenen Schuldsklaven - gleichgültig welchen Geschlechts - eine nicht geringe Entlassungszahlung zu leisten: er/sie soll wieder zu einer freien Lebensmöglichkeit innerhalb der Volksgemeinschaft kommen.

oder Töchter geboren, dann gehören Frau und Kinder ihrem Herrn, und er muß allein gehen. (5) Erklärt aber der Sklave: ich liebe meinen Herrn, meine Frau und meine Kinder und ich will nicht als freier Mann fortgehen, (6) dann soll ihn sein Herr vor Gott bringen, er soll ihn an die Tür oder an den Torpfosten bringen und ihm das Ohr mit einem Pfriem durchbohren. Dann bleibt er für immer sein Sklave."[54]

Unter dem hier von der Tora für einen Sklaven erwogenen Möglichkeiten des Familienbestandes oder Familienerwerbs fehlt der im Referat des Josefus Flavius angezielte Fall des sich mit einer *nicht*jüdischen "Sklavin" (Jos. Ant. 4,273: δούλη) verheiratenden jüdischen Sklaven. Nur eine solche *Nicht*jüdin kam jedoch für einen solchen Sklaven in Frage, da nach Ex 21,8-9 *nur der jüdische Besitzer eine jüdische Sklavin für sich oder für seinen Sohn* in Anspruch nehmen konnte. Auf der anderen Seite durfte nach Lev 25,44-46 (vgl. Ex 21,7) eine nichtjüdische Sklavin mit ihren Kindern weder im siebten Jahr noch in einem Erlaßjahr freigelassen werden.[55] All dem widersprechen die halachischen Informationen des Josefus. Und was um so auffälliger ist: Josefus nimmt dieses schwerwiegende Abrücken der Halacha vom Wortlaut der Tora hin, ohne dafür eine exegetische Rechtfertigung anzubieten. Wieder vermißt man die Anstrengung einer methodisch absehbaren Auslegung, um einen solchen Bruch zwischen Halacha und Tora zu bereinigen und verstehbar zu machen. Einen derartigen Vorgang begründender Toraexegese vermißt man aber um so mehr, als noch eine ganze Folge anderer Einzelheiten aus der gleichen Aufstellung des Josefus Flavius nicht mit der Tora übereinkommt. So stammt die Anordnung, daß der jüdische Sklave, der seinen Austritt nach sechs Jahren Dienstzeit verweigert, *im nächsten Erlaßjahr* freikommen darf, mit Gewißheit aus Lev 25,39-43. Dort aber wird auf einen Juden Bezug genommen, der sich aus Armut einem anderen Juden verkaufen mußte - und vor allem: an dieser Stelle der Tora wird mit keinem Wort die Chance erwähnt, *nach sechs Dienstjahren* als freier Mann entlassen zu werden.[56] Im übrigen schreibt Ex 21,6 vor,

---

[54] Das Ohr gilt als das für den Sklaven besonders charakteristische Organ. M. Noth, Das zweite Buch Mose (s. Anm. 45) 144: "Das durchbohrte Ohr ist Sklavenzeichen, vielleicht, weil das Ohr als Organ der 'Hörigkeit' galt und die Durchbohrung als Beseitigung der Integrität und damit der ursprünglichen Freiheit des Hörens verstanden wurde".

[55] "Die Freilassung der Sklavin wird" von der Tora "deshalb nicht vorgesehen, weil sie in aller Regel von dem Käufer als Nebenfrau für sich, seinen Sohn oder einen Sklaven gekauft und von ihrem Vater in dieser Abzweckung verkauft worden ist": H.J. Boecker, Recht und Gesetz (s. Anm. 36) 138. Aber auch der andere Aspekt ist bedeutsam. Die Sklavin darf nicht einfach wie eine Sache behandelt und beliebig weiterverkauft werden. - In Lev 25,41 kann nur von Kindern die Rede sein, die der Sklave schon in die Knechtschaft mitgebracht hat.

[56] Philo *kombiniert* die beiden divergenten Bestimmungen der Tora: Ex 21,2 (Freilassung des Sklaven nach sechs Jahren, also im siebten Jahr) und Lev 25,40 (Freilassung des Sklaven im "Jovel-Jahr", das alle 50 Jahre begangen wird). Spec. Leg. 2,122: "Die Herren sollen ihre käuflich erworbenen Diener nicht so behandeln, als ob sie Sklaven von Geburt wären, sondern als freie Lohnarbeiter (sc. sollen sie sie behandeln). Sie sollen ihnen den Vollgenuß der Freiheit sofort gewähren, sobald sie zur Erstattung des Lösegelds imstande sind. Im Falle ihres Unvermögens aber, wenn entweder das siebte Jahr seit dem Beginn des Dienstverhältnisses oder aber das fünfzigste Jahr herangekommen ist (sc. sollen sie sie freilassen), -

daß der Sklave, der nach sechs Jahren auf die Freiheit verzichten will, "für immer Sklave bleiben" soll, - die Freilassung im "fünfzigsten Jahr", von der die Halacha des Josefus Flavius weiß, ist in solchem Zusammenhang von der Tora nicht vorgesehen. Ganz abgesehen davon, daß Jos. Ant. 4,273 nichts von der Zeremonie des Ohrpflokkes weiß, auf der die Tora in Ex 21,6 beharrt.

Obwohl somit die bislang notierten Abstände zwischen Halacha und Tora beträchtlich sind und von Josefus Flavius hingenommen werden, ohne daß seine Darstellung auch nur einen Versuch zu ausdrücklicher exegetischer *Erläuterung* erkennen läßt, ist gerade in Jos. Ant. 4,273 zu beobachten, daß hier eine "Auslegung" im Gange sein muß. Denn ohne Frage werden verschiedene Äußerungen der Tora kombiniert und zusammengebracht. Das allerdings scheint so gut wie ausnahmslos auf Kosten des klar aus seinen ursprünglichen Kontexten ersichtlichen Sinnes der herangezogenen Gebote und Verbote der Tora zu gehen. Trotzdem erhebt die Halacha des Josefus offenkundig weiterhin und ohne Abstriche den Anspruch auf Toraentsprechung und Toragemäßheit. Wo aber ist die limitierende Methode, die eine solche "Auslegung" gültig zu machen vermag? Und unter welchen Bedingungen bleibt sie vom Vorwurf der Willkür bewahrt?

Das derart gewonnene Gesamtbild stabilisiert sich, wenn man den Ausführungen des Josefus Flavius zur Halacha seiner Tage weiter nachgeht. Der Text wendet sich jetzt den Regelungen für das Geschick des versehentlich verlorengegangenen Eigentums zu: "(Jos. Ant. 4,272) Wenn jemand Gold oder Silber auf der Straße findet, dann soll er es zurückgeben, nachdem er versucht hat, den Eigentümer ausfindig zu machen, und nachdem er den Ort, wo er es fand, öffentlich hat bekanntmachen lassen. Denn er soll es nicht für recht erachten, aus dem Verlust eines anderen Nutzen zu ziehen. Ebenso soll man mit dem Vieh verfahren, das man in der Wüste umherirrend auffindet. Wenn aber der Besitzer nicht gleich ermittelt werden kann, dann soll er (sc.der Finder) es (sc.das Vieh) bei sich zuhause in Verwahrung nehmen, aber er soll Gott zum Zeugen dafür anrufen, daß er sich kein fremdes Gut aneignen will. (275) Wenn eines Mannes Vieh vor Ermattung zusammengebrochen und im Unwetter in den Straßenkot gefallen ist, so darf man nicht vorübergehen, sondern man soll ihm zur Hilfe kommen und so handeln, als ob man sein eigenes Vieh retten wollte".

Der Vergleich mit der Tora führt sofort auf eine gewichtige Fehlanzeige: die Tora beschäftigt sich nicht mit "Gold und Silber" als verlorenen Objekten. Sie rechnet nir-

---

selbst dann, wenn (sc. im Falle des Erlaßjahres) nur ein einziger Tag vergangen ist, seitdem der (sc. Sklave) vom Schicksal in die Sklaverei geführt wurde".

gends damit daß jemand "Gold und Silber" verlieren oder "finden" könnte.[57] Wohl aber verfügt die Tora mit Ex 23,4-5 und Dtn 22,1-3 über zwei Regelungen, die sich um verlorengegangene *Tiere* kümmern. Näherhin nimmt sich Ex 23,4-5 um die Tiere des "Feindes" an: "Wenn du dem verirrten Rind oder dem Esel *deines Feindes* begegnest, sollst du ihm das Tier zurückbringen. (5) Wenn du siehst, wie der Esel deines Gegners unter der Last zusammenbricht, dann laß ihn nicht im Stich, sondern leiste ihm Hilfe". Dtn 22,1-3 dagegen faßt die Tiere des "Bruders" ins Auge: "Du sollst nicht untätig zusehen, wie ein Stier oder ein Lamm *deines Bruders* sich verläuft. Du sollst dann nicht so tun, als gingen sie dich nichts an, sondern du sollst sie deinem Bruder zurückbringen. (2) Wenn dein Bruder nicht in der Nähe wohnt oder wenn du ihn nicht kennst, sollst du das Tier in deinen Stall tun, und es soll dir zur Verfügung stehen, bis dein Bruder es sucht und du es ihm zurückgeben kannst. (3) Ebenso sollst du es mit einem Esel halten, ebenso mit einem Gewand, ebenso mit allem anderen, was dein Bruder verloren hat: was er verloren hat und was du findest. Du kannst gar nicht so tun, als ginge dich das nichts an".

Bereits eine flüchtige Vergleichsarbeit führt zu dem Resultat, daß sich die halachische Aufreihung des Josefus Flavius *in allen beiden* Einlassungen der Tora auf das Geschick entlaufener *Tiere* festzumachen versucht. So rechnet das vor "Ermattung zusammengebrochene Vieh" aus Ant. 4,275 deutlich mit dem Sachverhalt in Ex 23,5, während die Regelung einer vorläufigen und rückgabewilligen Verwahrung eines gefundenen Tieres (Ant. 4,274) auf Dtn 22,2 Bezug nimmt. Die von Josefus überlieferte Zusammenstellung der Halacha drängt also die beiden durchaus verschiedenen und unterscheidbaren Anweisungen der Tora zu einer einzigen halachischen Materie zusammen. Und man muß dazu anmerken: dies geschieht ohne Zwischenvermerke sowie ohne separierende Zitationsformeln. Die beiden Texte der Tora verschwinden ohne exegetische oder begründende Aufwendungen hinter ihren für allein bedeutsam erachteten halachischen *Stoffen*. Diese hier aufs neue greifbare Auffassung von der Vorordnung der halachischen Stoffe machte indessen für Josefus Flavius und offensichtlich auch schon für seine gelehrten Vorgänger den Weg für einen noch weit spektakuläreren Eingriff in den Wortlaut der Tora frei: sie übertragen ohne jeden Versuch einer Rechtfertigung den von der Tora allein geregelten Fall gefundener *Tiere* auf das Verhalten gegenüber fremden und zufällig aufgefundenen *Gegenständen* aus "Gold und Silber". *Dafür* vor allem legt Jos. Ant. 4,272-275 ein lehrreiches Zeugnis ab. Wieder geht es unbestreitbar um "Auslegung" der Tora. Aber die Züge der zugehörigen "Methodik" verbergen sich hartnäckig hinter einer undurchsichtigen Vor-

---

[57] D. Goldenberg, The Halakha in Josephus and in Tannaitic Literature. A Comparative Study, in: JQR 67 (1976) 30-43, 30: "Gold and Silver as lost objects are not mentioned in the Bible nor in rabbinical literature contemporaneous with Josephus".

stellung von der Analogie und Analogiefähigkeit der halachischen *Stoffe* der Tora. Das bringt es mit sich, daß die Halacha des Josefus unter inhaltlicher Rücksicht trotz ihres unverkennbaren Anspruchs auf eine Reputation als "Auslegung" der Tora meilenweit von einer solchen "Auslegung" entfernt zu sein scheint.

Dazu lassen sich an Jos. Ant. 4,274-275 noch andere aufschlußreiche Beobachtungen machen. So sagt die Tora kein Wort über die Lokalität oder wenigstens über die Gegend, wo man erwarten darf, auf ein fremdes Tier zu stoßen, das sich verlaufen hat. Auch die Septuaginta weiß in Dtn 22,1 nur darauf hinzuweisen, daß der "Ochse" oder das "Schaf" des "Bruders" sich ἐν τῇ ὁδῷ verirren werden.[58] Ant. 4,272 jedoch macht den Lesern des Josefus klar, daß man "in der Wüste" auf ein solches verlorengegangenes Tier stoßen kann. Und auf eine ganz ähnliche Weise geht in Ant. 4,274 davon die Rede, daß das dem entlaufenen Tier als analog eingeschätzte "Gold und Silber" seinem Finder "auf der Straße" begegnen soll. Während also die Tora in Ex 23,3 ebenso wie in Dtn 22,1 lediglich damit rechnet, daß sich ein Tier "verirrt" oder "verläuft", legt die Halacha fest, daß nur solche Tiere als eindeutig verloren zu gelten haben, die sich als "in der Wüste umherirrende" und damit fern jeder menschlichen Behausung aufspüren lassen. Entsprechend darf nach dem Willen derselben Halacha nur jenes Gerät aus "Gold und Silber" als verloren betrachtet werden, das sich "auf der Straße" finden wird. Derselbe Trend zur Präzisierung und Spezifizierung der Umstände zeigt sich in den Umrissen der Prozedur, welche die Halacha des Josefus nach Ant. 4,274 schließlich für den Finder vorsieht, der Gegenstände aus "Gold und Silber" halachisch einschlägig "auf der Straße gefunden" hat: von ihm wird mit Nachdruck eine "öffentliche Bekanntmachung des Fundorts" verlangt (κηρύξας τὸν τόπον ἐν ᾧ εὗρεν), nachdem er zuvor schon vergeblich "versucht hat, den Eigentümer ausfindig zu machen" (ἐπιζητήσας τὸν ἀπολωλεκότα).[59] Beide Maßnahmen haben keinerlei konkrete Anhaltspunkte in der Tora.[60] Sie ergeben sich jedoch mit einer gewissen Zwangsläu-

---

[58] Die spätere rabbinische Halacha legt wie Josefus Flavius großen Wert auf eine möglichst genaue Bezeichnung des Fundorts. Mischna BM 2,9: "Ein Esel oder eine Kuh, die *am Weg* grasen, werden nicht als verlorener Gegenstand betrachtet (אין זו אבדה) Eine Kuh, die *durch die Weinberge* rennt, ist ein verlorener Gegenstand (הרי זו אבדה)". Vgl. Tosefta BM 2,19: "Eine Schaufel oder ein Gewand *auf dem Weg* und eine Kuh, die *zwischen den Saaten* grast, das sind verlorene Gegenstände".

[59] Lediglich das Targum Pseudojonathan vermerkt in seiner Wiedergabe von Dtn 22,3: "So sollst du es machen mit seinem Esel und ähnlich sollst du verfahren mit seinem Gewand, und so sollst du es machen mit jedem verlorengegangenen Gegenstand deines Bruders, der von ihm verloren worden ist: wenn du ihn gefunden hast, darfst du ihn vor ihm nicht verbergen, sondern *du sollst ihn öffentlich bekanntgeben* (אכריז עלה) und dann zurückerstatten". Kein anderes Targum kennt die Verpflichtung zu einer wie auch immer gearteten öffentlichen Bekanntmachung.

[60] In der tannaitischen Literatur findet sich entsprechend der Lücke in der Tora gleichfalls keine Anweisung, welche der Festlegung des Josefus entgegenkäme, den Fundort öffentlich zur Kenntnis zu geben. Die erste und einzig vergleichbare rabbinische Einlassung stammt erst aus amoräischer Zeit: b BM 22b. Sie wird von den mittelalterlichen Kommentatoren kontrovers diskutiert. Vgl. Raschi zur Stelle, sub voce מכריז מקם und Tosafot zur Stelle, sub voce אי דליכא. Tosefta BM 2,17 (zitiert in b BM 28b und j BM 8c) ist nicht datierbar.

figkeit aus dem von der Tora in Ex 23,4 und Dtn 22,1-2 unzweideutig, wenn auch nicht expressis verbis, zugrundegelegten Standpunkt, daß gefundenes Gut grundsätzlich niemals in das Eigentum des Finders übergehen kann. Das heißt: der Wille zur *praktischen Handhabung* der halachischen Stoffe hinter dem Text der Tora kann die "Auslegung" der Tora noch einmal ganz erheblich vom Wortlaut der Tora entfernen. Was Josefus Flavius in Ant. 4,274 vor seinen Lesern ausbreitet, hat deswegen nur noch wenig mit dem Text der Tora zu tun, weil es unzweifelhaft die Darstellung einer halachisch gutgeheißenen Gepflogenheit im jüdischen Erfahrungsfeld jener Tage ist.

Kaum anders verhält es sich mit den sofort anschließenden Anordnungen aus Jos. Ant. 4,274: "Wenn der Besitzer nicht gleich ermittelt werden kann, dann soll er (sc. der Finder das Vieh) bei sich zuhause in Verwahrung nehmen, aber er soll Gott zum Zeugen dafür anrufen, daß er sich fremdes Gut nicht aneignen will". Auch in dieser Wiedergabe des Josefus Flavius sind die Anweisungen der Tora auf charakteristische Weise verändert. In Dtn 22,2 hieß es: "Wenn dein Bruder nicht in der Nähe wohnt oder wenn du ihn nicht kennst, sollst du das Tier in deinen Stall tun, und es soll dir zur Verfügung stehen, *bis dein Bruder es sucht*". Josefus dagegen weiß nichts mehr von dem Satzteil der Tora: "bis dein Bruder es sucht". Dadurch erfährt jedoch der von der Tora vorausgesetzte Tatbestand eine einschneidende Abwandlung: die Halacha des Josefus duldet nicht einmal mehr die von der Tora noch eingeräumte *begrenzte Nutznießung*. Dazu paßt, daß dieselbe Halacha darauf drängt, nicht im Sinne der Tora auf einen unbekannten Verlierer zu warten, sondern sogar dem völlig fremden und abwesenden Besitzer "gleich" bzw. "sofort" (παραχρῆμα) nachzuspüren.[61] Und wieder in die gleiche Richtung weist der Befund, daß die Halacha des Josefus ausdrücklich nur eine "Verwahrung" (φυλαττέτω) des gefundenen Tieres zuläßt.[62] Nimmt man noch die von der Tora gleichfalls nirgendwo erwogene Verpflichtung hinzu, die es dem Finder auferlegt, "Gott zu Zeugen dafür anzurufen", daß er sich durch eine solche "Verwahrung" keineswegs "fremdes Eigentum aneignen" wolle,[63] dann ergibt sich ein sehr aufschlußreicher Gesamteindruck vom Ausmaß und vom Ziel der halachischen Eingriffe in den Text der Tora. Unverkennbar rückt die Halacha nicht nur vom Wortlaut der

---

[61] Der Sinn im Kontext von Jos. Ant. 4,274 ist also: nachdem der Finder *"unverzüglich"*, wenn auch vergeblich, nach dem Verlierer gesucht hat und nachdem er den Fundort *"sogleich"* öffentlich bekanntgegeben hat, nimmt er den verlorenen Gegenstand *"sofort"* in Verwahrung.

[62] D. Goldenberg, The Halakha (s. Anm. 57) 34: "He (sc.Josefus) uses the verb φυλαττέτω, let him watch over (them) which clearly means he may *not* keep them".

[63] In Ant. 4,285f schärft Josefus Flavius mit eindringlichen Worten die Verpflichtung zur gewissenhaften "Verwahrung" ein: "Wer etwas zum Aufbewahren annimmt, soll es wie eine heilige und göttliche Sache in 'Verwahrung' nehmen. Und niemand, sei es Mann oder Frau, soll denjenigen, der ihm etwas anvertraut hat, darum betrügen. Selbst dann nicht, wenn man dadurch eine Menge Geld gewinnen könnte und sicher sein dürfte, daß niemand imstande sein werde, den Täter zu überführen. (286) Denn unter allen Umständen soll jeder rechtmäßig handeln und auf sein Gewissen achten, vor allem aber auf Gott, vor dem kein Böser verborgen bleibt, damit man sich das Zeugnis geben kann, nur Taten vollbracht zu haben, die das Lob der Mitmenschen verdienen".

Tora ab, sondern auch von ihrem konkreten Programm und damit von ihrer Praxis. Die Tora justiert nur noch den generellen Richtungswinkel[64] der Halacha. Zur Zeit des Josefus Flavius schrieb die Halacha ein Verfahren für den Umgang mit gefundenem Vieh vor, welches bis in seine Details darauf ausging, jede Art von Nutznießung nach Möglichkeit zu unterbinden und eine Aneignung der Tiere durch den Finder so gut wie vollständig auszuschließen. In der Linie dieser Tendenz und gemäß den Vorstellungsvorgaben eines in Aussicht genommenen praktikablen Verfahrens entfernt sich die Halacha von der Tora, ohne daß der so entstandene inhaltliche Abstand der Halacha vom Text der Tora durch eine noch so großzügige zugreifende, aber wenigstens methodisch gesteuerte "Exegese" kontrolliert erscheint.

3. Zwischenbilanz

Damit aber rundet sich das Ergebnis ab. Die an einen längeren Textzusammenhang halachischen Zuschnitts wie Jos. Ant. 4,271-274 herangebrachte Frage nach dem Verhältnis der Halacha zu einer begründenden und deduzierenden "Auslegung" der Tora läßt sich mit dem Hinweis auf eine Reihe von Einzelbeobachtungen wenigstens ungefähr beantworten.

1. Fast ohne Ausnahme erweisen sich die halachischen Einlassungen des Josefus Flavius als überfragt, wenn man von ihnen wissen will, auf welchen überprüfbaren Wegen der Logik und der Überzeugung sie sich aus der Tora herleiten. Auch wenn man die Besonderheiten und Abweichungen vom Text der Tora gewissenhaft notiert und thematisch einander zuordnet, ist es für gewöhnlich nicht möglich, die handwerklichen und formalen Ursprünge einer halachischen Bedeutung oder Sinngebung zu beschreiben und festzuhalten, die von der Halacha erkennbar mit einer bestimmten Äußerung der Tora verbunden werden. Man kann die formalen bzw. methodischen Anläufe nicht auffinden, die eine spezifische halachische "Auslegung" im Einzelfall aus dem konkreten Wortlaut der Tora herausführten. Für jene "Schriftgelehrten" hinter Jos. Ant. 4,271-274 legt sich die Tora noch nicht in ein corpus von aufschlußreichen und in unterschiedlichen Konstellationen wiederkehrenden wortstatistischen, grammatischen und syntaktischen Anhaltspunkten für eine genormte halachische "Exegese" auseinander. Oder vorsichtiger formuliert: solche Anhaltspunkte spielen im exegetischen Bewußtsein jener "Ausleger" noch nicht eine derart zentrale Rolle, daß sie es zu erkennen erlaubten, *wie* die halachischen Schlußfolgerungen aus den Texten

---

[64] Zu erinnern bleibt dabei auch an Lev 5,21-26 und an den Kommentar, den später der Sifra zu Lev 5,21 gibt: "Wer leiht, leiht nur auf Schuldschein und vor Zeugen. Wer aber seinem Freunde etwas zur Aufbewahrung gibt, will nicht, daß irgendjemand darum weiß, sondern nur der Dritte zwischen ihnen. Wenn er nun leugnet, so verleugnet er den Dritten, der zwischen ihnen ist". (Edition: J.H.Weiss, Sifra. Commentar zu Leviticus aus dem Anfange des III. Jahrhunderts. Nebst der Erläuterung des R. Abraham ben David (Rabed) und Masoret Ha-Talmud, Wien 1862 = New York 1947, 27d).

der Tora im einzelnen zustande kamen. Die *Autorität der Tora* geht hier noch jedem "exegetischen" Zugriff auf ihre formalen, aber auch jeder Herausstellung ihrer inhaltlichen Züge voraus. Das hat zur Folge, daß es unter Umständen erschwinglich ist, einzelne halachische Anweisungen in eine Beziehung zu verschiedenen Versen oder Motiven der Tora zu bringen. Aber der Weg der "Auslegung" und damit die Fragen nach der Überprüfbarkeit und Objektivierung verharren in einem noch nicht weiter differenzierten Rahmen *der Autorität* der Tora.

2. Diese noch in sich geschlossene und noch nicht weiter entfaltete Vorstellung von der Autorität der Tora verankert sich bereits deutlich in der theologischen Überzeugung, daß die Tora eine unerschöpfliche Spenderin und Erzeugerin von weittragenden *Analogien* ist. Die Tora erlaubt nicht nur Analogieschlüsse innerhalb ihrer eigenen Aussagen und legt derart die Verklammerung von zuweilen sehr weit abgelegenen oder auseinanderliegenden Einzelversen nahe, sondern sie verfügt darüber hinaus über eine noch sehr viel folgenschwerere *Analogiefähigkeit*. Denn offenkundig wird ein halachisches Kompendium wie Jos. Ant. 4,271-274 von dem Wissen seiner Verfasser und Redaktoren getragen, daß sich die erfahrbaren geschichtlichen Situationen des Alltags immer wieder und kontinuierlich zu toraanalogen Konstellationen und Vorkommnissen zusammenfinden. Unter einer solchen Voraussetzung ist es dann selbstverständlich, daß die halachische Arbeit der "Ausleger" darauf ausgehen muß, die Fälle und Begebenheiten der alltäglichen Erfahrung auf jene toraanalogen Strukturen hin zu untersuchen und zu beschreiben. Im Zuge dieses Vorgangs der "Exegese" kann die Bemühung um halachische Erkenntnis allerdings nicht umhin, den *Wortlaut* der Tora zugunsten von deren *allein* analogiefähigen halachischen *Stoffen* in den Hintergrund zu drängen. Das Maß, welches die Analogiefähigkeit der Tora dabei einer Gestaltung der Halacha vorgibt, entfernt sich mehr oder weniger weit von der Grundlinie einer bloß wörtlichen Übereinstimmung mit den Geboten und Verboten der Tora. Der Halacha eröffnet sich ein Toleranzrahmen des Torabezugs, der kaum noch beschreibbar erscheint, da er auf der Überzeugung von der toraanalogen Strukturiertheit *aller* geschichtlichen Erfahrung aufruht. Diese Auffassung von einer grundsätzlichen und umfassenden Analogiefähigkeit der Tora ist in frühjüdischen Kodifikationen der Halacha offensichtlich um so stärker und unbestreitbarer vorhanden, je *seltener* Verse aus der Tora expressis verbis zitiert werden, je *weniger* die Tora ad verbum ins Spiel gebracht wird und je *weiter* hergeholt die Anspielungen auf Texte der Tora jeweils sind. Das wiederum bringt es mit sich, daß die Halacha nirgends eine reine Wiederholung oder eine bloße Imitation der Tora anstrebt.

3. All das macht indessen nur unter der Voraussetzung Sinn, daß die Halacha selbst als Tora angesehen wird. Denn ohne Zweifel gilt auch die Halacha als Offenbarung

an Mose und wurde vom sterbenden Mose hinterlassen (Jos. Ant. 4,194-198): Josefus Flavius erhebt deshalb zu Beginn seiner Darbietung der Halacha den Anspruch, wie Mose zu schreiben und die Anweisung des Mose korrekt zu überliefern (Jos. Ant. 4,196). *Einer* der Gründe, warum sich die als "Auslegung" der Tora auftretende Halacha so selten und so zufällig darauf einläßt, die Tora zu zitieren, dürfte also nicht zuletzt *der* sein, daß die Halacha nach der theologischen Meinung des Josefus die Tora gar nicht ständig zu zitieren *braucht*, weil sie selbst auf der Ebene der Tora steht und weil ihr dieselbe Autorität zukommt. *Insofern* ist die Halacha also auch nicht autonom, weil ihre Autorität die Autorität der Tora ist.

4. Innerhalb der beschriebenen Einschränkungen und theologischen Vorentscheidungen kann man die tatsächlich verifizierbaren Bezugnahmen der Halacha auf die Tora und damit den materialen Torabestand in der Halacha auf einen dreifachen Nenner bringen.

Unverhältnismäßig selten begegnen halachische Anordnungen, die lediglich wiederholen oder nur in anderer Formulierung wiedergeben, was auch die Tora sagt. Soweit man auf sie überhaupt stößt, bieten sie sich gewöhnlich und mindestens als Erweiterungen und Vervollständigungen des Textes der Tora an. Daneben gibt es den normalen Fall, daß der Text der Tora auf seine halachisch einschlägigen *Stoffe* reduziert und auf diesem Wege in eine Aufforderung zu praktischem Vollzug überführt wird, die so oder ähnlich von der Tora nirgendwo vorgegeben ist. Und schließlich trifft man oft genug auf eine Halacha, die auch nicht ansatzweise in der Tora angedeutet wird und sich dort auch nicht in einem absehbaren inhaltlichen Verstande festmachen kann, sondern höchstens allgemein und methodisch unverbindlich an Gebote oder Verbote der Tora erinnert.

Für all diese erkennbaren Spielarten eines materialen Rückgriffs der Halacha auf die Tora gilt jedoch, daß sich das einzelne halachische Programm zwar jeweils mit solchen Zugriffen auf die Tora auszustatten vermag, aber gewöhnlich und nachweisbar außerhalb des Referenzsystems einer überprüfbaren und methodisch kalkulierten "Auslegung" der Tora entstand.[65]

5. Jenseits der besprochenen Beispiele aus Jos. Ant. 4,271-274 verdichten sich die dort gewonnenen Resultate durch die Wahrnehmung eines anderen auffälligen Tatbestandes, der sich über *die gesamte frühjüdische Strecke* hinweg beobachten läßt.

---

[65] Es empfiehlt sich daher, die *halachische* "Auslegung" der Tora grundsätzlich von jeder anderen "Exegese" zu unterscheiden. Die Halacha steht im allgemeinen *vor* ihrer biblischen Begründung fest. Die halachische "Auslegung" der Tora beschränkt sich mehr oder weniger darauf, die *bestehende* Halacha an die Tora heranzurücken. Insofern ist die halachische "Exegese" stärker an die Tradition gebunden. Das gilt bereits für die Zeit des Frühjudentums.

Erst ganz am Ende der Ära tauchen unter dem Namen Hillels, des Alten, die sogenannten "sieben Middot" auf.[66] Aber nirgends kann in frühjüdischen Dokumenten, die
eindeutig vor das Jahr 70 n.Chr. gehören, deren bewußte und unterscheidbare Ansetz-
zung auf die Tora im Interesse der Gewinnung oder Begründung halachischer
Sachverhalte nachgewiesen werden. Wie auch die Verbindung Hillels selbst mit den
"sieben Regeln" historisch nicht zu sichern sein dürfte.[67] Und nicht besser steht es um
die "13 Middot", welche die Tradition für Rabbi Jischmael reklamiert, den großen
Lehrer der Generation vor dem Bar-Kochba-Aufstand.[68] Nicht nur, daß Jischmael
selbst "never uses the majority of his exegetical methods"[69] und höchstens fünf der
ihm zugeschriebenen Regeln anwendet,[70] sondern man wird zudem einräumen müssen, "that he most commonly employs the a fortiori argument and the gezerah shavah,
the same principles which were common in the non-Jewish world of his time".[71] Dann
aber wird der Schluß auf eine viel spätere Zeit kaum zu umgehen sein: "it appears
that the standard picture of Ishmael's exegetical practice is, at earliest, an Amoraic
construction".[72]

Wie dem auch sei: unbestreitbar bleibt die Gegebenheit, daß die Bezugnahme auf die
Tora noch in der talmudischen Epoche sich mehrheitlich darauf beschränken wird,
die bereits vorhandene Halacha zu stützen. Im Blick auf die Mischna[73] etwa trifft gewiß durchgängig jener anonyme Ausspruch zu, der schließlich in Chagiga 1,8 seinen
literarischen Niederschlag gefunden hat: "(Die Halachot über) die Dispens von

---

[66] Die Texte: j Pes 39ab, dazu J.Neusner, The Rabbinic Traditions about the Pharisees before 70. Part 1:
The Masters, Leiden 1971, (I)246-251 sowie ebda. Part III: Conclusions, Leiden 1971, (III)257-259. Vgl.
b Pes 66a. Dann: Tos Pes 4,13 (J.Neusner, ebda. I 231-235) und Tos Sanh 7,11; Sifra (Edition Weiss: s.
oben Anm. 64) 3a; Avot de Rabbi Natan 37 (J.Neusner, ebda. I 275) Sonst: S. Zeitlin, Hillel and the
Hermeneutic Rules, in: JQR 54 (1963-1964) 161-173; J.Neusner, From Politics to Piety. The Emergence
of Pharisaic Judaism, New Jersey 1973, 23-35; G.Stemberger, Der Talmud. Einführung-Texte-Erläute-
rungen, München 1982, 55-61.

[67] H.L.Strack/G.Stemberger, Einleitung in Talmud und Midrasch, München [7]1982, 28.

[68] Vgl. ebda. 30-32 und S. K. Mirski, The Schools of Hillel, R. Ishmael and R. Akiba in Pentateuchal In-
terpretation. Festschrift J.Brodie, London 1966, I 291-299 und G.G.Porton, The Artificial Dispute.
Ishmael and Aqiva (FS. M.Smith), Leiden 1975, IV 18-29; G.Stemberger, Das klassische Judentum.
Kultur und Geschichte der rabbinischen Zeit, München 1979, 136 (-138). Das gesamte Material bei:
J.Kanovitz, "Tannaitic Symposia". Vollständige Sammlung der Aussprüche aus Halacha und Haggada,
aus der talmudischen und midraschischen Literatur (hebräisch), Jerusalem 1968, III 261-367.

[69] G.G.Porton, The Traditions of Rabbi Ishmael II. Exegetical Comments in Tannaitic Collections
(StJLA 19,2), Leiden 1977, 6 (und 65).

[70] H.L.Strack/G. Stemberger, Einleitung (s. Anm. 67) 31.234.

[71] G.G.Porton, Traditions (s. Anm. 69) 6 und S.Lieberman, Hellenism in Jewish Palestine. Studies in the
Literary Transmission Beliefs and Manners of Palestine in the I Century B.C.E. - IV century C.E.
(TSJTSA 18), New York 1950, 54-68 sowie D.Daube, Rabbinic Methods of Interpretation and Helle-
nistic Rhetoric, in: HUCA 22 (1949) 239-264.

[72] G.G. Porton, Traditions (s. Anm. 69) 7.

[73] Vgl. J.Neusner, Formative Judaism. Religious, Historical, and Literary Studies (Brown Judaic Studies
37), Chico 1982, 109-150 ("The Mishnah as Literature") sowie ebda. 153-168 ("Accomodating Mishnah to
Scripture in Judaism. The Uneasy Union and its Offspring").

Gelübden hängen in der Luft und haben nichts, worauf sie sich stützen können. (Die Halachot über) Schabbat, Festopfer und Veruntreuungen sind wie Berge, die an einem Haar hängen. Denn sie bestehen aus wenig Schrift und aus zahlreichen Halachot. Zivilrecht, Opfergesetze, die Vorschriften über Reinheit und Unreinheit sowie über die Blutschande, - nur sie haben etwas, worauf sie sich wirklich stützen können. Denn sie sind auch die Hauptstücke der Tora".[74] Weit weniger noch als für die Zeit der Mischna ist es für die vorausliegende Periode des Frühjudentums nachweisbar, daß die Halacha durch Mittel formaler Beweisführung mit der Tora verknüpft wird oder daß die Tora den durch methodisch bedachte Anläufe zugänglichen Rahmen für eine im Entstehen begriffene Halacha vorgibt. Im besten Falle hält *das geltende Gesetz* die Tora mit den immer neuen Lebensumständen des Juden vor Ort zusammen. So gut wie nie ist es umgekehrt: die Halacha wird nicht durch eine grammatisch-syntaktische Exegese der Tora erreicht; statt dessen nimmt sie zumeist Fragestellungen und Verhaltensregeln auf, die von der Tora so oder ähnlich gar nicht vorgesehen sind. Zuerst kommt die halachische Regelung des Verhaltens, dann folgt - wenn überhaupt - der Versuch einer Rechtfertigung der Halacha aus der Tora. Die schriftgelehrten Verfasser halachischer Anforderungen äußern sich im Kontext und in der Verbundenheit mit ihrem eigenen Zeitalter und ihrer eigenen Generation. Sie bringen ihre eigene Auffassung von dem mit, was an der Tora wichtig ist. Sie treten an die Tora gewöhnlich mit halachischen Fragen und Entscheidungen heran, die außerhalb und jenseits der unmittelbaren Reichweite der Tora entstanden sind. Ihr halachisches Programm ist weit mehr eine Aussage über die Autorität der Tora als ein "exegetisch" verantworteter Ausfluß aus der Tora.

4. Zur Frage der "Begründung" der Halacha

Wie gering in der Tat die Torakonvergenz der frühjüdischen Halacha veranschlagt werden muß, läßt sich nicht zuletzt an der Art und Weise ablesen, wie sich die Juden der ägyptischen Diaspora darum mühen, zu überzeugenden Begründungen ihrer Observanz zu finden.[75] Solche Rechtfertigungen [76] waren von ihnen verlangt, da es in der

---

[74] Erinnert sei in diesem Zusammenhang auch an die geprägte Rede von der "Halacha an Mose vom Sinai" הלכה למשה מסיני in der tannaitischen Literatur. Sie bezeichnet die gerade *nicht* aus der Tora (und aus der vorausgehenden halachischen Tradition) ableitbare Halacha: W. Bacher, Tradition und Tradenten in den Schulen Palästinas und Babyloniens. Studien und Materialien zur Entstehungsgeschichte des Talmuds, Leipzig 1914 = Berlin 1966, 33-46 (mit allen Belegen) und H.C. Schimmel, The Oral Law. A Study of the Rabbinic Contribution to Torah She-Be-Al-Peh, New York 1971, 33-35.44-46 (hebräischer Text aus der Einleitung des Mose ben Maimon zur ersten Ordnung der Mischna mit den entscheidenden Klassifikationen der Halacha). Die Wendung "Halacha an Mose vom Sinai" markiert auf eine sehr eindringliche Weise das distanzierte Verhältnis der Halacha zu einer "Auslegung" der Tora, die diesen Namen in einem technisch-erschließenden Sinne verdiente.

[75] Zu dieser einschneidenden und folgenschweren Entwicklung: J. Maier, "Gesetz" und "Gnade" im Wandel des Gesetzesverständnisses der nachtalmudischen Zeit, in: R. Brunner (Hg.), Gesetz und Gnade

Hauptstadt Alexandria seit dem Ende des dritten Jahrhunderts v. Chr. zu "Antisemitismus"[77] sowie zu antijüdischer Polemik[78] gekommen war[79] und es darüber hinaus auch innerjüdische Gegner des Gesetzes gab.[80]

Und wieder ist Philo ein gediegener Zeuge, der sich mit Sorgfalt und Verantwortungsbewußtsein diesen Zwängen der Umwelt[81] zu einer plausiblen Verteidigung der Halacha stellt.[82] Dabei fällt allerdings sofort auf, wie wenig er dem Argument der Offenbarungsqualität und der theologischen Reputation der Tora mit Zutrauen begegnet.[83] Statt dessen führt er die Naturgemäßheit der Gebote und Verbote an[84] und er

---

im Alten Testament und im jüdischen Denken (Sonderheft zu Judaica 25), Zürich 1969, 72-77 und ders., Geschichte der jüdischen Religion (s. Anm. 10) 85-87.

[76] Darüber im Ganzen: J. Heinemann, Die Begründungen der Gebote in der Literatur Israels (hebräisch), Jerusalem [2]1953-1954, I 36-45 und für den Einzelfall: D.S. Shapiro, Die Begründungen für die Beschneidung bei Philo und die Auslegungen der Weisen (hebräisch), in: had-Darom 13 (1960-1961) 283-285.

[77] V. Tcherikover, Hellenistic Civilization and the Jews, New York 1975, 358: "The inner quality of anti-Semitism arises from the very existence of the Jewish people as an alien body among the nations. The alien character of the Jews is the central cause of the origin of anti-Semitism, and this alien character has two aspects. The Jews are alien to other people because they are foreigners derived from another land, and they are alien because of their foreign customs which are strange and outlandish in the eyes of the local inhabitants".

[78] Zu diesem zunächst nur literarischen "anti-Semitic feeling" seit Manetho (FGrHist 609 F10 = Jos. C. Ap. 1,223-253): Ch.A. Alberro, The Alexandrian Jews during the Ptolemaic Period, Ann Arbor 1976, 212-229.

[79] Zum heidnischen Vorwurf der "Menschenfeindlichkeit" aufgrund der separierenden Reinheits- und Speisegebote der Juden: Th. Reinach, Textes d'auteurs Grecs et Romains relatifs au Judaisme, Hildesheim 1963: Nr. 25 (Diodoros Siculus 34,1,1); Nr.27 (Jos. C. Ap. 2,258); Nr.59 (Jos. C. Ap. 1,309); Nr.63 (Jos. C. Ap. 2,121) und natürlich Tacitus, Annales 15,44: odium humani generis. Im übrigen: V. Tcherikover, Hellenistic Civilization (s. Anm. 77) 358-377.

[80] J.Heinemann, Die Lehre vom ungeschriebenen Gesetz im jüdischen Schrifttum, in: HUCA 4 (1927) 149-171, 156f: "Der Grund lag nicht, wie man annimmt, in der allegorisierenden Methode, die freilich leicht zu einer Verflüchtigung des Wortsinnes führen konnte, sondern eben in jener griechischen Lehre, daß die Sondergesetze der einzelnen Völker, verglichen mit dem allgemeinen Urgesatz, keine absolute Bedeutung beanspruchen dürfen, wie man sie doch dem Thoragesetze zuschrieb; erst von hier aus wurde das Religionsgesetz zum Problem, das man auf allegorischem Wege zu lösen suchte".

[81] Vgl. J. Husik, The Law of Nature. Hugo Grotius and the Bible, in: HUCA 2 (1925) 381-417.

[82] Im Zuge solcher Bemühungen um rationale Rechtfertigung der Halacha kann es zu Verallgemeinerungen kommen, die nahe daran sind, das spezifisch Jüdische aufzulösen. Zum Beispiel, wenn Philo dazu ansetzt, die Auszeichnung besonderer Tage des Jahres zugunsten der heidnischen (stoischen) Auffassung aufzuheben, daß jeder Tag für den Weisen ein Feiertag sei. Spec. Leg. 2,41: *Jeden Tag bezeichnet das Gesetz als Fest* (Num 28,2 LXX: ἐν ταῖς ἑορταῖς μου?), indem es das tadellose Leben frommer, *der Natur und ihren Vorschriften gehorsamer Menschen* im Auge hat". Von diesen Philosophen sagt Philo dann in Spec. Leg. 2,46: "Reich an Tugend also, gewöhnt, körperliche Schmerzen und äußere Glücksgüter zu verachten, geübt, das Gleichgültige gleichgültig zu betrachten, geschult im Kampf gegen Lust und Begierde, überhaupt bestrebt, stets über den Leidenschaften zu stehen, und zu dem Vorsatz erzogen, deren Ansturm mit aller Macht abzuwehren, unbeugsam gegenüber den Anfechtungen des Schicksals, da sie seine Angriffe vorher bedacht, - so erfreuen sie sich mit Fug und Recht der Tugenden *und verbringen ihr ganzes Leben als ein Fest*".

[83] In OmProbLib 46 kann Philo das untrügliche "Gesetz" der (Welt-)Vernunft in nicht mehr überbietbarer Weise erheben, ohne der Tora in dieser Wertrelation auch nur einen Platz anzuweisen: "Die rechte Vernunft ist ein unfehlbares Gesetz, nicht aufgezeichnet von diesem oder jenem Sterblichen und deswegen auch nicht dem Tode verfallen wie ein derartiger Sterblicher, nicht auf Blättern aus Papier und nicht

erinnert an ihre Übereinstimmung mit dem urzeitlichen[85] ἄγραφος νόμος, von dem die zeitgenössische griechische Philosophie sprach.[86]

In seiner Schrift "Über Abraham" etwa bekennt sich Philo zu der Anschauung, daß schon in den Patriarchen - also lange Zeit vor dem Sinai[87] - "(5) die beseelten und vernünftigen Gesetze verkörpert waren. Und Mose verherrlichte sie, um einmal zu zeigen, daß die erlassenen Gesetze mit der Natur in Einklang stehen, und zum anderen (sc. um zu zeigen), daß es den Gutwilligen nicht viel Mühe machen kann, den geschriebenen Gesetzen nachzuleben, da die Alten, bevor noch die besonderen Gesetze aufgeschrieben waren, leicht und willig nach der ungeschriebenen Gesetzgebung gelebt haben. So daß man wohl sagen muß, daß die erlassenen Gesetze nichts anderes sind als Kommentare zum Leben der Alten". Nicht die mit der Autorität und der Legitimation des sich am Sinai offenbarenden Gottes ausgestattete Tora ist es somit, welche nach Meinung des Philo den Gesetzen der Juden letztlich ihre Dignität und Rechtfertigung gibt, sondern die Übereinkunft dieser Gebote und Verbote mit den Naturgesetzen:[88] "Die Patriarchen waren bei niemandem in die Schule gegangen. Vielmehr liebten sie, selbstbelehrt und selbstunterwiesen, den Gehorsam gegenüber der Natur, da sie die Natur selbst für das altehrwürdigste Gesetz hielten, wie es ja auch den Tatsachen entspricht" (ebda. 6).

Zwar ist Philo von der Verbindlichkeit der Tora überzeugt. Aber anläßlich der Frage nach den Fundamenten der Halacha weist er über die Tora zurück auf das Naturgesetz.[89] Von Gebot zu Gebot, von Verbot zu Verbot sucht er immer wieder nach neuen Gründen, die seiner Überzeugung entgegenkommen könnten, daß die Halacha letztlich nichts anderes verlautbarte als eine Spezifikation des ungeschriebenen Gesetzes der Natur, dem die Menschheit in den Augen der gleichzeitigen jüngeren Stoa niemals zu entraten vermochte.[90] Dadurch aber setzen sich die Rechtfertigungen der

---

auf Steinplatten (sc.aufgezeichnet) und deshalb auch nicht ohne Seele wie die unbeseelten Dinge, sondern von unsterblicher Natur und unzerstörbar aufgrund ihres unsterblichen Denkens".

[84] Im Blick auf die Beschneidung macht Philo in Spec. Leg. 1,7 unter anderem (an vierter Stelle) geltend: "Die Beschneidung hat größeren Kinderreichtum zur Folge. Denn es heißt, daß der Same (sc. bei Beschnittenen) stets den richtigen Weg einschlägt, ohne zu verspritzen oder sich in den Falten der Vorhaut zu verlieren. Daher scheinen sich die Völker, welche die Beschneidung üben, durch besonders schnelle Vermehrung und durch eine hohe Bevölkerungszahl auszuzeichnen".

[85] Zur geschichtlichen Priorität des "ungeschriebenen Gesetzes": Decal 1 und Virt 194.

[86] Vgl. J.Heinemann, Poseidonios' metaphysische Schriften. Band 1, Breslau 1921, 10 und ders., Poseidonios. Über die Entwicklung der jüdischen Religion, in: MGWJ 63 (1919) 113-121.

[87] Zu dieser Auffassung vgl. auch syrBar 57,2 mit den notwendigen Einschränkungen von J.Heinemann, Poseidonios' metaphysische Schriften I (s. Anm. 86) 89-90.

[88] Deshalb kann Philo auch die Frage, ob man Mose einen "Gesetzgeber" oder nicht besser nur "den Dolmetscher heiliger Gesetze" nennen soll, ohne Skrupel offenlassen: Vit. Mos. 1,1 (-4).

[89] Vgl. die zusammenfassenden Einlassungen von J.Heinemann, Philons griechische und jüdische Bildung, Breslau 1932, 475-478.

[90] Ein besonders hohes Hindernis mußte Philo dabei offensichtlich im Falle des biblischen Verbots von Schweinefleisch und Schweinefett (Lev 11,7.10; Dtn 14,8.10) überwinden. Denn die Stoa empfahl das

Halacha so gut wie vollständig aus dem Zugriffsbereich einer deduktiven *Tora*-Aus-
legung ab. Der Abstand zwischen Halacha und der halachischen Exegese der Tora
wächst beträchtlich.[91]

So rundet Philo das Bild ab, welches sich in den Überlieferungen des Frühjudentums
durchgängig abzeichnet. Das Verhältnis der Halacha zur Tora erweist sich keinesfalls
mit Notwendigkeit als durch Auslegung der Tora und penible exegetische Begründung aus der Tora bestimmt. Die Halacha zeigt sich nirgends in einem handwerklichen Sinne toraabhängig und auch nicht in einem deduktiven Verstande unverzichtbar torabestimmt.

Wogegen zielt dann aber etwa die Meinung von Joachim Gnilka, der vermuten
möchte: "Die vollmächtige Lehre Jesu, welche die Lehre der Schriftgelehrten *über-
trifft*, könnte darauf basieren, daß Jesus *aus unmittelbarer Autorität* redet, während
diese Gesetz und Überlieferung *auslegen*"?[92]

Schwein mit besonderem Nachdruck: Cicero, De natura deorum 2,160. Philo zieht sich hier auf den ethischen Gemeinplatz der Selbstbeherrschung zurück. Spec. Leg. 4,100-101: "Auch die übrigen Nahrungs-
mittel hat er (sc.Mose) den Teilnehmern an seiner heiligen Staatsordnung nicht zu unbedingtem Genuß
und Gebrauch gestattet, sondern er hat die das beste Fleisch gebenden und fettesten Land- und Wasser-
tiere und Vögel, welche die uns nachstellende Begierde kitzeln und reizen, allesamt streng verboten, *in
der Erkenntnis, daß sie den Geschmackssinn, den sklavischsten der Sinne, ködern und Unersättlichkeit er-
zeugen - ein schwer heilbares Übel für Leib und Seele.* Denn die Unersättlichkeit erzeugt Verdauungsbe-
schwerden. Und diese sind Anfang und Quelle für Leiden und Schwächezustände. (101) *Unter den Land-
tieren hat nun die Gattung der Schweine das wohlschmeckendste Fleisch nach dem allgemeinen Urteil derer,
die es genießen*, unter den Fischen aber die unbeschuppten".
[91] Die Folgen des nicht zuletzt mit dem Namen des Philo Alexandrinus verklammerten Wandels der (jüdisch-hellenistischen) Einstellung zu Tora und Halacha sind beträchtlich. Von nun an wird das Judentum
die Nachfrage nach den "Begründungen der Gebote" (ta'amej mizwot) nicht mehr verlassen. Die spätere
Unterscheidung zwischen "Vernunftgeboten" (mizwot siklijjot) und "Gehorsamsgeboten" (mizwot
schim'ijjot) wird erkennbar. Dazu A. Altmann, Saadyas Conception of the Law, in: BJRL 28 (1944) 320-
329 und vor allem J.Heinemann, Die wissenschaftliche Allegoristik des jüdischen Mittelalters, in: HUCA
23 (1950) 611-643. Vgl. E.J. Rosenthal, Torah and Nomos in Mediaeval Jewish Philosophy, in: R. Loewe
(Hg.), Studies in Rationalism, Judaism and Universalism, London 1966, 215-230.
[92] J. Gnilka, Das Evangelium nach Markus. 1.Teilband Mk 1-8,26 (EKK 2/1), Zürich-Neukirchen 1978,
79. Von nur geringem Verständnis für die tatsächlichen Gegebenheiten in der frühjüdischen Traditionsliteratur zeugt es auch, wenn der Verfasser zu Protokoll gibt: "*Er (sc.Jesus) stützt seine Meinung, den zu
verkündigenden Willen Gottes, nicht mit Schriftstellen ab*, wie das bei den Schulhäuptern üblich war, sondern redet in freier Vollmacht" (J. Gnilka, Das Matthäusevangelium. 1.Teil. Kommentar zu Kap. 1,1-
13,58 [HThK], Freiburg u.a.1986, 200. Ähnlich ebda. 184-185: "Ihre (sc. der Aufforderung Jesu) Origina-
lität und Radikalität weisen sie aus. Jesus spricht dabei aber nicht über das Gesetz. Er bemüht sich auch
nicht um eine Schriftbegründung, wie sie bei den Rabbinen üblich war, die mit ihrer Meinung zu einer
Thora (sic!) in Widerspruch gerieten. *Die unabhängige freie Rede kann als Ausweis seiner Autorität in Anspruch genommen werden*". Hier ist der Vergleich mit zeitgenössischen jüdischen Usancen der Halacha-
gewinnung endgültig zur christologischen petitio principii abgeglitten. Das kann soweit gehen, daß Logik
und Verstehbarkeit auf der Strecke bleiben. So ebda. 158: "Jesus hat sich *nicht* direkt gegen das Gesetz
gestellt. Das heißt *nicht*, daß seine Weisungen *nicht* in Widerspruch zum Gesetz stehen konnten. *Gerade
hierin zeigt sich die Souveränität und Freiheit seiner Lehre*".

Auf Nachfrage betont Müller noch einmal, daß die Tora von vornherein als unvollständig und als der Auffüllung bedürftig angesehen wurde und daß das Modell des doppelten Offenbarungsstratums (Tora und Halacha gehen vom Sinai aus) schon früh entstanden ist. J. Maier ergänzt, daß sich im Pentateuch Gesetze finden, die einander widersprechen und daß man den Pentateuch besser nicht als Gesetz bezeichnen sollte, da die Tora mehr ist als der Pentateuch und der Pentateuch als Gesetzbuch unbrauchbar und auf Ergänzung angewiesen ist. Bei solchen Ergänzungen spielen die Interessen der jeweiligen Gruppe naturgemäß eine besondere Rolle. Der Zusammenhang der Halacha mit der Tora ist nach Müller eher dogmatisch, jedenfalls sind viele konkrete Ausgestaltungen der Halacha z.B. in Bezug auf den Sabbat weitgehend ohne Anhaltspunkt in der Tora.

Was die Ausführungen Müllers für das Verhältnis des historischen Jesus zum Gesetz angeht, so betont M. auf Rückfrage, nach seiner Ansicht sei das Gesetz kein vordringlicher Gegenstand der Predigt Jesu gewesen. Jesus sei in seiner Verkündigung mehr oder weniger am Gesetz vorbeigegangen und habe erst recht seine Aussagen nicht als Halacha angesehen, wie sich z.B. aus dem Schwurverbot ergebe: als allgemein verbindliche Weisung hätte das Verbot Jesu zum Zusammenbruch des Gerichtswesens geführt, weswegen das Schwurverbot allenfalls als weisheitliche Aussage ohne halachische Bedeutung anzusehen sei. Das Charakteristikum der Predigt Jesu ist nach Müller die gesteigerte Naherwartung, die sich sonst so nicht findet. Allerdings verbietet sich eine genauere Einzeichnung des historischen Jesus in das Judentum seiner Zeit angesichts der Vielfalt des letzteren einerseits und der schlechten Quellenlage andererseits.

"Ich aber sage euch".
Bemerkungen zum Verhältnis Jesu zur Tora

Traugott Holtz, Halle

I.

Die Frage, warum Jesus am Kreuz in Jerusalem gestorben ist, gehört für den Historiker zu den schwierig zu beantwortenden Fragen. Freilich ist der Versuch, "den Prozeß Jesu historisch zu greifen, nicht ohne Erfolg".[1] Als weitgehend gesichert darf vorausgesetzt werden, daß Jesus durch die Römer gekreuzigt worden ist aufgrund eines Urteils, das der römische Statthalter Pontius Pilatus fällte. Ebenso gewiß aber darf davon ausgegangen werden, daß das Vorgehen der Römer gegen Jesus seinen Ursprung nicht bei ihnen selbst hatte, nicht von ihnen und gesteuert durch römische Interessen seine Motive empfing, auch wenn es sekundär sich dann durchaus in ihre Interessen einordnete. Denn ohne das wäre es nicht zu ihrer Beteiligung gekommen. Vielmehr muß damit gerechnet werden, daß maßgebliche jüdische Kreise Jesus dem Pilatus zugespielt haben, und zwar mit der entschiedenen Absicht, genau das Ende herbeizuführen, das tatsächlich eintrat.

Auch das darf als gesichert angenommen werden, daß Jesus von Pilatus als einer verurteilt und hingerichtet worden ist, der die öffentliche Ordnung gefährdet. Vermutlich ist die Kreuzesinschrift (Mk 15,26 par ὁ βασιλεὺς τῶν Ἰουδαίων) historisch.[2] Sie weist aus, daß ein irgendwie gearteter messianischer - oder doch wohl besser und genauer - ein Messias-Anspruch Jesu bei seiner Verurteilung die entscheidende Rolle gespielt hat. Noch nicht entschieden ist damit freilich, ob solcher Anspruch wirklich explizit oder auch nur implizit von Jesus erhoben , oder ob er erst von Pilatus mangels anderer Kategorien zur Beurteilung Jesu ins Spiel gebracht oder gar nur von der einheimischen Führungsschicht in denunziatorischer Absicht dem Pilatus Jesus gegenüber unterschoben worden ist. In jedem Fall muß der dahin gehende Verdacht ausgereicht haben, Jesus an das Kreuz zu bringen.

Ganz unsicher sind wir in der Beurteilung der Frage, welche Kreise des Judentums es waren, die Jesus in die Hände der Römer spielten. Die neutestamentliche Überlieferung ist sich darin nicht einig, ob das durch das jüdische Synedrium in einem förmlichen Urteil und Beschluß geschah, oder nur aufgrund einer außergerichtlichen Ak-

---

[1] So J. Gnilka, Der Prozeß Jesu nach den Berichten des Markus und Matthäus mit einer Rekonstruktion des historischen Verlaufs, in: K. Kertelge (Hg.), Der Prozeß gegen Jesus. Historische Rückfrage und theologische Deutung (QD 112), Freiburg 1988, 11-40, 39; der Band insgesamt liefert bedenkenswerte Einsichten in das Geschehen um die Hinrichtung Jesu.
[2] Vgl. z.B. D. Lührmann, Das Markusevangelium (HNT 3), Tübingen 1987, 261.282.

tion dieser Behörde oder maßgeblicher Mitglieder von ihr.[3] Ich gehe davon aus - bin mir aber durchaus der Unmöglichkeit bewußt, das stringent nachweisen zu können -, daß das Letztgenannte der Fall war, daß Jesus mithin durch den Entschluß der jüdischen Führungskreise in Jerusalem, ihn auf diese Weise zu vernichten, Pilatus mit der Beschuldigung, aufgrund religiösen Anspruchs die öffentliche Ordnung zu stören, ausgeliefert worden ist. Allem nach ist die jüdische Gruppe, die in der neutestamentlichen (und von da aus in der gesamten kirchlichen) Überlieferung als der besondere Kontrahent Jesu hervortrat, nämlich die Pharisäer, an dem Geschehen, das zur Hinrichtung Jesu führt, nicht oder kaum beteiligt. Sie treten in der Berichterstattung über die Passion auffällig zurück. Und das ist eine Gegebenheit, die man sich schwer als eine sekundär erst in der Tradition der werdenden christlichen Gemeinde entstandene Verschiebung des tatsächlichen Geschichtsverlaufs vorstellen kann.

Hier steckt das vielleicht schwierigste Problem für die Erhellung des wirklichen Geschehenshintergrundes der Passsion Jesu. Schwer denkbar erscheint, daß der Entschluß, Jesus zu Tode zu bringen, erst in den unmittelbar seiner Ausführung vorangehenden Tagen entstanden ist, und zwar nur in den Köpfen derer, die ihn dann auch geschickt betrieben. Zwar wird ein Ereignis der letzten Tage in Jerusalem den Gang der Dinge unmittelbar in Bewegung gebracht oder beschleunigt haben, hier aber den Anlaß dafür überhaupt finden zu wollen[4], dürfte falsch sein. Es handelt sich dabei um die "Tempelaustreibung".

Tatsächlich aber hat die Drohung von Leiden und Tod den Weg Jesu bereits länger begleitet und ist von ihm be- und verarbeitet worden. Freilich ist das nicht unbestritten, sondern in jüngerer Zeit scharf in Frage gestellt worden[5]. Mich haben indessen die durchaus scharfsinnigen Analysen von Oberlinner nicht davon überzeugen können, daß erst in den allerletzten Stunden vor Jesu Festnahme ihm die Möglichkeit eines gewaltsamen Endes bewußt geworden sei. Vielmehr halte ich dafür, daß eine Überlieferung wie Lk 13,31-33 historisch Zutreffendes reflektiert. Mit Blick auf die geschichtliche Konstellation führt sie uns übrigens vor eine ähnliche, aber doch charakteristisch differierende Situation wie die, der wir bei der Passion begegnen. Die Gefährdung geht aus von dem Vertreter der öffentlichen Gewalt jüdischer Provenienz, nämlich Herodes Antipas, nicht beteiligt, ja, in diesem Falle sogar eher auf der Seite Jesu, sind die Pharisäer. Jesus selbst aber integriert die Gefährdung, die ihm angezeigt wird, in sein Berufungsbewußtsein. Und solche Verbindung zwischen Leidenserwartung und Bewußtsein der eigenen Berufung scheint mir auch an zen-

---

[3] Vgl. z.B. O. Betz, Probleme des Prozesses Jesu, in: ANRW II 25,1, 565-647, sowie den Anm. 1 genannten Sammelband.

[4] Vgl. E.P. Sanders, Jesus, Paul and Judaism, in: ANRW II 25,1, 390-450, bes. 404ff.

[5] Vgl. bes. L. Oberlinner, Todeserwartung und Todesgewißheit Jesu (SBB 10), Stuttgart 1980.

traler anderer Stelle nachweisbar zu sein, nämlich bei Jesu Verständnis von "Menschensohn" und dessen Bezug auf seinen eigenen Weg[6].

Indessen betreten wir hier schwieriges Gelände, und es ist nicht unsere Aufgabe, über die Leidenserwartung und Leidenserfahrung Jesu zu handeln. Ich habe diesen Bereich nur deshalb in den Blick genommen, um deutlich zu machen, daß Jesus in tödlichen Konflikt mit führenden Kräften des Judentums geraten ist, daß dieser Konflikt religiös begriffen wurde als messianisch begründeter Angriff gegen die gültige Ordnung, und daß er nicht erst in den letzten Tagen und Stunden anhand eines besonderen, zeitlich und sachlich umgrenzten Vorfalls entstand, sondern daß er eine längere, ebenfalls im religiösen Anspruch Jesu begründete Vorgeschichte hat.

Nicht der messianische Anspruch indessen als solcher und auch noch nicht ein unverhüllter Messias-Anspruch an und für sich, der sich im Rahmen des zeitgenössischen Judentums und insbesondere seines Gesetzesverständnisses hielt, wäre ein Grund für jüdische Autoritäten gewesen, gegen dessen Träger mit dem Ziel vorzugehen, ihn zu vernichten. Das zeigt das Auftreten von messianischen Prätendenten im 1. nachchristlichen Jahrhundert bis hin zu Bar Kochba. Den Römern freilich war jedes derartige Auftreten überaus verdächtig - mit Grund! -, und das machen sich die Gegner Jesu zunutze. Sie sind in diesem Falle von dem Willen getrieben, sich des auch ihnen gefährlich erscheinenden Jesus endgültig zu entledigen - und zwar durch die öffentliche Kreuzigung an einem der großen Wallfahrtsfeste als eines von Gott verworfenen Falschpropheten[7]. Der Grund dafür kann nicht - wie gesagt - der messianische Anspruch als solcher gewesen sein. Es muß vielmehr ein tiefergreifender Ansatz im Auftreten und in der Verkündigung Jesu vorhanden gewesen sein, der die jüdischen Instanzen zu einer letzten, tödlichen Konfrontation herausgefordert hat. Es muß um die Grundlage der jüdischen Existenz gegangen sein, um das Gesetz.

Das bestätigt denn auch die Überlieferung. Es ist bekanntlich eine strittige Frage, ob Jesus für sich einen expliziten messianischen Anspruch erhoben hat. Anders als gegenwärtig viele Neutestamentler meine ich, daß Jesus durchaus ein Messias-Bewußtsein als Fundament seines Wirkens gehabt hat, daß dieses Bewußtsein aber nicht sich an politisch-geschichtlichen Erwartungen festmachte, sondern durch die Menschensohn-Erwartung und den Glauben an die Erhöhung durch Leiden getragen war[8]. In keinem Fall ist bei ihm ein Messias-Verständnis vorauszusetzen, das ihn an die Seite politischer Systemveränderer wie die Zeloten rücken könnte. Das müssen auch die-

---

[6] Vgl. dazu etwa K.Th. Kleinknecht, Der leidende Gerechtfertigte (WUNT II 13), Tübingen 1984, 167-177.
[7] Vgl. P. Stuhlmacher, Warum mußte Jesus sterben?, in: ThBeitr 16 (1985) 273-285.
[8] Vgl. dazu T. Holtz, Jesus aus Nazaret, Berlin ⁵1990, 93ff.

jenigen jüdischen Oberen gewußt haben, die ihn gleichwohl unter solcher Verdächtigung Pilatus zur Aburteilung zuspielten.

II.

Dagegen setzt die synoptische Überlieferung wie selbstverständlich voraus, daß Jesus mit den maßgeblichen Vertretern des Judentums in scharfem Koflikt über die Frage der Geltung und der Praxis fundamentaler Bestimmungen des Gesetzes stand. Freilich erwachsen bei dem näheren Zugriff auf die hier einschlägigen Texte komplizierte Fragen. In jüngerer Zeit ist dem z.B. G. Dautzenberg[9] engagiert nachgegangen. Er kommt zu dem zusammenfassenden Urteil: "Für die ältesten Stufen der Jesus-Tradition ist weder eine prinzipielle noch eine partielle Infragestellung der Tora oder einzelner ihrer Bestimmungen nachweisbar[10].

An dem zitierten Satz von Dautzenberg ist das Nebeneinander von "Tora oder einzelner ihrer Bestimmungen" besonders wichtig. Es stellt in Wahrheit ein hendiadyoin dar; die Tora existiert nur in ihren einzelnen Bestimmungen und stellt doch ein unteilbares Ganzes dar. Wer ein Gebot der Tora aufhebt, hebt *die* Tora auf, wer *die* Tora halten will, muß es tun, indem er alle ihre Bestimmungen hält. Daß das Judentum der Welt Jesu so versteht, das hat die Debatte um die Perikope von der Frage des Schriftgelehrten nach dem höchsten Gebot Mk 12, 28-34 par gezeigt[11] (auch wenn dadurch noch nichts über die Herkunft der Überlieferung entschieden ist). Der Angriff auf ein Gebot der Tora ist für das Denken, das hier regiert, ein Angriff auf die Tora insgesamt, auch wenn er im Namen der Tora geschieht. Vorausgesetzt ist bei diesem Satz allerdings, daß wirklich ein Satz der Tora bewußt und willentlich aufgehoben wird, nicht nur neu und anders als bislang bekannt aus der Tora heraus interpretiert wird.

III.

Eine akzentuiert hervorgehobene Entgegensetzung des Wortes Jesu gegen die Tora begegnet in der neutestamentlichen Überlieferung in den sog. "Antithesen" der Bergpredigt, Mt 5,21-48. Auch um sie spannt sich - natürlich - eine überaus kontroverse Diskussion[12]. Sie ist nicht zuletzt darin begründet, daß die sechs Antithesen, die sich hier versammelt finden, trotz einer auffällig gleichgearteten formalen Struktur, in

---

[9] Gesetzeskritik und Gesetzesgehorsam in der Jesustradition, in: K. Kertelge (Hg.), Das Gesetz im Neuen Testament (QD 108), Freiburg u.a. 1986, 46-70.
[10] (s. vorige Anm.) 68f.
[11] Vgl. bes. A. Nissen, Gott und der Nächste im antiken Judentum (WUNT 15), Tübingen 1974
[12] Vgl. zusammenfassend U. Luz, Das Evangelium nach Matthäus I (EKK I/1), Zürich-Neukirchen ²1989, 244-250 (Lit.).

Wahrheit durchaus unterschiedlicher Natur sind. Schon der synoptische Vergleich zeigt das. Zur fünften und sechsten Antithese findet sich in der lukanischen Feldrede ganz paralleles Überlieferungsmaterial, aber nicht in antithetische Form gefaßt. Da angenommen werden muß, daß Matthäus und Lukas auf eine gemeinsame Grundlage zurückgehen und kaum damit gerechnet werden darf, daß Lukas sekundär eine antithetische Formung umgewandelt hat, liegt die Annahme nahe, daß sie sich in diesen beiden Fällen erst Matthäus verdankt. Auch für die dritte Antithese gibt es in der Jesus-Überlieferung eine breiter gestreute Parallele, die zu der Vermutung drängt, daß die antithetische Formung bei Matthäus sekundär ist. Die drei übrigbleibenden Antithesen, die erste, zweite und vierte, weisen fundamentale Gemeinsamkeiten auf, die nur ihnen eigen sind (These: Verbot [Dekalog]; Antithese: nicht Aufhebung, sondern radikale Verschärfung). Außer in der Bergpredigt findet sich bei Matthäus solche Form der Antithese nicht wieder, so daß man nicht mit einer Stileigentümlichkeit des ersten Evangelisten rechnen kann. Von daher begründet sich die verbreitete Ansicht, daß die zuletzt genannten drei Antithesen, die erste, zweite und vierte, von Matthäus übernommen und nach ihrem Vorbild die übrigen gestaltet worden sind. Natürlich ist auch das nicht unbestritten, neben mancherlei Variationen der eben vorgetragenen Ansicht ist immer wieder die sekundäre matthäische Entstehung aller Antithesen zu begründen versucht worden, so z.B. in sorgfältiger und bedenkenswerter Weise von I. Broer[13].

Der Streit darüber soll hier nicht erneut aufgenommen werden. Ich bin skeptisch gegenüber allen Versuchen, einen genauen Wortlaut ursprünglicher, "historischer" Worte Jesu aus dem Überlieferungsbestand der auf uns gekommenen Jesus-Überlieferung zu gewinnen, die uns ja ohnehin nur nach einem radikalen Gestaltwandel durch den Umsetzungsprozeß in das Medium der griechischen Sprache und beschliffen durch mündliche Weitergabe erreicht. So denke ich, ein wirklich exakter Wortlaut, der auf die unmittelbare Rede Jesu zurückgeführt werden kann, läßt sich nicht mehr gewinnen, oder doch nur in Ausnahmefällen.

IV.

Eine den Antithesen analoge Struktur der Argumentation Jesu findet sich noch einmal in der synoptischen Überlieferung, in dem Streitgespräch über die Ehescheidung Mk 10,2-9. Daß dieses Stück in dem genannten Umfang aus dem vorliegenden Text ausgegrenzt werden kann, ist ebenso weithin anerkannt wie dieses, daß Markus es bereits in Verbindung mit dem Folgenden (V.10f[12]) vorfand. Allerdings wird es gleichfalls in der Gegenwart weitgehend als Gemeindebildung aus dem hellenistisch-

---

[13] Die Antithesen und der Evangelist Mattäus, in: BZ NF 19 (1975) 50-63.

judenchristlichen Bereich beurteilt[14]. Sicher hat es seine vorliegende Gestalt auch erst dort erfahren. Das ergibt sich unter anderem aus der LXX-Gestalt der Genesis-Zitate in den Versen 6-8. Die Behauptung freilich, nur diese LXX-Gestalt mache die Zitate beweisfähig für den Zusammenhang, steht auf schwachen Füßen. Der Zitatteil V. 7c dürfte zum ursprünglichen Text gehören[15]; damit wird die Wiedergabe von איש mit ἄνθρωπος als sachlich belanglos erwiesen.

Als ganz unwahrscheinlich aber muß angesehen werden, daß das Streitgespräch in seinem ganzen Inhalt erst als erläuternde Gemeindebildung zu einem Wort entstanden ist, wie es etwa in der Form von Lk 16,18 V.11 zugrundeliegt. Denn V.9, auf den das Streitgespräch als sein Ziel zuläuft, hat einen deutlich anderen Inhalt als V.11 (und Parallelen) und ganz eigenes Gewicht. Alle unterschiedlichen Formen des Wortes, das V.11 reflektiert, verwerfen nicht die Scheidung an sich, sondern die Wiederverheiratung, die ihr folgt. Mt 5,32a setzt für die Frau voraus, daß ihre Entlassung aus der Ehe sie (notwendig) in eine neue Ehe zwingt. Doch bleibt es auch da dabei, daß nicht die Scheidung, sondern erst die Wiederverheiratung sündhaftes Handeln darstellt.

Mk 10,9 dagegen beurteilt die Scheidung als solche als Verstoß gegen Gottes Willen. Es ist überaus aufschlußreich, daß auch in CD 4,21 die (Ein-)Ehe durch den ausdrücklichen Rückgriff auf Gen 1,27 begründet wird, dort ebenfalls ähnlich wie hier kombiniert mit anderen Schriftworten. Von Hause aus hat die Stelle nichts mit der Ehe zu tun, ist jüdischerseits aber offensichtlich schon vor-neutestamentlich auf sie bezogen worden, wenigstens im Umkreis von Qumran. CD 4,21 denkt freilich nicht an die Scheidung, wohl aber an die exklusive Zuordnung des Menschen zueinander als Mann und Frau. Und das wird als in der Schöpfung begründet erkannt. Im Munde Jesu wird die mit der Schöpfung gesetzte Zuordnung von Mann und Frau radikaler gefaßt und als eine vom Menschen unauflösliche Einheit verstanden. Das belegt das Zitat von Gen 2,24. In ähnlicher Weise wird in CD 5,1 die aus Gen 1,27 gefolgerte Einehe durch die Anspielung auf die paarweise Aufnahme in die Arche (Gen 7,9) von der Anfangsgeschichte der Menschheit her bestätigt. Das Zitat Gen 2,24 ist in der Form der LXX geboten, es ist aber keineswegs *nur* in dieser Form für den Zusammenhang anwendbar. Ἄνθρωπος gibt in LXX überaus häufig איש wieder. Daß Mk 10,7 ἄνθρωπος im Sinne von איש verstanden ist, zeigt der Schluß des Verses. Und die Wendung והיו לבשר אחד sagt genau das, was LXX daraus macht, auch wenn in ihr die Einheit der Zwei durch das οἱ δύο... μία σάρξ etwas stärker akzentuiert wird. Formal jedenfalls kann die Zusammenfügung von Gen 1,27 und 2,24 zur Begründung der

---

[14] Vgl. J. Gnilka, Das Evangelium nach Markus II (EKK II/2), Zürich-Neukirchen ³1989, 69f.

[15] Da von Mehrheits- *und* westlichem Text geboten; zudem Tilgung wegen ἄνθρωπος gut verständlich.

schöpfungsmäßig eine Einheit von Mann und Frau stiftenden Ehe durchaus auf palästinisch-jüdischem Boden entstanden sein und muß nicht erst im judenchristlich-hellenistischen Bereich angesiedelt werden. Sie kann mithin durchaus als Werk Jesu verstanden werden.

Das Verbot der Scheidung überhaupt, das auf solche Weise begründet wird, ist nun entschieden radikaler als die Verurteilung der Scheidung von der in ihr implizierten Möglichkeit oder Notwendigkeit der Wiederverheiratung her. Es ist angesichts der erkennbaren Traditionsgeschichte des Wortes Jesu über die Scheidung[16] nun aber überaus unwahrscheinlich, daß aus der Verurteilung der Scheidung wegen des dadurch provozierten Ehebruchs ein absolutes, in der Schöpfung begründetes Verbot der Scheidung an sich sekundär in der christlichen Gemeinde herausgewachsen ist. 1Kor 7,10f zeigt viel eher einen umgekehrten Vorgang. Diese Stelle setzt die Kenntnis eines Jesus-Wortes voraus, wie es allein in Mk 10,9 vorliegt. Es wird von Paulus freilich gemildert in Richtung auf eine Weisung, wie sie in Mk 10,11f vorliegt, ohne daß man aber annehmen dürfte, daß er ein solches Wort kennt und voraussetzt. Wohl aber zeigt 1Kor 7,10f die eindeutige Richtung, in die der urchristliche Umgang mit der Weisung Jesu zur Unauflöslichkeit der Ehe führt. Wenigstens angemerkt sei allerdings, daß sich daraus noch nicht ergibt, daß Mk V. 11f (Par!) sekundär aus V. 9 entwickelt wurde.

Man darf mithin damit rechnen, daß Mk 10,9 und der dem Wort vorangehende Schriftbeweis wenigstens im Inhalt auf Jesus zurückgeführt werden kann[17]. Eine solche Wertung der Ehe aber muß sich zumindest implizit gegen die Scheidungspraxis seiner Umwelt richten, die im Judentum durch den Bezug auf die mosaischen Anordnungen betreffend den Scheidebrief aus der Tora gerechtfertigt wurde (Dt 24,1-3)[18]. Es ist daher in hohem Maße wahrscheinlich, daß dem Stück bereits von seinem Ursprung her ein expliziter antithetischer Bezug auf Dt 24,1-3 eignete. Jesus stellt gegen eine, aus einer Weisung des Gesetzes sich ermöglichende - und selbstverständlich eminent praktisch wirksame - jüdische Lebensform sein sich auf den im Gesetz offenbarten Gotteswillen gründendes neues Gebot: Die Frau soll sich vom Mann nicht trennen - der Mann darf die Frau nicht verstoßen (1Kor 7,10f).

---

[16] Vgl. B. Schaller, Die Sprüche über Ehescheidung und Wiederheirat in der synoptischen Überlieferung, in: Der Ruf Jesu und die Antwort der Gemeinde (FS J. Jeremias zum 70. Geburtstag), Göttingen 1970, 226-246 (zu Mk 10,9 bes. 238 mit Anm. 45).
[17] So zumindest für Mk 10,9 auch B. Schaller (s. vorige Anm.) 238.
[18] Vgl. zur Rechtfertigung der Scheidung aus dem Gesetz (Strack/Billerbeck, Kommentar zum NT aus Talmud und Midrasch I, München [8]1982, 312 (R. Jochanan von Sepphoris hat im Namen des R. Sch[e]muel b. Nachman gesagt: ... "In Israel habe ich Scheidung gegeben, aber nicht habe ich Scheidung unter den Völkern der Welt gegeben").

Die dritte Antithese (Mt 5,31f), die zu den sekundären gerechnet wird, dürfte den ursprünglichen Zusammenhang des Scheidungsverbotes Jesu mit dem antithetischen Bezug auf Dtn 24,1 bestätigen. Bei Matthäus ist er in der These V.31 freilich mit der Form der Weisung Jesu zur Scheidung verbunden, wie sie Mk 10,11f vorliegt. Das paßt nur noch mit Mühe zueinander, da die Antithese Mt 5,32 nun den Ehebruch in den Blick faßt, den die Scheidung hervorbringt, die These V.31 aber von der Scheidung selbst handelt. Eigentlich würde V.32 besser zu der These V. 27 "du sollst nicht ehebrechen" passen. Diese These findet freilich eine ganz andere, offenbar fest mit ihr verbundene Fortsetzung, die sie in eine Reihe mit der ersten und der vierten treten läßt. M. E. zeigt das, daß in der Tradition mit dem Scheidungsverbot Jesu der antithetische Bezug auf Dtn 24,1 verbunden war, das radikale Scheidungsverbot Jesu aber sekundär bei der Anpassung dieser Jesus-Überlieferung an die geschärfte Form, wie sie die erste, zweite und vierte Antithese zeigen, durch das (Jesus-)Wort über die (notwendigen) Folgen der Scheidung, durch die das Gesetz in konkreter Weise gebrochen wird, ersetzt worden ist (Mk V.11f!). Die dritte Antithese erweist sich damit in ihrer vorliegenden Gestalt gewiß als sekundär, läßt aber noch die ursprüngliche Antithetik ahnen, in der Jesus sein Wort zur Unauflöslichkeit der Ehe sagte.

V.

Unsere Überlegungen zur Überlieferung Mk 10,2-12 zeigen, daß die Tradition nicht nur in der ausgeformten und gewiß durch die Überlieferung beschliffenen Art der Antithesen der Bergpredigt Jesus den sich ihm aus dem Gesetz zudrängenden Gotteswillen gegen die aus dem gleichen Gesetz begründete Ordnung des Lebens durch die geltende jüdische Rechtslehre aussprechen läßt. Man kann vielleicht vermuten, daß in der Struktur der Text Mk 10,2-9 dem historischen Wort Jesu näher kommt als die Antithesen der Bergpredigt; doch ist es müßig, darüber zu spekulieren.

Jedenfalls läßt sich von hier aus mit Grund die Ansicht verteidigen, daß Jesus sich mit seiner Proklamation des Gotteswillens antithetisch gegen die von Geboten der Tora her begründete Lebensordnung stellte, die in der jüdischen Gemeinschaft seines Umfelds als Gotteswillen galt. Nach Mk 10 beruft auch Jesus sich auf die Tora bei seiner Außerkraftsetzung der geltenden Weisung des Mose. Nur zielt seine Berufung auf Texte, die die zu verhandelnde Sache nicht unmittelbar betreffen, während seine Kontrahenten genau solche Texte anführen - und damit zweifellos zunächst das geltende Recht auf ihrer Seite haben.

In den Antithesen der Bergpredigt, deren Kern auf Jesus zurückgeführt werden kann, fehlt der explizite Bezug auf die Tora. Auch wird durch sie die These, die ein Grundgebot der Tora zitiert, nicht in Frage gestellt. Und doch sind sie in ihrer theologischen Grundstruktur mit Mk 10 nahe verwandt. Grundordnungen der Lebensführung - des Lebens selbst, der Gemeinschaft der Geschlechter, der Verläßlichkeit - werden ihrer Begrenzung auf nur die exzeptionellen, kasuistisch abgrenzbaren Fälle, die zugleich eine Entlassung weiter anderer Lebensräume aus diesem Gebot in sich schließt, entnommen und ihr Sinn auf die gesamten Äußerungen des Lebensbereiches, den sie betreffen, ausgedehnt. Gottes Wille beansprucht nach Jesu Wort nicht nur die einzelne Situation des menschlichen Lebens, er beansprucht dieses Leben ganz. Und Jesus nimmt für sich in Anspruch, gegen oder über die Beanspruchung der je spezifischen Lebenssituation hinaus, wie sie das Gesetz und seine Handhabung vollzieht, den Zugriff Gottes auf die ganze Lebenswirklichkeit autoritativ zu verkünden. In den Antithesen der Bergpredigt tritt das zugespitzt christologisch entgegen. Aber damit ist doch offenbar durch die Tradition nur etwas geschärft worden, das ihr in der Sache bereits vorgegeben war[19].

VI.

Es ist tatsächlich das Verhältnis zur Tora gewesen, das Jesus vom Judentum seiner Tage trennt. Dieses Judentum hat darauf durchaus differenziert reagiert. Diejenigen, die die öffentliche Ordnung verwalteten und mithin auch über Macht verfügten, haben Jesu Verhältnis zum Gesetz offenbar als Bedrohung empfunden - wie die Geschichte zeigt, ja auch durchaus zu recht. Daß sie Jesus zur Bannung der Gefahr, die von ihm nach ihrem Urteil ausging, als Messias-Prätendenten den Römern zuspielten und so ausschalteten, macht sichtbar, daß sie die wahre Quelle des Anspruchs Jesu wenigstens ahnen.

Diskussion

Dautzenberg: Die Argumentation zu Mk 10,2-9 stützt sich darauf, daß die Kombination von Gen 1,27 (auch in CD IV 21 auf die Ehe bezogen) und von Gen 2,24 traditionsgeschichtlich erstmalig begegnet und daher samt der Folgerung Mk 10,9 jesuanisch sein könnte. Gegenüber der Forderung von Mk 10,9 erscheinen Mk 10,11parr und 1Kor 7,10ff als Abschwächungen der ursprünglichen jesuanischen Forderung.

Ich vertrete ein anderes traditionsgeschichtliches Modell zum Traditionskomplex Ehe und Ehescheidungsverbot. Im Frühjudentum hatte sich faktisch schon ein Ehescheidungsverbot angebahnt, wie die Belege in CD und 11QT 57,17-18 zeigen. Hintergrund ist das frühjüdische Heiligkeitsdenken. Neben Gen 1,27 und anderen Schrift-

---

[19] Vgl. U. Luz (s. Anm. 12) 249.

belegen war auch schon Gen 2,24 in den Begründungszusammenhang für die Einehe aufgenommen worden und zwar gerade weil die sexuelle Vereinigung eine leibliche Einheit herstellt. Paulus kann daher unter Berufung auf Gen 2,24 den Verkehr mit einer Prostituierten abwehren, weil er eine solche Einheit verhindern will. Das bedeutet, daß Mk 10,11 nicht von Mk 10,9 abhängig ist, sondern wie Mk 10,9 die gegenüber dem älteren biblischen Judentum neue Vorstellung von der gottgewollten ehelichen Einheit bereits voraussetzt.

Holtz: Diese Überlegung treffe den Kern seines Arguments, daß 1Kor 7,10ff von Mk 10,9 und nicht von Mk 10,11 abhängig sei, nicht. Außerdem sei diese traditionsgeschichtliche Konstruktion aufgrund der Scheidungshäufigkeit im Judentum sehr unsicher.

Müller, Maier: Im Judentum lasse sich ein rechtsgeschichtlicher Trend zu einer Erschwerung der Ehescheidung beobachten.

Müller: Die neue von Mk 10,6-9 vorausgesetzte Eheauffassung trete ebenfalls in Mal 2,14-16 hervor. Mk 10,11 sei in einem gewissen Sinne die "Halacha" zu dieser Auffassung.

Maier: Man könne sich in diesem Zusammenhang nicht auf die Regeln für das Scheidungsverfahren berufen. Der Gesetzgeber, der ein Scheidungsverfahren reguliere, wolle damit nicht zur Scheidung aufrufen. Daher könne ein Scheidungsverbot nicht als wirkliche Antithese zur Gesetzgebung des Mose verstanden werden.

Trummer: Es sei zu fragen, ob die besprochenen Texte nicht auch Anweisungen geben, wie man mit einem gesetzlichen Gebot oder Verbot umgehen solle. Paulus könne immerhin feststellen: "Der Bruder oder die Schwester ist in solchen Fällen nicht wie ein Sklave gebunden" (1Kor 7,15). Zwischen dem Scheidungsverbot und dem Eunuchenspruch in Mt 19,9-12 könne ein Zusammenhang bestehen: wo das Ein-Fleisch-Werden nicht gelingt, kann man um des Himmelreiches willen Eunuch werden.

Dautzenberg: Die neue Eheauffassung gründete sich auf die Tora und stand zugleich, wie auch der Befund in CD IV 20 - V 6 zeigt, in Spannung zu gewissen Passagen der Schrift. Insofern ist die in Mk 10,2-9 vorhandene Spannung zwischen Dt 24,1-3 und Gen 1,27; 2,24 nicht einmalig und nicht im von Holtz gemeinten Sinne antithetisch.

Holtz: Die Jesusüberlieferung gibt antithetische Bildungen an die Hand; wahrscheinlich gehen mehrere Antithesen auf Jesus zurück. Daher könne man mit mehr Zuversicht Vermutungen über die hinter Mk 10,6-9 stehende Absicht Jesu bilden.

Taeger: In der Diskussion zwischen Dautzenberg und Holtz werden zwei verschiedene Konzeptionen deutlich: eine gegenüber der Tora antithetische Einstellung Jesu und ein Jesus, der sich im Rahmen einer jüdischen Heiligkeitsbewegung äußert. Diese Differenz läßt fragen, welche Kriterien für den Umgang mit den Texten gelten.

Maier: Die Damaskusschrift (CD) sei heiligtumsorientiert, das gelte auch für ihre Position in der Frage der Ehe. Daneben sei auch eine eschatologische Begründung für ihre Haltung denkbar.

Über die Eigenart des Konfliktes, der von jüdischer Seite im Prozeß Jesu ausgetragen wurde

Gerhard Dautzenberg, Gießen

Die kritische Analyse der Überlieferungen über den Prozeß und den Tod Jesu führt zunächst zu einem äußerst schmalen Ergebnis. H. Conzelmann und A. Lindemann formulieren in ihrem weitverbreiteten "Arbeitsbuch zum NT" hinsichtlich des historischen Grundbestandes der gesamten Passionstradition summarisch einen kritischen Minimalkonsens: "Viel mehr als die Tatsache der Verurteilung und Kreuzigung Jesu läßt sich historisch nicht absichern"[1]. Der historische Befund hinsichtlich der Akteure und des Anlasses der Verurteilung Jesu sei insofern eindeutig, als "ein politisch Verdächtiger ... unter Mitwirkung jüdischer Kreise von den Römern in Jerusalem hingerichtet wurde"[2].

In der Tat: der Zustand der Überlieferung ruft uns nachdrücklich in Erinnerung, daß Aussagen über den Prozeß Jesu, außer der Gewißheit, daß Jesus von Nazaret durch den römischen Prokurator Pontius Pilatus zum Tod am Kreuz verurteilt und unter dessen Autorität hingerichtet worden ist, in hohem Maße hypothetisch sind und bleiben werden. In der Literatur treffen wir auf eine Vielzahl mehr oder weniger etablierter Hypothesen zu den Umständen und Ursachen der Verurteilung Jesu,[3] die aus unterschiedlichen Interessen über den oben zitierten Minimalkonsens hinauszukommen suchen. Diese Interessen können mehr historischer, mehr theologischer oder auch apologetischer Art sein. Nicht nur Christen fragen, ob die Hinrichtung Jesu ein Justizmord, Folge eines Justizirrtums oder direkte oder indirekte Folge des Wirkens und Selbstverständnisses Jesu gewesen sei. Ich werde mich im zweiten Teil meiner Überlegungen an diesen Fragen beteiligen, indem ich einige der verbreiteteren Hypothesen auf ihre Wahrscheinlichkeit und Leistungsfähigkeit befragen und überprüfen werde. Zunächst werde ich mich jedoch im Anschluß an die rechts- und zeitgeschichtlichen Untersuchungen von K. Müller[4] darum bemühen, die historische Basis für weiterführende Hypothesen darzustellen und zu sichern.

I. Rechts- und zeitgeschichtliche Rekonstruktion des Prozesses Jesu nach K. Müller

Während viele Rekonstruktionsversuche zum Prozeß Jesu über das eben genannte kritisch gesicherte Minimum unseres Wissens dadurch hinauszukommen suchen, daß

---

[1] Conzelmann - Lindemann, Arbeitsbuch 408.
[2] A.a.O. 409.
[3] Vgl. die referierenden Teile von Betz, Probleme des Prozesses Jesu.
[4] Müller, Kapitalgerichtsbarkeit.

sie einzelne Details der Passionsberichte der Evangelien über die Kombination mit Informationen über das nahezu 200 Jahre später schriftlich niedergelegte Strafrecht der Mischna zur Rekonstruktion des Verlaufs und der Sache eines vorwiegend jüdisch bestimmten Prozesses Jesu benutzen, geht Müller einen anderen Weg. Da sowohl der Quellenwert der Berichte der Evangelien wie auch die Übertragbarkeit des mischnischen Rechts auf den Prozeß Jesu unsicher sind, setzt er bei der Tatsache der römischen Verurteilung Jesu ein und fragt von da aus, inwiefern eine jüdische Beteiligung an der römischen Urteilsfindung rechtsgeschichtlich wahrscheinlich gemacht werden könne.

Es erscheint als rechtsgeschichtlich sicher, daß die im Jahre 6 n.Chr. errichtete römische Provinz Judaea unter Besatzungsrecht stand. Allein der Prokurator hatte das Recht über Leben und Tod in letzter Instanz; dieses konnte nicht auf andere Personen oder Personengruppen übertragen werden. Das Jerusalemer Synhedrium hatte wahrscheinlich schon unter Herodes die Kapitalgerichtsbarkeit verloren und gewann sie unter den Prokuratoren nicht zurück. "Zur Demonstration und Symbolik des absoluten römischen Machtanspruchs gehörte auch die Durchführung der Exekution selbst".[5]

Die auf Brechung jeden Ungehorsams und Erzwingung des Gehorsams gegenüber der römischen Staatsmacht ausgelegte Entscheidungsvollmacht (coercitio[6]) der Statthalter war faktisch unbegrenzt. "Gesetzliche Normen zur Feststellung von Deliktbeständen und zur Strafbemessung ... sind zumindest nicht belegbar... Die einer solchen strafrechtlichen Bevollmächtigung adäquate Rechtsprechung der Prokuratoren schlägt sich nicht zuletzt in einer bevorzugten und exzessiven Anwendung der Kreuzesstrafe auf dem Territorium der Provinz Judäa nieder".[7]

Die Nachrichten über den nahezu standrechtlichen Einsatz der Kreuzesstrafe in der Provinz Judäa wie die Stringenz und die Geschlossenheit des römischen Macht- und Strafanspruchs, zwingen zu dem Schluß: eine Beteiligung jüdischer Gerichte an den von Rom gänzlich okkupierten Kapitalprozessen kann es höchstens in sehr eng begrenzten Ausnahmefällen gegeben haben.[8]

Zwei solcher Ausnahmen sind bekannt. Beide stehen in engem Zusammenhang mit dem Tempel als dem kultischen Zentrum des Landes und des Volkes[9] und als dem kultischen Garanten seiner Wohlfahrt. Josephus bewertet die mehrfach, auch durch

---

[5] Müller, Kapitalgerichtsbarkeit 57.
[6] Raber, coercitio, in: KP I 1240f.
[7] Müller, Kapitalgerichtsbarkeit 62.
[8] Müller, Kapitalgerichtsbarkeit 66.
[9] Zur Bedeutung des Tempels für das Frühjudentum vgl. Müller, Kapitalgerichtsbarkeit 75-78 sowie Maier, Geschichte der jüdischen Religion 30-34; Sanders, Jesus and Judaism 63.69.270f; Nickelsburg-Stone, Faith and Piety 51-88.

Funde,[10] bezeugte Androhung der Todesstrafe für Nichtjuden, welche den inneren, den Israeliten vorbehaltenen Vorhof des Tempels betreten, bzw. die Geltung dieser Drohung als ein den Juden von den Römern eingeräumtes Privileg.[11]

Das zweite Beispiel betrifft das Zusammenwirken jüdischer und römischer Kapitalgerichtsbarkeit im von Jos. Bell. VI 300-305 beschriebenen Fall des Unheilspropheten Jesus, Sohnes des Ananias. Dieser kam vier Jahre vor dem Ausbruch des jüdischen Krieges zum Laubhüttenfest nach Jerusalem und rief im Heiligtum: "Eine Stimme vom Aufgang, eine Stimme vom Niedergang, eine Stimme von den vier Winden, eine Stimme gegen Jerusalem und gegen den Tempel, eine Stimme gegen den Bräutigam und gegen die Braut, eine Stimme gegen das ganze Volk". Die Botschaft dieses Mannes steht in der Tradition der biblischen Unheilspropheten[12] und ist auch so verstanden worden. Jesus ben Anania wurde im Auftrag der Tempelaristokratie, welche in seiner Verkündigung nur eine Bedrohung der Integrität des Tempels und der geheiligten, theokratischen Ordnung erkennen konnte, festgenommen und aller Wahrscheinlichkeit nach vor einer Instanz des Sanhedrin scharf verhört, dann dem zum Fest anwesenden römischen Statthalter zur weiteren Bestrafung überstellt. Dieser läßt den Propheten geißeln - an sich ist das eine Vorstufe der Kreuzigung - entläßt ihn dann aber, da er ihn im Unterschied zu den Sachwaltern des Tempels und des jüdischen Gemeinwohls für wahnsinnig, d.h. unzurechnungsfähig, und daher für das Gemeinwohl aus römischer Sicht für unschädlich hält.

Zu den Fällen eines durch die besondere Bedeutung des Tempels veranlaßten Zusammenwirkens der jüdischen mit der römischen Kapitalgerichtsbarkeit analog zu dem Verfahren gegen Jesus Sohn des Ananias gehörte ebenfalls der Prozeß gegen Jesus von Nazaret mit den Schritten: Festnahme durch die jüdische Obrigkeit, Untersuchung vor dem Sanhedrin, Beschluß zur Auslieferung an die römische Obrigkeit, eigenständige Untersuchung der jüdischen Anklage von seiten des Statthalters und Verurteilung. Müller verweist auf das in der mk Passionsgeschichte falschen Zeugen zugewiesene tempelkritische Wort Jesu (Mk 14,58). Dieses sei durch die erst nachösterlich aufgekommene Messiasfrage an den Rand gedrängt worden, habe aber, auch wenn es in unterschiedlicher Form an verschiedenen Stellen der Jesusüberlieferung begegne, seinen ältesten überlieferungsgeschichtlichen Platz wahrscheinlich in

---

[10] Schürer, History II 284f.
[11] Jos. Bell. VI 126.
[12] Versuch einer Analyse der Unheilsprophetie bei O. Michel - O. Bauernfeind, Flavius Josephus. De Bello Judaico II,2, Darmstadt 1969, 188f. Der Text steht in der Tradition von Jer 7,34; 16,9 (vgl. Bar 2,23; zur eschatologischen Gerichts- und Unheilsdimension vgl. Apk 18,23), die Herkunft der Stimme von allen Seiten ("vom Aufgang" vgl. Apk 7,2; "vier Winde" vgl. Apk 7,1, also eine Himmelsstimme, die der Prophet wahrnimmt, und kein "prophetischer Ruf" - so Michel-Bauernfeind) weist ebenfalls auf das Andringen des Endgerichts.

der Passionsgeschichte gehabt.[13] Das Wort selber gehöre als prophetische Ansage zu den Vorgängen um die sog. "Tempelreinigung" und habe die sadduzäischen Hohenpriester zum Einschreiten gegen Jesus veranlaßt. Auf der anderen Seite stehe der Tatbestand der römischen Verurteilung Jesu zum Tod am Kreuz, also zu der Strafe, die mit Vorzug gegen Aufrührer verhängt wurde. Daraus könne man schließen, daß Pilatus Jesus von Nazaret wegen "perduellio" - Gefährdung der politischen, d.h. hier der tempelstaatlichen, Ordnung[14] - zu Tode bringen ließ. Der durch die Jesusüberlieferung an sich nicht naheliegende Schuldspruch "König der Juden" (Mk 15,26) lasse sich aus der mit "perduellio" unabhängig von den Absichten des Angeklagten gegebenen Bedrohung des römischen Machtanspruchs herleiten. Ein Beispiel aus Jos. Ant. XVII, 285 könne zeigen, daß der Titel βασιλεύς aus römischer Sicht nicht für einen messianischen Anspruch stehen müsse, sondern den Versuch bezeichne, eine andere als die römische Ordnung durchzusetzen.

Diese Rekonstruktion des Prozesses Jesu von K. Müller behandelt die Frage bewußt aus der Perspektive der Rechts- und Zeitgeschichte, nicht aus der Perspektive des Angeklagten und seiner Anhänger. Letztere tritt allenfalls bei seiner doch notwendigen Einschätzung des historischen Wertes einzelner Angaben der Leidensgeschichte und der Überlieferung des Wirkens Jesu in Jerusalem zutage. Vor weiteren Überlegungen ist es sinnvoll, einige der implizierten exegetischen Positionen zu markieren.

1. Das Tempellogion Mk 14,58

Müller plädiert dafür, daß ein nicht mehr exakt rekonstruierbares Drohwort Jesu gegen den Tempel die Aktion des Synhedriums gegen ihn ausgelöst hat. Insofern ist

a) mit Mk 14,58 der eigentliche Gegenstand der Synhedrialverhandlung gegen Jesu in Mk 14,55-61a[15].64 der Sache nach erhalten und geschildert und müssen b) diese Verse auf jeden Fall gegenüber der in Mk 14,61b-62 gestellten Messiasfrage als älter und ursprünglicher angesehen werden.

Beide Positionen sind in der gegenwärtigen exegetischen Diskussion umstritten.

ad a) A.Vögtle[16] resümiert, es sei heute "vorherrschende und gut begründbare Auffassung, daß 14,58 kein historisches Element der Synhedriumsverhandlung war",

---

[13] Müller, Kapitalgerichtsbarkeit 79.
[14] Medicus, perduellio, in: KP IV, 623-624.623: "Sammelbezeichnung für politische Delikte (Hoch-, Landesverrat, Angriffe auf Magistrate und Volkstribunen)".
[15] Die Abgrenzung ist nicht ganz deutlich: Müller, Kapitalgerichtsbarkeit 78, weist dem Bericht die V.56-61 zu, während ebda. 79 die V.60-64 zur "Messiasfrage" gerechnet werden; zum Abschluß mit dem "ursprünglichen Vorwurf der Blasphemie" in V.64 s. ebda. Anm.64.
[16] Vögtle, Das markinische Verständnis der Tempelworte 170, unter Verweis auf D. Lührmann, D. Dormeyer, W. Schmithals, J. Ernst.

schließt sich selber dieser Auffassung aber nicht an. Wenn Vögtle sie dennoch als "gut begründbar" qualifiziert, zeigt sich schon daran, mit welchen methodischen Schwierigkeiten jede historische Rückfrage und Rekonstruktion kämpfen muß. Im Grunde stützt sich diese "heute vorherrschende Auffasung" auf die literarische und traditionsgeschichtliche Analyse des Prozeßberichts durch R. Bultmann in seiner "Geschichte der synoptischen Tradition"[17]; darüber mehr im nächsten Abschnitt. Bultmann verfolgte zwar eine form- und traditionsgeschichtliche, aber keine historische Fragestellung. Seinem Ansatz ist auf jeden Fall zu konzedieren, daß Urteile über den *Verlauf* der Synhedriumsverhandlung auf Grund der Eigenart der Quellen nicht möglich sind. Dennoch kann mit Recht gefragt werden, ob etwa in diesem Text mit dem Tempelwort eine Erinnerung an den tatsächlichen *Anlaß* des Prozesses Jesu erhalten ist. So haben z.B. vor Bultmann J. Wellhausen[18] und M. Dibelius[19] und nach Bultmann E. Schweizer[20] gefragt.

Wo der Synhedrialbericht nicht mehr daraufhin befragt wird, ob er etwas von den historischen Umständen des Prozesses Jesu erkennen lasse, man aber nicht völlig auf eine Klärung der Motivation des Synhedriums für ein Verfahren gegen Jesus verzichten will, ist man zu sehr unbestimmten und fragwürdigen Konstruktionen etwa der Art genötigt: der von Jesus erhobene Anspruch, der sich provokatorisch vor allem in seinem Gesetzesverständnis und in seiner Kritik an den herrschenden Kreisen äußerte, sei als gefährlich angesehen worden.[21] Faktisch öffnen solche vagen Konstruktionen die Türe zu beliebigen Vermutungen und christlichen Projektionen über die Anlässe der Verurteilung Jesu.

ad b) A. Vögtle[22] beobachtet, heute werde "überwiegend befürwortet", daß erst Mk das Tempelwort in die Zeugenverhörszene eingefügt habe, rechnet aber selbst mit der Möglichkeit, daß Mk alle Tempelworte, also neben 14,58 noch 15,29 und 15,38 bereits in der Passionserzählung vorgefunden habe.

Ausgangspunkt der literarischen und historischen Analysen von Mk 14,55-64 ist die Beobachtung, daß der Text zwei ursprünglich voneinander unabhängige Anklagen enthält: das Tempelwort 14,58 und die Messiasfrage 14,61b.[23]

---

[17] Bultmann, Geschichte 291.

[18] Wellhausen, Mk 124f.

[19] Dibelius, Formgeschichte 183.

[20] Schweizer, Mk 179f: das Tempelwort hat der Gemeinde große Verlegenheit bereitet, hatte aber einen festen Sitz in der Tradition und konnte nur schwer abgeleugnet werden. Für die Hohenpriester lag hier der eigentliche Stachel, die Gemeinde hat es als isoliertes Logion gekannt.

[21] Gnilka, Mk II 287.

[22] Vögtle, Tempelworte 172, mit Verweis auf L. Gaston, E. Schweizer, G. Schneider, D. Dormeyer, L. Schenke, D. Lührmann, F. Hahn.

[23] Vgl. Bultmann, Geschichte 291; die Referate zu Linnemann und Hirsch bei Betz, Probleme 624f; Betz selber versucht (631), beide Anklagen über einen Rückbezug auf die Nathanweissagung 2Sam 7,13 in

Für ein spätes Eindringen der Tempelthematik in den Prozeßbericht, und d.h. für deren sekundären Charakter, werden folgende Beobachtungen geltend gemacht:

Literarkritisch: das Tempelwort sei mit seiner Umgebung Mk 14,57 und 14,59 nur "eine Spezialisierung von V.56".[24]

Traditions- oder redaktionsgeschichtlich: der Prozeßbericht müsse nach V.56 "sofort die auf den grundlegenden Gegensatz zwischen Judentum und Christentum abhebende Frage", d.h. die Christusfrage, gestellt haben, dann könne das Tempelwort nur sekundär eingefügt worden sein,[25] über den eigentlichen Verlauf des Prozesses könne man so nichts mehr ermitteln.[26]

Eine Variante: das Tempelwort gehöre mit dem Menschensohn-Wort 14,62 zu einer hellenistisch-judenchristlichen apokalyptisch bestimmten Redaktionsschicht des Prozeßberichts,[27] während die ältere Schicht des Synhedrialprozesses einzig die Messiasfrage enthalten habe.[28]

Beide Beobachtungen sind nicht zwingend. Literarkritisch: In Abwandlung der Analyse Wellhausens läßt sich die wiederholte Betonung des Falschzeugnisses in V.57 und V.59 als Folge einer Erweiterung des Prozeßberichts durch die Messiasfrage erklären.[29]

Traditions- oder redaktionsgeschichtlich: Daß ein auf judenchristliche Tradition zurückgehender Prozeßbericht auf jeden Fall von Anfang an die Christusfrage in den Mittelpunkt gestellt haben müsse, ist ein reines Postulat. Dieses erlangte allenfalls dann einige Plausibilität, wenn gezeigt werden könnte, daß der Gegensatz zwischen Judentum und Judenchristentum von Anfang an an der Frage nach der Messianität des irdischen Jesus aufgebrochen wäre. Dies will aber wohl niemand behaupten. Auf der anderen Seite müßte ein plausibles Motiv für eine sekundäre Einführung der Tempelthematik in den schon christologisch ausgerichteten Synhedrialprozeß erkennbar sein.

---

einen inneren Zusammenhang und dazu noch in Einklang mit Mt 16,18 zu bringen, ist aber auch dann noch zu Uminterpretationen genötigt.

[24] Bultmann, Geschichte 291; vgl. Schweizer, Mk 176; Schneider, Passion 58; Gnilka, Prozeß Jesu 17.

[25] Hahn, Hoheitstitel 177.

[26] Hahn, Hoheitstitel 177, nachdem schon Bultmann, Geschichte 290f Mk 14,55-64 insgesamt zu einer sekundären Ausführung zur älteren Angabe 15,1 erklärt und "für die spätere christliche Tradition", aus welcher der Bericht stamme, nur Jesu Messiasanspruch als eigentlichen Streitgegenstand mit dem Judentum ausmachen konnte.

[27] Gnilka, Prozeß Jesu 18; ders., Mk II 276.

[28] Gnilka, Mk II 349.

[29] Wellhausen, Mk 123-125.

Zwar könnte sich die Annahme einer Polemik hellenistischer Judenchristen gegen den Tempel immerhin auf Apg 6,14 stützen.[30] Jedoch spricht vieles dafür, daß Apg 6,14 von Mk 14,58 abhängig ist.[31] Ferner steht die hellenistisch-judenchristlich klingende Gegenüberstellung eines von "Händen gemachten" Tempels, der zerstört werden, und eines "nicht von Händen gemachten Tempels" der auferbaut werden soll, kaum am Anfang der Traditionsbildung des Tempelwortes, sondern ist wahrscheinlicher als eine sekundäre - hellenistisch-judenchristliche - Interpretation eines älteren apokalyptisch ausgerichteten und vielleicht nicht mehr recht verständlichen oder anstößigen Wortes über den Tempel aufzufassen.[32] Nichts hindert, diese Transformation in Zusammenhang mit dem Eindringen der Messiasfrage in den Prozeßbericht zu bringen. Eine nachträgliche Belastung des bereits die Messiasfrage enthaltenden Prozeßberichts mit dem Tempelwort ist dagegen unwahrscheinlich. Es bleibt daher wahrscheinlicher, daß sich im Tempelwort die Erinnerung an den eigentlichen Gegenstand des jüdischen Verfahrens gegen Jesus erhalten hat.[33]

2. Es ist unbestritten, daß die *Pharisäer* in der älteren, von Markus bezeugten Passionsüberlieferung gänzlich fehlen[34] und erst sekundär in diese eingedrungen sind.[35] Die synoptische Passionsgeschichte macht trotz der in Mk 2,16-12,13 erkennbaren Tendenz, die Pharisäer zu den eigentlichen Gegnern Jesu zu machen,[36] nicht diese für den Prozeß Jesu verantwortlich, sondern die "Hohenpriester und Schriftgelehrten" (Mk 14,1), die "Hohenpriester, Ältesten und Schriftgelehrten" (Mk 14,53), d.h. das Jerusalemer Synhedrium (Mk 14,55). Die Existenz des Sanhedrin als eines rechtsförmig

---

[30] Gnilka, Mk II 276.280.

[31] S. Arai, Tempelwort passim; Schlosser, Parole 403; Schneider, Apg I 438.

[32] Schlosser, Parole 409-411; Sanders, Jesus and Judaism 72; vgl. Wellhausen, Mk 125: "Die evangelische Überlieferung, wie sie uns gegenwärtig vorliegt, trägt sichtlich Scheu, eine Lästerung Jesu gegen den Tempel als den Grund für seine Verurteilung durch das Synedrium zuzugeben. Sie sucht in Abrede zu stellen, daß eine solche Lästerung wirklich gefallen und namentlich, daß sie einwandfrei bezeugt gewesen sei. Mc und Matthäus erklären die Zeugen für Lügner, Lukas läßt das ganze Zeugenverhör radikal aus ..."

[33] Vgl. Sanders, Jesus and Judaism 71; Vögtle, Dynamik 57; Gnilka, Jesus 297, scheint seine frühere traditionsgeschichtliche Analyse revidiert zu haben, wenn er zu Mk 14,58 konzediert: "Es könnte eine Spur anzeigen, die vom Tempelprotest über die Verhaftung zum Prozeß anzeigt".

[34] Müller, Kapitalgerichtsbarkeit 80; ders., Jesus und die Sadduzäer 6f; Klijn, Scribes, Pharisees; Baumbach, Jesus 92.

[35] So Mt 27,62 und Joh 18,3; vgl. Lührmann, Mk 61.

[36] Vgl. Weiß, Eine neue Lehre 336-343; Sanders, Jesus and Judaism 264f. Zur historischen Problematik vgl. Baumbach, Jesus 91.95; Burchard, Jesus 51: "Ob besonders die Pharisäer gegen Jesus waren, bleibt umstritten". Schulz, Ethik 36: "Seine (d.h. Jesu) provokativ antipharisäische Auslegung des Gesetzes wie der damit verbundene apokalyptische Fluch über die pharisäisch geführte Synagoge waren aufrührerisch und der Grund seines Kreuzestodes" kann die Spannung, in welcher diese Behauptung zum Befund der Leidensgeschichte steht, nur mühsam überspielen: "Dieser geht zurück auf den Haß sowohl der Pharisäer als auch der Jerusalemer Aristokratie ... und das Mißverständnis der Römer". Zur "Vorgeschichte" vgl. Behm, ThWNT IV, 998: "Der Radikalismus seiner Umkehrforderung hat Jesus in tödlichen Konflikt mit den Pharisäern gebracht", ferner die von Sanders, Jesus and Judaism 201 aufgeführten Äußerungen von N. Perrin, E. Käsemann und E. Fuchs.

handelnden obersten zivilen und religiösen jüdischen Gremiums unter Leitung des Hohenpriesters und der Spitzen der Tempelpriesterschaft ist mehr als hinreichend gesichert.[37] Die auch unter römischer Herrschaft fortbestehende priesterliche Ausrichtung des Jerusalemer Tempelstaates hat in der Sicherung des Tempelkultes ihre eigentliche Legitimation. Vergehen gegen den Tempel fallen in besonderer Weise unter die sonst unter römischer Herrschaft eingeschränkte Kompetenz des Sanhedrin. D.h. die müllersche Rekonstruktion bietet die Möglichkeit, bekannte und gesicherte Befunde historisch zu korrelieren, statt scheinbar kritisch auf eine Analyse der Prozeßüberlieferung zu verzichten,[38] dann aber mit historisch vagen, für eine bestimmte antijüdische Theologie aber um so griffigeren Postulaten zu suggerieren, das Wirken Jesu habe "Widerspruch auf breitester Front unter den damaligen Repräsentanten des Judentums" hervorrufen müssen und so "jene Feindschaft" ausgelöst, "die schließlich zu Jesu Tod führte".[39]

3. Damit sind wir bei dem dritten Gesichtspunkt angelangt, welchen ich eigens hervorheben möchte. Der Prozeß Jesu in Jerusalem steht in keinem erkennbaren und unmittelbarem Zusammenhang mit dem vorausgehenden Wirken Jesu in Galiläa.[40] Ein solcher Zusammenhang wird zwar in der mk Redaktion suggeriert und durch die die sog. galiläischen Streitgespräche Mk 2,1-3,6 abschließende Rahmenbemerkung: "Und hinausgehend faßten die Pharisäer sofort mit den Herodianern einen Beschluß gegen ihn, auf daß sie ihn vernichteten" (Mk 3,6) ausdrücklich hergestellt; dieser Vers ist jedoch redaktionell und aus der Perspektive der späteren Auseinandersetzung zwischen Judenchristen und Pharisäern heraus formuliert.[41] Es ist daher angezeigt, bei der Prüfung der verschiedenen Versuche, einen Zusammenhang zwischen der Verurteilung Jesu und seinem Wirken in Galiläa herzustellen, immer auch die Frage nach dem möglichen Bezug eines solchen Motivs des Prozesses Jesu zum Wirken Jesu in Jerusalem und zu den Interessen des Jerusalemer Synhedriums zu stellen.[42]

---

[37] Vgl. Schürer, History II 199-226; selbst eine skeptischere Auswertung der Nachrichten bei Josephus, wie Sanders, Jesus and Judaism 312-315 sie vornimmt, führt auf die Hohenpriester als das nach innen und außen verantwortlich handelnde jüdische Entscheidungsgremium.

[38] Hahn, Rückfrage 42.

[39] Hahn, Rückfrage 42f.

[40] Vgl. Burchard, Jesus 51: "Der Konflikt, in dem Jesus umkam, ergab sich erst in Jerusalem. Seine Gegner dort waren keine Galiläer, auch keine Pharisäer, und verurteilten nicht, was Jesus in Galiläa getan hatte"; Sanders, Jesus, Paul 402f; eine ähnliche Position wurde von Bousset und abgeschwächt von Bornkamm vertreten; die Alternative dazu von Kümmel und Dodd.

[41] Gegen Pesch, Mk I 187f.195f mit Gnilka, Mk I 126.129; Schweizer, Mk 36; Weiß, Lehre 108-110.125f; auch innerhalb des Mkevangeliums habe 3,6 nur eine begrenzte Aussageabsicht: Ernst, Mk 107; Lührmann, Mk 66.

[42] Gnilka, Jesus 268-272.307 versucht die rechts- und zeitgeschichtliche Analyse Müllers, die auf einen jerusalemer Hintergrund des Prozesses Jesu schließen läßt, in der Weise mit der Annahme eines im Wirken Jesu in Galiläa begründeten Konflikts ("Kritik der Frömmigkeits- und Gesetzespraxis" und "der von Jesus erhobene Anspruch") zu verbinden, daß er die Tempeldemonstration Jesu zugleich als "Anlaß" seiner Verhaftung und als Höhepunkt eines lange dahinter stehenden Konflikts bewertet. Als einziges Ver-

II. Versuche einer Korrelation zwischen dem Prozeß Jesu in Jerusalem und Grundzügen des Wirkens Jesu

Ich werde im Folgenden Versuche oder "Hypothesen" besprechen, welche die Grunddaten der oben vorgestellten historischen Rekonstruktion berücksichtigen. Auch dann noch bieten sich, wie wir sehen werden, sehr unterschiedliche Interpretationsmöglichkeiten. Aus Gründen der Übersichtlichkeit werde ich mir erlauben, diese Hypothesen in drei Gruppen zusammenzufassen und sie in der Absicht, eine deutlichere gegenseitige Abgrenzung zu ermöglichen, schlagwortartig und vereinfachend als "Zeloten-Hypothesen", "Gesetzesbruch-Hypothesen" und "eschatologisch-apokalyptische Hypothesen" zu charakterisieren.

1. Zeloten-Hypothesen

Die Vermutung, daß Jesus nicht nur von römischer Seite wegen des Verdachts der Anführung eines messianisch-politischen Aufstands verurteilt und hingerichtet worden ist, sondern daß dieser Verdacht sowohl durch sein Auftreten in Jerusalem - durch den messianischen Einzug in die Stadt, durch die Tempelreinigung wie durch Charakteristika seiner Predigt (Kritik am Reichtum, radikale Ausrichtung auf das Reich Gottes) - einen Anhalt in seinen Absichten hatte, hat eine lange Geschichte.[43] Elemente dieser Hypothese finden sich bereits in der epochemachenden, von Lessing 1778 veröffentlichten Abhandlung des Hermann Samuel Reimarus "Vom Zwecke Jesu und seiner Jünger",[44] in unserem Jahrhundert wurde sie u.a. von R. Eisler (ΙΗΣΟΥΣ ΒΑΣΙΛΕΥΣ ΟΥ ΒΑΣΙΛΕΥΣΑΣ, Heidelberg 1929f) und S.G.F. Brandon (Jesus and the Zealots, Manchester 1967) vertreten.[45]

In diesem Zusammenhang ist eine breitere Auseinandersetzung mit den Zeloten-Hypothesen nicht möglich.[46] Zunächst einmal positiv: die Jesusbewegung traf sich mit der Täuferbewegung, mit apokalyptischen Kreisen und den Zeloten in intensiver Naherwartung des Reiches Gottes und entsprechend negativer Einschätzung der

---

bindungsglied zwischen diesen durchaus unterschiedlichen Konfliktfeldern, welches zugleich die Kompetenz des Synhedriums für den vermuteten galiläischen Konflikt belegen soll, nennt er für das Synhedrium das Ineinander von "religiöser und staatlicher Macht" und die religiöse Motivation des Prozesses Jesu. Dabei bleibt aber gerade die Frage offen, wie das Synhedrium seine "religiöse Kompetenz" im vielgestaltigen Frühjudentum zur Geltung brachte. Auf jeden Fall sind bis zur Zeit Jesu Ketzerprozesse nicht bekannt.

[43] Vgl. Hengel, Jesus 7f.

[44] Es handelt sich um einen Auszug aus der "Apologie oder Schutzschrift für die vernünftigen Verehrer Gottes" des H.S.Reimarus, die über 200 Jahre nach ihrer Abfassung erstmalig 1972 im Druck erschienen ist (Insel Verlag, Frankfurt); zu Reimarus vgl. Schweitzer, Geschichte der Leben-Jesu-Forschung 13-26; Kümmel, Das Neue Testament 105. Zu Lessings Engagement vgl. A.Schilson in: G.E.Lessing Werke 1774-1778 (Theologie-kritische Schriften I), Frankfurt 1989, 888-894.

[45] Zuletzt, wenn auch mit gewissen Vorbehalten, Boers, Who was Jesus? 76-92.

[46] Vgl. aber Hengel, Jesus 14-22; Baumbach, Jesus 24-31; Müller, Rezension.

bestehenden gesellschaftlichen und staatlichen Ordnungen.[47] M. Hengel macht darüber hinaus weitere gemeinsame Vorstellungen zwischen Jesus und den Zeloten aus.[48] Dazu gehören sozialethisch die Kritik am Reichtum (Lk 6,21.25); soziologisch die Bildung eines engeren Kreises von "Schülern" oder "Jüngern" mit einem eigenen Normsystem: Relativierung der Familienbande gegenüber dem Ruf des Gottesreiches (Mk 3,31ff; Lk 14,26f) und Forderung der bedingungslosen Hingabe und der Bereitschaft zum Martyrium (Mk 8,34ff; Mt 5,10; 10,19.26ff.34.38f). Für die Abgrenzung der Jesusbewegung von zelotischen Bestrebungen könnte man auf folgendes verweisen: die Herkunft aus der Täuferbewegung als einer endzeitlichen Bußbewegung (Mk 1,2-11), die Offenheit für Sünder- und Zöllner als Randgruppen in Israel (Mk 2,15-17; Mt 11,19), die in der palästinischen Jesustradition festgehaltene Weisung zur Feindesliebe und zum Gewaltverzicht (Lk 6,27ff), die Überlieferung von Heilungswundern, das Fehlen eines direkten oder indirekten messianischen Anspruchs beim irdischen Jesus und die unpolitische nichtzelotische Wirkungsgeschichte im ältesten Christentum.[49] Das Schicksal Johannes des Täufers und des Herrenbruders Jakobus zeigt, daß auch nichtzelotische Formen des Wirkens und des Einflusses auf die Gesellschaft die Todesdrohung auf sich ziehen konnten.[50]

Allerdings blieb das nachösterliche Christusbekenntnis, welches anfangs auf den Erhöhten bezogen war, nicht ohne Auswirkungen auf die Gestalt der Jesustradition. Gerade in streng judenchristlichen Kreisen war ein Christusbekenntnis ohne nationalreligiöse Färbung undenkbar. Spuren davon finden sich unter anderem in den judenchristlichen Hymnen der lukanischen Kindheitsgeschichte, im "Magnificat", im "Benedictus"[51] und neben anderen Elementen in der Einzugsperikope Mk 11,1-10.[52] Zur "Tempelreinigung" an dieser Stelle nur so viel: wäre sie so gewalttätig und erfolgreich verlaufen, wie sie in Mk 11,15-19 parr geschildert ist - Jesus vertreibt die Händler, stößt die Tische der Geldwechsler um, läßt niemanden ein Gefäß durch das Heiligtum tragen -, dann wäre sie tatsächlich ein wichtiger Baustein für ein zelotisches Jesusbild. Freilich hätte es dann unmittelbar zum Eingreifen der Tempelpolizei

---

[47] Vgl. Thoma, Christliche Theologie des Judentums 69-72; Baumbach, Jesus 27.
[48] Hengel, Zeloten 385.
[49] Vgl. Sanders, Jesus and Judaism 231; ebda. 239f der Versuch, durch Herausarbeitung der zwischen Jesus und den übrigen prophetischen Gestalten, die vor dem Untergang des zweiten Tempels in Palästina wirkten, bestehenden Gemeinsamkeiten und Differenzen, das besondere religionsgeschichtliche Profil Jesu als eines eschatologischen charismatischen Propheten zu bestimmen, der eine wunderbare Wende von Gott her und nicht durch Waffen erwartete.
[50] Vgl. Sanders, Jesus and Judaism 232f.
[51] Vgl. bes. Lk 1,51f.68-75; ferner Lk 24,19-21; Apg 1,6.
[52] Zur Analyse vgl. Müller, Rezension 128; Baumbach, Jesus 26; Gnilka, Mk II 113f; zur historischen Problematik Sanders, Jesus and Judaism 306 mit Anm. 43.

oder der römischen Wachen kommen müssen[53] und der Prozeß Jesu hätte einen anderen Verlauf genommen.

In der Überlieferung von der Gefangennahme Jesu spiegeln sich in ähnlicher Weise Nähe und Differenz zu zelotischen Phänomenen. Hätte man in ihm den Anführer eines zelotischen Aufruhrs gesehen, dann wären wohl auch seine Anhänger mitverhaftet worden,[54] man hätte jedenfalls den Versuch dazu gemacht. Aber trotz eines Mk 14,47 festgehaltenen kleinen Handgemenges scheint die ganze Aktion nur auf die Ergreifung Jesu ausgerichtet gewesen zu sein. Anderseits fühlten sich die Jünger doch so bedroht, daß sie unvermittelt aus dem Umkreis der Stadt nach Galiläa geflohen sind. Der gelegentliche Verfolgungsdruck, welchem die Jerusalemer Gemeinde bis zur Hinrichtung des Herrenbruders Jakobus (Jos. Ant. XX 199-203) nach Apg 4,5-22; 5,17-42; 7,57-60; 12,1-3 vgl. 1Thess 2,14-16 ausgesetzt war, ging überdies nicht von der römischen Besatzungsmacht, sondern von den Hohenpriestern aus;[55] ein weiteres Anzeichen für den innerjüdischen Anlaß des Prozesses Jesu.

2. Gesetzesbruch-Hypothesen

Der von Müller in Erinnerung gerufene Befund einer kritischen zeitgeschichtlich orientierten Auswertung der Leidensgeschichte steht in Spannung zu einem Bild des Prozesses Jesu als dem nahezu notwendigen Höhepunkt der von Jesus bewußt herbeigeführten Konflikte[56] mit dem Judentum bzw. mit dem jüdischen Gesetzesverständnis und mit dem von Jesus nicht anerkannten exklusiven Anspruch der Tora.[57] Auf die geistes- und theologiegeschichtlichen Wurzeln eines solchen Ansatzes kann ich hier nicht weiter eingehen,[58] auch nicht auf seine problematischen Auswirkungen, die auf eine Isolierung Jesu vom Judentum hinauslaufen[59] und damit den theologi-

---

[53] Vgl. Baumbach, Jesus 27; Burchard, Jesus 53.

[54] Vgl. Gnilka, Mk II 286; Sanders, Jesus and Judaism 231f.285f.295.

[55] Vgl. Sanders, Jesus and Judaism 285.

[56] Zur Konstruktion eines Jesusbildes ausgehend von den "Konflikten" vgl. Hahn, Methodologische Überlegungen 41-44; Becker, Ethos Jesu 37, begibt sich unter der Voraussetzung, daß sich das "Gesetzesverständnis Jesu keineswegs glatt in das Judentum einordnen" lasse, explizit auf "die Suche nach konfliktträchtigen Aussagen und Situationen im Leben Jesu". Eine gemäßigte Variante wird von Gnilka, Jesus 270-272, vertreten (vgl. oben Anm.42).

[57] Becker, Ethos Jesu 48.50 übt heftige Kritik an den Überlegungen, die ich in dem "Gesetzeskritik und Gesetzesgehorsam in der Jesustradition" betitelten Aufsatz (diese Angabe fehlt in seinem Text) zur Diskussion gestellt habe. Er geht indes nur partiell auf meine Argumentation ein und beschränkt sich im übrigen auf Beschwörungen und die Wiederholung von Vorurteilen über "das Judentum" - gerade davor hatte ich am Beginn meiner von ihm gestreiften Ausführungen gewarnt.

[58] Sanders, Jesus and Judaism 24-40 verfolgt die Entwicklung der Jesusdarstellung von Bousset, Bultmann, Dibelius, Bornkamm bis Käsemann und Schweizer und kommt zu dem Ergebnis: "there seems to have developed a greater willingness to see Jesus as consciously setting himself against the law and the other essentials of Judaism"(40).

[59] Diese Tendenz tritt trotz aller exegetischen Vorsicht klar hervor bei Hahn, Methodologische Überlegungen 42: "An Jesu provokatorischem Verhalten am Sabbat, an seiner Ignorierung der rituellen Rein-

schen Antijudaismus des Johannesevangeliums, der alten Kirche und Luthers, um nicht zu sagen der Deutschen Christen, historisch zu verifizieren suchen.[60] Hier werden schon in Mk 3,6 und überhaupt in der Tradition[61] und Redaktion[62] des Markusevangeliums wirksame Tendenzen aufgenommen[63] und theologisch verschärft. Ich werde mich auf die Frage beschränken, welche Bedeutung dem Tempelwort und der Tempelreinigung in einigen neueren Entwürfen der eben charakterisierten Art zukommt.[64]

Nach F. Hahn[65] (1974) läßt die Passionsgeschichte in historischer Sicht nur noch erkennen, daß Jesus von den Römern als angeblicher Messiasprätendent hingerichtet wurde. Auf jüdischer Seite sei möglicherweise eine "effektive Furcht der Synhedristen vor politischen Folgen des Auftretens Jesu" mit im Spiele gewesen. Ausschlaggebend sei "jedenfalls, daß er wegen eines religiösen Vergehens hingerichtet wurde". Damit spielt Hahn nicht auf die Tempelreinigung und das Tempelwort an,[66] sondern auf den

---

heitsforderungen, an seinem Verhalten gegenüber der (sic) aufgrund von Gesetzesbestimmungen aus der Gemeinschaft ausgeschlossenen Kranken, an seiner Gemeinschaft mit denen, die das Gesetz nicht beachteten, zeigt sich, daß er *nicht bereit war, als Jude jüdisch zu leben* (Hervorhebungen von mir) im Sinne des damaligen jüdischen Selbstverständnisses, gleich welcher Schattierung". In einer späteren Publikation hat Hahn erkennen lassen, daß er diese Position in dieser Schärfe nicht mehr vertritt; vgl. ders., Bedeutung des Apostelkonvents 100: "und im Blick auf die schon anbrechende Gottesherrschaft hat er auch Bestimmungen der Tora als menschliche Konzessionen gegenüber dem ursprünglichen Gotteswillen gekennzeichnet und korrigiert. Ob das bei Jesus einen prinzipiellen Charakter hatte, wird man bezweifeln können".

[60] Dieser theologische Antijudaismus entfaltete sich auch bei kirchlichen Antagonisten der Deutschen Christen, vgl. W.Stegemann, Das Verhältnis Rudolf Bultmanns zum Judentum 28-31; zu Bultmanns Jesusbild ebda. 33-35.

[61] Vgl. Vouga, Jesu Rede von Gott 47-50 zu Mk 3,1-6.

[62] Vgl. Kingsbury, Religious Authorities.

[63] Vgl. Becker, Ethos Jesu 31.40: "Wer Jesu Tod als Folge von Gesetzeskonflikten deutet, hat die synoptische Jesusüberlieferung auf seiner Seite"; zu ähnlichen Schlußfolgerungen auf Grund des redaktionellen Summariums Lk 15,2 vgl. Sanders, Jesus and Judaism 278f, der mit Recht auf die in solchen Urteilen wirksame christliche Voreingenommenheit aufmerksam macht.

[64] Eine Grundsatzdiskussion über die Gesetzesfrage in der Jesustradition ist an dieser Stelle nicht möglich; weder Hahn noch Becker achten auf die hier besonders notwendige traditionsgeschichtliche Differenzierung; ferner müßten die kritisch erhobenen Befunde gewichtet und nicht krass extrapoliert werden, vgl. Sanders, Jesus and Judaism 301: "Debates on law - if there were any - are too insubstantial to have led to a fatal enmity". Besonders beliebt, aber auch zur Manipulation der Befunde geeignet ist das *argumentum e silentio*: weil bestimmte Themen, von denen man annimmt, daß sie von einem jüdischen Lehrer oder Charismatiker besprochen werden mußten, in der Jesustradition kaum berührt werden, schließt man auf eine Differenz zwischen Jesus und dem "Judentum" bzw. auf einen Normenkonflikt. Dafür zwei Beispiele: Becker, Jesus 34f vermißt im Vaterunser eine Bezugnahme auf die Tora und stellt ein gebrochenes Verhältnis Jesu zur Geschichte Israels fest. Dabei unterläßt er die spätestens seit der Entwicklung der formgeschichtlichen Methode unerläßlichen Fragen, unter welchen Bedingungen die Bildung und Selektion der Tradition vor sich gingen; Gnilka, Jesus 225, erkennt die "Ambivalenz" der Haltung Jesu gegenüber der Tora daran, daß er seine Jünger im Unterschied zu den Vorschriften der Qumran-Essener (vgl. 1QS 6,6-8) nicht zum Torastudium anhält. Daß die religionsgeschichtliche Rekonstruktion der Verkündigung Jesu auf der gleichen Textbasis zu einem entgegengesetzten Ergebnis kommen kann, zeigt z.B. Sanders, Jesus and Judaism 335-337.

[65] Methodologische Überlegungen 42.

[66] Hahn, Hoheitstitel 177 schließt sich der oben erwähnten Analyse Bultmanns an: "Das Tempelwort gehört nicht in den ursprünglichen Text".

Vorwurf der Blasphemie (Mk 14,64), welchen er offensichtlich für gesichert hält. Jesu "Auseinandersetzungen mit den Vertretern des damaligen Judentums" ließen nämlich erkennen, "weshalb es zu jener Feindschaft gekommen ist, welche schließlich zu Jesu Tod führte". "Gotteslästerer" (vgl. Mk 14,64) sei "nach jüdischem Verständnis derjenige, ... der todeswürdige Grundverordnungen der Tora mit Absicht übertritt". Zu diesen Verstößen Jesu gehöre auf jeden Fall der beabsichtigte Bruch des Sabbats und die Ignorierung der traditionellen Reinheitsvorschriften.

Hinter dieser Konstruktion stehen einige für den Leser nicht ohne weiteres erkennbare Vorentscheidungen. Zum einen die Frage nach der Qualität der für Jesus vorausgesetzten Gesetzeskonflikte und Gesetzesbrüche. An sich ist schon das Vorliegen solcher Gesetzeskonflikte bestreitbar.[67] Ferner gehören zu dieser Hypothese die zu unterscheidenden Fragen, ob im Falle Jesu ein Prozeß wegen Gesetzesbruchs geführt wurde und ob Gesetzesbrüche nach jüdischem Recht als Blasphemie gewertet wurden.

Beginnen wir bei der letzten Frage: es ist unbestritten, daß zwischen Lästerung im weiteren und engeren Sinne unterschieden werden muß. Unter Lästerung im weiteren Sinne fällt jeder Akt, der dem Willen Gottes entgegengesetzt ist oder seine Macht negiert.[68] SNu 15,30f § 112 (33ᵃ)[69] bezieht in diesem Sinne freches "Reden gegen die Tora" unter die von Num 15,30f bedrohten Handlungen ein. Eine ausdrückliche Wertung von Reden gegen die Tora als "Lästerung" geht aus dem Text allerdings nicht hervor.[70] Sei dem wie immer, es ist kein Beispiel aus dem Frühjudentum oder aus dem rabbinischen Judentum bekannt, daß solches "Lästern" im weiteren Sinne einen jüdischen Blasphemieprozeß nach sich gezogen hat.[71] Es ist sicher so, daß die Mischna (Sanh 7.5) strengste Bedingungen - Aussprechen des Gottesnamens vor Zeugen - für einen Blasphemieprozeß aufstellt, so daß solche Prozesse fast ausgeschlossen waren. Möglich, daß das Delikt der Blasphemie als Lästerung Gottes, seines Namens und seiner Eigenschaften im Frühjudentum weiter als in der Mischna gefaßt war,[72] aber ganz unwahrscheinlich ist die nur in christlichen Referaten angedeutete und die Konzeption Hahns tragende Vermutung, daß Gesetzesübertretung in der Zeit des zweiten Tempels als Lästerung bestraft worden sei.[73] G. Dalman, der diese

---

[67] Vgl. Burchard, Jesus 28; Sanders, Jesus and Judaism 55.255.264-268; Dautzenberg, Gesetzeskritik 68f.

[68] H.Brichto, Blasphemy, in: Encyclopaedia Judaica 4, 1073 unter Verweis auf Jes 37,6; Ez 20,27; ähnlich (Strack)/ Billerbeck, I 1010 zur rabbinischen Erklärung von Num 15,30f.

[69] Zitiert nach Billerbeck I 1010.

[70] SNum 15,30f § 112 (33a) "'Die Seele, welche mit hoher Hand etwas tut' Nu 15,30, damit ist derjenige gemeint, der in frecher Weise gegen die Tora (...) spricht, wie Manasse der Sohn des Hiskia ..." Billerbeck I 1010.

[71] Vgl. Billerbeck I 1010: "Die Halakha hat diese Erklärung unberücksichtigt gelassen".

[72] So Dalman, Worte Jesu 258, auf Grund von Mk 14,61-64! Hofius, βλασφημία , in: EWNT I, 530.

[73] Billerbeck I 1016f; Beyer, βλασφημέω, in: ThWNT I, 621 unter Berufung auf Dalman, Worte Jesu!

Behauptung in seiner Schrift "Der Gottesname Adonaj" aufgestellt hatte, hat sich später ausdrücklich von dieser Behauptung distanziert.[74] Die ganze Diskussion ist weiter dadurch belastet, daß es weder in der hebräischen Bibel noch in den jüdischen Schriften ein einheitliches Vokabular für "lästern" und "Lästerung" und also auch keinen einheitlichen "Begriff"[75] der Gotteslästerung gibt.[76]

Die Vorwürfe gegen Stephanus, welche Apg 6,11 mit Ἀκηκόαμεν αὐτοῦ λαλοῦντος ῥήματα βλάσφημα εἰς Μωϋσῆν καὶ τὸν θεὸν (Wir haben gehört, wie er gegen Mose und Gott lästerte) wiedergibt, sind keine Gegeninstanz gegen die bisherigen Feststellungen. Hier werden vielmehr die Anklagepunkte gegen den Prediger Stephanus in möglichst umfassender, aber auch vager[77] Weise vorgestellt. "Lästerung des Mose" ist jüdisch-hellenistisch gesprochen keineswegs qualifizierte Gotteslästerung,[78] wenn auch ein Angriff auf die Grundlagen des Judentums, der Vorwurf der Gotteslästerung wird daher summarisch hinzugefügt, aber in 6,13 nicht wieder aufgenommen. Immerhin läßt das Stephanusbeispiel, was immer sein historischer Wert sein mag, fragen, ob der in der Konzeption F. Hahns implizierte jüdische Prozeß gegen Jesus als Gesetzesbrecher zeitgeschichtlich eher vorstellbar wäre. Jos. Ant. XX, 200 faßt die Anklage gegen den Herrenbruder und Exponenten der gesetzestreuen Jerusalemer Urgemeinde Jakobus und "einige andere" mit dem Hinweis auf Gesetzesverstöße zusammen: ὡς παρανομησάντων κατηγορίαν ποιησάμενος παρέδωκε λευσθησομένους (die er der Gesetzesübertretung anklagte und zur Steinigung führen ließ). Da weitere Angaben fehlen, Jakobus andererseits aber den Ruf großer Gesetzestreue hat, läßt sich das vom Hohenpriester gegen ihn angestrengte Verfahren eher als Ausdruck des sich seit dem Prozeß Jesu durchhaltenden und vertiefenden Gegensatzes zwischen der Hohe-

---

[74] Dalman, Worte Jesu 258 Anm. 2: "Irrig sage ich dort S.46f, daß nach Siphre zu Dt 21,22 jeder ein 'Lästerer' sei, der seine Hand nach einem Hauptartikel des Gesetzes ausstreckt. Es heißt dort nur, daß der Lästerer zu diesen Kapitalverbrechern gehöre".

[75] Gegen Billerbeck I 1016; Beyer, βλασφημέω (s. Anm. 73) 621.

[76] Wallis, גדף, in: ThWAT I, 957 zum Begriffskomplex "lästern" gehören neben גדף noch קלל "schmähen, geringschätzig behandeln" und נקב "brandmarken". גדף wird in der LXX nur in 2Kön 19,6.22 (Subj. die Diener des Sanherib!) mit βλασφημέω übersetzt. Weiter begegnen καταλαλεῖν, ὀνειδίζειν, παροξύνειν (Num 15,30!), παροργίζειν, μεγαλαυχεῖν ὑπερηφανία, κονδυλισμός und θηλαιστός. Ebda. 958: Die Bestimmung in Num 15,30 bezieht sich auf die Unterlassung eines Opfers. Von daher wäre eine Übersetzung mit "Lästern" auch äußerst unangebracht. Targum Onqelos (Übersetzung B. Grossfeld, Edinburgh 1988) übersetzt wie LXX: he provokes anger before the Lord; ebenso eine der beiden Rezensionen des palästinische Targums (Add.27031), Neofiti 1 übernimmt zwar das Vokabular der Lästerung oder Schmähung, vermeidet aber die Aussage der *Gottes*lästerung: elle commet un blasphème *devant* Dieu (Übersetzung R.Le Deaut, Rom 1979).

[77] Vgl. Schneider, Apg 1, 415: "recht vage Anklage".

[78] Gegen Schneider, Apg 1, 436; Hofius, βλασφημέω, in: EWNT I, 531. Jos Ant. III, 307: die Wüstengeneration "lästert" Mose; C. Ap. I, 279: die Ägypter verlästern Mose, indem sie behaupten, er sei Priester in Heliopolis gewesen; C. Ap. II, 143 Apion hat mit seinen Attacken gegen die Beschneidung und die jüdischen Speise- und Opfervorschriften faktisch seine eigenen in vielem ähnlichen ägyptischen Bräuche gelästert - das Beispiel figuriert bei Beyer, βλασφημέω (s. Anm. 73) 621,27 unter "Lästerung gegen das Gesetz".

priesterschaft und der Jesusbewegung verstehen.[79] Aufgrund der urchristlichen gesetzesfreien Heidenmission, deren Anfänge mit dem Stephanuskreis in Zusammenhang
stehen,[80] konnte dieser Gegensatz als Gesetzes- oder Gesetzauslegungskonflikt beschrieben werden. Um so auffälliger ist es in dieser Perspektive, daß der Prozeß Jesu
nicht als Gesetzeskonflikt beschrieben wird.

Hätte denn das Wirken Jesu überhaupt Anlaß zu einer nicht nur einen anderen Konflikt maskierenden Anklage wegen Gesetzesbruchs geboten? J. Becker vertritt in seinem schon erwähnten Aufsatz "Das Ethos Jesu und die Geltung des Gesetzes" die
Meinung, eine isolierte Demonstration gegen den Tempel allein reiche nicht für ein
Jerusalemer Verfahren gegen Jesus aus, und fordert, daß das Geschehen am Tempel
in einem positiven Gesamtzusammenhang mit der "Gesamtverkündigung" stehen
müsse, wenn es einen zureichenden Grund für eine Verurteilung Jesu abgeben
solle.[81] Jesus habe zwar keine kultfreie Religion aufgebaut, aber doch offenbar verbal
am Tempel Kritik geübt und durch programmatische kultfreie Zueignung der Gottesherrschaft "als Stiftung des allein noch möglichen Gottesverhältnisses in Konkurrenz gestanden zum Monopol göttlicher Nähe im Tempel".[82] Dies stehe in Analogie
zum Umgang Jesu mit den rituellen Reinheitsbestimmungen nach Mk 7,15, von der
Gottesherrschaft her seien die rituellen Reinheitsfragen überholt, "mit der ausgren-
zenden Gewichtung der Reinheitsfrage verstößt Jesus mit Worten gegen die Tora
und schiebt ein Grundprinzip derselben zur Seite".[83] Historisch und theologisch sei
Jesu Tod erst hinreichend verstanden, wenn auf die Gesetzeskritik abgehoben
werde.[84]

Kennzeichnend für den Argumentationsstil dieses Aufsatzes ist die Aufstellung hoher
Postulate und scheinbar unausweichlicher Alternativen. Becker weigert sich z.B., eine
Demonstration Jesu am Tempel und gegen den Tempel als zureichenden Grund für
seinen Prozeß und seinen Tod anzuerkennen, obwohl es viele Fälle gegeben haben
wird, bei denen nicht einmal ein solcher zureichender Grund für römisches Einschreiten genannt werden könnte. Natürlich gehört es zu den Aufgaben des Historikers,
weiterzufragen und das einzelne Ereignis in einen größeren Zusammenhang zu stel-

---

[79] Vgl. Sanders, Jesus and Judaism 285f.
[80] Die Schilderung in Apg 6-8 verdeckt die ursprünglich gegebenen Begründungszusammenhänge, vgl.
Dautzenberg, Gesetzeskritik 60f; Löning, Stephanuskreis 82ff.
[81] Becker, Jesus 46; Burchard, Jesus (in dem von Becker herausgegebenen Band "Anfänge des Christentums) 52.54f begnügt sich dagegen mit der Vermutung, der Jerusalemer Magistrat habe aufgrund
des Auftretens und der Wirkung Jesu politische Unruhen befürchtet. 55: "Ohne diese Situation, in die Jesus sich freilich sehenden Auges hineinbegeben hatte, wäre er vielleicht unbehelligt geblieben. .... Jesus
ist keine Gerechtigkeit widerfahren, aber ein Justizmord war es auch nicht".
[82] Becker, Ethos 44f.
[83] Becker, Ethos Jesu 44.
[84] Becker, Ethos Jesu 45.

len. Er darf sich Fragen und Antworten aber nicht von seinem theologischen Interesse diktieren lassen, sondern muß sich unter Umständen auch mit einer Teilantwort begnügen. Diese wäre mit dem Verweis auf das Geschehen am Tempel auf jeden Fall gegeben, zumal sich dieses Handeln Jesu seiner Reich Gottes Botschaft[85] zuordnen läßt, wie noch zu zeigen sein wird.

Allerdings nicht in der Weise, in welcher Becker dies versucht hat. Er korreliert Stoffe, die von Hause aus zur Gesetzesdiskussion oder zur weisheitlichen Lehre gehören, ohne weiteres mit der eschatologischen Basileia-Thematik.[86] Auffälligerweise gehören diese Stoffe oder Logien, nämlich Mk 2,27; 3,4 und 7,15, sämtlich dem Markusevangelium und damit der hellenistisch-judenchristlichen Jesustradition und nicht der palästinisch-judenchristlichen Tradition der Logienquelle an.[87] Im palästinischen Milieu konnte sich die Diskussion über Sabbat und Reinheit offensichtlich nicht entfalten, weil die Gemeinden sich durch ihre Lebensumstände nicht dazu genötigt sahen.[88] Sollte dies zur Zeit Jesu anders gewesen sein? Auf jeden Fall ist der jesuani-

---

[85] F. Vouga, Jesus als Erzähler 70-76 bestreitet nachdrücklich die These, daß das Reich Gottes im Zentrum der Predigt Jesu gestanden habe; seine Beweisführung konnte mich aber nicht überzeugen: 1. Die Frage ist angesichts der Entwicklung der Jesusüberlieferung nicht literarkritisch, sondern traditionskritisch anzugehen (zu S.70); 2. In der Frage, ob Lk 11,20; 17,20 oder die von Mk 1,15a aufgenommene Tradition älter sind, würde ich mich immer noch für eine Priorität von Mk 1,15a bzw. für die Priorität der dort formulierten Naherwartung (vgl. Mt 6,10) entscheiden - von einem angeblich jesuanischem "existentialen Verständnis des Reiches" halte ich überhaupt nichts (zu S.71.75) - es ist ein untauglicher Versuch die von Bultmann für Paulus behauptete anthropologische Radikalisierung der Eschatologie nun auch für den historischen Jesus in Anspruch zu nehmen (zu S.76); 3. Die Reich-Gottes-Aussagen in Mk 12,34; 15,43 geben die Perspektive des hellenistischen Judenchristentums wieder, ohne das zukünftige Reich Gottes mit dem Christentum zu identifizieren (zu S.72); 4. der Verfasser des Markusevangeliums unterscheidet wie seine Tradition zwischen dem Reich Gottes und der Christologie, s. Dautzenberg, Mk 4,1-34 55f (zu S.73.75); 5. "Reich Gottes" ist nicht erst ein Thema des nachösterlichen Prophetismus, sondern die Rahmenvorstellung, welche die nachösterliche Mission mit dem Wirken und der Verkündigung Jesu verbindet; bisher ist noch keine urchristliche Traditionslinie nachgewiesen, welche sich nicht wenigstens in ihren Anfängen von dieser Rahmenvorstellung her verstehen ließe, vgl. Dautzenberg, Reich Gottes und Erlösung; die Neubildung von Reich-Gottes-Logien spricht unter dieser Voraussetzung nicht gegen die Annahme, daß das Reich Gottes im Zentrum des Wirkens Jesu gestanden habe, vgl. Schürmann, Zeugnis der Redenquelle 136-152 (zu 74f); 6. Die Gleichnisüberlieferung ist, das ist Vouga zuzugeben, ein ungeeigneter Einsatzpunkt für die Rekonstruktion der Verkündigung Jesu; die seit Jülicher, Jeremias und E. Fuchs in Gang befindliche Isolierung der Gleichnisse ist wohl mit Schuld an dieser letzten von Vouga verübten traditionsgeschichtlichen Entblößung der Gleichnisse; sie sollen nun zum ersten Mal in ihrer Geschichte unter dem Gesichtspunkt der "Autonomie der Erzählung als eines ästhetischen Objektes" unter Absehung von jedem überlieferungsgeschichtlichen Kontext an und für sich eine Botschaft vermitteln. Diese fällt entsprechend dürftig aus (zu S.83.84: "in der Tragikomödie des Gleichnisses dagegen gibt es keinen Unterschied: alle sind ihrer Achtbarkeit beraubt").

[86] Vgl. auch das Verfahren Hahns, Bedeutung des Apostelkonvents 100, der sich nun nur noch auf Mk 10,2-9; Mt 5,31f.33-37.38-42 beruft. Auch diese Aufzählung wird noch reduziert werden müssen. Zu Mk 10,2-9 und Mt 5,31f s. den Beitrag von T. Holtz zu diesem Sammelband und die anschließende Diskussion. In den beiden anderen Fällen entsteht der Eindruck einer Korrektur der Tora, nicht aus der verhandelten Sache, sondern nur durch die antithetische Bildung des Matthäusevangeliums, vgl. Dautzenberg, Schwurverbot; ders., Eid IV 5, in: TRE 9, 380f; Luz, Matthäus I 291. 296f.

[87] Vgl. dazu jetzt Kosch, Die eschatologische Tora des Menschensohnes. Q sah Jesus in Übereinstimmung mit der Tora und nicht in Opposition zu ihr.

[88] Vgl. Sanders, Jesus and Judaism 264.

sche Charakter dieser Logien zumindest umstritten. Sollten sie die Haltung Jesu wiedergeben, dann müssen sie eine gesetzestreue Interpretation zulassen. Das ist im Falle von Mk 2,27 ohnehin die wahrscheinlichere Auffassung;[89] für Mk 7,15 ist eine gesetzeskonforme Interpretation immer wieder versucht worden.[90] Mk 3,4 ist ein relativ spät anzusetzendes Kampfwort und auf keinen Fall jesuanisch oder authentisch.[91]

Mk 2,27 und 7,15 haben weisheitlichen Charakter und eine weisheitliche Begründungsstruktur. Sie appellieren an die menschliche Einsicht und an die Intelligibilität der Schöpfungsordnung. Sie haben ihren sachlichen Grund auf jeden Fall nicht in der Basileia-Thematik, wie Becker sehr kühn postuliert: "Die Autorität, die so wie Mk 2,27; 3,4 redet, stellt sich über... die Tora, indem sie die Energie von der Diskussion, was am Sabbat erlaubt ist, umlenkt zu der alles entscheidenden Frage: Wie kommt Gottes endzeitliche Herrschaft jetzt ungehindert zu den Menschen? Alle Tage sind jetzt in gleicher Weise Sabbat, Tage des Segens".[92] Vom Reich Gottes ist weder in den betr. Logien noch in den Apophthegmen, welchen sie zugeordnet sind, die Rede; es werden durchaus andere Motive genannt, welche ebenfalls keine Beziehung zur Reich Gottes Predigt haben. Die Zuordnung solcher Weisheits- und Gesetzesworte zur Reich-Gottes-Predigt Jesu muß auf anderem Wege gesucht werden.[93] Die synoptische Tradition weist mit Mk 10,17ff; 12,34; Mt 7,21b; Lk 10,28 auf den entscheidenden Zusammenhang. Bedingung für die Aufnahme in das Reich Gottes ist das Tun des Willens Gottes.[94] Unter dieser Voraussetzung der Reich-Gottes- Botschaft sollen

---

[89] Vgl. Burchard, Jesus 48.

[90] Vgl. Burchard, Jesus 47; Luz, Gesetz 60f; für nachösterliche Bildung: Sanders, Jesus and Judaism 266; Räisänen, Zur Herkunft von Mk 7,15; ders., Jesus and the Food Laws. Vgl. aber auch den Beitrag Taegers in diesem Sammelband und dessen Diskussion.

[91] Vgl. Weiß, Lehre 122f; Vouga, Jesu Rede 47-50; Sauer, Traditionsgeschichtliche Überlegungen.

[92] Becker, Ethos Jesu 41 - Sollte der Sabbat ein Hindernis für das "Kommen der Gottesherrschaft" sein? Letzteres ist offensichtlich in Anlehnung an die Redeweise von Lk 11,20 (Q!) - ein Logion, welches eine Deutung der Dämonenaustreibungen Jesu enthält - formuliert. Sonst fehlt jeder Hinweis für eine Gleichsetzung des Wirkens und der Wunder Jesu mit dem Kommen der Gottesherrschaft. Wie könnte übrigens deren "Kommen" behindert werden?

[93] Vgl. zum Verhältnis von Weisheit und Reich-Gottes-Botschaft in der Jesusüberlieferung D. Zeller, Die weisheitlichen Mahnsprüche bei den Synoptikern, Würzburg 1977, 181ff; allgemein im Frühjudentum Viviano, The Kingdom of God 98: "Sapiential and legal literature tend not to mention such hopes, but it is at least possible that one and the same author composed works in all three genres"; ebda.103 über die Beziehung von 1QS 4,6-8 ("Und die Heimsuchung aller, die in ihm *wandeln*, geschieht zu Heilung und Übermaß des Friedens ...") zur Reich-Gottes-Thematik. Becker muß sich fragen lassen, ob seine antinomistische Hypostasierung der "endzeitlichen Herrschaft" Gottes nicht zugleich den Inhalt der Konzeption entleert; zu diesem vgl. D. Patrick, The Kingdom of God 78f: "We found sufficient terminological antecedents to conclude that Jesus had precedent for subsuming the theology of the OT under this expression. An examination of two prominent conceptually rich passages yielded a definition of divine sovereignty: the exclusive authority of YHWH *to command and enforce his commands* and the duty of the people of Israel to obey. This definition was congruent with Jesus' understanding of the kingdom of God" (Hervorhebungen vom Vf.).

[94] Vgl. Schulz, Ethik 89-91; Dautzenberg, Gesetzeskritik 54-58. Zum Zusammenhang von Toragehorsam und Reich-Gottes-Erwartung im Frühjudentum vgl. den aufschlußreichen Zusammenhang Weish 6,17-20 (zur Interpretation von V.20 s. Camponovo, Königtum 372f.376; Schmitt, Weisheit 38; Collins, Kingdom

die Maximen zum Sabbat und zur Reinheit in Konfliktsituationen zu einer dem Willen Gottes entsprechenden Praxis verhelfen. Es ist kein überlieferungsgeschichtlicher Zufall, daß diese Überlieferungen Konfliktsituationen im Bereich der hellenistischen Mission erkennen lassen.[95]

Es kann keine Rede davon sein, daß Jesus "Israels Sabbat ... durch die Gottesherrschaft" ersetzen wollte.[96] Hätte er dies gewollt, wäre ein Ketzerprozeß wohl angebracht gewesen. Ebenso wenig ist die Demonstration Jesu am Tempel als Äußerung grundsätzlicher Kultkritik aufzufassen. Die Relation zwischen Tempel und Gottesherrschaft ist nicht die von in der Zeit konkurrierenden und einander verdrängenden Größen, vielmehr wird die Gottesherrschaft die bestehende Ordnung des Kultes und des Tempels ablösen. Becker steuert, ohne den Begriff aufzunehmen, auf eine Deutung des Prozesses Jesu als eines Blasphemieprozesses hinaus: "Die durch die Gottesherrschaft bestimmte neue Funktion des Sabbats mußte theologisch als fehlende Subordination unter die Tora gedeutet werden, die einzelnen Sabbatbrüche im Gefolge dieses Denkens als Verletzung des Sabbats 'mit erhobener Hand'",[97] wiederum ohne Anhalt in der Überlieferung der Leidensgeschichte und ohne ein zeitgeschichtliches Beispiel für einen jüdischen Ketzerprozeß bieten zu können. Von einer Sünde "mit erhobener Hand" ist in der Schrift interessanterweise nur Num 15,30 die Rede,[98] jener Stelle, die auch für die Blasphemiefrage einzig wenn auch gleichfalls zu Unrecht, herangezogen wird.

---

87). Wolter, Königsherrschaft Gottes 17f, nennt unter den "Konkretionen" der frühjüdischen Reich-Gottes-Aussage unter "Gottesherrschaft und Gesetz" Weish 6,1-6; TgJes 33,17.22; 2Makk 7,9; 3Makk 6,2-15; Sib 3,597-623.

[95] Wie ja auch auf frühjüdischer Seite der Zusammenhang "Gottesherrschaft und Gesetz" nach den Beobachtungen Wolters - s. die vorige Anm. - vor allem in Texten aus dem hellenistischen Judentum reflektiert worden ist. Eine unmittelbare Beziehung zwischen der strikten Einhaltung des Sabbats und der Gottesherrschaft begegnet nur Jub 50,9. Vgl. weiter Wolter, Königsherrschaft Gottes 22-24 (s.auch weiter unten Anm.113).

[96] Becker, Ethos Jesu 41. Ebenso künstlich und den Texten aufgenötigt ist die Scheinalternative, ob die Basileia oder die Tora im Zentrum der Botschaft Jesu stehe, s. Becker, Ethos Jesu 34; A. Lindemann, Herrschaft Gottes/Reich Gottes IV, in: TRE 15, 206.

[97] Becker, Ethos Jesu 41; B. verschärft die Position seines Lehrers G. Friedrich, der in seiner Studie: Die Verkündigung des Todes Jesu im Neuen Testament, Neukirchen 1982, 25 geschrieben hatte: "Jesus hat vielmehr in seinem Reden und in seinem Verhalten bewußt gegen die jüdische Gesetzesfrömmigkeit polemisiert ... Ein solcher Generalangriff auf die Grundlagen der jüdischen Frömmigkeit konnte nicht ungestraft bleiben. Das Synhedrium in Jerusalem durfte auf die Dauer diesen Provokationen nicht tatenlos zusehen".

[98] Vgl. A.S. van der Woude, יד, in: THAT I, 671; P. Ackroyd, יד, in: ThWAT III, 443: "In Num 15,30 könnte die Wendung eher 'vorsätzlich, trotzig' meinen". Die einzige bei Billerbeck (I 1010) zitierte rabbinische Erklärung der Wendung greift nicht auf die Strafandrohung von Num 15,30 zurück, SNum 15,30f § 112 (33) (zitiert oben Anm. 70). Die LXX und die Targume fassen die Wendung wie Num 15,30f als Metapher auf und übersetzen nicht wörtlich.

Unabhängig von einer solchen interpretativen Überlastung des historisch Ermittelbaren, besteht, wie Sanders[99] gezeigt hat, die Möglichkeit, die Demonstration Jesu am Tempel als einen Gesetzeskonflikt aufzufassen. Der Kult und seine Riten waren durch die Tora angeordnet.[100] Wer sich dagegen stellte, stellte sich damit auch gegen die Tora. Sein Handeln konnte als Angriff auf die Tora aufgefaßt werden, auch wenn seine Absicht in eine ganz andere Richtung wies. In einem solchen Falle handelte es sich aber nicht, wie Becker vermutet, um einen Normenkonflikt, in welchem sich gegenüber der kultischen, durch den Tempel dargestellten Ordnung ein neues, kultfreies Gottesverhältnis abzeichnet, sondern darum daß der gegenwärtigen Ordnung mitsamt dem Tempel als dem Garanten dieser Ordnung ihr nahes Ende angesagt wird. Es ist besser anzunehmen, daß diese Absicht verstanden werden konnte,[101] als anzunehmen, daß die Auseinandersetzung nur um die Frage nach der Achtung vor der Tora ging.[102]

3. Eschatologisch-apokalyptische Hypothesen

Anlaß des Prozesses Jesu ist ein Drohwort Jesu gegen den Tempel, dessen Wortlaut kaum mehr wiederzugewinnen ist. Es hat sicher den Untergang des Tempels ange-

---

[99] Jesus, Paul 407.411.427f.

[100] Jos. C. Ap. II, 193-198 faßt die Beschreibung des Tempelkults in seiner Gesetzesparaphrase mit der Wiedergabe des ersten Gebots (190-192) zusammen, bevor er mit den Ehegesetzen beginnend die sozialen Pflichten darstellt.

[101] Sanders, Jesus and Judaism 76: "Thus it is at least reasonable that the intent of Jesus' action was clear to his contemporaries. Even if he was understood, however the action and saying were still highly offensive."

[102] So auch Sanders, Jesus and Judaism 252. Neusner, Money Changers, lehnt die von Sanders vertretene eschatologische Deutung der "Tempelreinigung" ab und versucht, sie wiederum als Ausdruck eines Normenkonflikts zu verstehen; in ihr zeichne sich bereits der Gegensatz von Judentum (kultische Sühne durch die täglichen Ganzopfer im Tempel) und Christentum (Eucharistie mit Sühnewirkung) und damit auch die von Anfang an bestehende Beziehungslosigkeit zwischen den beiden religiösen Systemen ab. Seine Konsequenz freilich läuft darauf hinaus, daß das Handeln Jesu am Tempel von gesetzestreuen Juden überhaupt nicht verstanden werden *konnte*, 290: "The two religious traditions, Christianity and Judaism, in their first statements really do represent different people talking about different things to different people". Eine ähnliche Abwägung zwischen der Wertung des Geschehens als eines Normenkonflikts oder als eines primär eschatologisch motivierten Handelns ist im Falle des Nachfolgewortes "Laßt die Toten ihre Toten begraben" (Mt 8,21f/Lk 9,59f) notwendig. Becker, Jesus 37, beruft sich für seine Inanspruchnahme der Tradition, als eines Gesetzeskonflikts auf Sanders, Jesus 267, der darin den einzigen Fall erkennt, in welchem Jesus zur Gesetzesübertretung aufgerufen habe. Sanders, Jesus 253, führt drei Belege dafür an, daß es sich bei der Pflicht, die Eltern zu begraben um eine *gesetzliche* Verpflichtung gehandelt habe: das Beispiel Abrahams, der Sara begraben hat, Gen 23,3f; nach Tobit 6,15 will Tobias am Leben bleiben, um als einziger Sohn seine Eltern begraben zu können; ferner die Vorschriften der Mischna Ber 3.1. Es handelt sich also 1. nicht um eine ausdrückliche Bestimmung der Tora; 2. wird an dieser Stelle keine Toradiskussion geführt; 3. die Aufforderung gehört zur Klasse bewußt anstößigen prophetisch eschatologischen Symbolhandelns. Die Verwirrung geht in diesem Fall auf die Untersuchung von M. Hengel, Nachfolge und Charisma, Berlin 1968, 9-17, zurück, dem sich Sanders, Jesus 252ff, angeschlossen hat; dort wird in der Nachfolge A. Schlatters das Normenproblem unter der Überschrift "Der Bruch mit Gesetz und Sitte" behandelt; das beigebrachte Material kann aber nur den Bruch mit der Sitte belegen.

kündigt oder angedroht, vgl. Mk 14,58a; 13,2; Lk 13,35 par Mt 23,38; ob es auch vom Neubau eines endzeitlichen Tempels sprach, vgl. Mk 14,58b, ist umstritten; möglicherweise kündigte das Wort auch ausdrücklich Unheil für die Stadt des Tempels an, vgl. Lk 19,44;[103] eher unwahrscheinlich ist, daß das Wort von Anfang an in der 1.Person - so Mk 14,58 - bzw. mit Jesus als Subjekt - so Apg 6,14 - formuliert war.[104]

Ursprünglicher Ort des Drohwortes war wahrscheinlich das Geschehen, welches hinter der Überlieferung von der sog. "Tempelreinigung" - der traditionelle Name der Perikope ist äußerst unangemessen[105] -, Mk 11,15-17 steht.[106] Der das Geschehen deutende V. 17 ist höchstwahrscheinlich sekundär, trägt Spuren von hellenistisch-judenchristlichem Schriftgebrauch und zeugt von dem Bemühen, das Handeln Jesu aus der Perspektive des hellenistisch-judenchristlichen Universalismus und der Polemik gegen den Jerusalemer Tempelkult zu verstehen.[107] V. 16 deutet das Geschehen im Sinne strengster Heiligkeitsvorstellungen, dürfte also den Tempelkult als solchen nicht in Frage stellende Adaptation aus dem Vorstellungsbereich palästinischer Judenchristen sein. V. 15 würde dann noch am ehesten die Erinnerung an das Handeln Jesu festhalten; dabei ist auch hier mit nachösterlicher Überzeichnung und Adaptation zu rechnen. Das Vertreiben der Händler und das Umwerfen der Tische bedeutet in der Tat eine Bedrohung des Tempelkults. Da eine reale Unterbrechung des Tempelkults nicht erfolgte, wird das Handeln Jesu am besten als "prophetische Zeichenhandlung" verstanden.[108] Das Tempelwort sollte dieses demonstrative Handeln deuten.

Das Tempelwort kündigt oder droht den kommenden Untergang des Tempels an; es handelt sich wohl kaum nur um die Ansage der kommenden Zerstörung des Tempels,[109] obwohl ein solches Ereignis im jüdischen Verständnis immer die Frage nach Gottes endzeitlichem Geschichtshandeln aufrufen mußte, sondern um dessen endzeitliche Vernichtung. Der Sinn des Tempelworts erschließt sich von der Eschatologie Jesu[110] und d.h. von der Reich-Gottes-Thematik her. Diese ist, auch wenn sie nicht ausdrücklich angesprochen wird, die Rahmenvorstellung, von welcher aus die Über-

---

[103] Vgl. dazu Schlosser, Parole 400.

[104] Vgl. Schlosser, Parole 412.

[105] Sanders, Jesus and Judaism 63: Reinigungsvorstellungen passen besser ins 19. als ins 1. Jh.

[106] Vgl. Sanders, Jesus and Judaism 89; Schlosser, Parole 412f; Gnilka, Jesus 279f.

[107] Vgl. Vögtle, Tempelworte 178; Gnilka, Jesus 277.

[108] Sanders, Jesus and Judaism 89; Burchard, Jesus 53; Stenger, "Gebt dem Kaiser" 183; vgl. Schlosser Parole 412f: symbolischer Akt. Burchard a.a. O. fällt aber dann trotz der Einsicht in die Zusammengehörigkeit von prophetischer demonstrativer Handlung und Tempelwort wieder zurück in eine isolierte Deutung des Handelns Jesu im traditionellen Sinne: "Dann war es wohl eine zeichenhafte Reinigung: Im Reich Gottes wird der Tempelbezirk nicht mehr dadurch entheiligt, daß man dort um Opferpreise und Wechselkurse feilscht, oder dadurch, daß der Tempel seine Dienste teuer verkauft".

[109] Vgl. Burchard, Jesus 53; Schlosser, Parole 413.

[110] Schlosser, Parole 413.

lieferung weiter erschlossen werden kann[111]: der Tempel steht für die Ordnung und die Institutionen dieses Äons, welche dem nahen Gericht verfallen und einer neuen Ordnung Platz machen,[112] oder: die nahe Heilswende wird auch vor dem (zweiten) Tempel und seiner Ordnung nicht Halt machen.[113] Vor dem Hintergrund der Umkehr- und Gerichtspredigt Johannes des Täufers, welche die Koordinaten für das Wirken und die Verkündigung Jesu gesetzt hat, ist das Tempelwort als auf den Tempel und die Priesterschaft, auf Jerusalem, ja auf Israel bezogene Gerichtsankündigung zu verstehen. Von hier aus ist ein Konflikt mit der auf der Dauer des Tempeldienstes gegründeten nationalen Eschatologie der Priesteraristokratie unausweichlich. Die Tempeldemonstration Jesu mußte als umfassende Bedrohung des durch den Tempel garantierten nationalen Friedens, des Schalom, angesehen werden, man vergleiche das Einschreiten der Priesterschaft gegen Jesus ben Anania.

Ist es möglich, noch weiter zu fragen, bzw. weitere Einsichten über die mit der Tempeldemonstration verbundene Intention Jesu zu gewinnen? Zunächst einmal spricht einiges dafür, sie als von Jesus selber intendierten Höhepunkt seines Zuges von Galiläa nach Jerusalem und seines Wirkens in Jerusalem anzusehen. Der eigentliche Adressat des demonstrativen Handelns am Tempel sollte ganz Israel sein,[114] vermutlich ist das von der Priesterschaft verstanden worden. Der Differenz zwischen der Gerichtspredigt Johannes des Täufers und dem Wirken Jesu würde es ferner entsprechen, wenn die Tempeldemonstration nicht nur eine Unheilsankündigung gewesen wäre, sondern auch einen positiven Akzent gehabt hätte. Ein solcher wäre mit einer Ankündigung des Neubaus des endzeitlichen Tempels, entsprechend Mk 14,58b, gegeben.[115]

Dagegen erheben sich freilich mehrere Einwände: die Predigt Jesu weise sonst keine Spur von einem eschatologischen Tempel auf, wie auch das Zions- und das Jerusa-

---

[111] Vgl. Burchard, Jesus 53 "Zeichenhandlung, die etwas über das kommende Reich Gottes signalisieren wollte".

[112] Vgl. Sanders, Jesus and Judaism 73: "If Jesus either threatened or predicted the destruction of the temple and its rebuilding after three days, that is if the saying in any of its forms is even approximately authentic, his meaning would be luminously clear: he predicted the imminent appearance of the judgment and the new age".

[113] Von den bei Burchard, Jesus 53; Schlosser, Parole 406 und Sanders, Jesus and Judaism 81-87 genannten frühjüdischen Texten, die eine entsprechende Erwartung bezeugen sollen, sind folgende aussage- und beweiskräftig: Jub 1,17.27.29 (Neubau eines ewigen Heiligtums ohne Untergangsdrohung für den gegenwärtigen Tempel); 11QT 29,8-10 (Gegenüberstellung des gegenwärtigen und des verheißenen ewigen Heiligtums); äthHen 90,28f (Abbruch des alten und Errichtung eines neuen Hauses); TLevi 15,1 (droht dem Tempel die Verwerfung wegen Unreinheit an); OrSib 5,422 (Neubau in der messianischen Zeit; Voraussetzung die Zerstörung des zweiten Tempels). Die Liste ist zu ergänzen um Jos. Bell. VI, 300-309 (die Prophetie des Jesus ben Ananias muß auch eschatologisch verstanden werden); 1QSb 4,25-26 (Viviano, The Kingdom of God 102: "Here the theology of the renewed temple is related to that of the kingdom of God").

[114] Vgl. die Überlegungen von Burchard, Jesus 52.

[115] Vgl. Sanders, Jesus and Judaism 251; Burchard, Jesus 53.

lemthema fehlen; wenn schon der gegenwärtige Tempel und seine Riten kaum beachtet werden, auf der anderen Seite aber die Transzendenz Gottes so sehr betont werde, sei es unwahrscheinlich, daß ausgerechnet ein neuer Tempel Symbol des eschatologischen Heils sein solle.[116] Die Zeichenhandlung der Tempelreinigung ziele "auf die eschatologische Abschaffung des Opfergottesdienstes als Konsequenz der Unmittelbarkeit und Unvermitteltheit von Gottes Herrschaft".[117]

Sicherheit ist in dieser Frage kaum zu gewinnen. Mir scheint aber, daß das *argumentum e silentio* kaum anwendbar ist, und zwar auf Grund der Eigenart der Jesusüberlieferung. Die Basileia-Predigt Jesu ist nicht erhalten, erhalten sind das Thema und wenige Fragmente, Anspielungen und Bezugnahmen, auf welche in typischen Situationen der urchristlichen Mission zurückgegriffen wurde. Diese hat das Israelthema bald aufgegeben. Wo kein Bruch Jesu mit der frühjüdischen Eschatologie nachweisbar ist, sollte man einen solchen auch nicht postulieren. Die Erwartung eines neuen Tempels würde auf jeden Fall zu der von E.P. Sanders vertretenen Charakterisierung der Eschatologie Jesu als einer auf die Restauration Israels ausgerichteten Eschatologie passen[118] und wohl auch zu der parallel zu der Reich-Gottes-Bitte parallel stehenden ersten Bitte des Herrengebets um die Heiligung des Namens.[119] Die Erwartung eines neuen Tempels würde sich zu der Erwartung einer Wiederherstellung Israels als eines Zwölfstämmevolkes fügen, auf welche das Bestehen des Zwölferkreises hinweist, ferner zur Frühgeschichte der palästinisch-judenchristlichen Israelmission. Weitergehende inhaltliche Deutungen der Tempeldemonstration, welche die Erwartung eines neuen Tempels übergehen,[120] sind in Gefahr berechtigte spätere (nachösterliche) theologische Einsichten in die Verkündigung Jesu zurückzutragen.

---

[116] Schlosser, Parole 411.413f.
[117] Stenger, "Gebt dem Kaiser ..." 183.
[118] Sanders, Jesus and Judaism 61-76.91-119 stützt sich für die Zuordnung des Wirkens Jesu zum Thema der "restoration of Israel" auf folgende Überlieferungskomplexe: die Tempeldemonstration, die Herkunft Jesu und seiner Jünger aus dem Kreis um Johannes den Täufer, das Motiv der Wiederherstellung der 12 Stämme und die Institution der "Zwölf", die an ganz Israel gerichtete Umkehrpredigt, das Thema des Gerichts; vgl. auch Michaels, Kingdom of God 113-115.
[119] Wolter, Die Königsherrschaft Gottes 30f, zählt unter die "theologischen Aspekte" der frühjüdischen Reich-Gottes-Texte die "Heiligkeit Gottes"; ausdrücklichen Bezug zum Tempel, zu Zion oder zu Jerusalem haben folgende in diesem Zusammenhang aufgeführte Texte: Ob 15-21; Jes 52,1-10; 2Makk 1,24-29; TestDan 5,5-13; Jub 1,27f; Hen 25,3-7; 4QFlor 1,1-6. Wolter faßt zusammen: "... wird von der Gottesherrschaft erwartet, daß sie dem bedrängten Volk und Zion-Jerusalem wieder Anteil an der Heiligkeit Jahwes gibt, indem sie aus der Gewalt der Feinde Israels befreit und restituiert werden. Gottes Heiligkeit ist dann auch wieder am Tempel präsent und dort von einem geheiligten Gottesvolk wahrnehmbar".
[120] Schlosser, Parole 414, beruft sich auf Vögtle, Dynamik 57, übersieht aber dessen Festhalten an Mk 14,58b: "Bei diesem anderen Tempel dachte Jesus selbst weder an den Neubau eines materiellen Tempels noch an die nach Karfreitag und Ostern existentiell werdende Kirche. Er hatte vielmehr das Gottesverhältnis in der voll offenbaren Gottesherrschaft im Blick, konkreter gesagt, die Erwartung einer endgültigen, dem Gotteswillen voll entsprechenden Gottesverehrung".

Wenn die Tempeldemonstration Jesu so verstanden wird, wird deutlich, daß sie, obwohl ein Jerusalemer Ereignis und Anlaß für den Prozeß Jesu, doch nicht zufällig den tödlichen Konflikt mit der Hohenpriesterschaft ausgelöst hat. Sie ist der Absicht Jesu nach Fortsetzung seines Wirkens in Galiläa, hat ganz Israel als ideellen Adressaten und ist wie das Wirken in Galiläa von der Naherwartung des Reiches Gottes bestimmt. Wieder einmal brach am Tempel der für Israels Geschichte typische Konflikt zwischen Prophet und Priester aus.[121] Die deuteronomistische Tradition vom gewaltsamen Geschick der Propheten konnte von der palästinischen Urgemeinde ohne Schwierigkeiten zur Deutung des Todes Jesu übernommen werden. Die Tempelpriesterschaft, die aus ihrer Sicht und aus der Sicht der mit dem Tempel verbundenen Kreise[122] im Interesse Israels gehandelt hatte, wurde von den christlichen Gemeinden als Exponent Israels bzw. der "Juden" angesehen; von daher erklären sich die mit dieser Deutung des Todes Jesu einhergehenden kollektiven Beschuldigungen, vgl. 1Thess 2,15; Mt 23,34-39; Mk 12,1-9. Die weitere Traditionsgeschichte der Tempeldemonstration und des Konfliktes zwischen Jesus und dem Tempel wird alsbald durch in der Geschichte des Urchristentums neu wirksam werdende Faktoren bestimmt; dazu gehören die Parusieverzögerung, die Hinwendung zur Völkermission, deren universale Implikationen die auf Israel bezogenen Erwählungskategorien bald zu verdrängen beginnen, damit verbunden die Auseinandersetzung mit der Frage nach der Geltung der Tora und schließlich der Untergang des zweiten Tempels.

Diskussion

Müller ergänzt die Ausführungen Dautzenbergs: Das jüdische Prozeßrecht ziele nicht auf ein Geständnis des Beschuldigten ab, weshalb auf historischer Ebene ein "Geständnis" Jesu fraglich sei. Zum Vorwurf der Blasphemie verweist er auf Jer 26; er könne zur ältesten Tradition gehören, was zur Einschätzung des Tempellogions als ursprünglich passe. Die Frage, ob ein eschatologischer Bezug des Tempellogions anzunehmen sei, bejaht Dautzenberg, da die Tempelzerstörung immer auf einen eschatologischen Kontext weise. Seeliger wirft die Frage nach der Anwendung der "coercitio" auf; ein Rechtsgrund müsse vorgelegen haben. Weise die Bezeichnung βασιλεύς im titulus auf die Anklage der usurpatio oder handele es sich um eine Spottinschrift? Das sei zuerst zu klären, dann gegebenenfalls, ob usurpatio durch das Coercitienrecht geahndet werden könne. Wie verlaufe der Weg vom Tempelwort zu einer Anklage

---

[121] Jer 26,11 bedroht Weissagungen gegen die Stadt und den Tempel mit dem Tode; vgl. Müller, Kapitalgerichtsbarkeit 80.
[122] Diese umfassen weite Bereiche des Judentums, vgl. Sanders, Jesus and Judaism 287: "One issue would have led to opposition from many: the action and saying against the temple".

der usurpatio? Müller meint, βασιλεύς bezeichne nur den Führer einer Gruppe. Dautzenberg sieht in der Tempeldemonstration Jesu dessen Anspruch auf ganz Israel bekundet. Auch für Maier weist βασιλεύς nicht auf einen politischen Anspruch. Trummer erinnert daran, daß der römische Staat nur das Steuer- und Kapitalrecht für sich reklamiert habe, und an die Rolle, die dem Tempel und dem Tempelkult in finanzieller Hinsicht zukam. Holtz hält es überhaupt für fraglich, ob von einer wirklichen Beteiligung der jüdischen Instanzen am Prozeß gegen Jesus ausgegangen werden könne; die Darstellung bei Lukas und Johannes stünde vielleicht den historischen Vorgängen näher. Maier erläutert die Möglichkeiten des Konflikts, die sich bei der Anwendung jüdischen Rechts unter fremder Obrigkeit ergeben konnten. Müller verweist auf Jos. Bell. VI, 300 ff als Parallele: Der dort erwähnte Jesus, Sohn des Ananias, wurde nicht hingerichtet, weil er kein βασιλεύς war. Jesus aber sei ein solcher Führer einer Gruppe gewesen. Es könne ein legitimer jüdischer Prozeß stattgefunden haben und Jesus nach römischen Recht rechtens zum Tode verurteilt worden sein. Dautzenberg unterstreicht abschließend, daß es Müller gelinge, einen rechtlichen Weg, der zur Hinrichtung Jesu geführt habe, aufzuweisen (vgl. K. Müller, Möglichkeit und Vollzug jüdischer Kapitalgerichtsbarkeit im Prozeß gegen Jesus von Nazaret, in: K. Kertelge (Hg.), Der Prozeß gegen Jesus. Historische Rückfrage und theologische Deutung (QD 112), Freiburg/Basel/Wien 1988, 41-83).

Literaturverzeichnis

S. Arai, Zum Tempelwort Jesu in Apg 6,14, in: NTS 34 (1988) 397-410
G. Baumbach, Jesus von Nazareth im Lichte der jüdischen Gruppenbildung, Berlin 1971
J. Becker, Das Ethos Jesu und die Geltung des Gesetzes, in: H. Merklein (Hg.), Neues Testament und Ethik. FS R.Schnackenburg, Freiburg 1989, 31-52
O. Betz, Probleme des Prozesses Jesu, in: ANRW II, 25, Berlin 1982, 566-647
(H.L. Strack)/P. Billerbeck, Kommentar zum NT aus Talmud und Midrasch I, München [8]1982
H. Boers, Who was Jesus? The Historical Jesus and the Synoptic Gospels, San Francisco 1989
R. Bultmann, Geschichte der synoptischen Tradition, Göttingen 1931
C. Burchard, Jesus von Nazareth, in: J. Becker, Die Anfänge des Christentums, Stuttgart 1987, 12-58
O. Camponovo, Königtum, Königsherrschaft und Reich Gottes in den frühjüdischen Schriften, Freiburg/Schweiz - Göttingen 1984
J.J. Collins, The Kingdom of God in the Apocrypha and Pseudepigrapha, in: Willis, Kingdom of God 81-95
H. Conzelmann - A. Lindemann, Arbeitsbuch zum Neuen Testament, Göttingen 1988
G. Dalman, Die Worte Jesu, Darmstadt 1965 (= Leipzig 1930)
G. Dautzenberg, Ist das Schwurverbot Mt 5,33-37; Jak 5,12 ein Beispiel für die Torakritik Jesu?, in: BZ NF 25 (1981) 47-66
Ders., Gesetzeskritik und Gesetzesgehorsam in der Jesustradition, in: K. Kertelge (Hg.), Das Gesetz im Neuen Testament, Freiburg 1986, 46-70
Ders., Reich Gottes und Erlösung, in: I. Broer - J. Werbick (Hg.), Auf Hoffnung hin sind wir erlöst, Stuttgart 1987, 43-66
Ders., Mk 4,1-34 als Belehrung über das Reich Gottes, in: BZ NF 34 (1990) 38-62
M. Dibelius, Die Formgeschichte des Evangeliums, Tübingen 1933
J.R. Donahue, Temple, Trial and Royal Christology, in: W.H. Kelber (Hg.), The Passion in Mark. Studies on Mark 14-16, Philadelphia 1976, 66-71 (zu Mk 14,58)
J. Ernst, Das Evangelium nach Lukas, Regensburg 1976

Ders., Das Evangelium nach Markus, Regensburg 1981

J.A. Fitzmyer, The Gospel according to Luke X-XXIV, Garden City 1985

J. Gnilka, Das Evangelium nach Markus I, Einsiedeln 1978

Ders., Der Prozeß Jesu nach den Berichten des Markus und Matthäus mit einer Rekonstruktion des historischen Verlaufs, in: Kertelge, Prozeß 11-40

Ders., Jesus von Nazaret. Botschaft und Geschichte, Freiburg 1990

F. Hahn, Christologische Hoheitstitel. Ihre Geschichte im frühen Christentum, Göttingen 1963

Ders., Methodologische Überlegungen zur Rückfrage nach Jesus, in: K.Kertelge (Hg.), Rückfrage nach Jesus, Freiburg 1974, 11-77

Ders., Die Bedeutung des Apostelkonvents für die Einheit der Christenheit, in: Ders., Exegetische Beiträge zum ökumenischen Gespräch, Göttingen 1986, 95-115 (Erstveröffentlichung 1982)

M. Hengel, Die Zeloten, Leiden 1961

Ders., War Jesus Revolutionär?, Stuttgart 1970

K. Kertelge (Hg.), Der Prozeß gegen Jesus. Historische Rückfrage und theologische Deutung, Freiburg 1988

J.D. Kingsbury, The Religious Authorities in the Gospel of Mark, in: NTS 36 (1990) 42-65

A.F.J. Klijn, Scribes, Pharisees, Highpriests and Elders in the New Testament, in: NT 3 (1959) 259-267

D. Kosch, Die eschatologische Tora des Menschensohnes. Untersuchungen zur Rezeption der Stellung Jesu zur Tora in Q, Fribourg-Göttingen 1989

W.G. Kümmel, Das Neue Testament. Geschichte der Erforschung seiner Probleme, Freiburg 1958

K. Löning, Der Stephanuskreis und seine Mission, in: J. Becker, Die Anfänge des Christentums, Stuttgart 1987, 80-101

D. Lührmann, Das Markusevangelium, Tübingen 1987

U. Luz, Gesetz. III. Neues Testament, in: R. Smend - U. Luz, Gesetz, Stuttgart 1981, 58-156

Ders., Das Evangelium nach Matthäus 1, Zürich - Neukirchen 1985

J. Maier, Geschichte der jüdischen Religion, Berlin 1972

J.R. Michaels, The Kingdom of God and the Historical Jesus, in: Willis, Kingdom of God 109-118

K. Müller, Möglichkeit und Vollzug jüdischer Kapitalgerichtsbarkeit im Prozeß gegen Jesus von Nazaret, in: Kertelge, Prozeß 41-83

Ders., Jesus und die Sadduzäer, in: Biblische Randbemerkungen. Schülerfestschrift R.Schnackenburg, Würzburg 1974, 3-24

Ders., Rezension zu Brandon, Jesus and the Zealots, in: BZ NF 13 (1969) 126ff.

J. Neusner, Money Changers in the Temple: The Mishna's Explanation, in: NTS 35 (1989) 287-290

G.W.E. Nickelsburg - M.E. Stone, Faith and Piety in Early Judaism. Texts and Documents, Philadelphia 1983

D. Patrick, The Kingdom of God in the Old Testament, in: Willis, Kingdom of God 67-79

R. Pesch, Das Markusevangelium I, Freiburg 1976

H. Räisänen, Zur Herkunft von Markus 7,15, in: Ders., The Torah and Christ, Helsinki 1986, 209-218

Ders., Jesus and the Food Laws. Reflections on Mark 7,15, ebda. 219-241

E.P. Sanders, Jesus, Paul and Judaism, in: ANRW II 25 (1982) 390-450

Ders., Jesus and Judaism, Philadelphia 1985

J. Sauer, Traditionsgeschichtliche Überlegungen zu Mk 3,1-6, in: ZNW 73 (1982) 182-203

L. Schenke, Die Wundererzählungen des Markusevangeliums, Stuttgart 1974

J. Schlosser, La parole de Jésus sur la fin du temple, in: NTS 36 (1990) 398-414

A. Schmitt, Weisheit, Würzburg 1989

G. Schneider, Das Evangelium nach Lukas. Kapitel 11-24, Gütersloh 1977

Ders., Die Passion Jesu nach den drei älteren Evangelien, München 1973

Ders., Die Apostelgeschichte I, Freiburg 1980

E. Schürer, The history of the Jewish People in the Age of Jesus Christ II. Revised and edited by G. Vermes u.a., Edinburgh 1979.

H. Schürmann, Das Zeugnis der Redenquelle für die Basileia-Verkündigung Jesu, in: Ders., Gottes-Reich - Jesu Geschick, Freiburg 1983, 65-152

S. Schulz, Neutestamentliche Ethik, Zürich 1987

A. Schweitzer, Geschichte der Leben-Jesu-Forschung, Tübingen 1933

E. Schweizer, Das Evangelium nach Markus, Göttingen 1975

W. Stegemann, Das Verhältnis Rudolf Bultmanns zum Judentum. Ein Beitrag zur Pathologie des strukturellen theologischen Antijudaismus, in: Kirche und Israel 5 (1990) 26-44

W. Stenger, "Gebt dem Kaiser, was des Kaisers ist ...". Eine sozialgeschichtliche Untersuchung zur Besteuerung Palästinas in neutestamentlicher Zeit, Frankfurt 1988

G. Strecker, Die historische und theologische Problematik der Jesusfrage, in: EvTh 29 (1969) 453-476

C. Thoma, Christliche Theologie des Judentums, Aschaffenburg 1978

B.T. Viviano, The Kingdom of God in the Qumran Literature, in: Willis, Kingdom of God 97-107

A. Vögtle, Das markinische Verständnis der Tempelworte, in: ders., Offenbarungsgeschehen und Wirkungsgeschichte, Freiburg 1985, 168-188

Ders., Die Dynamik des Anfangs. Leben und Fragen der jungen Kirche, Freiburg 1988

F. Vouga, Jesus als Erzähler. Überlegungen zu den Gleichnissen, in: Wort und Dienst 19 (1987) 63-85

Ders., Jesu Rede von Gott. FS W. Marxsen, Gütersloh 1989, 45-56

J. Wellhausen, Das Evangelium Marci, Berlin 1909

W. Weiß, Eine neue Lehre in Vollmacht. Die Streit- und Schulgespräche des Markus-Evangeliums, Berlin 1989

W. Wiefel, Das Evangelium nach Lukas, Berlin 1988

W. Willis (Hg.), The Kingdom of God in 20th-Century Interpretation, Peabody, Massachusetts 1987

M. Wolter, Die Königsherrschaft Gottes und ihr semantisches Feld im frühen Judentum (unveröffentlichtes Manuskript 1989)

Beobachtungen zum Konfliktpotential in neutestamentlichen Aussagen über den Tempel

Johann Maier, Köln

1. Vorbemerkung

1.1 Zur Themenstellung

Im Folgenden wird nicht das Verhältnis Jesu und der Urgemeinde zum Tempel behandelt, denn ein solches Unternehmen erfordert den Sachverstand und die Erfahrung des Fachmanns der neutestamentlichen Wissenschaft. Vielmehr wird anhand einiger neutestamentlicher Aussagen nachgefragt, welche Reaktionen sie auf Seiten der jeweiligen Zielgruppen im damaligen Judentum auszulösen imstande waren, ohne daß in diesem Rahmen die Zuschreibung zum historischen Jesus, zu seinem Jüngerkreis und zu den einzelnen Schichten und Strömungen der frühchristlichen Bewegung berücksichtigt wird. Die Zu- und Einordnung der einzelnen Beobachtungen und die daraus möglichen religionsgeschichtlichen und theologischen Folgerungen seien ausdrücklich den Fachleuten überlassen.

Das Verhältnis Jesu und auch der frühen Urgemeinde zum Tempel ist in der neutestamentlichen Wissenschaft schon oft erörtert worden[1]. Der Befund ist aber schon deshalb nicht eindeutig, weil die Urteile davon abhängen, wieviel man jeweils auf den historischen Jesus zurückzuführen geneigt ist und was insbesondere im Prozeß Jesu eine Rolle gespielt haben könnte.

Dazu ist es vorweg und begleitend notwendig, jene Vorstellungen vom Tempel in Erinnerung zu rufen, die damals im Judentum vorhanden waren und auch das praktische Verhalten angesichts derartiger (gleich, ob als historisch oder auch nur als literarisch-fiktiv anzusetzender) Konfrontationen bestimmten, wie sich also die faktische Bedeutung des Tempels auf die Einstellung zu Jesus selbst und zu den frühen christlichen Aussagen über Jesus Christus ausgewirkt haben könnten.

1.2 Wertungen und praktische Wahrnehmungen

Eine grundsätzliche Ablehnung des Tempelkults an sich ist im NT wohl nirgends belegt. Auch die heilsgeschichtstheologisch- soteriologisch begründete Übertragung der

---

[1] Neuere Literatur außerhalb der Kommentare: N. Q. Hamilton, Temple Cleansing and Temple Bank, in: JBL 83 (1964) 365-372; L. A. Losle, The Cleansing of the Temple. A History of a Gospel Tradition in Light of its Background in the Old Testament and Early Judaism, Diss. Fuller Theological Seminary (School of Theology), 1984 (Ann Arbor University Microfilms 1985); E. P. Sanders, Jesus and Judaism, Philadelphia 1985 (61-76: Jesus and the Temple); W. Horbury (ed.), Templum amicitiae. Essays on the Second Temple presented to Ernst Bammel, Sheffield 1990.

Sühnefunktion des Kults auf Jesus Christus oder die entsprechende Umdeutung kulttheologischer Konzepte im Hebräerbrief setzen nicht eine Infragestellung des Kults voraus, sie ergaben sich vielmehr als Konsequenz aus dem Christusglauben, aus der verkündeten Erfüllung der Kultfunktion. Andrerseits läßt das NT auch kein besonderes Interesse an kultischen Handlungen im engeren Sinne erkennen. Das Heiligtum selber spielt nämlich im Zusammenhang mit Jesus und den frühen Christen vor allem als Stätte der *Öffentlichkeit* eine Rolle, als Versammlungs-, Gebets- und Lehrstätte, kaum aber als eigentliche *Kultstätte*. Aussagen, die das Ganze des Heiligtums negativ betreffen, etwa im Zusammenhang mit einer Androhung der Tempelzerstörung, haben nicht in erster Linie eine kultfeindliche Spitze, sie entsprechen vielmehr einem Topos des eschatologisch orientierten Denkens[2]. Sogar die tatsächliche Tempelzerstörung im Jahr 70 n. Chr. hinterließ im NT nur Spuren im Sinne dieser eschatologischen Sicht, für historische Details waren die Christen dann vor allem auf den jüdischen Geschichtsschreiber Flavius Josephus angewiesen.

Ebenfalls in diesen Bereich der eschatologischen Motive gehören Heilungsgeschichten, soweit sie das Geschick von Kranken und Behinderten betreffen, die wegen ihres Gebrechens als kultuntauglich galten, denen aber in bestimmten Überlieferungen für die Endzeit Heilung und Kultfähigkeit verheißen ist[3]. Sie sind in diesen ihren Kontexten eben nicht als "Berichte" über Heilungen sondern als eschatologische Zeichenhandlungen eingesetzt. So erscheint auch in allen Kontexten, in denen das Auftreten Jesu prophetisch-eschatologische Zeichenfunktion aufweist, die Frage der Einstellung zu bestehenden Institutionen - und hier eben zum Kult - im Vergleich zur eschatologischen Symbolik der Aussage bzw. Szenenhandlung als zweitrangig, die Verkündigungsfunktion dominiert. Der Tempel ist in einem solchen Fall eher Mittel der Verkündigung als Gegenstand der Auseinandersetzung. Das erklärt sich zum Teil von selbst, denn die Endzeitankündigung impliziert einen endgültigen Wandel der Verhältnisse hin zu dem von Gott endgültig gewollten Zustand, sodaß die Diskussion über gegenwärtige - "vorläufige" - Einzelkomplexe, selbst über einen so gewichtigen wie das Heiligtum, höchstens als schriftstellerische Darlegung im Rahmen eines apokalyptischen Spekulationsentwurfs zu erwarten ist, nicht aber in aktuellen Glaubensaussagen auf Grund der Überzeugung vom eintreffenden oder eingetroffenen *Kairos*.

Dieses Phänomen ist übrigens auch für die weitere Religionsgeschichte des Judentums kennzeichnend: Das *Dass* des angekündigten Termins bestimmt das Bewußtsein

---

[2] R. E. Winkle, The Jeremia Model for Jesus in the Temple, in: AUSS 24 (1986) 155-172; F. Dexinger, Ein "messianisches Szenarium" als Gemeingut des Judentums in nachherodianischer Zeit, in: Kairos 17 (1975) 249-278.
[3] D. Gewalt, Die Heilung Blinder und Lahmer im Tempel, in: Dielheimer Blätter zum AT 23 (1986) 156-173.

- und insbesondere in Fällen von Naherwartung - stets mehr als die Frage nach dem *Wie* der neuen Verhältnisse. Die Frage nach dem Wie ergibt sich aber dann buchstäblich *mit der Zeit* als unausweichlich und erfordert schließlich mehr als nur punktuelle Aussagen, nämlich eine theologische und je nach Bildungsgrad auch systematisch-theologische Definition des Neuen gegenüber dem Alten, wobei die Endzeitverzögerung diese Problematik laufend verschärft.

2. Zur Tempelanlage, ihren religiösen und politischen Implikationen

2.1 Die beiden kultischen Brennpunkte

Wenn über den Tempel unzutreffende Vorstellungen verbreitet sind, liegt dies vor allem daran, daß man sich nur selten über die Anlage des Jerusalemer Heiligtums, über seine Funktionen und Symbolik insgesamt und im Detail im Klaren ist. Unsere Kenntnisse über die räumlichen und funktionalen Verhältnisse des Jerusalemer Heiligtums[4] sind in der letzten Zeit erheblich erweitert und vertieft worden, weil zu den bekannten Fakten und Quellen, welche den herodianischen Tempel betreffen, noch ein Entwurf für eine ideale Tempelanlage kam, der in der Tempelrolle aus Qumran enthalten ist[5]. Die Bibel spricht zwar vom "Haus Gottes", aber das ist keineswegs deckungsgleich mit dem deutschen Wort "Gotteshaus". Das Heiligtum ist auch nicht einfach mit dem eigentlichen Tempelhaus identisch. Das Jerusalemer Heiligtum war eine komplizierte Hoftempelanlage und vereinte in sich zwei kultische Konzepte, das Wohntempelkonzept und das Altarheiligtumskonzept.

Die Vorstellungen die sich mit diesen beiden Grundkonzepten verbanden, berühren fast alle Bereiche des antiken jüdischen Denkens und Daseins[6].

2.1.1 Die Wohntempelvorstellung

(a) Nach dem Wohntempelkonzept ist im Allerheiligsten des eigentlichen Tempelgebäudes die Gottheit kultisch gegenwärtig, der Kult in der vorgelagerten Tempelhalle gilt der einwohnenden Gottheit: Versorgung der Leuchter, des Schaubrot-Tisches und des Räucheropfer-Altars. Alles dies durch die jeweils diensthabenden Priester allein unter Ausschluß der Öffentlichkeit, auch wenn ein kleiner Teil des Publikums von den Vorhöfen her in begrenztem Maß zu den Opferzeiten zumindest das Auftreten der diensthabenden Priester wahrnehmen konnte und mit diesen Kultvorgängen allerlei Vorstellungen verband (Luk 1,5ff.).

---

[4] Th. A. Busink, Der Tempel von Jerusalem Bd. II, Leiden 1980.
[5] J. Maier, The Temple Scroll, Sheffield 1985.
[6] Zur Orientierung und für neuere Literaturhinweise s. J. Maier, Zwischen den Testamenten (NEB Erg.-Bd. 3), Würzburg 1990.

(b) Das Allerheiligste stellt den Brennpunkt eines heiligen Bereichs dar, der bis an die Grenzen des Landes Israel reicht und aus (etwa zehn) nach außen hin abgestuften, konzentrischen Heiligkeitsbereichen besteht. Die Tempelrolle aus Qumran demonstriert, wie stark dieses Konzept bereits systematisiert wurde und nicht bloß für die kultische, sondern auch für die ganze soziale und politische Ordnung relevant war. Die Stätte der Gottesgegenwart war somit auch Kristallisationspunkt einer von den Vorstellungen über rituelle Reinheit und Unreinheit bestimmten Land-Theologie. Diese war aber gleichzeitig weithin auch mit jener Landtheologie verflochten, die vorrangig geschichts- und erwählungstheologisch argumentierte[7]. Für sie galt Jerusalem wegen seiner Bedeutung als Residenz der gotterwählten Davididen schon längst als Symbol für Israel. Die kultische Präsenz Gottes, wie immer sie im einzelnen definiert wurde, verlieh in dieser Sicht der Stadt Jerusalem als der "Stadt des Heiligtums" rituell-gesetzlich eine einzigartige Bedeutung und einen Symbolwert, der über die kultisch-rituellen und politisch-dynastischen Aspekte hinaus gesamt-israelitische und somit in jedem Fall auch politische Relevanz hatte. Dieses Bewußtsein erfuhr in und seit der Zeit der Bedrohung unter Antiochus IV. Epiphanes im frühen 2. Jh. v. Chr. eine Vertiefung und zugleich Popularisierung, die kaum hoch genug veranschlagt werden kann[8]. Das Heiligtum mit der "Stadt des Heiligtums" stand von da an im Zentrum des jüdischen Bewußtseins, modisch ausgedrückt: es war auch einer der wirksamsten emotionalen Faktoren für das jüdische Identitätsbewußtsein. Und zwar, weil es infolge der Vorstellung von der göttlichen Gegenwart sowohl kult-theologisch als auch erwählungs-theologisch an das Bekenntnis des einen Gottes gebunden war, den man dort thronend gegenwärtig glaubte[9].

Dies hatte auch brisante politische Aspekte. Die Stadt des Heiligtums als Stätte der Gottesgegenwart wirkte als Symbol des monotheistisch begründeten Machtanspruchs, der sich von der alleinigen Königsherrschaft Gottes aus auch in bezug auf die Verfügung über die Stadt des Heiligtums und über das Land Israel ergab. Tempel und Tempelstadt als Symbole der Königsherrschaft Gottes[10] repräsentieren also einen theokratischen Anspruch, der zur real herrschenden Macht prinzipiell im Widerspruch stand und daher von Fall zu Fall mit ihr auch konkret in Konflikt geraten konnte. Die Folge ist eine gleichermaßen politische wie religiös-theologische Empfindlichkeitszone: Eine Infragestellung "des Ortes" konnte von den einen als Angriff auf die Stätte der Gottesgegenwart, von anderen als politische Demonstration im

---

[7] J. N. Lightstone, Society, the Sacred, and Scripture in Ancient Judaism, Waterloo/Ont. 1988.

[8] Zur Auffassung vom Land im 2. Jh. v. Chr. s. zuletzt v.a. D. Mendels, The Land of Israel as a Political Concept in Hasmonean Literature, Tübingen 1987.

[9] J. Maier, Vom Kultus zur Gnosis, Salzburg 1964; M. Dean-Otting, Heavenly Journeys, Frankfurt/M. 1984; D. J. Halperin, The Faces of the Chariot, Tübingen 1988.

[10] O. Camponovo, Königtum, Königsherrschaft und Reich Gottes in den frühjüdischen Texten, Göttingen-Freiburg/Schw. 1984.

Sinne monotheistisch-theokratischen Zelotismus aufgefaßt werden, je nachdem, welche Position und welche Interessen der Beurteilende selber vertrat.

(c) Die Wohntempelvorstellung bedingte also eine besondere, numinose Bedeutung des Heiligtums, eine im Bewußtsein wie Unterbewußtsein tief verwurzelte Tabuisierung dieses heiligen Raumes und der mit ihm verbundenen Riten. Mit dem Glauben an die Gottesgegenwart war bekanntlich schon früh (vgl. Jer 7,1ff.) die Annahme der Unverletzlichkeit der heiligen Stätte verbunden. Auch vom wiederaufgebauten Zweiten Tempel meinte man, er sei für immer gebaut[11]. Besonders im Zusammenhang mit der Gefährdung des Tempels unter Antiochus IV. Epiphanes wurden Erzählungen kolportiert, die den übernatürlichen Schutz durch übernatürliche Mächte versichern (vgl. auch 2 Makk 3,38), und die ganzen Auseinandersetzungen der Makkabäerzeit wurden, speziell im 2. Makkabäerbuch, aus dem Gesichtswinkel der Bedrohung des Tempels und der Bewahrung des heiligen Bereichs vor einer Verletzung, insbesondere durch Fremde, beschrieben[12]. Mehr noch, wie aus den Darstellungen des Flavius Josephus zu entnehmen ist, hat diese Auffassung auch bei den Auseinandersetzungen mit der römischen Oberherrschaft und schließlich ganz massiv im Krieg gegen Rom 66-70 n. Chr. eine zentrale Rolle gespielt, und zwar nicht nur bei zelotischen Gruppen.

(d) Aus diesem Grund war im Einzelfall einer aktuellen oder kolportierten Aussage gegen den Tempel oder einer Demonstration im Tempelbereich schwer festzustellen, wo die Grenze zwischen einem eher politisch motivierten und einem eher religiös-theologisch motivierten Vorfall verlief. Es kann somit als selbstverständlich vorausgesetzt werden, daß auf der Basis dieses Glaubens an die Gottesgegenwart im Allerheiligsten jeder verbale oder tätliche Angriff auf den Tempel als gegen Gottes Gegenwart gerichtet gelten konnte. Die Verletzung oder gar Zerstörung des Tempels erschien schon bei Ezechiel als theologisch nur unter der angenommenen Voraussetzung begreiflich, daß sich die Gottesgegenwart aus ihrer Thronstätte im Allerheiligsten zurückgezogen habe (Ez 9-10)[13], weil Israeliten die heilige Stätte selber entweiht hatten, was dann z. B. auch Josephus (vgl. Bell VI,250), syr. Baruch (Kap. 6-8; 64,6) und auch die Rabbinen für die Zerstörung des Zweiten Tempels voraussetzten[14]. Grundsätzlich konnte das Heiligtum seinen numinosen Charakter sowieso nicht ganz verlieren, die Stätte selber bleibt nach dieser Auffassung heilig, ob ein Tempelgebäude oder ein Altar darauf steht oder nicht.

---

[11] Vgl. Sir 49,12 (in 47,13 bezüglich des Ersten Tempels); Tobit 1,4; Jub 1,26 (Gottesgegenwart für ewig).
[12] R. Doran, Temple Propaganda. The purpose and character of 2 Maccabees, Washington 1981.
[13] Vgl. auch äth. Hen 89,56.
[14] A. Vivian, La crisi del sacerdozio aaronita e l'origine della Mishna, in: Atti del V Congresso internazionale dell'Associazione italiana per lo studio del giudaismo, S. Miniato 12-15 nov. 1984, Roma 1987, 105-120. (116ff).

Wer die Tempelzerstörung androht, kündigt folglich damit zugleich an, daß Gott seine erwählte Wohnstatt und Thronstätte verlassen und preisgeben werde, eine Vorstellung, die für Israel weit mehr als nur den Kultort mit seinem Kult in Frage stellte. Nicht zuletzt klingt mit ihr auch eine Aufkündigung der Erwählung an, denn "der Ort" wurde wie das "Land" um des Volkes Israel willen erwählt (2 Makk 5,19) und daher ist sein Geschick mit dem des Erwählungskollektivs prinzipiell untrennbar verbunden.

2.1.2 Das Brandopferaltar-Heiligtum.

Der öffentliche Opferkult im Priester-Hof bedeutete einen zusätzlichen kultischen Brennpunkt. Aber auch er war der Öffentlichkeit in Wirklichkeit nur sehr begrenzt zugänglich, nicht bloß wegen der geforderten rituellen Reinheit der Besucher. Nur kultfähige Männer, im konkreten Fall vor allem Opfer darbringende Männer, durften einen schmalen Streifen am Ostrand des Altarhofes betreten. Für die breite Masse der Besucher gab es den davorliegenden Israelitenhof, auch Frauenvorhof genannt, weil zu ihm auch Jüdinnen Zutritt hatten. Nur ausschnittweise konnte man aus diesem Hof, der zudem tiefer lag als der Altarhof, durch das große Tor über der Treppe in der Mitte der Abgrenzungsmauer zwischen Priesterhof und Frauenvorhof etwas vom Geschehen innen optisch erhaschen. Die regelmäßigen Opfer am Morgen und am Nachmittag sowie die jeweils vorgeschriebenen Festopfer bedurften prinzipiell keiner Mitwirkung des Publikums im Frauenvorhof. "Israel" (= die Laienschaft) war im Rahmen der Kultorganisation durch die Standmannschaften (Ma^{a}madôt) repräsentiert. Dennoch trug ein Levitenchor auf der Treppe zum Verbindungsportal zum Altarhof zu bestimmten Opferverrichtungen auf priesterliches Signal (von innen her) hin gewisse Psalmen vor, wodurch das Publikum mit Responsionen und Prostrationen am Kultgeschehen drinnen wenigstens am Rande beteiligt werden konnte.

2.2 Der heilige Bereich bzw. Tempelberg

Diese bisher genannten Heiligkeitsbereiche lagen innerhalb eines Quadrats von 500x500 Ellen, dessen Einfriedung Pforten mit Warntafeln aufwies, die jedem Nichtjuden den Eintritt bei Todesstrafe untersagten. Es ist dieses Quadrat, das als Heiligtum galt, seine Maße entsprachen kosmologisch-kalendarischen und symbolträchtigen Traditionen[15]. Juden mußten sich für den Besuch dieses heiligen Bereichs, der *Har hab-bajit/*"Berg des Hauses" im engsten Sinne, in dem entsprechenden rituell reinen

---

[15] J. Maier, The Architectural History of the Temple in Jerusalem in the Light of the Temple Scroll, in: G. J. Brooke (ed.), Temple Scroll Studies. Papers presented at the International Symposium on the Temple Scroll, in: JSPS 7 (1989) 23-62; M. Barker, The Temple Measurements and the Solar Calendar, in: Brooke, Temple Scroll Studies 63-66.

Zustand befinden. Die herodianische Anlage mit ihren leicht kontrollierbaren Zugängen brachte es offenbar mit sich, daß gewisse Kontrollen schon dort vorgenommen wurden und eine gewisse Verwischung des Begriffs "Berg des Hauses" stattfand, die bis heute Diskussionen über die eigentlichen Grenzen des heiligen Areals verursacht[16]. Strenger (das heißt: weiter) zogen die Grenzen andere, sie wandten die betreffenden Vorschriften gar auf die "Stadt des Heiligtums" an[17]. Man muß also damit rechnen, daß innerhalb der Priesterschaft - je nach Orientierung - sogar Vorfälle im "Heidenvorhof" z.T. so empfunden wurden, als beträfen sie den heiligen Bereich selber. Man kann die Intensität dieser Wertungen und Empfindungen in Bezug auf räumliche Heiligkeit kaum hoch genug einschätzen. Das gilt selbst noch für die Moderne[18].

2.3 Der herodianische äußere Hof

(a) Außerhalb dieses heiligen, für Nichtjuden unzugänglichen Quadrats hatte König Herodes eine von Säulenhallen rundum begrenzte Hoffläche einrichten lassen, die daher auch "Vorhof der Heiden" genannt wird[19]. In diesen Bereichen außerhalb des Heiligtums muß man sich das bunte und geschäftige Treiben vorstellen, welches die Szenerie von Mk 11,15ff. voraussetzt. In den Säulenhallen, die das heilige Quadrat im Osten begrenzten und in den Frauenvorhof überleiteten, in der sogenannten salomonischen Säulenhalle[20], waren zudem offenbar - jedenfalls nach ntl. Zeugnissen[21] - auch Zusammenkünfte einzelner Gruppen üblich; die Lokalisierung dieses Gebäude-

---

[16] Ursache ist das z.T. unklare Verhältnis zwischen der Einfassung des Quadrats von 500x500 Ellen einerseits und einer weiter außen verlaufenden Begrenzung, weil die termini technici *sôreg und chêl* offenbar nicht auseinandergehalten wurden. Dahinter stehen aber alte differierende Ansichten. Der *chêl* stellt schon in der Tempelrolle Kol. 46,9-12 die äußerste Begrenzung der ganzen Anlage dar, also die Grenze zwischen diesem und dem Stadtgebiet, was funktional der herodianischen Einfassung entspricht.
Für aktuelle Maßnahmen des israelischen Rabbinats (veranlaßt durch Oberrabbiner S. Goren) vgl. in der Tageszeitung *Ha-'Aretz* vom 14.02.1986: Genaue Meterangaben über die Betretbarkeit des Areals innerhalb der derzeitigen Abgrenzung des *Charam* (im Nordwesten 38,76 m; im Osten 53 m, im Norden 52 m) nach vorherigem rituellem Vollbad und Ablegen der Schuhe.
[17] So in der Tempelrolle aus Qumran und in der "Damaskusschrift". Vgl. J. Milgrom, The Scriptural Foundations and Deviations on the Laws of Purity in the Temple Scroll, in: H.L. Schiffman (Hg.), Archaeology and History of the Dead Sea Scrolls, Sheffield 1990, 83-99 (95f).
[18] Vgl. in der Tageszeitung *Ha-'Arätz* vom 16.12.1983: Auf Veranlassung des Oberrabbiners S. Goren wurden *El-Al* - Piloten angewiesen, heilige Stätten nicht zu überfliegen, speziell nicht den *Har hab-bajit*, denn "auch der Luftraum ist bis zum Himmel hinauf heilig".
[19] Die neueren israelischen Ausgrabungen ermöglichen eine ziemlich genaue Rekonstruktion der herodianischen Bauten. Zur Orientierung s. Jerusalem Revealed. Archaeology in the Holy City 1968-1974, Jerusalem 1975; B. Mazar, Der Berg des Herrn, Bergisch Gladbach 1979. Eine graphisch besonders schön gelungene Rekonstruktionswiedergabe findet sich in: Cartas Great Historical Atlas of Jerusalem (Hebr.), Jerusalem 1989, 41f.
[20] Jos. Bell. 185; Ant. XV,401f.; E. Eybeschütz, *Chômat har-hab-bajit b^ebinjan Hôrdôs*, in: Sinai 93 (1982/3) 193-204.
[21] Joh 10,23; Apg 3,1-11; 5,12.

teiles auf der vorherodianischen Ostmauer[22] ist zwar umstritten, er wird meist in der äußeren, herodianischen Osteinfassung angesetzt, lag aber auch bei der Ansetzung auf der Innenseite in jedem Fall außerhalb des heiligen Quadrats. Wahrscheinlich ist auch ein bei Josephus (Bell. I,78-80) berichteter Vorfall hier anzusetzen, der einen gewissen Vergleichswert hat. Der als Prophet geltende Essener Judas soll am Heiligtum in Gegenwart seiner Schüler einen Aufsehen erregenden Auftritt inszeniert haben. Das Ostportal hatte in jedem Fall als Haupteingang zum Heiligtum eine besondere Bedeutung als Stätte der Öffentlichkeit und mit ihm verband sich auch eine reiche Symbolik, demgemäß taucht es auch in numismatisch-ikonographischer Verwendung auf[23].

(b) Herodes hatte also mit dem äußeren Vorhof ein Forum für verschiedene Bedürfnisse des öffentlichen Lebens im Bereich unmittelbar außerhalb des eigentlichen Heiligtums geschaffen. Dazu gehörten auch Möglichkeiten, sich die für den Kult erforderlichen Mittel zu erwerben und die dafür erforderlichen Gelder zu wechseln, bevor man sich an die zuständigen Kultdiener und Priester wandte. Y. Baer, der die Tempelreinigungsszene einer polemischen Kritik unterzog und für sie eine sehr späte Entstehung fern von Jerusalem annahm[24], bestritt die Anwesenheit von Geldwechslern im Jerusalemer Heidenhof und sah in dieser Lokalisierung ein Indiz dafür, daß die Verhältnisse eines griechisch-heidnischen Tempels Pate gestanden hätten. In der Tat enthält der Text Mk 11,25 einen Passus, der auf mangelhafte Kenntnisse der Verhältnisse schließen lassen könnte, wenn unter *skeuos* "Kultgerät" im engeren Sinn gemeint gewesen wäre, denn eine Beeinträchtigung der Kultverrichtungen im Heiligtum drinnen konnte durch einen solchen Skandal und Auflauf draußen schon aus räumlichen Gründen nicht bewirkt werden. Für die engeren kulttechnischen Vorgänge gab es eigene Tore im Norden und Süden des Priesterhofes. Sollte also für dieses Stückchen markinischen Sonderguts Baers Vermutung eines paganen Tempelszenariums als Hintergrund auch stimmen, träfe seine Datierung doch nur eine sekundäre Textstelle und es bliebe im Übrigen noch in ausreichender Weise Jerusalemer Lokalkolorit sichtbar[25]. Der fragwürdige Satz findet jedoch mit seiner - eventuellen - kultpolemischen Aussage in den synoptischen Quellen keine weitere sachliche Entsprechung. Es ist vielmehr die Situation der Wirkung auf die Öffentlichkeit,

---

[22] Zu dieser s. A. S. Kaufmann, The Eastern Wall of the Second Temple of Jerusalem Revealed, in: BA 44 (1981) 108-115.
[23] A. Muehsam, Coin and Temple, Leiden 1966, 34-36.
[24] Y. Baer, Aspects of Judaism as Presented in the Synoptic Gospels (Hebr.), in: Zion 31 (1965/6) 117-162 (speziell 132ff).
[25] Zur Sache s. außer den Kommentaren des Näheren: D. Juel, Messiah and Temple. The Trial of Jesus in the Gospel of Mark, Missoula 1977; W. R. Telford, The Barren Temple and the Withering Tree. A redaction-critical analysis of the cursing of the fig tree pericope in Mark's Gospel and its Relation to the Cleansing of the Temple Tradition (JSNTS 1), Sheffield 1980.

die in Mt 21,12-13 im Vordergrund steht, unmittelbar an die demonstrative Einzugsszene V. 10f. angeschlossen und mit einer noch mehr Aufsehen erregenden "Zeichen"-Demonstration V. 14-16 fortgesetzt. Der Tempel selber steht auch da noch gar nicht zur Debatte.

Anders bei Lukas[26], wo die knappe Erwähnung des Zwischenfalls in 19,45f. an eine den Einzug auf Jerusalem folgende Weissagung der Zerstörung Jerusalems (und damit des Tempels) anschließt. Das für jüdisches Empfinden ungeheuerliche Ereignis der Tempelzerstörung wird hier schon aus deutlicher Distanz als lehrhaft-verkündigende Bestätigung der christlichen Position benützt. Daher erregt bei ihm auch nicht der Auftritt selber behördliche Aufmerksamkeit, sondern erst die bei Lukas anschließende (V. 47) tägliche Lehrtätigkeit. Johannes überrascht in dreifacher Hinsicht: (a) Er ordnete mit 2,12-22 die Szene im Rahmen seiner Darstellung des Wirkens Jesu ganz vorne ein, bietet (b) in V. 19 eine klare Bezugnahme auf den Tempel selbst und weist dabei (c) eine erstaunliche, geradezu modern anmutende Differenzierung zwischen berichtetem Verhalten Jesu und Jünger-Deutungen auf. Die geschilderten Vorgänge erregen auch hier nicht mehr Aufsehen und eine entsprechende Reaktion der Behörden, sondern sie wecken Erinnerungen.

Abgesehen von Lukas und Johannes dominierte also in der älteren christlichen Verarbeitung der Überlieferung noch situationsgerecht das Motiv der aufsehenerregenden Öffentlichkeit des Auftritts am Tempel und die offizielle Reaktion darauf.

(c) Aber Herodes hatte nicht nur an den Raumbedarf für die immer zahlreicher werdenden Besucher gedacht, denn im Gesamtplan der herodianischen Anlage hatte der äußere Hof mit seinen Säulenhallen auch eine eminent politisch-militärische Funktion. Im Nordwesten befand sich die Festung Antonia, von der aus Truppen sowohl direkt in den äußeren Tempelhof gelangen konnten als auch auf die Dächer der Säulenhallen ringsum, um von dort aus die Anlage unter Kontrolle zu halten bzw. zu bringen. Kultische Erfordernisse und königliche Machtentfaltung wurden auf geniale Weise architektonisch gleichermaßen gewährleistet. Während die kultische Funktion den nördlichen und zentralen Bereich der Anlage beanspruchte, wurde die repräsentative, von außen gesehen hoch aufragende Südfront ganz durch königlich-öffentliche Repräsentation in Anspruch genommen. Die königliche Basilika auf der gewaltigen Südmauer stellte eines der größten Bauwerke der Antike dar. Aufläufe in diesem Bereich waren für die Sicherheitskräfte am Tempel stets ein Anlaß zu Alarm. Es lag im

---

[26] M. Bachmann, Jerusalem und der Tempel. Die geographisch-theologischen Elemente in der lukanischen Sicht des jüdischen Kultzentrums (BWANT VI/9), Stuttgart 1980 (s. v. a. 272ff; 374ff) geht auf den Zusammenhang kaum ein; anders J. B. Tyson, The Death of Jesus in Luke-Acts, Columbia SC 1986; J. B. Chance, Jerusalem, the Temple, and the New Age, Louvain 1988.

Interesse des ungestörten "Betriebsklimas", daß es nicht zu Anlässen für ein Eingreifen der Sicherheitskräfte kam, zumal die Deutungsmöglichkeiten eines jeden solchen Zwischenfalls nicht nur wegen der oben beschriebenen Komplexität des örtlichen Sachverhalts, sondern auch wegen der schwankenden politischen Wetterlage höchst unberechenbar und damit auch die eventuellen Folgen nicht zu kalkulieren waren.

2.4 Das Heiligtum als Festung

Nach außen hin, aber auch für den, der auf das Heiligtum zukam, präsentierte sich das Ganze der Anlage vor allem als gewaltige Festung. Und diese Rolle erfüllte sie auch wiederholt, zuletzt im Krieg gegen Rom 66-70, gerade auch noch 69/70, als die Stadt selber bereits erobert war und die Verteidiger des Heiligtums hofften, daß zumindest die Stätte der Gottesgegenwart nicht in die Hände der unbeschnittenen Feinde fallen werde. Der Tempel fiel dann aber doch und es war gerade seine enorme Bedeutung in politisch-militärischer Hinsicht, die seine Zerstörung bedingte.[27]

3. Himmlisch und Irdisch, Eigentlichkeit und Repräsentation, Endgültigkeit und Vorläufigkeit.

3.1 Himmlisches und irdisches Heiligtum

Die frühjüdischen (wie auch die späteren jüdischen) Quellen bieten gelegentlich den verwirrenden Befund, daß irdischer und himmlischer Tempel teilweise geradezu als identisch erscheinen, gelegentlich aber nicht bloß unterschieden, sondern sogar gegeneinander ausgespielt werden. Der Widerspruch ist durch die bloße Urbild-Abbild-Relation nicht ausreichend erklärbar, auch das schillernde Verhältnis auf der Basis eines uralten, mythischen Raumverständnisses, nach dem Himmel, Erde und Unterwelt im Heiligtum sich gewissermaßen berühren, die Tempelanlage den Kosmos repräsentiert[28], deckt den jüdischen Sachverhalt nicht voll ab. Für priesterliches Selbstverständnis war nämlich die Entsprechung und Identität in der *Funktion* von besonderer Bedeutung. Der Priester handelt in der ritualgerechten Ausübung seiner Kulthandlungen engelgleich, seine Verrichtungen fallen sozusagen zeitlich und funktional mit den ihnen entsprechenden im himmlischen Heiligtum ineins, sodaß die irdischen Priester sich als Teilnehmer am himmlischen Kult der Engel und auch als Teilhaber

---

[27] H. Schwier, Tempel und Tempelzerstörung. Untersuchungen zu den theologischen und ideologischen Faktoren im ersten jüdisch-römischen Krieg (66-74n. Chr.), Göttingen/Freiburg-Schw. 1989.

[28] S. darüber sehr präzise: B. Janowski, Tempel und Schöpfung. Schöpfungstheologische Aspekte der priesterschriftlichen Heiligtumskonzeption, in: JBTh 5 (1990) 37-69.

an ihrem Wissen verstanden (vgl. Jub 31,14), wie nun insbesondere die Sabbatopfer-Lieder aus Qumran zeigen[29].

Trotz des "heiligen" und numinosen Charakters des Tempels ist der Kult "im Himmel" also nicht essentiell an den irdischen gebunden und das irdische Heiligtum nicht mit dem himmlischen einfach identisch, auch die kultische Gegenwart Gottes wird ja nicht einfach mit Gott selbst gleichgesetzt. Es ist die funktionale Entsprechung und Identität, in der sich die oben erwähnten Widersprüche auflösen. Man darf aber daraus nicht eine zu geringe Wertigkeit der irdischen Seite erschließen wollen. Der irdische Kult stellt ja die einzige Möglichkeit dar, das "Himmlische" auf Erden zu repräsentieren (vgl. 3 Makk 1,15). Daher könnte er streng genommen auch nur durch den himmlischen selbst ersetzt werden - unter der Voraussetzung einer Aufhebung des Irdischen, also jenseits von Raum und (geschichtlicher) Zeit, eben eschatologisch oder jenseitig bzw. beides in Kombination, indem das himmlische Jerusalem mit seinem Heiligtum "herabkommt" (s. unten).

3.2 Vorläufigkeit und Endgültigkeit

Mit dem eben Dargelegten ist deutlich, daß ungeachtet der hohen Würde und Funktion des Heiligtums mit dessen irdischem Charakter auch zugleich dessen Vorläufigkeit verbunden ist. Sofern man einen eschatologisch zugespitzten Geschichtslauf annahm, mußte für die Vollendung der Geschichte auch diese vorläufig-irdische Institution durch die eigentliche bzw. endgültige ersetzt werden. Neben die Vorstellung vom himmlischen Tempel tritt in dieser Sicht die Vorstellung vom Neuen Jerusalem am Ende der Tage, wobei dieses Neue Jerusalem sich ohne Weiteres mit jener vom Tempel im Himmel verbinden ließ. Im Eschaton würde dann der örtliche wie funktionale Dualismus, der den Kult(ort) "oben" und "unten" voraussetzt, im eigentlichen und endgültigen aufgehoben werden[30]. Auch dafür bieten Qumranfragmente neue Belege[31].

Das impliziert Fragen in bezug auf den Unterschied der Funktionen, denn die Funktionen des irdischen, vorläufigen Tempels sind ja auf irdische Verhältnisse und menschliche Bedingungen abgestellt, mit deren Fortfall auch die entsprechenden Funktionen entfallen. Mit anderen Worten: Eine Endzeitankündigung unter solchen

---

[29] C. Newsom, Songs of the Sabbath Sacrifice. A Critical Edition (HSSt 27), Atlanta/Georgia 1985; dies., "He has established for himself priests". Human and Angelic Priesthood in the Qumran Sabbath *Shirot*, in: L. H. Schiffman (ed.), Archaeology and History in the Dead Sea Scrolls. The New York University Conference in Memory of Yigael Yadin (JSPS 8), Sheffield 1990, 101-120.

[30] E. P. Sanders, Jesus and Judaism (s. Anm. 1) 77-90; G. J. Brooke, Exegesis at Qumran, Sheffield 1985, 178ff.

[31] F. García Martínez, La "nueva Jerusalem" y el templo futuro de los MSS. de Qumran, in: Salvación en la Palabra. Homenaje al prof. Díez Macho, Madrid 1985, 563-590.

Voraussetzungen, demonstrativ am Heiligtum und womöglich expressis verbis auf das Heiligtum bezogen, bedeutete für das priesterliche Establishment, sein religiöses Selbstverständnis und seine Interessen wohl mehr als für Laien. Ihm wird seine Vorläufigkeit in Erinnerung gerufen und das Ablaufen seiner Funktion, und dazu kommen die bereits erwähnten Implikationen einer unheilsprophetischen Tradition mit der Androhung der Tempelzerstörung im Vorfeld des Eschatons.

3.3 Gotteswille, Torah und Gottesherrschaft

Gottes Wille ist, ebenso wie Gottes Herrschaft, nicht unmittelbar faßbar und realisierbar. Beide manifestieren sich in dem verbindlich offenbarten Willen Gottes, also in der Torah, und in deren Verwirklichung. Gott herrscht dort, wo sein Wille - die Torah - praktiziert wird[32]. Im irdisch-geschichtlichen Rahmen ist also für Israel als Kollektiv die vermittelte Offenbarung des Gotteswillens als "Torah vom Sinai" durch nichts ersetzbar und die Verwirklichung dieses Gotteswillens bzw. der Herrschaft Gottes erfolgt im Rahmen der dafür vorhandenen Institutionen, wobei der Einzelne in diesem Rahmen auch seine individuelle Zweckbestimmung erfüllt und so sein Heil gewinnt. Denn trotz des vermittelten Charakters war allgemein bis auf Randschichten fester Grundsatz, daß die Torah der Weg des Lebens und somit "Heilsweg" sei und der Ungehorsam zum Tode führt.

Diese Torah wurde schließlich mit der Weisheit Gottes gleichgesetzt, insofern konnte man in ihr über den verbindlichen Gotteswillen ("Gesetz") hinaus die Quelle aller möglichen Erkenntnis sehen. Und sie galt somit auch als kosmisch gültige Schöpfungsordnung, Psalm 19 bringt dies z. B. in einer relativ knappen, aber eindrücklichen Komposition zum Ausdruck. Die Kultordnung ist aber Teil der Torah, Kultsymbolik wurde im Judentum deshalb auch zu Torah-Symbolik.

Und dennoch kommt dieser so hoch gewerteten Torah in ihrer vermittelten, greifbaren Form und in ihrer durch den Menschen in seiner Beschränktheit und Schwachheit nie völlig erfüllbaren Verwirklichung im Verhältnis zum Gotteswillen an sich nur eine repräsentative Funktion zu und die Torahverwirklichung im Rahmen des menschlichen Daseins gilt nur als eine vorläufige, auf die volle Verwirklichung der Gottesherrschaft hin ausgerichtete. Die Ankündigung des Eschatons bedeutet von da aus gesehen auch, daß nunmehr die "normalen" Bedingungen in der eschatologischen Situation aufgehoben werden und ihr vor-läufiger Charakter evident wird. Damit ist dann nicht Aufhebung sondern Erfüllung gemeint - aber eben wieder mit der Konse-

---

[32] J. Maier, Torah und Pentateuch, Gesetz und Moral. Beobachtungen zum jüdischen und christlich-theologischen Befund, in: A. Vivian (Hg.), Biblische und judaistische Studien (Judentum und Umwelt 29), Frankfurt/M. 1990, 1-54.

quenz, daß *mit der Zeit* die Frage zu beantworten ist, wie dies konkret zu verstehen ist. Es entspricht diesem Sachverhalt, daß eschatologische Bußbewegungen die Erfüllung der Torah im Sinne der ganzen Tiefe der Intention des Gesetzgebers verlangen, während die mit einer längeren geschichtlichen Zukunft rechnenden Gruppen, etwa die Pharisäer und dann die Rabbinen, der Gemeinschaft nicht mehr aufbürden wollten, als sie zu ertragen vermag, was konsequenterweise den Vorwurf der Halbherzigkeit und Heuchelei eintrug. Angesichts einer Verkündigung unter eschatologischen Vorzeichen scheiden sich die Geister und die Wertungen brechen auseinander, was den einen als vorläufig oder mit der gekommenen Gottesherrschaft gar schon als erfüllt erscheint, gilt den anderen gerade als das Unverzichtbare, das es zu bewahren gilt - für die kommende Gottesherrschaft.

Nun ergab sich aber für manche der Eindruck, daß die vorhandenen, sich auf die Torah gründenden Institutionen keineswegs eine Ordnung im Sinne des Gotteswillens ergeben. Die Diskrepanz zwischen der Forderung des Gotteswillens, der ihnen entsprechenden Anwendung der Normen der Torah und den tatsächlichen Verhältnissen mußte in erster Linie zu einer Kritik an den Verantwortlichen, an den Herrschenden führen, solange man nicht in Zweifel ziehen wollte, daß die Torah der "Weg des Lebens" sei. Und weil die kritisierten Institutionen de facto weitgehend mit jenen Institutionen identisch waren, die monopolartig über Auslegung und Anwendung der Torah verfügten, blieb eigentlich nichts übrig als ein Rekurs auf den in der Torah eigentlich gemeinten Willen Gottes. Unter eschatologischem Vorzeichen wurde auch dieses Anliegen mit einem entsprechenden Endgültigkeitsanspruch verfochten. Dieses Phänomen ist mit dem Begriff "Torahverschärfung" nicht ausreichend und mit dem Begriff "Torahkritik" falsch definiert. Denn es geht dabei zunächst doch nicht um eine Aufhebung der Torah, sondern gerade um ihre Anwendung im Sinne des Gotteswillens selbst, "im Sinne des Gesetzgebers". Erst mit der heilsgeschichtlichen Definition des *Kairos* als Erfüllung der Geschichte wird auch die Erfüllung der Erwählungsaufgabe vorausgesetzt, die darin besteht, daß Israel die Geschichte durch vorläufige Torahverwirklichung zur endgültigen Gottesherrschaft hinführt. Auch dabei wird die Torah nicht "aufgehoben" - es sei denn in einem in etwa Hegelschen Sinne - sondern "erfüllt", weil sie an ihr *telos* gelangt ist, wie Paulus torah-theologisch völlig treffend formulierte, freilich die Erfüllung *en Christo* verkündigend.

Das gilt nun für die Kultordnung als Teil der Torah ebenso. Die Sühnefunktion des Kults verliert ihren Anlaß für den, der die Wende von der sühnebedürftigen vor-läufigen Existenz in "diesem Äon" zum Eschaton im Sinne des gekommenen Heilszustandes voraussetzt; für den Kult bliebe die Anbetung als bleibende Funktion - wie im himmlischen Heiligtum. Eine Proklamation von Sündenvergebung unter solch eschatologischem Vorzeichen stellt demgemäß weniger eine Anmaßung der sünden-vergebenden Alleinkompetenz Gottes dar als die Kennzeichnung dieser Wende. Wie weit dabei auch das Motiv aus Jes 56,7 hineinspielte, ist schwer auszumachen, aber grundsätzlich war es möglich, auch den Begriff "Haus des Gebets" in diesem Sinne zu verstehen. Das aber schließt selbstverständlich die Ankündigung der Erfüllung der Sühnefunktion und somit eine endgültige Änderung im Rahmen des Kultes mit ein - vom Vorläufigen zum Endgültigen. Das Problem, das sich stellte, war natürlich das-selbe: Mit der Zeit mußte der behauptete neue Zustand definiert und verifiziert wer-den.

Unter den genannten Gesichtspunkten lag es nahe, oppositionelle Regungen oder Kritik an bestehenden Verhältnissen als bedenkliche Infragestellungen der beiden Größen *Tempel* und *Torah* hinzustellen, solange man nicht selbst überzeugt war, die Zeit sei gekommen, das Vorläufige durch das Endgültige abzulösen. Und da beide Größen Gottes Gegenwart repräsentieren, die kultische (*kabôd*) und die des offen-barten Gotteswillens, lag der Vorwurf eines Vergehens gegen Gott selbst durchaus nicht so fern.

4. Einzelbeobachtungen zum Konfliktpotential in der Szene der "Tempelreinigung" Mk 11,15-19 par.

4.1 Vorbemerkung

Auf dem beschriebenen Hintergrund ergeben sich einige z. T. weitreichende Schluß-folgerungen in Bezug auf die bereits mehrfach angesprochene Szene der "Tempelrei-nigung". Allerdings ist zu beachten, daß die aufgezeigten Vorstellungen zwar in einem organischen Zusammenhang miteinander stehen, jedoch noch nicht in systematischer Weise definiert und dargelegt vorlagen. Wenn daher eine davon betroffen war, konnten die Konsequenzen für die anderen nicht überzeugend formuliert werden, was nicht heißt, daß sie nicht intuitiv verspürt und mit emotionalem Aufwand gezo-gen wurden.

4.2 Lokalisierung

Selbst in theologisch gebildeten Kreisen betrachtet man den Tempel meist zu wenig im Sinne der oben beschriebenen räumlichen Einteilung und daher als eine Art von Kirche. Und was dazu nicht paßt, fällt von vornhinein unter das Verdikt der be-kannten Schelte in der neutestamentlichen Szene von der Austreibung der Geld-wechsler und Händler Mk 11,15-19 par. Das dort verwendete Zitat aus Jes 56,7: "Mein Haus soll ein Bethaus heißen für alle Völker" suggeriert daher mit "Bethaus" beim Bibelleser zumeist im Gegensatz zum folgenden "ihr aber habt es zu einer

Räuberhöhle gemacht" (aus Jer 7,11) in erster Linie eine Forderung nach verinnerlichter Frömmigkeit. Und der Ausdruck "für alle Völker", der (nur) bei Mk noch mit auftaucht, deutet zumindest auf den ersten Blick auf den bekannten Gegensatz zwischen Partikularismus und Universalismus.

Die Szenerie der Tempelaustreibung muß aber, wie oben bemerkt, außerhalb des eigentlichen heiligen Kultbereichs, im sogenannten "Vorhof der Heiden", angesetzt werden. Sie hätte die Kultvorgänge selbst nicht behindern können, weil diese in den für Laien unzugänglichen inneren Bereichen abliefen. Ein Eindringen in die inneren Bereiche hätte unverzüglich zum Eingreifen der levitischen Tempelwachen geführt, aber kaum zu größerem Aufsehen. Im Heidenhof - im Vorfeld des Kultbereichs - hingegen befand sich meistens ein zahlreiches Publikum. Die Szene hat in jedem Fall, ob sie eine historische, teilweise historische oder auch nur rein literarische ist, vorrangig den Charakter einer *öffentlichen Demonstration* und *verkündende Funktion*. Die provozierende Wirkung war folgerichtig eine vorrangig politische, aber alle die beschriebenen religiösen Aspekte sind mit betroffen.

4.3 Kultkritischer Aspekt

Forderungen nach Verinnerlichung im Zusammenhang mit der Behandlung kultisch-ritueller Praxis sind im Judentum nicht eo ipso eine Infragestellung der Religion, im Gegenteil, sie gehören zum Standardrepertoire jüdischer Erbauungsliteratur. Gerade Jes 56,7 hat in diesem positiven Sinn weitergewirkt (vgl. 1 Makk 7,37) und als eschatologische Verheißung in der traditionellen jüdischen Liturgie seine Verwendung gefunden. Das Konfliktpotential auf der Basis des Vorwurfs nur äußerlicher Kultpraxis führt über das innerjüdisch Übliche, Banale nicht hinaus. Eine Kritik an veräußerlichter Kultpraxis wird grundsätzlich erst zum Stein des Anstoßes, sobald es um Ablehnung der Kultpraxis überhaupt und somit um die Ablehnung eines gewichtigen Teiles der Torah-Vorschriften geht.

Gleichwohl ist zu bedenken, daß sich durch derartige kritische Formulierungen die jeweils Verantwortlichen persönlich angegriffen fühlen und demgemäß feindlich reagieren konnten. Mit dem Tempel als Gesamtinstitution waren schließlich so schwerwiegende soziale und politische Interessen verbunden, daß selbst deren indirekte Infragestellung zu harschen persönlichen Reaktionen führen konnte. Aber auch dieser Aspekt bleibt im Rahmen des - leider immer - Üblichen.

4.4 Prinzipielle Kultablehnung

Radikale Kultkritik und auch Kultfeindschaft waren nichts Unmögliches im damaligen Judentum[33], und in judenchristlichen Gruppen ist dergleichen auch schroff zum Ausdruck gekommen[34]. Doch hatte die Tempelreinigungs-Geschichte, wie oben schon festgestellt, zumindest in ihren älteren Traditionsphasen nicht diese Spitze aufzuweisen. Erst infolge einer retrospektiven christlichen Ausdeutung auf Grund der Tempelzerstörung im Jahre 70 n. Chr. sind entsprechende Einfärbungen aufgekommen.

4.5 Konkret begründete Kultkritik in Spannung zum theokratischen Anspruch der geltenden Ordnung.

Die Kombination der Zitate aus Jes 56,7 und Jer 7,11 konnte sehr wohl auch sozial bedingten Ressentiments entsprechen. Die Bezeichnung "Räuberhöhle" impliziert infolge des scheltenden Kontexts von Jer 7 eine Erfahrung, die im System der Tempelprovinz Judäa vor allem den Zwang empfand, der durch das zuständige Personal zweifellos auch ausgeübt wurde. Ein Einschreiten dagegen lag aus simplem Eigeninteresse in solchen Fällen insofern nahe, als das Heiligtum, so wie es mit seinem System der Opfer und Abgabenpraxis funktionierte, zweifellos ein einträglicher Apparat war, von dem das privilegierte Kultpersonal profitierte. Es war das wirtschaftliche Zentrum der Juden Palästinas und insofern auch ein politischer Faktor.

Eine abwehrende und gegebenenfalls feindselige Reaktion der von der Kritik Getroffenen begründet sich aber nicht bloß aus der Wahrung der Interessenlage. Man darf diese materiellen und machtpolitisch bedingten Interessen nicht im Sinne moderner politisch-sozialen Denkens interpretieren. Die soziale und politische Ordnung Judäas galt als eine auf der Torah beruhende Ordnung, hatte insofern kultische und religiöse Relevanz, ihre Praktizierung galt als Ausdruck und Vollzug des Gotteswillens, letztlich der Gottesherrschaft. Flavius Josephus sah in dieser Hierokratie die angemessenste Form der Selbstverwaltung Israels. Das Eigeninteresse der herrschenden Gruppen deckte sich in ihrem Bewußtsein weitgehend mit einem Amts- und Sendungsbewußtsein, das sich aus dieser torah-theologischen Motivation ergab. Religiös-rituelle Ordnung, politische Herrschaft und gesellschaftlich-wirtschaftliche Verhältnisse waren

---

[33] G. Fohrer, Kritik an Kult und Kultausübung in nachexilischer Zeit, in: Archäologie und Altes Testament. (FS K. Galling), Tübingen 1970, 101-116; D. R. Schwarz, Priesthood, Temple, Sacrifices. Opposition and Spiritualizations in the Late Second Temple Period (hebr.), Diss. Jerusalem I-II 1979; M. Bar Ilan, Polemics between Sages and Priests towards the End of the Days of the Second Temple (hebr.), Diss Bar Ilan 1982.

[34] H. J. Schoeps, Theologie und Geschichte des Judenchristentums, Tübingen 1949, 219ff (Die ebionitische Kultfeindschaft).

mit den Funktionen des Tempels derart verbunden, daß für die Herrschenden die Kritik an einem Punkt auch andere und irgendwie alles in Frage zu stellen schien.

Dieses Empfinden der Betroffenen erscheint leicht nachvollziehbar, wenn man bedenkt, wie eng in der Tradition und im allgemeinen Bewußtsein seit den Religionsverfolgungen unter Antiochus IV. Epiphanes die Torah und das Heiligtum gerade auch als gefährdete Größen miteinander verbunden waren. In 1 Makk 14,29 heißt es ausdrücklich, daß sie kämpften, damit Heiligtum und Gesetz erhalten blieben. So lag es auch später nicht fern, in Auseinandersetzungen der Gegenseite gewissermaßen pauschal zu unterstellen, sie sei gegen "diese Stätte" und gegen "die Torah", ob es im Einzelfall nun zutraf oder nicht.

4.6 Endzeitankündigung und Tempel

Einen qualitativ besonderen Akzent erhalten derartige Vorkommnisse unter dem Vorzeichen einer Ankündigung des Eintritts der Endzeit, wie oben bereits dargelegt. Gerade hier aber lauerten angesichts der konkreten politischen Machtverhältnisse enorme Risiken. Im Allgemeinen waren (v.a. nach den Nachrichten bei Josephus) allein seit dem Tod des Herodes mehrmals aufrührerische Vorfälle mit Endzeiterwartungen verbunden gewesen oder Endzeitankündigungen zogen aufrührerische Vorgänge nach sich, und fast immer spielte dabei der Tempel eine zentrale Rolle. Nicht bloß, weil sich dort an den Festen eine große Menge und deshalb auch ein entsprechender Resonanzkörper für Propaganda einfand, zumal bestimmte Feste (vor allem das Päsach-Fest) eine geradezu programmatische eschatologische Symbolik aufwiesen. Mit der assoziativ provozierten Konfrontation zwischen herrschender Macht und eschatologischer Gottesherrschaft und den dadurch bedingten politisch-militärischen Risiken, nicht zuletzt wegen der dadurch möglichen (und ohnedies stets befürchteten) Gefährdung der Stätte der Gottesgegenwart, wurden auf der einen Seite Besorgnisse mobilisiert und auf der anderen Seite Erwartungen geweckt, die sich an Vorstellungen und Erwartungen knüpften, die schon in den überlieferten Erzählungen über die Makkabäerzeit bezeugt sind. Der Status quo konnte nirgends demonstrativer in Frage gestellt werden als am Tempel - und nirgends anders konnte man das endgültige Eingreifen Gottes eher erwarten. Letzteres eventuell noch in der "Wüste", typologische Chiffre für die "heile" Zeit vor der Landnahme und schon im Rahmen der Aussagen über das Ende des babylonischen Exils wirksame Metapher für eine Schwellensituation im Übergang zur Heilszeit.

Derartige Bewegungen erhielten aus der Sicht der Römer von selbst den Ruch revolutionärer Gefahr und mußten von den verantwortlichen Kreisen Judäas bzw. Jerusalems auch dann unter Kontrolle gehalten oder gebracht werden, wenn die Intentionen der Bewegungen gegenüber dem Tempel und seinem Establishment positiv eingestellt waren. Sowohl jüdische wie römische Autoritäten waren daher stets bemüht, in diesen Fragen vorsorglich, sicherheitspolitisch präventiv zu handeln.

Die mit den beiden Zitaten aus Jes 56,7 und Jer 7,11 zum Ausdruck gebrachte Endzeitankündigung hätte also im Fall der Historizität objektiv gesehen ausreichend Anlaß zu den Befürchtungen und Überlegungen der Betroffenen gegeben, wie sie - polemisch-einseitig formuliert - in Mk 11,18 zum Ausdruck kommen: "Und die Hohenpriester und die Schriftgelehrten hörten es und suchten, wie sie ihn ins Verderben bringen könnten, denn sie fürchteten ihn". Einmal drohte die unmittelbare Gefahr einer akut endzeitlich motivierten Bewegung oder zumindest der Anschein einer solchen, was erfahrungsgemäß zu blutigen Konfrontationen mit der römischen Oberherrschaft führen konnte. Hier war aus objektiven Gründen ordnungspolitische und sicherheitspolitische Vorsorge geboten, denn es lagen bereits genug Erfahrungen vor, nach denen sich solch akut-endzeitliche Bewegungen gerade am Tempel und speziell zu gewissen Festzeiten, insbesondere am Päsach-Fest mit seiner eschatologisch brisanten Exodus-Thematik entzündet hatten.

4.7 Tempel und Messias

Einen Sonderfall stellt die Ausformung der Tempelreinigungsgeschichte in Joh 2 dar, weil sie 2,18ff. auch noch eine - nachösterlich geprägte - Ankündigung der Tempelzerstörung mit der Verheißung seines Wiederaufbaus gekoppelt voraussetzt. Der prophetische Anspruch erscheint hier mit einem messianischen insofern verbunden, als Tempelbau von Alters her zu den Königspflichten[35] und somit auch zu den Aufgaben des Gesalbten der Heilszukunft gehört. Und dieses altorientalische Motiv hat in der Darstellung des Chronisten (1 Chr 28) die bemerkenswerte Form angenommen, daß Salomo als Tempel-Erbauer nur ausführte, was zuvor bereits David minutiös und nach göttlichen bzw. prophetischen[36] Anweisungen vorbereitet und anhand göttlich vermittelter Modelle[37] vorgefertigt hatte.[38] Nach anderen Quellen gehört der detailliert vorgeschriebene Tempelbau zum Inhalt der Torah vom Sinai[39]. Es war naheliegend, den Tempel der Heilszeit durch den erhofften Davidsohn errichten zu lassen, sofern diese Figur im konkreten Szenario vorkam. Dies war aber bekanntlich nicht zwingend erforderlich, weil der König - und auch der endzeitliche "Messias" - ja im Grunde repräsentive Funktion hat, die Gottesherrschaft wird durch ihn repräsen-

---

[35] N. Poulssen, König und Tempel im Glaubensbekenntnis des Alten Testaments, Stuttgart 1967.

[36] Vgl. im Anschluß an 2 Sam 7,1ff der Geschichtsschreiber Eupolemus, s. B.-Z. Wacholder, Eupolemus, Cincinnati 1974, 175.

[37] Vgl. auch die Angaben über die Anfertigung des Zeltheiligtums in Ex, ferner Ez 43,10f.

[38] S. J. de Vries, Moses and David as Cult Founders in Chronicle, in: JBL 107 (1988) 619-639.

[39] So die Tempelrolle aus Qumran mit ihren ganzen Tempelbau-Vorschriften Kol. 30-48.

tiert, die wiederum in der vollen Verwirklichung der Torah, des Gotteswillens besteht. Und wie somit letztlich Gottes Wille selbst im Eschaton zum Zuge kommt, so geht eben auch der heilszeitliche Tempel auf Gott zurück, ob ihn nun ein davidischer Repräsentant als Exekutive der Gottesherrschaft errichtet oder nicht. Fehlt dieser Repräsentant im Szenario, dann muß der Tempel eben vom Himmel kommen, als Ganzes vorgefertigt durch Gott selbst - wie ja in der traditionellen Vorstellungswelt ohnedies bereits das Modell (*tabnît*) der Vorläufer-Heiligtümer[40]. In diesem Zusammenhang ist die Tempelrolle aus Qumran von Interesse, die in Kol 29,7ff. folgende Verheißung enthält, allerdings mit einigen unsicheren Lesungen:

"...ich werde für sie dasein als und (wohnen?).. bei ihnen auf immer und ewig. Und ich will heiligen mein (Heili)gtum mit meiner Herrlichkeit, wenn ich wohnen lassen werde über ihm meine Herrlichkeit, bis (?) zum Tag des Segens (?), an dem ich (neu) schaffe mein Heil(igtum), um es mir zu bereiten für all(e Ze)it entsprechend dem Bund, den ich geschlossen habe mit Jakob in Bethel." Die Hoffnung auf einen endgültigen, von Gott selbst kommenden Tempel bedeutet also keineswegs eine Abwertung des real bestehenden.

Für die Vorstellung vom endzeitlichen Tempel[41] ist freilich Vorbedingung, daß der alte Tempel verschwindet - wie auch immer. Die Tradition der eschatologisch akzentuierten Prophetendeutung hatte mit Jer 7 und anderen Passagen aber expressis verbis eine *Tempelzerstörung* als göttlich verordneter Strafaktion im Repertoire. Wer dergleichen aufgriff und - noch dazu demonstrativ öffentlich - verwendete, riskierte einiges.

4.8 Konfliktpotential in Apg 21,27ff.

Die Beschreibung des Zwischenfalls im Tempel liefert die beste Hintergrundinformation für die beschriebenen Sachverhalte.

Der hier beschriebene Auflauf im Tempelareal - im sogenannten "Heidenhof" wohlgemerkt - wird mit folgenden Beschuldigungen verknüpft: Paulus habe allenthalben "gegen das Gesetz und gegen diese Stätte" gesprochen. Diese bemerkenswerte Begriffsverbindung wurde oben bereits erwähnt und als polemisches Mittel aus den Spätfolgen der Erfahrungen im frühen 2. Jh. erkannt. Es ist ein emotional wirksamer Pauschalvorwurf, der indes ohne Konkretisierung für einen Prozeß eigentlich nicht ausreicht. Möglicherweise ist ein aramäischer Sprachgebrauch zu bedenken, der allem Anschein nach sich zunächst anhand des persischen Lehnwortes *dat* entfaltete.

---

[40] M. Wilcox, According to the Pattern, in: RdQ 13 (1988) 647-656.
[41] E. P. Sanders, Jesus and Judaism (s. Anm. 1) 77-90: G. J. Brooke, Exegesis (s. Anm. 30) 178ff.

Der Begriff *dat* entsprach mehr und mehr der Bedeutungsskala des hebräischen *tôrah* und endete schließlich als Bezeichnung für "Gesetz (Moses und) Israels" analog zu *tôrat (Moshäh we-)Jisra'el* im Sinne von "jüdischer Religion".

Unmittelbare Todesfolge hätte hingegen die Beschuldigung nach sich ziehen können, Paulus habe einen Nichtjuden in den heiligen Bereich - über den Heidenvorhof hinaus nach innen - eingeschleust. Eingreifen der Römer, dem Paulus die Befreiung aus dieser mißlichen Lage verdankte, war insofern nicht gerechtfertigt, weil ein Delikt vorlag, das voll in jüdische Kompetenz fiel. Ob das Eingreifen wegen des Tumults und somit aus Sicherheitsgründen erforderlich war, ist eine andere Frage. Die römische Intervention erfolgte aber nach den Angaben im Text letzten Endes irrtümlich, weil der römische Offizier einen gesuchten Volksaufwiegler zu fassen hoffte.

4.9 Als Schlußfolgerung ergibt sich in bezug auf Mk 11,15-19 und Parallelen:

Die gewichtige Position der Szene am Auftakt der Leidensgeschichte ist gemessen an ihrem inhaltlichen Konfliktpotential auf dem damaligen jüdischen Hintergrund durchaus sachgerecht, Vorgang und Aussagen hätten im Fall der Historizität gewiß ein Eingreifen erfordert. Im Fall einer sekundären, ins Leben Jesu rückprojizierten Szene entspricht der polemisch und christologisch-kerygmatisch geprägte Inhalt im Einzelnen einer im damaligen Judentum tatsächlich vorhandenen Lage - die Polemik kam in jedem Fall an. Die Szene spiegelt in diesem kerygmatischen Kontext tatsächlich die grundsätzliche Infragestellung einer Ordnung und Institution, die in der Torah quantitativ durch die Zahl der einschlägigen Vorschriften dominierte, und qualitativ für das Verständnis der Funktion der Torah als Gotteswille und als Heilsweg zentrale Bedeutung hatte. Diese Ordnung, mit der Kultordnung als Kern, wurde von ihren Repräsentanten als Gottesherrschaft und "Ordnung des Heils" begriffen.[42]

Ohne Gefahr einer öffentlichen Wirkung wäre ein derartiges Auftreten aber wohl nur als Symptom einer exzentrischen Persönlichkeit eingeschätzt worden. Dies zeigt der Fall des "Propheten", der vor dem Ausbruch des Krieges gegen Rom laut Josephus (Bell. VI,301-309) in den Straßen Jerusalems lange und in bewegender Weise die Tempelzerstörung angekündigt haben soll. Man nahm ihn fest, führte ihn vor den Statthalter Albinus - und erklärte ihn für nicht zurechnungsfähig. Er hatte offensichtlich keinerlei Anhang. Jesus dürfte mit seinem Jüngerkreis, aus dem vielleicht doch mancherlei aufsehenerregende Hoffnungen laut wurden, in Jerusalem und speziell im Tempelareal einen anderen Eindruck erregt haben.[43]

---

[42] M. Limbeck, Die Ordnung des Heils, Düsseldorf 1971.
[43] S. zum Vergleich der beiden Szenarien: D. R. Catchpole, The Problem of the Historicity of the Sanhedrin Trial, in: E. Bammel (Hg.), The Trial of Jesus, London 1970, 47-65 (61f).

5. Erwägungen zum religiös-theologischen Hintergrund

5.1 Eine tiefere Motivierung?

Es ergibt sich somit, daß die eschatologische Terminankündigung an sich noch keinen theologischen, die Gottesvorstellung betreffenden Konflikt im strengen Sinn heraufbeschwören mußte, auch wenn ein geschichtstheologisch und aktuell-politisch sowie banal interessenpolitisch motivierter Konflikt unausweichlich und im Rahmen der damaligen rechtlichen Möglichkeiten austragbar war. In diesem Sinn wäre die eschatologisch zugespitzte Tempelthematik tatsächlich, wie in letzter Zeit wiederholt und insbesondere durch K. Müller dargelegt wurde, gerade für die rechtsgeschichtlichen Aspekte des Prozesses Jesu von maßgeblichem Gewicht.[44]

Gab es darüber hinaus vielleicht bei den Repräsentanten der priesterlichen Kulttheologie noch andere, im engeren Sinn theologische Motive? Dergleichen wird immer dann behauptet, wenn für den Prozeß Jesu eine entscheidende messianologisch-christologische Komponente postuliert wird, speziell im Blick auf den Vorwurf der Gotteslästerung. Die Schwierigkeit dabei besteht in der Tatsache, daß dies zwar aus christlich-christologischer Sicht und für Christen retrospektiv einleuchtend erscheint, aber auf der Basis der "messianischen" Vorstellungen im damaligen Judentum so dargelegt durchaus nicht überzeugt. Oder gab es in diesem Kontext vielleicht doch einen empfindlichen Punkt, der durch die messianologisch-christologische Fragestellung aber eher verdeckt als erhellt wird? Also eher auf Grund einer genaueren Berücksichtigung kultheologischer Vorstellungen eruiert werden kann? Ausgangspunkt ist die erwähnte besondere Beziehung, die zwischen König bzw. eschatologischem Gesalbten und Tempel bestand, und die in diesem Zusammenhang relevanten Aussagen zum und über den Tempel, die im NT Jesus zugeschrieben werden.[45]

5.2 Der thronende Gott im Heiligtum und der thronende Richter.

5.2.1 Eine notwendige Differenzierung

Die literarischen Zeugnisse für die Vorstellungen vom Thron Gottes sind schon geraume Zeit dank umfangreicher archäologisch-ikonographischer Belege bedeutend besser verständlich.[46] Der thronende Herrscher erscheint sowohl in der Audienzszene

---

[44] K. Kertelge (Hg.), Der Prozeß gegen Jesus, (QD 112), Freiburg/Br. 1988.

[45] D. Juel, Messiah (s. Anm. 25).

[46] H. Kyrieleis, Throne und Klinen, Berlin 1969; P. Kuhlmann, Der Thron im Alten Ägypten. Untersuchungen zu Semantik, Ikonographie und Symbolik eines Herrschaftszeichens, Glückstadt 1977; H. Grabmann, Antike Audienz- und Tribunalszenen, Darmstadt 1984; M. Metzger, Königsthron und Gottesthron. Thronformen und Throndarstellungen in Ägypten und im Vorderen Orient im dritten und zweiten Jahrtausend vor Christus und deren Bedeutung für das Verständnis von Aussagen über den Thron im Alten Testament, Neukirchen 1985; ders., Der Thron als Manifestation der Herrschermacht in der Ikonographie des Vorderen Orients und im AT, in: T. Rendtorff (Hg.), Charisma und Institution,

wie in der Gerichtsszene mit weithin ähnlichem Erscheinungsbild und mit entsprechender höfischer Umgebung. Und doch haben beide Szenerien unterschiedliche Zweckbestimmungen, die bei der Übertragung auf die thronende Gottheit noch stärker zur Wirkung kommen. Die Audienzszenerie im höfischen Ambiente wird dabei nämlich zum kultischen Ritualbereich "vor das Angesicht Gottes", der an der Stätte seiner kultischen Gegenwart thront, im Allerheiligsten des Tempels. Wer sich ihm naht, kann dies nur im Rahmen des kultischen Rituals. Und dazu kommt das funktionale Identitätsverhältnis zwischen himmlischem und irdischem Ritualvollzug, durch die ein solches Hintreten vor Gottes Thron gleichermaßen auf Erden wie im Himmel stattfindet, wobei das himmlische Heiligtum selbstverständlich den bleibenden und eigentlichen Bezugspunkt darstellt. Und wie die Audienzszenerie vor allem der Demonstration der Herrschermacht dient, dient die Kultszenerie vor allem der kultischen Huldigung, der rituell geregelten Anerkennung des Gottes Israels als des einzigen Gottes schlechthin. Die behauptete Präsenz Gottes im Tempel von Jerusalem ist nicht zuletzt auch eine Demonstration des monotheistischen Anspruchs trotz der örtlichen Bindung und dank der erwählungstheologischen Tradition gerade mittels ihrer. Mit anderen Worten: In Verbindung mit der Stätte der kultischen Gottesgegenwart wäre die Vorstellung eines zweiten Thronenden ausgeschlossen, sie müßte geradezu blasphemisch wirken.

Ganz anders bei der Tribunalszenerie. Sie schließt zwar den Hofstaat-Rahmen mit ein, aber das Heiligtumsambiente ist auf die göttliche Richterthronszene nicht übertragbar. Während die kultische Präsenz Gottes der eher statisch einwohnende Gegenstand der Anbetung und des Rituals ist, handelt der thronende Gott der Tribunalszene in einer bestimmten Herrscherfunktion, er richtet und er bedarf zur Ausführung seiner Entscheidungen auch der entsprechenden Exekutiv-Kräfte. Wie in Bezug auf alle Tätigkeiten, die in der Überlieferung Gott zugeschrieben wurden, ergab sich auch bezüglich der Richterfunktion früh ein Unbehagen, sobald man Gottes Erhabenheit derart ernst nahm, daß ein derartig unvermitteltes Handeln unziemlich erschien. Die Hofstaat-Szenerie legte allerdings eine Delegierung göttlicher Tätigkeiten und somit eine Entlastung der Gottheit selber allein schon durch ihre Struktur nahe. Freilich wurde damit ein neues Problem akut, die Aufspaltung göttlicher Befugnisse konnte den Eindruck erwecken, es gäbe neben Gott weitere, die Welt und das Geschick bestimmende Mächte. Im Rahmen des gängigen Glaubens an astrologischen Determinismus bot sich diese Schlußfolgerung auch geradezu an. In der rabbinischen Literatur gibt es zahlreiche Belege dafür, daß diese Zwickmühle zwischen ernstgenommener Transzendenz Gottes und Festhalten an Gottes unmittelbarem Heilshan-

Gütersloh 1985, 250-296; P. Kuhlmann, Königsthron und Gottesthron, in: BiOr 44 (1987) 325-376 (zu Metzger).

deln auch nach 70 n. Chr. weiterhin empfunden wurde, sie fand ihren Ausdruck in der Abwehr der Annahme mehrerer oder zweier göttlicher "Gewalten".[47]

In der kultischen Thronszenerie war eine derartige Entwicklung erst durch die Eintragung von Modellen aus dem zweiten Bereich im Ansatz möglich, etwa wenn der erhöhte Henoch/Metatron in der himmlischen Welt als so erhaben thronend angesetzt wurde, daß Unbedarfte ihn mit dem thronenden Gott verwechselten. Der himmlische Hohepriester hingegen, ob der "Prototyp" Melchisedek oder der Erzengel Michael, geriet kaum in eine solche Extremposition. Aber auch diese beiden haben in gewissem Sinne eine die Gottheit repräsentierende Aufgabe im Rahmen ihrer kultischen Funktionen gegenüber den Irdischen. Doch keiner von beiden thront - im Unterschied zum Vize-Herrscher als Richter. Um eine mögliche Gleichsetzung eines Thronenden mit Gott zu vermeiden, konnte man seine un-göttliche Natur betonen, er ist trotz aller Kompetenz nur "wie ein Menschensohn". Obwohl dieser Begriff wahrscheinlich mesopotamischer Herkunft und an sich durchaus ein Würdetitel war[48], konnte er im aramäisch/hebräischen Sprachgebrauch diesem Ziel sehr effektiv dienen, denn von der ursprünglichen, mesopotamischen Bedeutung wußte man ja sicher nichts mehr. Was aber von der Bedeutung im Rahmen der altorientalischen Königsideologie offensichtlich geblieben war, weil es einem erwählungstheologischen jüdischen Grundanliegen entsprach, war die doppelt repräsentierende Funktion: Der Menschensohn repräsentiert den eigentlichen Herrscher (Gott) gegenüber den Seinen und die Seinen gegenüber dem eigentlichen Herrscher (Gott).

Im Zusammenhang mit der Tribunalszenerie zeichnete sich also nach "irdischen" Vorbildern die Möglichkeit ab, die Richterfunktion der Gottheit an eine repräsentierende Figur zu delegieren. Das heißt mit anderen Worten: Der Repräsentant erhält entweder einen eigenen Thron neben dem Gottesthron oder die Gottheit überläßt ihren Thron dem Repräsentanten für die Zeit der Funktion.

5.2.2 Daniel 7,9 und 7,13.

Dan 7, ein ungemein viel behandeltes Kapitel[49], enthält eine Gerichtsszene[50] mit zwei für den hier behandelten Zusammenhang wichtigen Topoi:

---

[47] A. F. Segal, Two Powers in Heaven, Leiden 1977.
[48] H. S. Kvanvig, Roots of Apocalyptic. The Mesopotamian Background of the Enoch Figure and the Son of Man, Neukirchen 1988.
[49] S. die neueren Kommentare, v.a. J. J. Collins, Daniel, Grand Rapids 1984; Ph. R. Davies, Daniel, Sheffield 1985. Ferner: S. Niditch, Chaos to Kosmos, Chico 1985.
[50] Für die Szene hier s. v.a.: C. Rowland, The Vision of God in Apocalyptic Literature, in: JSJ 10 (1979) 137-154; M. Black, The Thron-theophany Prophetic Commission and the "Son of Man". A study in tradition history, in: R. Hamerton-Kelly - R. Scroggs (Hg.), Jews, Greeks and Christians. Religious Cultures in Late Antiquity. Essays in honor of William David Davies, Leiden 1976, 57-73.

(A) "(Dan 7,9) Und ich sah wie da Throne aufgestellt wurden und ein 'Alter an Tagen' setzte sich.

(Aa) Sein Gewand war wie Schnee weiß und das Haar seines Hauptes wie Wolle rein.

(Ab) Sein Thron Flammen von Feuer, dessen Räder brennendes Feuer. (Ac) (7,10) Ein Strom von Feuer floß und entsprang von ihm aus, (Ad) tausend Tausende bedienten ihn und zehntausend Zehntausende standen vor ihm.

(B) Der Gerichtshof setzte sich und Bücher wurden geöffnet.(Es folgt das Gericht über das große Tier und die Entmachtung und Unterwerfung der anderen Tiere).

(C) (7,13) Und ich sah in Nachtgesichten, und siehe - mit den Wolken des Himmels wie ein Menschensohn einherkommend war er und bis zum Alten an Tagen gelangte er und vor Ihn brachte man ihn. (D) (7,14) Und ihm wurde gegeben Herrschaft und Ehre und Königtum, damit alle die Völker, Nationen und Zungen ihm dienen, seine Herrschaft als eine ewige Herrschaft, die niemals vergeht, und sein Königtum als eines, das nicht zerstört wird."

Es handelt sich zunächst um eine Tribunalszene, bei der (A) der göttliche Richter vorweg erscheint und (B) einen Gerichtsvorgang erledigt, danach (C) ein Repräsentant erscheint, der (D) als etwas wie ein Vize-Herrscher installiert wird. Und zwar nicht etwa nur als Richter. Der Tribunalszene wurde also eine Installationsszene aufgepfropft. Die darin beschriebene Herrschaftsdelegation weist theologisch nicht unproblematische Züge auf, denn sie gilt expressis verbis für immer und ewig. Die Identifizierung dieser "wie ein Menschensohn" ankommenden Figur hat nicht zufällig eine recht komplizierte Geschichte[51]. Sofern man nicht phrasenhaften Pleonasmus annehmen wollte, ergab sich ein Herrschaftsanspruch, der sich mit der Regentschaft eines davidischen "Gesalbten" nur schwer vereinbaren läßt, auch wenn man königsideologische Motive in Rechnung stellt.

Aber schon die Tribunalszene enthält gattungsfremde Motive. Die Beschreibung des Thronenden und der Thronsphäre unter Ab) entspricht Vorstellungen, die im Kontext der Vorstellung vom *Kabôd und der Märkabah,* der im Allerheiligsten bzw. im himmlischen Heiligtum thronenden Gottheit beheimatet waren. Dan 7 benützt die kulttheologische Imagerie und Vorstellungswelt, um die apokalyptische Gerichtsszene besonders eindrücklich zu gestalten. Die Gesamtszenerie ist also eine komplexe Konstruktion, für die unterschiedliche Motive und Traditionen verarbeitet wurden, die zur Zeit der Abfassung bereits zur Hand waren. Daniel 7,9ff. scheint

---

[51] Die umstrittene Menschensohnfrage, in letzter Zeit wieder viel behandelt, ist hier von sekundärer Bedeutung. Zur Sachlage hier s. K. Müller, Der Menschensohn im Danielzyklus, in: Jesus und der Menschensohn. Für Anton Vögtle, Freiburg/Br. 1976, 37-80.

kaum etwas Neues geschaffen zu haben - außer einem neuen Kontext für die verarbeiteten Elemente, und dieser neue Kontext wirkte darnach neben den Traditionen weiter, aus denen der Verfasser geschöpft hatte. Nicht jedes später auftauchende Einzelmotiv, das in Dan 7 belegt ist, beweist daher eine Nachwirkung speziell von Dan 7.

Für das hier zu behandelnde Thema ist ein Umstand von größter Bedeutung: Der im Allerheiligsten gegenwärtige Gott thront allein.

Doch in Dan 7 wird die in der kultischen Imagerie vorgegebene alleinige Dominanz des thronenden Gottes relativiert: Laut Dan 7,9 werden *Throne* (Plural!) aufgestellt, und in 7,13 wird eine zweite Gestalt in die Szenerie eingeführt, der - "wie ein Menschensohn mit den Wolken des Himmels" kommt. Die oft gestellte Frage, ob ein Individuum[52] oder eine kollektive Größe[53] gemeint sei, dürfte eine sachfremde Alternative voraussetzen, denn die repräsentative Funktion schließt beides ein[54] und zudem ist für die Wirkungsgeschichte des Danielkapitels ohnedies die 7,15ff. gebotene Ausdeutung maßgeblich, wo nach V. 27 diese Figur "das Volk der Heiligen des Höchsten" repräsentiert.[55] Es handelt sich hier also - im Gesamtrahmen von Dan 7 kontextgerecht - um das Motiv der Weltherrschafts-Ablösung bzw. der translatio imperii[56], um die Alternative Weltreich : Gottesherrschaft[57], nicht aber um eine bloße Delegation der Gerichtskompetenz. Eine Verwendung dieser Stelle hatte also politische Implikationen weitreichender Art.[58] Eine Quelle für Irritationen blieb das aber auch theologisch, weil die repräsentative Funktion eben auch ein Individuum voraussetzt und sich mit einem derartig auf eine Person bezogenen Anspruch eine Reihe von Problemen ergab. Ursache dessen war offenbar, daß der Verfasser zwar eine Tribunalszene benützte, aber die Gerichtskompetenzübergabe für seinen Kontext zu einer Herrschaftsübergabe umgewandelt hat.

Dafür spricht, daß in anderen Fällen, die üblicher aber irrtümlicher Weise auf Dan 7 zurückgeführt werden, die Übertragung der Gerichtskompetenz noch auftaucht, etwa

---

[52] G. Gerleman, Der Menschensohn, Leiden 1983.
[53] Vgl. speziell M. Casey, The Interpretation of "One like a son of a man" (Dan 7,13) at the Time of Jesus, in: NT 18 (1976) 167-180.
[54] Die Bemühungen, den kollektiven Aspekt, der sachlich treffender als "repräsentative Funktion" zu bezeichnen wäre, auszuschließen, entspringen wohl einem - übrigens gar nicht so vorteilhaften - christologischen Interesse.
[55] S. auch H. E. Tödt, Der Menschensohn in der synoptischen Überlieferung, Gütersloh [2]1978,19ff.
[56] R. G. Kratz, Translatio imperii, Neukirchen 1989.
[57] O. Camponovo, Königtum (s. Anm. 10) 122-125.
[58] K. Müller, Menschensohn und Messias, in: BZ 17 (1973) 52-66, verwies (55f) insofern mit Recht auf Jos. Bell. VI, 312. Dort wird als ein Faktor, der vor 66 n. Chr. den Aufstand gegen Rom mit anheizte, ein Orakel erwähnt, das einen jüdischen Weltherrscher ankündigte.

Apk 20,4, wo der Plural "Throne" ganz wörtlich genommen und für die bereit gestellt werden, denen das Gericht übergeben wird.

Der Plural "Throne" hat im Blick auf diese Gestalt auch noch in der späteren jüdischen Exegese Kopfschmerzen bereitet. Man dachte in der Regel an zwei Throne, was der Text des Verses nicht hergibt, aber sich von V. 13 her gelesen nahelegt. Gelegentlich wurde der zweite Thron dem König Messias zugewiesen[59], aber auch das schien problematisch. So nahm man meistens verharmlosend beide Throne für Gott in Anspruch und verteilte sie auf seine richterlichen Verfahrensweisen der Strenge und des Erbarmens[60]. Und zum Teil ergaben sich tatsächlich auch Deutungen, die als häretisch beurteilt wurden[61].

Angesichts dessen ist begreiflich, daß ein Rekurs auf Dan 7 zum Zweck einer Endzeitankündigung auch dieses tiefreichende theologische Unbehagen erregen konnte, und zwar doppelt motiviert: Infolge der Infragestellung der kultischen Gottesgegenwart angesichts des Endes und infolge des irritierenden Plurals "Throne" samt der sowieso befremdlichen zweiten Richterfigur. Wurde eine derartige Endzeitankündigung noch dazu so formuliert vorgetragen, daß der Tempel und damit die Gottesgegenwart von vornhinein mit in die Diskussion gerieten, entstand eine prekäre Konstellation, weil der *theo*-logisch empfindlichste Punkt der Kulttheologie betroffen war. Zur Klärung dieser Eventualitäten ist ein Blick auf die übrigen Belege für diese einschlägigen Vorstellungskomplexe und auf die Wirkungsgeschichte von Dan 7 im Judentum vor 70 n. Chr. lehrreich.[62]

5.2.3 Die griechischen Übersetzungen

Das tatsächliche Alter der erhaltenen Fassungen der griechischen Danielversionen ist kaum mehr festzustellen, was vorliegt, ist jedoch teilweise auffällig[63]. Es geht dabei vor allem um das Verhältnis zwischen dem "Alten an Tagen" und der zweiten, ankommenden Figur, ein Hinweis darauf, daß der Text hier Anknüpfungsmöglichkeiten für spekulative Tendenzen bot.

---

[59] bChag 14b und öfter. S. für den Zusammenhang hier K. Müller, Menschensohn (s. vorige Anm.) 57ff.

[60] Dazu in diesem Zusammenhang auch: N. A. Dahl - A. F. Segal, Philo and the Rabbis on the Names of God, in: JSJ 9 (1978) 1-28.

[61] A. F. Segal, Powers (s. Anm. 47) 34ff. 47ff. 66ff. 200ff.

[62] Zur allgemeinen Orientierung s. G. K. Beale, The Use of Daniel in Jewish Apocalyptic Literature and in the Revelation of St. John, Lanham 1984. Für Dan 7 speziell: M. Casey, Son of Man. The Interpretation and Influence of Daniel 7, London 1979.

[63] Zu den belegten Varianten und ihren Bedeutungen s. J. Lust, Daniel 7,13 and the Septuagint, in: EThL 54 (1978) 62-69.

5.2.4 Das äthiopische Henochbuch

Das äth. Henochbuch, ein Sammelwerk aus ursprünglich selbständigen Einheiten, enthält in zwei Einheiten Passagen, die mit der Thronthematik zusammenhängen. Dank einer Reihe von aramäischen Fragmenten aus Qumran konnte für die Henochforschung eine neue Seite aufgeschlagen werden[64], doch ergeben sich für die hier einschlägigen Stellen aus den aramäischen Fragmenten[65] leider keine weiterführenden Erkenntnisse.

Ein Umstand ist jedoch geklärt: Die sogenannten "Bilderreden" (Kap. 36-71) gehörten offensichtlich nicht zu den Henochschriften, die in Qumran vorhanden und teilweise auch schon gesammelt vorlagen. Die Thron-Passagen des äth.Henoch verteilen sich also auf zwei zu unterscheidende Traditionsstränge und wohl auch ganz unterschiedliche Gruppierungen.

5.2.5 Kap. 14 des äthiopischen Henochbuches[66]

Das Kap. 14 ist als Bestandteil des relativ alten "Wächterbuchs" (Kap. 1-36) und somit wohl ins frühe 2., wenn nicht ins 3. Jh. v. Chr. zu datieren. Es handelt sich um eine Thronvision, die in erster Linie eine Verarbeitung von *Märkabah*-Motiven aus Schilderungen der göttlichen Thronsphäre im Innersten der heiligen Bereiche des himmlischen Tempels darstellt. Der "Apokalyptiker" benützte dieses Szenarium als Rahmen (Entrückung und Einführung in die himmlische Welt) für seinen Offenbarungsempfang.[67] Daniel 7 hat dabei nicht Pate gestanden[68], schon gar nicht 7,11: von Thronen (im Plural) ist keine Rede[69]. Der ursprüngliche Hintergrund ist in der kulttheologischen Vorstellung von der Gegenwart der thronenden Gottheit (bzw. seines *kabôd*)

---

[64] Zum Überblick s. P. Sacchi, Henoch, in: TRE 15, 44-47; F. García Martínez, Estudios qumranicos 1975-1985, in: EstB 45 (1987) 125-205 (127ff); E. J. C. Tigchelaar, The Books of Enoch (1 Enoch) and the Aramaic Fragments from Qumran, in: RdQ 14 (1989) 131-146; ders., 1 Enoch and the Figure of Enoch. A bibliography of studies 1970-1988, ebda. 149-174.

[65] J. T. Milik, The Books of Enoch. Aramaic Fragments of Qumrân Cave 4, Oxford 1976, 199f, vgl. 346. 348ff.

[66] S. Uhlig, Das Äthiopische Henochbuch (JSHRZ V/6), Gütersloh 1984, 536-541; M. Black, The Book of Enoch or I Enoch. A new English translation, Leiden 1985 (Kap. 14: 32-34.145-152). Des Weiteren s. T. F. Glasson, The Son of Man Imagery. Enoch 14 and Daniel 7, in: NTS 23 (1976) 82-90; J. Coppens, La vision du Très-Haut en Dan VII et Hén. éthiop. XIV, in: EThL 53 (1977) 187-189.

[67] S. dazu: M. Dean-Otting, Journeys (s. Anm. 9) 39-58.

[68] Aber s. auch: H. S. Kvanvig, Henoch und der Menschensohn. Das Verhältnis von Hen 14 zu Dan 7, in: ST 38 (1984) 101-133.

[69] Es ist nicht klar, wieso J. T. Milik, Henoch (s. Anm. 65) 199 in seiner (hypothetischen) Textergänzung zum Fragment *k* den Plural *krsy'* verwendete, was er gleichwohl im Singular übersetzte. Das Wort *krs'*/Thron ist im Singular in einem anderen Fragment (*f* zu 18,8-12) belegt (s. Milik S. 200).

im Allerheiligsten zu suchen, die schon in Jes 6,1ff. und in Ez 1-3 und 10 eine frühe Verwendung zu ähnlichen Zwecken gefunden hat.[70]

5.2.6 In den "Bilderreden".

Für die "Bilderreden" ergibt sich ein deutlich abweichender Befund. Sie stehen mit den einschlägigen Passagen klar erkenntlich in der durch Dan 7,9.13 bezeugten Tradition.

(a) In Hen 45,3[71] sitzt von vornhinein "der Erwählte" auf dem Thron der Herrlichkeit, mit deutlich repräsentativer Funktion, denn es besteht eine ganz enge Beziehung zwischen "dem Erwählten" und den Erwählten. Das Gericht wird in V. 6 als noch bevorstehend und offensichtlich durch Gott selber durchgeführt vorausgesetzt.

(b) In Hen 46 wurde wohl Dan 7 oder etwas sehr Ähnliches verarbeitet. Die Throne werden nicht eigens genannt, aber unmittelbar nach der Erwähnung des "Hauptes der Tage" mit seinem wollweißen Haupt heißt es: "und bei ihm (war) ein anderer, dessen Gestalt wie das Aussehen eines Menschen (war), und ein Angesicht voller Güte wie (das) von einem der heiligen Engel"[72]. Sogleich fragt der Seher den ihn begleitenden Deute-Engel, wer denn der Menschensohn sei, woher er stamme und wozu er zum "Haupt der Tage" komme. Darauf gibt ihm der Engel eine Erklärung im Sinne der Deutung in Dan 7,15-27, also der Herrschaftsübertragung. Das Gerichtsmotiv tritt abgewandelt hinzu, in Form einer Strafaktion eines Herrschers gegen Unbotmäßige. Eindeutige translatio imperii findet auch in Kap. 52 mit den Metall-Metaphern à la Dan 2 statt: Eisen, Kupfer, Silber und Gold müssen weichen, "wenn der Erwählte vor dem Angesicht des Herrn der Geister erscheinen wird"[73].

(c) Hen 62 handelt ebenfalls von der Herrschaftsübertragung[74]. In V. 2 setzt der Herr der Geister "den Erwählten" auf den "Thron seiner Herrlichkeit" , es folgt die Epiphanie dieses "Vize"-Thronenden vor den Herrschenden. In V. 7 wird "der Erwählte" aber als Menschensohn bezeichnet, der zuvor durch den Höchsten verborgen und aufbewahrt gewesen sei bis zu seiner Offenbarung vor den Erwählten. Es folgt die Huldigung der Könige und Mächtigen, doch umsonst - denn (V. 10) der Herr der Geister treibt sie hinweg und vollstreckt an ihnen durch die Strafengel das Gericht -

---

[70] S. auch: L. A. Schiffman, Sifrût ha-hêkalôt w^{e}kitbê Qûmran, in: *Mächq^{e}rê J^{e}rûshalajim l^{e}mach^{a}shäbät Jisra'el* VI, 1986/7, 121-138; C. Newsom, Merkabah Exegesis in the Qumran Sabbath Shirot, in: JJS 38 (1987) 11-30; D. J. Halperin, Faces (s. Anm. 9) 79ff; A. F. Segal, Powers (s. Anm. 47) 191ff.

[71] S. Uhlig, Henoch (s.Anm. 66) 585f; M. Black, (s.Anm. 66) 47f und 204f.

[72] S. Uhlig, Henoch (s. Anm. 66) 586f.

[73] S. Uhlig, Henoch (s. Anm. 66) 595f.

[74] S. Uhlig, Henoch (s. Anm. 66) 613-615; M. Black, Henoch (s. Anm.66) 59f und 235-236.

als Spectaculum für die Erwählten. Der endgültige Heilszustand vereint die Erwählten mit dem Menschensohn, der Herr der Geister aber wohnt über ihnen ein. Eine Übertragung der Gerichtskompetenz findet nicht statt.

(d) Hen 69 enthält zwei Gerichtstribunalszenen[75]. (da) Hen 69,24f. vollendet Gott selber als Thronender das Gericht an den gefallenen, bösen Geistern und nimmt die Huldigung entgegen, doch die weitere Gerichtskompetenz ist wieder delegiert:
(db) Hen 69,26-29 schildert die Delegation der Gerichtsgewalt durch den thronenden Gott an den offenbar gewordenen Menschensohn, der (V. 29) sodann selber auf dem Thron seiner (wessen?) Herrlichkeit Platz nimmt.

(e) Hen 70-71 handeln von Henochs Entrückung.[76]
(ea) Kap. 70 berichtet ganz knapp Henochs Entrückung (à la 2 Kön Elias) in die himmlische Welt.[77]
(eb) In Hen 71 wird die Entrückung Henochs ausführlicher ausgemalt, aber anders, nämlich als Einführung in die himmlischen Bereiche[78], von daher mit gewissen Entsprechungen zu Hen 14. Der Unterschied zu Hen 14 ist jedoch markant. 71,10ff. erscheint der "Herr der Tage" mit Hofstaat und 71,15ff. erfolgt die Inauguration des Menschensohnes[79], aber nicht als Inthronisationsvorgang, der Menschensohn erscheint vorrangig als Verkörperung der Gerechtigkeit und als Repräsentant der Erwählten. Das Ganze ist deutlich im Sinne von Dan 7 geprägt, mit entsprechendem Zurücktreten der Heiligtums-Szenerie[80], aber weist wie alle diese Szenen in den Bilderreden doch einen Eigencharakter auf, der nicht einfach durch Danielbenützung zu erklären ist.

Im Ganzen zeigt sich, daß in diesem Traditionsstrang eine Figur mit repräsentativer Funktion auftaucht, für deren Charakterisierung man einmal Motive der Herrschaftsübertragung und in anderen Fällen der Gerichtskompetenz-Delegation verwendete. Daß diese Figur dann unbegrenzt existiert, ist durch die repräsentative Funktion bedingt, denn das Kollektiv der Erwählten ist es natürlich, dem in erster Linie die Verheißung ewigen Bestandes gilt.

---

[75] S. Uhlig, Henoch (s. Anm. 66) 630; M. Black, Henoch (s. Anm. 66) 66f und 249f.

[76] A. Caquot, Remarques sur les chap. 70 et 71 du livre éthiopien d'Hénoch, in: Apocalypses et théologie d'espérance, Paris 1977, 111-122.

[77] S. Uhlig, Henoch (s. Anm. 66) 631; M. Black, Henoch (s. Anm. 66) 67 und 250.

[78] S. Uhlig, Henoch (s. Anm. 66) 632-634; M. Black, Henoch (s. Anm. 66) 67f. und 251f.

[79] K. Müller, Menschensohn und Messias, in: BZ 16 (1972) 161-187 (171ff. 175ff); U. B. Müller, Messias und Menschensohn in jüdischen Apokalypsen und in der Offenbarung des Johannes, Gütersloh 1972, 54ff.

[80] M. Dean-Otting, Journeys (s. Anm. 9) 39-58 und v.a. 58-71.

5.2.7 Folgerungen

Es ergeben sich also zwei getrennte Überlieferungsbereiche, die zwar gewisse Thronszenen-Details gemeinsam haben, aber doch grundverschieden sind. Der Verfasser von Hen 14 schöpfte für seine Offenbarungs-Beschreibung aus der Wohntempel-Theologie, selbst der Offenbarungsempfang vor dem Thron gehört in diesen Vorstellungskomplex, denn natürlich ist der Platz "vor dem Angesicht" Gottes auch die Offenbarungsstätte schlechthin.

Die Thronszenen in den Bilderreden und insbesondere Hen 71 repräsentieren hingegen den Audienz- und Tribunalszenen-Typ, weshalb mit ihr sowohl der Topos der Vollmachts-Delegierung und Installation (Inthronisation) des "Menschensohns" als auch das Gerichtsgeschehen - sachgerecht - verbunden wurden.

Nun haben allerdings die beiden Szenen-Typen soviel gemeinsam, daß - die Forschungsgeschichte beweist dies auch - die aufgezeigte Differenz nicht unbedingt jedermann klar werden konnte. Eine Gleichsetzung beider und damit eine sachlich-inhaltliche Akzentverschiebung von weitreichender Bedeutung lag darum nahe, vor allem, wenn die Umstände von Zeit und Ort dem noch Vorschub leisteten. Im konkreten Fall der neutestamentlichen Szenen ist immer entweder unmittelbar (Tempelreinigungsszene) oder mittelbar (Aussagen bezüglich des Tempels) das Heiligtum und damit die Stätte der Gottesgegenwart das sinnbestimmende Ambiente im Kontext. Für einen Priester bzw. in kulttheologischen Kategorien denkenden Juden war in einem solchen Fall selbstverständlich die kultische Präsenz des thronenden Gottes der erste und entscheidende Bezugspunkt einer jeden derartigen Aussage.

5.3 IV. Buch Esra 13.

Das 13. Kap. der Apokalypse des Esra[81] gehört chronologisch an den Rand des hier zu behandelnden Zeitraums, es belegt in den Kapiteln 12-13 eine Kombination der Messiaskönig- und der Menschensohnvorstellung. Die Anknüpfung an Daniel-Motive ist deutlich, aber auch die repräsentative Funktion wird bereits anfangs (V.5) herausgestellt: Der Menschengestaltige erscheint als Krieger wider die versammelten Gegner und dann (V. 12ff.) versammeln sich zu ihm die Guten. Die Deutung - nach Vorbild von Dan 7,15ff. - bringt nur teilweise Neues. Anders als in den bereits genannten Beispielen findet keine Macht- und Gerichtskompetenz-Übertragung statt, dafür wird die kriegerische Aufgabe des Messiaskönigs übertragen und universal ausgeweitet. Und wie hier diese Figur am Anfang bereits bevollmächtigt erscheint, so vollstreckt sie (V. 37f.) ganz selbstverständlich von Zion aus das Gericht über die Völker. Dieje-

---

[81] J. Schreiner, Das 4. Buch Esra (JSHRZ V/4), Gütersloh 1981, 393ff.

nigen, die sich bei ihm versammelt hatten, werden (39ff.) als die zehn verlorenen Stämme Israels gedeutet. Der Abschluß der Deutung in V. 49 ist vergleichsweise abrupt und nichtssagend.

5.4 Das Verhältnis zum Psalm 110

Die Vorstellung eines zweiten Thronenden im Sinne der Menschensohn-Tradition kollidierte mit zwei anderen Konzepten, die sich im Verständnis des Ps 110 ausmachen lassen.[82]

5.4.1 Die davidische Inanspruchnahme

Im Anschluß an Ps 110,1 ("Setze dich zu meiner Rechten...") konnte in Verbindung mit Ps 2 und auf der Basis der Nathansweissagung 2 Sam 7 die davidisch-messianische Erwartung artikuliert werden.

Obwohl königsideologische Komponenten im Blick auf diesen Vorstellungskomplex (in der Forschung meist sehr herausgestrichen) eine wichtige Rolle spielen, muß doch auf einen Faktor verwiesen werden, der im jüdischen Bereich *theo*-logisch effektiv allzu spekulative Messianologien abblockte. Die ohnedies auf die Adoptionsvorstellung gestützte Gottessohnschaft des Davididen, die in Ps 110 im Rahmen einer Inthronisationsszene bezeugt ist, wird durch das Königsrecht kompetenzmäßig in einer für altorientalische und hellenistische Verhältnisse einzigartigen Weise in Schranken gehalten. Dieses Königsrecht, das seltsamerweise in der Behandlung der messianischen Vorstellungen fast stets ignoriert wird, ist als Torah-Inhalt absolut verbindlich und gilt für jeden König in Israel, sei er Davidide oder nicht, und ebenso auch für den eschatologischen davidischen König ("Messias")[83]. Dieses Königsrecht ist in der deuteronomistischen Fassung im Pentateuch in Dt 17 erhalten und nun auch - ausdrücklich als Teil der Sinai-Torah - in einer umfangreicheren und die königliche Macht noch kritischer einschränkenden Weise in der Tempelrolle aus Qumran (Kol. 56,12 - 60 Anfang) bezeugt[84]. Einer Überbewertung der königlichen Macht und damit auch einer spekulativen Ausgestaltung davidischer Messianologie bzw. Gottessohnschafts-Auffassung waren somit durch die Torah selbst enge Grenzen gesetzt.

---

[82] Die altisraelitische Vorgeschichte kann hier außer Betracht bleiben, zur Sache vgl. v. a. O. Keel, Die Welt der altorientalischen Bildsymbolik und das Alte Testament. Am Beispiel der Psalmen, Einsiedeln/Neukirchen 1972, 223-233.234-247; J. Tournay, Voir et entendre Dieu avec les Psaumes, Paris 1988, 165-174. Im Übrigen s. die Kommentare.

[83] J. Maier, Krieg und Frieden sowie das Verhältnis zum Staat in der Literatur des frühen Judentums (Beiträge zur Friedensethik 9), Barsbüttel 1990, 14ff.

[84] J. Maier, Die Tempelrolle vom Toten Meer (UTB 829) München 1978, 57-60.

Die übliche Verwunderung über die sparsame messianologische Ausdeutung des Psalms in der rabbinischen Literatur hat somit massive innere Gründe und ist höchstens auf diese Weise indirekt in der Abwehr christlicher Deutungen begründet.[85]

Die davidische Anwendung wurde im NT christologisch massiv aufgegriffen[86] und in der frühen Kirche weitergeführt.[87] Schon Paulus verwertet das Motiv in 1 Kor 15,15 im Sinne der Herrschaftsübertragung, aber nicht mehr im königlichen Machtrahmen sondern überhöht, die Auferstehung Christi als Erhöhung und das Ganze noch wie Röm 5,12ff. im Sinne der Adam-Christus-Analogie deutend. Schließlich führen die Darlegungen in 15,45ff. noch weiter in hellenistische Richtung. Anders als bei gewissen Menschensohn-Passagen setzte Paulus aber (1 Kor 15,24.28) eine Rückübertragung der Macht und somit eine totale Restitution der alleinigen Gottesherrschaft voraus. Nicht zu übersehen ist, daß dieser Adam/Christus des Paulus eine repräsentative Funktion aufweist, die über die königlich/messianische hinausreicht und mit manchen *en christô*-Aussagen nicht dem Motiv, aber dem Sachverhalt nach an bestimmte Menschensohn-Passagen erinnert, wo die Erwählten mit dem Erwählten geradezu als eins erscheinen. Eph 1,20-22 und Kol 3,1-4 führen diesen Vorstellungskomplex nur noch weiter aus.

Die berühmte Davidsohnfrage in Mk 12,35-37 par. illustriert deutlich die Ansatzmöglichkeit für spekulative Überhöhung nicht nur der königsrechtlichen, sondern auch königsideologischen Basis in Richtung auf eine hellenistische Gottessohn-Auffassung.

In Apg 2,33 wird die Königs-Inthronisationsformel "zu meiner Rechten" von Ps 110,1 zur Erhöhung "zur Rechten" im Himmel, als Vorgang identifiziert mit Auferstehung und Himmelfahrt Jesu.[88] Sachlich kommt dies im Effekt der christologischen Verwertung der Menschensohnvorstellung weitgehend nahe. Teilweise wurde sie sogar mit der Menschensohn-Tradition direkt verknüpft und erscheint so gerade in Schlüsselstellen des NT. Gerade dadurch aber gewann diese messianische Figur jenen pro-

---

[85] P. Billerbeck, in: H. L. Strack - P. Billerbeck, Kommentar zum Neuen Testament aus Talmud und Midrasch Bd.IV, München [8]1986, 452-465 (Exkurs 18) stellte das Material dar, war aber (458f) nicht in der Lage, den jüdischen Hintergrund des Sachverhalts zu begreifen.

[86] D. M. Hay, Glory at the Right Hand. Psalm 110 in Early Christianity, Nashville 1973; G. Dautzenberg, Psalm 110 im Neuen Testament, in: H. Becker - R. Kaszynski (Hg.), Liturgie und Dichtung Bd. I, St.Ottilien 1983, 141-171; A. del Agna Pérez, Derás cristologico del Salmo 110 en el Nuevo Testamento, in: Simposio Biblico Español Salamanca 1982, Madrid 1984, 637-662.

[87] J. M. Pfättisch, Psalm 110(109) bei Justinus, in: BZ 8 (1910) 248-251; C. Basevi, La generazione eterna di Cristo nei Ps 2 e 109 secondo Giustino e S. Ireneo, in: Aug 22 (1982) 135-147.

[88] M. Gourgues, Lecture christologique du Psaume CX et fête de la Pentecôte, in: RB 83 (1976) 5-24.

blematisch-schillernden Charakter, der auf dem Hintergrund der Kulttheologie auf der jüdischen Seite schwerste theologische Bedenken provoziert hat.

Aufs Ganze aber ist zu bemerken, daß die Menschensohn-Motivik nur eine Möglichkeit zur spekulativen Ausgestaltung einer Christologie darstellte und daß vergleichbare Effekte auch mit Hilfe anderer Voraussetzungen zu erreichen waren.

5.4.2 Die priesterliche Inanspruchnahme: Melchizedek[89]

Im Anschluß an Ps 110,4 aber konnte sich eine priesterliche Erwartung ausdrücken, die in Melchizedek den vorzeitlichen Prototyp des Jerusalemer Priester-Herrschers sah[90], den man zugleich als himmlischen Repräsentanten ansah, dessen Funktionen sich teilweise mit den messianischen deckten. Soweit dabei die davidische Figur noch einen Platz hatte, dann im Sinne des in Qumrantexten klar belegten konstitutionellen Dualismus, wonach einem mit Vorrang ausgestatteten "Gesalbten von Aaron" ein "Gesalbter aus Israel" zur Seite steht. Entscheidend ist aber in diesem Zusammenhang auch hier ein die Spekulation theologisch einschränkender Umstand: So übermenschlich die Melchizedek-Figur auch ausgestaltet wird, so klar bleibt auch, daß es sich um eine priesterliche Funktion handelt und somit das Verhältnis zur Gottheit genau so wenig ins Zwielicht geraten konnte wie bei der ähnlich definierten Funktion des Erzengels Michael.

Im NT ist auch diese mit Ps 110 verbundene Tradition christologisch wahrgenommen worden, aber lediglich in dem auch sonst kulttheologisch fundierten Hebräerbrief, wo allein zehn Mal Ps 110,4 und sechs Mal Ps 110,1 aufscheint. Und hier wird Hebr 1,5ff. die davidische Sohn-Symbolik auch tatsächlich schon einleitend mit einer postulierten Relation zum Engelstatus spekulativ überhöht. Die rabbinische Tradition zu Ps 110 kannte unter anderem auch die Deutung auf Melchizedek[91], obwohl sie auch die Gleichsetzung Melchizedeks mit Sem und damit eine prä-diluvianische Herleitung des Jerusalemer Priestertums erwähnt.

5.5 Neues Testament

Die umfangreichste Verwendung der hier zur Diskussion stehenden Danielverse und Danielmotive findet sich im NT. Aber auch hier sind die geläufigen Stellenangaben vielleicht da und dort irreführend und ein komplizierterer Hintergrund anzunehmen.

---

[89] F. C. Horton, The Melchizedek Tradition, Cambridge 1976; P. J. Kobalski, Melchizedek and Melchiresha', Washington 1981.
[90] S. Schreiner, Psalm CX und die Investitur des Hohenpriesters, in: VT 27 (1977) 216-222.
[91] P. Billerbeck, Kommentar (s. Anm. 85) 460f verstellte sich auch hier eine angemessene Interpretation.

Hier soll das einschlägige Material nur zur Abrundung des Bildes und ohne spezialwissenschaftlichen Bearbeitungsanspruch aufgeführt werden.

5.5.1 Mk 13,26 par.

Das hier vorliegende, eindeutige Aufgreifen des Motivs von Dan 9,13 im Rahmen eines "apokalyptischen" Szenariums[92] ähnelt gewissen Passagen in den "Bilderreden". Es belegt übrigens eindrücklich seine politisch-revolutionäre Brisanz.[93] Das Verhältnis zum Tempel fällt ins Auge, eine Erklärung dafür wird weiter unten in einem bestimmten Sachzusammenhang (5.5.3 b) erwogen.

5.5.2 Mk 14,62 par.

Die Frage, ob er der *christos* sei, beantwortet Jesus in Mk 14,62 und Mt 26,64 fast gleichlautend mit einem Doppelsatz, der zunächst Ps 110 anklingen läßt und dann Dan 7,13, gewissermaßen Dan 7,9 "Throne" implizit als zwei verstehend und mit Ps 110 ausdeutend. Das ist etwas wie eine messianologisch und theologisch geballte Ladung, die ihren Eindruck auf der Gegenseite nach Darstellung dieser Evangelien nicht verfehlte: Der Hohepriester soll sein Gewand zerrissen haben. Lukas eliminierte 22,69 den zweiten Passus und bemerkenswerter Weise mit ihr die offensichtlich dazugehörige Szene mit dem Hohepriester, ersetzte sie durch die Gottessohn-Frage, die auf Ps 110 zurückzielt. Sofern diese Texte bei Mk und Mt den Sachverhalt der Gotteslästerung berühren sollten, hängt es also an der Kombination der Motive aus Ps 110 und Dan 7,13 (und implizit 7,9). Und um klarzustellen: Es handelt sich nicht eigentlich um wörtliche Zitate sondern um - sachlich allerdings eindeutige - Anspielungen, um Sachverhalts-Zitate.

Dies trifft in weniger deutlicher Weise auch für Mk 2,23-28 par. zu, denn der Rekurs auf Davids Sabbatverhalten und die Bezeichnung des Menschensohns als "Herrn des Sabbat" (Mk 2,28 par.) kommt der Kombination sachlich nahe.

5.5.3 Hinweise im lukanischen Werk

(a) Die Anklage und Steinigung des Stephanus Apg 6,8ff. gehört thematisch natürlich engstens zu den Texten Mk 14,62 par. Zu beachten ist aber vorweg 6,13 der oben bereits in seiner historischen Verwurzelung erwähnte Doppelvorwurf einer Agitation "gegen diese heilige Stätte und gegen das Gesetz", und V. 14 führt auch ausdrücklich

---

[92] T. J. Geddert, Watchwords. Mark 13 in Markan Eschatology, (JSNTS 26), Sheffield 1988.
[93] H. G. Kippenberg, Ein Vergleich jüdischer, christlicher und gnostischer Apokalyptik, in: D. Hellholm (Hg.), Apocalypticism in the Mediterranean World and the Near East, Tübingen 1983, 751-766 (753ff) nimmt als Basis eine Art "Flugblatt" aus der Zeit um 38-40 n. Chr. an.

den Topos der angekündigten Tempelzerstörung und eine Änderung der Gesetze des Mose an. In der Rede, die dem Stephanus 7,2-53 in den Mund gelegt wird, begegnet ab V.42ff. in der Tat nur ansatzweise Kultkritik und in V. 49f. mit der Inanspruchnahme von Jes 66,1 eine gewisse Infragestellung der kultischen Gottesgegenwart, auch wenn letztlich nur die absolute Souveränität Gottes betont werden soll. Schließlich weist V. 53 auch noch die Torahgabe am Sinai als durch Engel vermittelt aus. Diesen offenbar in gewissen Kreisen verbreiteten Topos benützte auch Paulus (Gal 3,19) in polemischer Weise. Die in V. 54 erwähnte Empörung der Mitglieder des Synhedriums war sachlich aus ihrer Sicht nicht ganz unbegründet. Was dann das Faß aber zum Überlaufen bringt, ist die Wiedergabe des Visionsinhalts in V. 55f. mit teilweise denselben formelhaften Wendungen, die in Mk 14,62 par. begegnen. Das Besondere ist aber evident: Jesus wird namentlich als derjenige benannt, der im geöffneten Himmel zur Rechten der "Herrlichkeit *(doxa = kabôd)* Gottes" geschaut wird. Das ist nicht Dan 7,9 oder 7,13 und auch nicht einfach ein Motiv aus Ps 110 sondern *märkabah* - bzw. *kabôd*-Terminologie. Und somit ist die kulttheologische Vorstellung von dem im Heiligtum thronenden Gott angesprochen, der als solcher - ob im himmlischen oder irdischen Heiligtum - stets betont als *allein* erhaben thronend galt. Mit einer solchen Formulierung war das messianologische Verständnis des Ps 110 in Richtung auf jenes oben erwähnte problematische Verhältnis zwischen Menschensohn-Gestalt und Gott selbst überschritten. Dieses wird zudem mit V. 57 expressis verbis ins Gedächtnis gerufen und so formuliert, daß Jesus, hier der (kommende) Menschensohn, als jener zur Rechten der Herrlichkeit Gottes dasteht, der im Sinne des Ps 110 zur Rechten Gottes sitzen soll. Auf diese Weise ist das frühchristliche Bekenntnis kulttheologisch auf den kritischen Punkt gebracht. Denn so formuliert geht es ja nicht mehr um einen König und seinen Vize in einer Audienz- oder Tribunalszene, sondern um den im Heiligtum einzig und allein Thronenden. Die Reaktion der Hörer, die V. 57 beschrieben wird, ist von da aus beurteilt sachlich begründet.

(b) Was bei diesen ntl. Texten auffällt, ist ein ausgesprochen formelhaft festgeprägter Wortlaut der Bezugnahme auf das Motiv von Dan 7,13. Zwar kommt dieser Wortlaut einer griechischen Fassung von Dan 7,13 nahe, doch ist eine ursprünglich andere Basis nicht ganz auszuschließen. Apg 7,55f. allerdings spiegelt das Bekenntnis der Identifizierung Jesu mit dem zur Rechten Gottes erhobenen und dort befindlichen Menschensohn, wie es auch Mk 16,19 in etwa ausdrückt. Man muß sich unter diesen Voraussetzungen fragen, was es bei Lukas bedeuten soll, wenn der letzte Satz des Evangeliums 24,53 im Anschluß an die vorher erwähnte Himmelfahrt des Auferstandenen lautet: "Und sie waren allezeit im Tempel, Gott preisend". Auch an anderen Stellen (vgl. Apg. 2,46) wird die tägliche Anwesenheit am Tempel auffällig unterstrichen, denn normaler Weise bestand doch für einen Juden kein Anlaß, täglich in das Heiligtum zu laufen. Ein Anlaß für die Christen war natürlich der Tempel als Ort der Öffentlichkeit und missionarischen Wirkungsmöglichkeit, wie Apg 3 dann nach bekanntem Muster mit entsprechender offizieller Reaktion Kap. 4 auch zeigt. Aber der Unmut der Priester über die Verkündigung des Gekreuzigten als Auferstandenen war wohl tiefer begründet als nur im *skandalon* dieser Behauptung, denn daß dies gerade am Tempel geschah, mußte ja angesichts solcher Verkündigung die Frage nach dem Verhältnis zwischen dem Auferstandenen und dem im Allerheiligsten gegenwärtig Thronenden aufwerfen.

Sollte der angebliche Umstand, daß die Jünger, die nach anderen Angaben geflohen waren, nach Ostern sich am Tempel versammelten, etwa mit folgender Voraussetzung zu tun haben: Daß der - verbal im Sinne von Ps 110, aber der Aussage nach zum prä-epiphanen Menschensohn-Status - erhöhte Gekreuzigte zur Rechten der "Herrlichkeit" eben von manchen Christen auch als dort im Tempel so präsent geglaubt wurde - wie die Gottheit selbst? Wie im Himmel "zur Rechten", so auch an der irdischen Thronstatt? In diesem Fall verließ er aus dieser Sicht dann (in einer zweiten Himmelfahrt!) mit der kultischen Gegenwart Gottes dieses Heiligtum, bevor es (innerhalb der Mk 13,30 par. *ex eventu* angesagten Zeitspanne) der Zerstörung preisgegeben wurde.

(c) Hat Lukas eine solche Ansicht aufgegriffen, dann wäre unter Umständen auch eine andere Tradition mit ihr verbunden gewesen: Mk 13 beginnt in V. 1-2 mit einem Wort über den Tempel. Nicht zufällig käme Mk 13,14 dann der "Greuel der Verwüstung" ins Spiel, was doch nur im Rahmen einer Tempelschändung und Entfernung der kultischen Gottesgegenwart (wie unter Antiochus IV. Epiphanes) ihren Sinn hat und de facto eine Verheißung erneuter Gottesgegenwart impliziert, die dann Mk 13,26 eben mit dem ankommenden Menschensohn einsetzt. Wobei die Wortwahl stutzig macht: Mt 24,30 kommt er (ungefähr) à la Dan 7,13 *epì tôn nefelôn tou ouranou,* aber die leichte Änderung (*epí* statt *metá*) könnte signifikativ sein, denn "auf" den Wolken fährt Gott einher[94]; Mk 13,26 kommt er *en nefélais,* und Lk 21,27 gar *en nefélê.* "In der Wolke" ist ein Topos der kultischen Gegenwart: Der *kabôd* hüllt sich darin ein.[95]

Nach Apg. 1,4 sollten die Jünger jedenfalls bis auf weiteres nicht von Jerusalem weichen und nach 1,12 kehrten sie auch dahin zurück. Hatte die "Stadt des Heiligtums" für diese Christen also soweit noch nichts von ihrer Symbolik eingebüßt sondern im Gegenteil etwas hinzugewonnen: einen zweiten Thronenden?

---

[94] Jes 19,1; Ps 67 LXX (MT 68),35-36 (!).
[95] S. z.B. MT und LXX Ex 16,10; besonders Ex 34,5; Num 11,25; 12,5; 14,10; Dt 31,15; Ez 1,4.20(LXX).28(LXX, vgl. Gen 9,13-16); 10,3f; 2 Makk 2,8.

5.5.4 Offenbarung des Johannes.

(a) In Apk 1,7 wird die Phrase "Siehe er kommt mit den Wolken des Himmels" aufgegriffen und auf den Christus bezogen; anscheinend hatte sie geradezu Signalfunk-
tion.

(b) In Apk 1,12ff. wird eine Christus-Epiphanie ("wie ein Menschensohn"!) beschrieben, die zahlreiche Züge von Dan 7,9ff. aufweist. Wäre nicht der Kontext, müßte man
eine Theophanie annehmen. Allerdings kommen Motive andrer Herkunft hinzu,
nicht zuletzt ist äth.Hen 46 zu beachten. Die Szene zeigt, wie das Grundmotiv zum
Kristallisationspunkt für neue Bildkomplexe mit neuen theologischen Aussagen werden konnte.

(c) Die Thronvision Apk 4 enthält zweifellos *Märkabah*-Imagerie[96] im Sinne von
äth.Hen 14, aber die Heiligtumsszenerie ist hier knapp gehalten, die geöffnete Türe
führt gleich in den Thronraum. Dazu kommt durch die Kombination aus Märkabah-
Motiven mit dem Trishagion aus Jes 6 eine Szene himmlischer Liturgie. Auffällig sind
die 24 Throne für die Ältesten, was an den Plural von Dan 7,9 erinnert. Die Aufgabe
der Ältesten ist jedoch hier Huldigung und Anbetung in koordinierter liturgischer
Aktion mit den vier "Tieren".

(d) Anderen Szenencharakter hat hingegen Apk 5: Der Thronende öffnet ein Buch
(vgl. Dan 7,10). Eine Art von Delegationsvorgang findet hier 5,6ff. statt, nachdem V.
5 die durch den "Löwen von Judah, den Wurzelsproß Davids" möglich gewordene
Öffnung des Buches ankündigte. Das "Lamm" erhält das Buch, die vier "Tiere"
(Thronträgerengel!) und die 24 Ältesten huldigen ihm. Der Akt erweist sich V. 10 als
Herrschaftsübertragung an die durch das "Lamm" Erkauften, die mit dem Ausdruck
"Königreich und Priester" in Anlehnung an Ex 19,6 als "Israel" deklariert werden.
Doch mit V. 11ff. wird die repräsentative Funktion des "Lammes" deutlich, denn alle
huldigen ihm als dem Herrschenden. Was dies *theo*-logisch bedeutet, kommt V. 13
zutage: Das "Lamm" wird dem Thronenden beigeordnet und nimmt mit diesem die
Huldigung entgegen.

(e) Apk 14,14-20 erscheint zunächst eine Wolke und auf (!) ihr ein Menschensohn-
Ähnlicher mit Goldkranz und Sichel. Letztere ist Symbol der Urteilsvollstreckung,
das Ganze Tribunalszenerie. Was auf den ersten Blick Theophaniecharakter hat,
wird jedoch relativiert durch die Tatsache, daß Engel, die "aus dem Heiligtum" her-
auskommen, die Aktion kommandieren, die V. 17ff. noch dazu gedoppelt wird. An-

---

[96] J. M. Baumgarten, Studies in Qumran Law, Leiden 1977, 153ff; C. Newsom, Merkabah Exegesis
(s. Anm. 70) 11-30; D. J. Halperin, Faces (s. Anm. 9) 87ff.

scheinend liegt eine recht urtümliche, christologisch kaum gefärbte Menschensohn-Tradition zugrunde.

(f) Das Kap. 20 stellt V. 4ff. eine Tribunalszene dar. Der Seher sieht "Throne", also Plural wie Dan 7,9. Ohne vorherigen Zusammenhang heißt es dann: "und sie setzten sich darauf und ihnen wurde das Gericht übergeben". Im Folgenden sind es die heiligen Märtyrer, die für 1000 Jahre mit Christus herrschen. Delegation der Gerichtsvollmacht und indirekt mit der Herrschaftsteilhabe vorausgesetzte Herrschaftsübergabe sind knapp und in anscheinend verstümmelter Weise verbunden.

(g) Eine zweite Tribunal/Thronszene mit dem Buchmotiv folgt 20,11-15 für das Endgericht. Der Seher schaut "einen großen weißen Thron und den darauf Sitzenden, vor dem die Erde und der Himmel floh".

(h) Kap. 21 beschreibt das himmlische Jerusalem. Vom - vorausgesetzten - Thron her deklariert eine Stimme diese himmlische Stadt zur eigentlichen, endgültigen Wohnstatt Gottes bei den Menschen. Der Thronende erklärt V. 7 den einzelnen Glaubenden zum "Sohn", mit der Adoptionsformel von 2 Sam 7,14 (vgl. Ps 89,27f.; Ps 2,7), die dort dem davidischen König gilt und hier verallgemeinert wird. Der Dualismus der zwei Thronenden scheint zu verschwinden, doch gleich darauf wird V. 9ff. das himmlische Jerusalem als "Braut, als Frau des Lammes" vor Augen geführt, ein Motiv, das schon 19,7ff. mit der Erwähnung der Hochzeit des Lammes auftauchte. Es handelt sich der Sache nach um (sonst so früh kaum bezeugte) Hohelied-Symbolik und damit wieder um ein Beispiel repräsentativer Funktion, wobei der individualisierte Aspekt (das Lamm) und der kollektive Aspekt (Braut/Frau) einerseits auseinandertreten, zugleich aber vereint werden.

(i) Die Beschreibung des himmlischen bzw. neuen Jerusalems wird Kap. 22,1ff. mit Paradiesmotiven im Heiligtumskontext à la Ez 47 fortgesetzt. Wichtig ist nun 22,3b: "Und der Thron Gottes und des Lammes wird in ihr sein". Da sind nun wohl zwei Throne vorausgesetzt - es sei denn, man wollte mit einem Thron (Symbol der Herrschaft) auch Gott und Lamm ineinssetzen.

Die aufgeführten Beispiele zeigen, daß das theologische Unbehagen gegenüber der Menschensohnfigur und konkret gegenüber Dan 7,9.13 auf jüdischer Seite seine tiefreichenden Gründe hatte. Auf dem Hintergrund der beschriebenen Kulttheologie wird dieses Unbehagen noch begreiflicher. Insgesamt ergibt sich gerade aus dem Befund in der literarisch und inhaltlich so eigentümlichen Offenbarung des Johannes, daß die dahinterstehenden christlichen Gruppen alte kulttheologische und auch liturgische Traditionen besonderer Art zur Verfügung hatten und diese mit sparsamsten

Mitteln zum Zweck ihrer Glaubensaussage zu adaptieren vermochten. Das Maß der provokativen Wirkung nimmt jedoch im gleichen Verhältnis ab, wie sich christologische Formulierungen - etwa bezüglich der Gottessohnschaft - hellenistischen Vorstellungen nähern. Nicht etwa, weil dergleichen für jüdische Ohren akzeptabler klang, sondern wegen des fortfallenden Ärgernisses bezüglich der kulttheologisch vorgegebenen Einzigkeit des Thronenden. Die hellenistischen Ausführungen der Christologie hingegen sprachen einen so empfindlichen Punkt im eigenen Bereich gar nicht an, sie konnte man als fremd empfinden. Wo aber - wie in bestimmten judenchristlichen Grüppchen - diese christologische Entwicklung nicht mitgemacht wurde und der Gekreuzigte vor allem als der Wiederkommende verkündet wurde, blieb das Problem akut, wie dies mit jüdischen Mitteln einsichtig zu formulieren sei. Hier bot sich nach wie vor die Figur des "verborgenen" und "ankommenden" Menschengestaltigen zur Überhöhung einer bloß prophetischen Qualifizierung oder einer adoptianischen, davidisch-messianischen Etikettierung an.[97]

6. Folgerungen

Die Szene der "Tempelreinigung" in Verbindung mit "prophetischen" Aussagen in Bezug auf den Tempel konnte als prophetische Symbolhandlung und somit publikumswirksame Demonstration empfunden werden, die auf der priesterlichen Seite entsprechende theologische und politische Befürchtungen wachrufen mußte. Zumindest emotional konnte auch der Vorwurf der Gotteslästerung daraus erwachsen.

Aber zur Zeit des Prozesses Jesu bot dieses kulttheologische Unbehagen angesichts des schillernden Menschensohn-Begriffs kaum eine Handhabe zu einer strafrechtlich relevanten Definition. Hingegen wäre eine emotionale Komponente gerade auf priesterlicher Seite begreiflich, wenn man all die aufgezeigten Faktoren einkalkuliert. Wobei das theologische Unbehagen zugleich das Bewußtsein überdecken konnte, nicht zuletzt im persönlichen und institutionellen Interesse dem römischen Statthalter juristisch-politisch in die Hand gearbeitet zu haben.

Die Wirkungsgeschichte der Danielverse 7,9.13 blieb kennzeichnender Weise im Wesentlichen auf jene Kreise begrenzt, welche die Menschensohnfigur aufgriffen und spekulativ-theologisch ausbauten. Sofern die "Bilderreden" des äth. Henochbuches nicht christlicher Herkunft sind, würden sie im jüdischen Bereich bis auf den relativ knappen Reflex in Dan 7 die Hauptquelle dafür darstellen. Größere Bedeutung gewann der Komplex hingegen samt den Danielstellen in frühen christlichen Strömungen. Wie immer man die Tempel-Thematik als Faktor im Prozeß Jesu einschätzt, so

---

[97] H. J. Schoeps, Theologie (s. Anm. 34) 78-82.

gilt doch in jedem Fall, gerade auch für den Fall, daß diese Thematik nur in die Zeit und in den Prozeß Jesu zurückprojiziert worden sein sollte, Folgendes:

In der Frühphase des Christentums gab es eine Richtung (mit Varianten), in der man die Menschensohn-Tradition für den Gekreuzigten und Auferstandenen auf eine solche Weise in Anspruch nahm, daß mit dem davidisch-messianischen Motiv aus Ps 110 als einem möglichen Zwischenglied die Vorstellung vom Menschensohn zur Rechten der thronenden Gottheit in der Vorstellung von der kultischen Präsenz des thronenden Gottes im (himmlischen wie irdischen) Allerheiligsten verquickt wurde. Dergleichen mußte in priesterlichen Kreisen Bestürzung heraufrufen, geriet außerdem noch in Konkurrenz zur priesterlichen Melchizedek-Spekulation. Praktisch wirkte sich dies offenbar recht massiv aus, weil für diese christlichen Kreise der Tempel derart ins Zentrum ihres Interesses und ihrer Agitationen rückte, daß tumultartige Konflikte mit unkalkulierbaren politischen Folgen nicht zu vermeiden waren. Erst durch diese Auseinandersetzungen, die von dem priesterlich beherrschten Establishment in Jerusalem mit energischen Maßnahmen zu Ungunsten dieser Christen entschieden wurden, kam es zu einer grundsätzlichen Wende in der Einstellung zum Tempel. Zunächst wohl nur in Form der programmatischen These von dessen Preisgabe durch die Gottheit im Sinne unheilsprophetischer Tradition, nach 70 n. Chr. endgültig. Doch inzwischen hatte sich die christliche Bewegung bereits in anderen Kreisen und gerade auch außerhalb des Judentums so verbreitet, daß andere christologische Konzepte zum Zuge kamen, die ohnedies schillernde Menschensohn-Theologie bald nicht mehr verstanden wurde und ins Abseits geriet. Die Apokalypse des Johannes ragt innerhalb der frühchristlichen Literatur wie ein erratischer Block heraus - als letzte literarische Schöpfung einer dieser eigentümlichen, kultheologisch zentrierten christlichen Gruppen.

Diskussion

Der Tempel und besonders die Tempelreinigung werden zum zentralen Konfliktstoff im Prozeß Jesu. Vor dem Hohen Rat spitzt sich dieser Konflikt dramatisch zu. Denn der Hohepriester ist der einzige Mensch, der real um das Allerheiligste weiß. Und gerade vor ihm und ihm gegenüber beansprucht Jesus mit seinem Hinweis auf die Endzeittheophanie als der Menschensohn das eigene Sitzen zur Rechten der Kraft (Mk 14,62 par). Das ist Provokation, "Lästerung" Gottes (Mk/Mt). Denn der Kult am Jerusalemer Heiligtum beruht auf einer "funktionalen Identität" (Maier): Die Priester und vor allem der Hohepriester tun im Tempel dasselbe, was die Engel im Himmel tun, dem Wohnen Gottes im Himmel entspricht auf Erden seine Wohnung im Tempel. Der Tempel ist geradezu der Ort (הַמָּקוֹם) der irdischen Gegenwart Gottes, das (bis auf Randgruppen) unbestrittene Einheitszentrum des Judentums. Es muß den jüdischen Monotheismus und seinen Kult zutiefst erschüttern, wenn diese Funktionen des Tempels durch den Endzeitanspruch Jesu in Frage gestellt wird. Doch noch mehr als der Bruch mit der Konvention an sich muß die Tatsache aufregen, daß damit ganz offen die Endzeit selbst angekündigt wird: "Jetzt" muß man sich entscheiden! Damit erweist sich letztlich der Angeklagte als der Richter seiner Richter.

Und während das Judentum den Tempelkult bis zum letzten Augenblick vor dem Untergang aufrecht zu erhalten sucht, wird nach christlichem Verständnis durch den Sühnetod Jesu die Funktion dieses Kultes eindeutig beendet, wie der Hebräerbrief argumentativ am breitesten entfaltet. Von diesem Gesamtbild her ist es z.B. historisch nicht gut denkbar, daß Christen tatsächlich weiterhin am Tempelkult teilgenommen hätten, wie die Apg als einzige Quelle vermittelt (vgl. 2,46; 3,1; 5,20).

Doch auch wenn mit dem Tempel Reinheitsbestimmungen verbunden sind, die dann von einzelnen Gruppen (z.B. Essenern) zwecks besonderer Profilierung übernommen werden, so geht es beim Konflikt, der zum Tod Jesu führt, vor allem um den Tempel, die Gegenwart Gottes darin und um den Kult. Das Gesetz hingegen, dessen Auslegung durchaus unterschiedliche Möglichkeiten offen ließ, kann nicht jenes Gewicht haben, das ihm ein Teil der neueren evangelischen Theologie zuschreiben wollte, indem sie Jesus innerhalb des Judentums als Vorkämpfer gegen das spätere Kirchengesetz stilisierte. Jesus hingegen war nach Paulus "unter dem Gesetz", um die Befreiung zu erwirken (vgl. Gal 4,4f), eine Freiheit, die allerdings erst mit der gesetzesfreien Heidenmission richtig zum Tragen kommt.

Register

216

219

Die Autoren

Dr. *Jens-Wilhelm Taeger* ist Professor für Neues Testament an der Rheinisch-Westfälischen Technischen Hochschule Aachen.

Dr. *Peter Trummer* ist Professor für Neues Testament an der Karl-Franzens-Universität in Graz.

Dr. *Ingo Broer* ist Professor für Biblische Theologie an der Universität-Gesamthochschule Siegen.

Dr. *Karlheinz Müller* ist Professor für Biblische Einleitung und Biblische Hilfswissenschaften an der Bayerischen Julius-Maximilian-Universität Würzburg.

Dr. *Traugott Holtz* ist Professor für Neues Testament an der Martin-Luther-Universität in Halle.

Dr. *Gerhard Dautzenberg* ist Professor für Neues Testament an der Justus-Liebig-Universität in Gießen.

Dr. *Johann Maier* ist Professor für Judaistik an der Universität zu Köln.

Die Darstellung setzt ein mit einer Verhältnisbestimmung von Tempel, Synagoge und Lehrhaus in biblischer Zeit und zeigt so den Ursprung jüdischer Gebets- und Gottesdienstformen. In nachbiblischer Zeit führte die Neugestaltung des Judentums zu einer Normierung der Gebete und gottesdienstlichen Handlungen. Dabei brachte der Konflikt zwischen palästinischen Traditionen und Anordnungen des babylonischen Rabbinats eine große Ritenvielfalt hervor. Die neuzeitliche Entwicklung mündete nach einer grundlegenden Revision des Gottesdienstes in die heutige Form. Beschrieben werden Gemeindegottesdienst, private Feier, gottesdienstliche Handlungen und Symbole, ferner die Grundformen der synagogalen Architektur.

Leo Trepp
Der jüdische Gottesdienst
Gestalt und Entwicklung
1992. 326 Seiten
Kart. DM 59,–
ISBN 3-17-011077-2

 Verlag
W. Kohlhammer

Postfach 80 04 30
7000 Stuttgart 80

37-292 27 MFG